VOYAGE
PITTORESQUE
EN ITALIE

L'Auteur et l'Éditeur se réservent le droit de reproduction et de traduction.

Paris. — Imprimerie de Gustave GRATIOT, 30, rue Mazarine.

VOYAGE
PITTORESQUE
EN ITALIE
PARTIE MÉRIDIONALE
ET EN SICILE

PAR

M. PAUL DE MUSSET

ILLUSTRATIONS DE MM. ROUARGUES FRÈRES

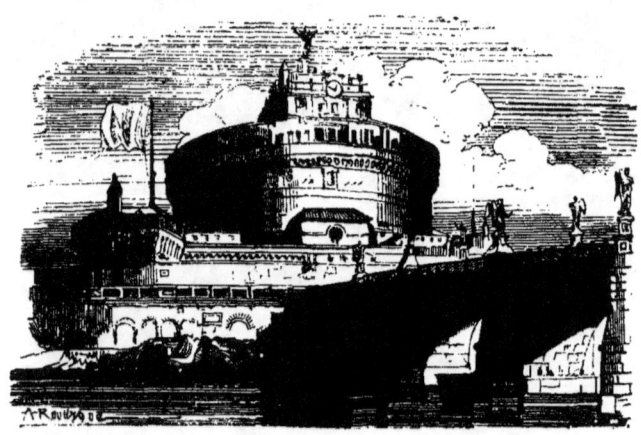

PARIS
MORIZOT, LIBRAIRE-ÉDITEUR
RUE PAVÉE-SAINT-ANDRÉ, 3

1856

VOYAGE PITTORESQUE EN ITALIE

PARTIE MÉRIDIONALE ET SICILE.

I

FLORENCE

La maison de Médicis. — Le médecin de Charlemagne. — Cosme l'Ancien. — Le Tite-Live du roi Alphonse. — Laurent le Magnifique. — La conspiration des Pazzi. — Voyage étrange à Naples. — Débuts de Michel-Ange. — Le duc Alexandre. — Lorenzaccio. — Cosme le Grand. François et Bianca Capello. — Ferdinand Ier. — Les fêtes du mariage de Marie de Médicis. — Origine de l'opéra. — Cosme II. — Ferdinand II. — Cosme III. — Le royaume d'Étrurie. — Le grand-duc actuel. — Les princesses de Médicis reines de France.

Excepté la féerique Venise, dont l'originalité est ineffaçable, les grandes villes de l'Italie septentrionale s'efforcent toujours de représenter, à quelques nuances près, la copie de Paris, ce type universel que la Chine et le Japon finiront par imiter. J'ai entendu souvent les artistes se plaindre de ces transformations, comme si on pouvait raisonnablement exiger d'un peuple de vingt-cinq millions d'âmes qu'il se maintienne à l'état de relique pour l'amusement du touriste et le profit du peintre. Louons donc Turin, félicitons Milan de leurs progrès, et allons à Rome. L'Italie est un champ assez vaste pour qu'on y trouve toujours à glaner. D'ailleurs, si les hommes changent leurs habitudes et leur façon de vivre, selon le caprice de la mode, il ne dépend pas d'eux de modifier leur caractère. L'Anglais, sous le ciel de Naples, demeure mélancolique et grave. Que le Napolitain prenne du thé, qu'il valse à deux temps et se fasse vêtir par un tailleur français, il n'en conservera pas moins son tour d'esprit comique et son exubérante gaieté. En parcourant l'Italie septentrionale, nous avons essayé, dans un précédent volume, quelques ébauches de figures populaires; l'Italie méridionale nous en fournira d'autres plus fortement accentuées. Florence, par sa position géographique, pouvait appartenir à l'un ou à l'autre des deux *Voyages*. Puisque nous avons terminé le premier par un chapitre abrégé sur cette ville intéressante, retournons sous les arcades du palais Médicis, où nous étions quand nous avons dit au revoir, et non adieu au lecteur.

Il n'y a pas longtemps on ne connaissait d'autre manière d'écrire l'histoire d'un pays que de faire celle du souverain. Sous la monarchie restaurée on nous enseignait encore dans les colléges une série de biographies qui s'arrêtait à la vie peu édifiante de Louis XV. L'histoire, vue des balcons de Fontainebleau et de Versailles, se borne comme l'horizon d'un parc, et le travail mystérieux des siècles se cache derrière les charmilles. Le célèbre Mézerai, pour avoir pris un point de vue différent de celui de la cour, et surtout pour avoir parlé sans respect des impôts, perdit sa pension, et cet avertissement donna de la prudence aux autres narrateurs. Quoique dans un petit État comme la Toscane, la destinée du prince soit plus intimement liée à celle du pays que dans un grand royaume, l'histoire des Médicis n'est pas du tout celle de Florence. Ce qui a rendu leur nom immortel, c'est que pour étudier le grand mouvement intellectuel de la renaissance, il faut nécessairement pénétrer dans leur maison. Pour qui veut laisser aux hommes un souvenir, il y a plus de profit à aimer et à protéger sincèrement les lettres et les arts qu'à s'emparer d'une couronne.

Si l'on jugeait de la puissance des princes par l'exagération des flatteries, les Médicis effaceraient les Césars. Leurs généalogistes, ne pouvant dissimuler l'origine roturière dont leur nom portait la marque indélébile, s'avisèrent de dire que le médecin duquel ils descendaient avait donné des soins à Charlemagne. En France, où les clercs étaient plus honorés que les marchands, on aurait trouvé que les fils d'un médecin, en passant de la pratique au négoce, se faisaient d'évêques meuniers ; mais à Florence ce n'était pas déchoir que de se livrer au commerce. Les Médicis furent de très-habiles commerçants puisque leur fortune s'accrut de génération en génération, et atteignit des chiffres qui semblent fabuleux.

Cosme de Médicis, dont nous avons déjà parlé, surnommé *le Vertueux* par les historiens de la maison, plus justement *l'Ancien* par les autres, hérita des biens immenses de son père Jean de Médicis, en 1428. Il avait alors quarante ans et n'était que le plus riche particulier de la République ; mais il jouissait d'une popularité légitimement acquise. Généreux jusqu'à la prodigalité, absorbé par l'amour des lettres, entouré de savants et d'artistes, collectionneur passionné de manuscrits, Cosme n'aurait peut-être jamais songé à la politique si on ne l'y eût forcé en le persécutant. La famille des Albizzi, jalouse de son crédit, résolut de se défaire de lui. Pour l'attirer dans un piége, on l'élut membre du conseil des huit. Il n'osa refuser son concours au gouvernement et se rendit sans défiance au palais public, où il fut arrêté et emprisonné. L'Italie entière s'indigna de cet acte de violence et intervint en sa faveur. Venise envoya des ambassadeurs à Florence pour demander son élargissement. Le duc de Ferrare organisa une conspiration pour le délivrer. Ce coup de main ne réussit point ; l'or des Médicis fut plus utile à Cosme que le secours de ses amis. Lorsque le prisonnier eut obtenu la faveur d'être mis en jugement, il acheta tout le tribunal, mais il fut condamné à l'exil, tant la jalousie et l'animosité de ses adversaires étaient grandes. Ce malheur devint la cause de son élévation.

L'exilé se rendit à Padoue et ensuite à Venise, où la sérénissime seigneurie l'accueillit avec autant d'honneurs qu'un souverain.

Trop libéral pour accepter des services gratuits, il voulut payer le prix d'une si glorieuse hospitalité. Il se logea chez les Bénédictins de Saint-Georges et y vécut fort simplement; mais l'architecte Michellozzo, qu'il avait amené avec lui, ajouta au couvent un vaste bâtiment, dont Cosme fit une bibliothèque et où il amassa des trésors littéraires; puis il donna le tout à la seigneurie de Venise, en manière de remerciement. Pendant ce temps-là (en 1434) le pape Eugène IV, qui était Vénitien, fuyait devant une émeute, et sortait de Rome sous un déguisement de moine. La république de Florence entreprit de le rétablir sur le trône de saint Pierre. L'armée toscane fut battue. Le peuple, irrité de ce revers, demanda Cosme de Médicis. La faction des Albizzi s'opposait à son rappel; mais elle fut accablée par l'explosion de la volonté populaire. Cosme dit adieu aux Bénédictins de Saint-Georges et rentra dans sa ville natale au milieu de démonstrations de joie si exaltées, que l'ambition et l'orgueil pénétrèrent dans son âme. On le nomma gonfalonier, et il usa de son autorité en abolissant les élections aux autres magistratures, ce qui était le renversement des vieilles institutions; il proscrivit ensuite ses ennemis avec une rigueur digne de Sylla, et le peuple de Florence, le premier élan d'enthousiasme étant refroidi, se réveilla privé de sa liberté. Un riche Florentin nommé Baldaccio, homme désintéressé, généreux et aimé, donna de l'ombrage au gonfalonier; Baldaccio mourut assassiné. Machiavel assure que ce fut par l'ordre des Médicis. Toujours est-il que les meurtriers n'ont pas été poursuivis. Cosme mourut en 1464, avec le titre de Père de la Patrie, qu'on lui avait donné de son vivant et qu'il a mérité, si l'on entend par là un père de famille jouissant d'une autorité absolue, et châtiant bien ses enfants, selon le précepte de Salomon.

On voit par ce qui précède combien Cosme l'Ancien serait peu digne d'attention si l'on ne considérait en lui que l'homme politique. Mais l'ami des lettres et des arts est si différent qu'on serait tenté d'en faire un autre personnage. Ordinairement l'ambitieux, en affectant de protéger les savants et les écrivains, montre le bout d'oreille du roi Midas, comme Perse le reprochait à Néron dans ses satires. Il recueille des livres qu'il ne lit point, des tableaux qu'il n'a pas le temps de regarder, et bâille en écoutant réciter des vers; ou bien il accable de faveurs les sots panégyristes et méprise tout écrivain qui ne chante pas ses louanges. Cosme de Médicis n'a pas un seul de ces ridicules. Son amour pour les lettres est une véritable passion, à laquelle il applique toute son intelligence et toutes les ressources de sa fortune. Il entretient des émissaires qui voyagent à ses frais en Allemagne, en Orient pour y chercher des manuscrits qu'il paye au poids de l'or. Nicolas V et Alphonse de Naples, qui partagent son émulation, lui disputent la possession des livres découverts, et puis ces trois souverains font des échanges et s'envoient des cadeaux. Un exemplaire de Tite-Live, recueilli par Cosme et offert à Alphonse, cause tant de joie à ce prince qu'il n'a plus rien à refuser au généreux donateur. Cosme lui demande la paix de l'Italie et Alphonse s'empresse de la signer, de peur de passer pour un ingrat s'il ne se rendait à un procédé si courtois. Le temps n'est plus où l'on éteignait le feu de la guerre par de tels moyens. On ne fait plus de souverains comme Alphonse, de papes comme Nicolas V, ni même de grands seigneurs comme Cosme de Médicis. Il fallait cette réunion d'esprits charmants pour sauver l'Italie à si peu de frais. Ah! pourquoi le czar de toutes les Russies, Nicolas Ier, n'a-t-il pas aimé autant qu'eux la lecture! Avec quel empressement la France et l'Angleterre eussent épargné des flots de sang humain en lui offrant un Tite-Live doré sur tranche!

Avant de mourir, Cosme l'Ancien put avoir la satisfaction d'entendre parler de la découverte de l'imprimerie. Ce dut être une grande surprise et un sujet de joie pour lui que de voir les lettres et les sciences assistées d'un procédé mécanique par lequel leurs productions se pouvaient répandre à des milliers d'exemplaires et descendre dans les mains du peuple. Trois imprimeries s'établirent à la fois en Italie : une à Milan, une autre à Venise, la troisième à

Subiaco, près de Rome. Tous les historiens de la littérature et des arts se sont émerveillés de l'à-propos singulier de cette découverte, qui arrive précisément lorsque tout le monde s'occupe de la recherche et de la multiplication des manuscrits; mais je ne vois là aucun sujet d'étonnement. Guttenberg et le graveur de Harlem n'ont cherché à suppléer à l'insuffisance des copistes que parce qu'on demandait beaucoup de copies. En ce temps-là, les Médicis et le roi Alphonse n'auraient fait aucun cas des canons à la Paixhans, et l'on n'eût pas été bien venu en apportant un nouvel engin destructeur à des princes qui accommodaient leurs différends à l'amiable pour un exemplaire de Tite-Live. En un mot, c'est le besoin qui appelle les découvertes, et quelle que soit la vivacité du génie de l'homme, les inventions arrivent souvent trop tard. Les chefs-d'œuvre de la pyrotechnie et les nouveaux ustensiles de guerre sont éclos après les grandes campagnes de l'Empire, et ces produits, dont Napoléon aurait su tirer parti mieux que personne, sont restés en disponibilité jusqu'en 1854, où l'on a mesuré pour la première fois leur puissance, en les essayant sur les granits de Bomarsund. Heureusement l'imprimerie était une de ces inventions dont le public suffit à faire la fortune. Le roi Louis XI ne fut pas au nombre de ses protecteurs, et la France, en cette occasion, se montra un peu barbare. En somme, il faut reconnaître que Cosme l'Ancien a été un despote bibliomane d'une espèce originale, et que ses bouffées de tyrannie ne l'ont point empêché de contribuer beaucoup à la gloire de l'Italie.

Les institutions de la république florentine étaient fort ébranlées, cependant elles existaient encore. Laurent et Julien de Médicis, petits-fils de Cosme, avaient les qualités de leur grand-père. Laurent fut d'abord un des six députés qui allèrent féliciter Sixte IV à l'occasion de son élection au pontificat. En revenant de cette ambassade, il s'arrêta un moment à Volterre et trouva cette ville ravagée par suite de la guerre civile. Dans un mouvement de compassion, il exprima le désir de soulager toutes les misères qu'il avait sous les yeux. Le nombre des malheureux était plus grand qu'il ne le pensait d'abord; mais sa parole une fois donnée, il ne voulut pas s'en dédire. Toutes les victimes de la guerre furent secourues avec une libéralité inouïe. Cette bonne œuvre lui coûta des sommes énormes; mais elle lui valut les bénédictions d'une ville ressuscitée, l'admiration de l'Italie et l'estime de l'Europe entière. Son premier acte politique fut le renouvellement des traités d'alliance avec Venise, l'ancienne amie de sa famille, et puis il s'occupa, comme son aïeul, de lettres et de beaux-arts avec une ardeur et une générosité qui lui ont fait donner le surnom de *Magnifique*.

Probablement, Laurent de Médicis aurait passé pour un homme d'humeur douce et facile si la conjuration des Pazzi ne l'eût obligé à des mesures de rigueur, dans un temps où les mœurs étaient encore fort rudes et où la clémence pouvait être prise pour de la faiblesse. En 1478, trois familles nobles de Florence, les Pazzi, les Bandini, les Salviati, dont était l'archevêque de Pise, résolurent de se défaire des Médicis, en les assassinant au milieu d'une cérémonie religieuse à la cathédrale, qui s'appelait alors Santa-Riparata. L'élévation de l'hostie par le cardinal officiant fut le signal choisi. Au moment indiqué, Julien de Médicis tomba frappé de plusieurs coups de poignard. Laurent blessé se défendit énergiquement et parvint à s'échapper. Le peuple furieux demanda la mort des assassins. On les pendit aux fenêtres du palais public, et l'archevêque de Pise figura au balcon avec ses habits sacerdotaux.

On connut bientôt que la cour de Rome avait trempé dans ce complot. Le pape Sixte IV excommunia toute la république, qui ne s'en émut pas beaucoup. Les foudres du Vatican s'émoussaient déjà, et les troupes envoyées contre Florence furent battues à plates coutures par le condiottiere Malatesta. Cependant, à l'instigation du pape, le roi de Naples Ferdinand, fils et successeur d'Alphonse, déclara la guerre aux Florentins. Laurent le Magnifique eut la douleur de voir la moitié de l'Italie prendre parti contre lui pour soutenir une faction d'envieux et d'assassins. Cette situation critique lui inspira une de ces résolutions sublimes et hardies dont l'antiquité elle-même n'offre qu'un seul exemple. Comme Thémistocle, il résolut de mettre au défi la générosité de ses ennemis et de les assigner devant le tribunal de l'histoire. Il partit secrètement de Florence un matin, accompagné seulement de quelques serviteurs, et il vint tomber à Naples, où, assurément, on ne l'attendait guère. Il se présenta devant le roi : « Me voici, lui dit-il; si c'est à moi que vous en voulez, contentez votre haine; faites-moi mourir. Je m'estimerai heureux de sauver la vie à tant de braves gens prêts à s'égorger pour nos querelles. » Ce qu'il avait prévu arriva : Ferdinand, confus et charmé, lui tendit la main, et ils réglèrent ensemble les conditions d'une paix générale, au grand dépit de Sixte IV. Nous rappellerons, en passant, qu'au dix-neuvième siècle l'empereur Napoléon suivit la même inspiration que celle de Laurent de Médicis. Par malheur, le régent de la Grande-Bretagne et lord Bathurst n'étaient pas à la hauteur du personnage, et leurs petits cerveaux ne virent dans la grandeur d'âme de leur ennemi qu'une bonne aubaine.

On conçoit aisément qu'après une expédition si brillante et couronnée d'un si beau succès, le retour de Laurent à Florence fut un véritable triomphe. Depuis ce moment, il ne fit plus que se livrer à sa passion pour les arts et les lettres. L'œuvre commencée par son grand-père se poursuivit avec vigueur. Les savants, les architectes accoururent au palais Médicis, et une académie de peinture fut ouverte dans les jardins même de ce palais. A la demande de Laurent, le Ghirlandajo, qui travaillait alors à Rome, envoya ses deux meilleurs élèves pour diriger l'académie. Un de ces élèves était le jeune Michel-Ange Buonarotti, alors âgé de seize ans. Pendant les journées consacrées aux délassements, on mettait de côté l'étiquette au palais Médicis. Les savants, les poëtes, les artistes entouraient leur patron et leur ami, dissertaient avec lui, proposaient des projets d'embellissement, et les plus dispendieux étaient plus volontiers adoptés que les autres. Dans cette réunion d'hommes éminents se trouvaient Jean Lascaris, Politien, Pic de la Mirandole, le poëte Pulci, l'architecte Julien San-Gallo, Filippino Lippi, Michel-Ange, et plusieurs autres moins illustres, mais qui auraient pu faire la gloire d'une époque moins féconde en grands esprits. Au milieu de ces plaisirs, dignes du petit-fils de Cosme, la santé de Laurent s'altéra, et il songeait à se retirer des affaires lorsque la mort le vint surprendre à quarante-quatre ans.

La nature s'amuse quelquefois à mettre un noble cœur et une grande intelligence dans un corps mal fait. Laurent de Médicis n'était point beau; toute sa personne manquait d'élégance, et cependant, avec l'apparence de la rudesse vulgaire, un parler désagréable, des mouvements sans grâce, il trouvait encore le moyen de plaire. Il avait une certaine adresse aux exercices du corps et maniait bien un cheval : dans un tournoi qu'il donna au sujet de l'alliance avec Venise, il remporta le prix en combattant aux armes courtoises. La statue que Michel-Ange a faite de lui sous le nom du *Pensieroso*, et qui doit être un portrait, ne montre pas les imperfections physiques du modèle, parce que le devoir de l'artiste est d'embellir en restant fidèle. On a peine à comprendre comment une organisation énergique et robuste a pu dépérir et tomber dans la langueur à quarante ans. Laurent avait beaucoup d'ennemis, et la science des toxiques était fort avancée alors; il n'est pas impossible qu'un de ces poisons lents, dont les Borgia ont fait un usage si lucratif, ait un peu aidé ce héros de Plutarque à descendre au tombeau.

La république existait encore de nom à Florence, malgré les coups profonds que la puissance des Médicis avait portés aux institutions. Après la mort de Laurent le Magnifique, la forme sauva le fond. Sans se connaître en beaux-arts, le gonfalonier Pierre Soderini les encouragea de son mieux. Pendant une lacune de trente ans, on ne voit pas les Médicis gouverner la Toscane : Rome était alors le théâtre de leur ambition et de leurs succès; mais, en 1531, leur retour à Florence est une calamité publique et le signal de la décadence. Après le siége de cette ville par les Espagnols, Charles-Quint détruisit la république, et convertit la Toscane en duché pour la donner à son gendre Alexandre de Médicis. Le grand-duc se fit bientôt connaître. Le signe certain auquel on distingue les tyrans est leur aversion instinctive pour les honnêtes gens. Alexandre ne se contenta pas de les détester, il les persécuta; il souilla ensuite sa couronne par toutes sortes de débauches et de violences. Pas une femme n'était à l'abri de ses poursuites; les jeunes filles de la noblesse, les religieuses même étaient enlevées et traînées comme des esclaves au lit de ce petit Néron. Les murmures du peuple, l'indignation des bourgeois et la colère de la redoutable famille des Strozzi dont la fille avait été insultée et empoisonnée, n'auraient point arrêté ces excès, qui durèrent six ans, si un incident étrange ne fût venu y mettre fin d'une manière brusque et inattendue.

Dans la maison même du duc, parmi ses cousins, se trouvait un jeune homme indolent, cynique de langage, perdu de mœurs et déshonoré, compagnon de libertinage d'Alexandre, qui s'avisa un peu tard et on ne sait pourquoi de faire le Brutus. Comme le vengeur de Lucrèce et comme le prince Hamlet, Laurent de Médicis, qu'on appelait par mépris Lorenzaccio, joua pendant quelques années le rôle d'un fou. Il gagna la confiance entière du duc par d'infâmes moyens, en le servant dans ses amours, si les plaisirs d'un sauvage méritent ce nom. Il remplit si bien son personnage, qu'on peut le croire un misérable, même après le tragique dénoûment de sa comédie. Lorenzo étant à Rome s'était diverti un jour à briser la tête des statues de l'arc de triomphe de Constantin. Tout autre que lui eût été pendu pour cet acte de vandalisme stupide, comme le lui dit son oncle le cardinal. Le pape Clément VII, qui était Médicis, ne lui pardonna qu'en faveur de son nom. Exilé pour cette sotte équipée, Lorenzo vint à Florence chez son cousin Alexandre, dont il se fit le Mercure, l'espion et pis encore. Les discours de ce drôle n'étaient que des outrages perpétuels à toutes les lois divines et humaines, des railleries cruelles contre le peu de gens de cœur qui restait encore à Florence. Lorenzo avait pour âme damnée une espèce d'estafier, nommé Scoronconcolo, qui s'était engagé par serment avec lui à tuer sans marchander la personne qui lui serait désignée, fût-ce un prince ou un prélat. Cette façon de payer un tribut de reconnaissance et le serment demandé par Lorenzo sont les indices d'une pensée longtemps mûrie; sans cela on pourrait prendre le crime de ce jeune homme pour un accès de frénésie. Un jour, ou plutôt une nuit, que le duc Alexandre était mené en bonne fortune par son fidèle confident, Lorenzo, après l'avoir aidé à se déshabiller, sortit pour aller chercher la dame près de laquelle il avait bien voulu s'entremettre; lorsqu'il revint accompagné du spadassin, le duc, qui était ivre, commençait à s'assoupir. Lorenzo le perça d'un coup d'épée, en lui disant : « Seigneur, dormez-vous? »

La blessure était mortelle; mais Alexandre trouva encore assez de forces pour sauter hors du lit et saisir l'assassin à bras le corps. Une lutte terrible s'engagea, dans laquelle Lorenzo aurait succombé si le spadassin ne fût venu à son aide. Scoronconcolo, fort empêché de frapper un des deux lutteurs sans blesser l'autre, tourna longtemps autour des combattants. A la fin il réussit à enfoncer son couteau dans la gorge de la victime. Alexandre lâcha prise et roula sur le plancher, laissant à son meurtrier une morsure profonde au pouce de la main droite. Au lieu de s'esquiver comme un assassin vulgaire, Lorenzo ouvrit une fenêtre, et se mit à respirer l'air et à regarder les étoiles, au grand désespoir de son compagnon qui voulait gagner le large. Quand la nouvelle se répandit dans la ville, le meurtrier attendit l'effet de son crime sur l'esprit des Florentins, en disant qu'il leur faisait beau jeu, et qu'on allait voir s'ils avaient un regret sincère de leurs institutions et de leur liberté; mais, malgré les sollicitations des Strozzi et de quelques autres nobles, les Florentins n'osèrent pas braver l'empereur Charles-Quint. Le cardinal Cibo les menaça d'une armée espagnole s'ils ne proclamaient Cosme Ier grand-duc de Toscane. On lui obéit sans difficulté. Cosme Ier prononça un de ces discours-programmes qui n'engagent à rien; les Strozzi furent emprisonnés ou exilés, et Lorenzo sortit de Florence pour se retirer à Venise, où il mourut en plein jour dans la rue, sous le poignard des agents du nouveau grand-duc. Cet épisode, raconté avec des détails circonstanciés dans les *Chroniques florentines*, a servi de matière à un drame historique d'une exactitude scrupuleuse, et qui, pour n'avoir pas été représenté au théâtre, n'en est pas moins connu de tout le monde.

Cosme, premier grand-duc du nom, passa pour un habile homme, parce qu'il aimait à faire des dupes, ce qui est toujours facile à un prince. Il commença par témoigner une ingratitude souveraine en exilant le cardinal Cibo, véritable auteur de son élévation. Ses envoyés demandèrent une femme pour lui à Charles-Quint; mais en même temps Cosme allait se faire couronner à Rome et recevait du pape l'investiture régulière de son duché, ce qui était une manière de protester contre la suprématie et le protectorat de l'Espagne. Tout ce qui s'était prononcé pour le rétablissement des vieilles institutions à Florence fut persécuté avec la dernière rigueur. La belle et nombreuse famille des Strozzi se dispersa; Philippe, le chef de cette illustre maison, mourut comme Caton d'Utique pour ne point voir l'abaissement de sa patrie. Un de ses enfants passa les monts et devint maréchal de France. Cosme s'occupa de sa fortune particulière autant que des affaires publiques et s'enrichit dans le commerce. Moitié par astuce et moitié par force, il s'empara de la ville de Sienne. La reine de France Catherine de Médicis, qui descendait en ligne directe de Laurent le Magnifique, affichait un mépris profond pour son cousin le marchand, comme elle l'appelait. Ce prince spéculateur mourut en 1574, avec le surnom de Grand, qu'on lui donna sans doute en considération de cet axiome : qu'au milieu des petits, les hommes ordinaires deviennent géants; ce qui advint à Gulliver dans le pays de Lilliput.

François, fils et successeur de Cosme le Grand, comme s'il eût senti que l'astre des Médicis penchait vers son déclin, se querella âprement avec la maison d'Este sur la question de préséance. Cette importante discussion dura trente-cinq ans, et lorsqu'elle s'éteignit, l'histoire n'avait plus rien de sérieux à dire sur les deux maisons. François avait obtenu en mariage une princesse d'Autriche, et il se tenait pour justement honoré de cette alliance. Une aventurière vint troubler la paix du ménage. Bianca, fille du sénateur vénitien Capello, s'était échappée du logis paternel par une fenêtre, que les gondoliers de Venise montrent encore aux voyageurs. C'était une de ces filles aux cheveux d'or, modèles charmants des Vénus et des Europe de Paul Véronèse, pétries de feu, de grâces, d'intrigue et de caprices. Cette Circé, ennuyée de l'amant qui l'avait enlevée, était reçue chez les Mondragone à Florence. Elle y faisait tourner les têtes par sa coquetterie. Le grand-duc François la vit un soir, et tomba dans ses filets. Bianca ne s'amusa point, comme Anne de Boleyn, à tourmenter son Henri VIII et à l'exciter au divorce. Elle s'empara de l'esprit du prince, et le rendit fou d'amour, mais fort heureux de sa folie. Sur ces entrefaites, Jeanne d'Autriche vint à mourir, et Bianca se coiffa bientôt après de la couronne grand'ducale. François n'avait que des filles de sa première femme, et n'eut point d'enfant de la seconde, qui souhaitait vivement de lui donner un héritier. Bianca rendit au sénat de Venise, dont un membre l'avait accablée de sa malédiction, les services qu'elle put dans sa haute position; mais pour le reste elle usa gaiement du pouvoir en véritable courtisane, vendant les emplois au plus offrant, s'amusant à tout brouiller, et riant du désordre pitoyable de son duché, jusqu'au moment où François de Médicis mourut pour avoir mangé trop de fruits crus.

Ferdinand, frère du précédent, avait puisé le goût de la sagesse et de l'ordre dans les exemples scandaleux de son aîné. Il gouverna paisiblement, et n'entreprit que des choses utiles, comme l'agrandissement de Livourne, le desséchement des maremmes et l'extinction de la piraterie dans la Méditerranée. Il aimait tendrement sa nièce Marie, fille du feu grand-duc et de Jeanne d'Autriche, et il la voulait faire reine de France. Il la proposa en secret à Henri IV, qui la choisit de préférence à toute autre, parce que l'envoyé florentin, qui connaissait le faible du roi, lui traça un portrait séduisant des charmes de cette princesse. Rubens, dans ses grandes pages du Luxembourg (aujourd'hui au Louvre), a somptueusement représenté le débarquement, l'arrivée, le couronnement de Marie de Médicis. D'autres cérémonies avaient eu lieu à Florence, où le duc de Bellegarde était venu épouser par procuration. Dans un ouvrage curieux, Palma Cayet, témoin des fêtes données à cette occasion au palais du grand-duc, raconte avec des détails minutieux le mariage, les réjouissances, les chants, les comédies, et jusqu'au menu des festins. Il faut extraire un passage de cette chronique pour montrer au lecteur que si le caractère et l'intelligence des Médicis avaient décliné, du moins la tradition de la magnificence et de la prodigalité se soutenait encore dans leur maison.

« Après que la reine épousée se fut assise (au souper), ayant à son côté droit le cardinal Aldobrandini, légat, le duc de Mantoue et le grand-duc de Florence, et à sa gauche les duchesses de Mantoue, de Florence et de Bracciano, le duc des Ursins servit d'écuyer, et Jean de Médicis, frère du grand-duc, d'échanson. Après le premier service, par un admirable artifice, la table se départit en deux et s'en alla de soi-même, une partie à droite et l'autre à gauche. A l'instant il s'éleva de dessous terre une autre table chargée très-exquisement de toutes sortes de fruits, de dragées et de confitures; et quand cette table eut disparu comme l'autre, il en vint une troisième toute reluisante de précieux tapis, miroirs et autres choses plaisantes à voir, et faisant un *brillement* admirable; puis après une quatrième se leva, couverte des jardins d'Alcinoüs, ou vergers de Sémiramis, pleins de divers fleurs et fruits, avec fontaines à chaque bout de la table, et d'infinis petits oiseaux qui s'envolèrent dans la salle, tellement qu'on se pouvait croire au printemps, quoique l'hiver fût bien avancé.

« Or, comme cette table fut partie, voici que d'en haut, des deux côtés du salon, deux nuées apparurent. Sur l'une était une belle fille florentine faisant le personnage de Diane; sur l'autre un eunuque, et tous deux, l'un après l'autre, remplissaient l'air de doux chants et d'une musique admirable. Par-dessus tout arriva un buffet si somptueux et si riche, que les assistants tenaient leurs yeux fixés dessus. Il était fait en la forme d'une fleur de lys ornée de perles et pierreries précieuses, et chargé de vases d'or et d'argent en grand nombre...

« Mais le neuvième jour d'octobre (1600), il fut joué une comédie d'une dépense incroyable. Au premier acte était représenté le Parnasse à deux têtes, où coulaient deux fontaines, dont l'une était presque au faîte et l'autre au pied d'une montagne. Sur la plus haute fontaine voltigeait Pégase en faisant des passades. La nymphe Poésie était assise sur la fontaine du bas, et commençait en chantant; et aussi les neuf Muses enfermées dans la montagne la secondaient avec une douceur de voix et d'instruments de musique telle que jamais il n'y eut concert si harmonieux. Après que les Muses eurent cessé, la Poésie chanta un prologue et remonta tout doucement sur la montagne, où elle s'assit. Les Muses lui répondirent derechef avec la même harmonie angélique, et tandis qu'elles chantaient, la montagne peu à peu se fondit et disparut. Ainsi finit le premier acte.

« Au second, on vit s'élever un bocage plein d'arbustes verdoyants, sous lesquels Céphale, las de chasser, prenait son sommeil entouré de ses chasseurs. Soudain, du ciel descendit l'Aurore dans une nue qui touchait jusqu'à terre, et commença très-doucement à chanter. Les chasseurs, éveillés, appelèrent Céphale, auquel l'Aurore s'adressant tâcha de gagner son amour par de belles paroles. Mais Céphale, adonné au plaisir de la chasse, tourne le dos aussitôt qu'il ouït parler d'amour, et s'en va dans les taillis.

Toutefois l'Aurore le poursuit et, par beaucoup de propos, témoigne sa douleur. Cependant Tithon, le mari de l'Aurore, vient sur une nue, et déplore la perte de sa mère, dont il mène le deuil. Quand ces deux nuées se sont évanouies, voici paraître une Mer pleine de lys tout blancs, dedans laquelle le père Océan se voit monté sur un Dauphin, au devant duquel va le Soleil sur son carrosse, et, s'étant abouchés ensemble, ils traitent avec admiration des raisons pourquoi le Jour met si longtemps à venir. Survient Cupidon, sur une nue entre deux autres nuages. En l'un était un amour, en l'autre quatre amours assis. Après que l'Océan, Phébus et Cupidon eurent parlé ensemble longuement, flattant de leurs chants l'air et le ciel, incontinent l'on vit le Dauphin se glisser sous l'eau avec l'Océan, le soleil se coucher, et Cupidon aller au ciel, laissant l'Amour sur la terre.

« Le troisième acte contenait un colloque entre Céphale et l'Aurore, dans lequel, comme auparavant, Céphale résistait à l'Amour; après quoi, la Mer, sortant d'en bas, blâmait le retard de l'Aurore.

« Au quatrième acte, la Terre appelait l'Aurore absente, et priait l'Amour de la ramener et avec elle le Jour. Cependant Jupiter, irrité de tant de querelles, envoie Mercure et lui ordonne d'y remédier. Mercure, ayant trouvé l'Amour sur la terre, lui commande de remonter au ciel. Comme ils y sont remontés tous deux, le ciel se fend, d'où il sort quarante personnages faisant un admirable concert. Aussitôt Jupiter apparut sur un aigle, et il envoya l'Amour à l'Aurore, contre laquelle il feignait d'être fort courroucé, afin que l'Amour la ramenât. Céphale s'approche alors, qui, par ruse de l'Amour, s'éprend de passion subite pour l'Aurore et est enlevé aux cieux avec elle.

« Au dernier acte, la Renommée se présenta, étant assise sur le haut de la montagne; auprès d'elle, un orateur déclama des louanges du grand-duc avec une très-grande douceur et suavité de voix. A chaque côté il y avait huit personnages qui représentaient la forme et les armes des principales villes du grand-duché. Puis après, peu à peu, la montagne s'évanouit. Lesdits personnages descendirent pour complimenter la reine de son bonheur et en firent des jubilations de triomphe. La Renommée s'enleva au ciel, et pour la fin, la montagne, se rendant basse jusqu'à trois pieds de la reine, lui présenta un lys qui venait de naître, quoique fort grand, surmonté d'une couronne d'or, comme suspendue, dont l'interprétation signifiait la naissance future de monseigneur le Dauphin de France, auquel la couronne était par Dieu destinée de tout droit divin et humain; tellement que cette mythologie prophétique s'est trouvée fort bien imaginée pour la vérité des choses survenues depuis par la grâce de Dieu. »

Ces deux pages sont un document à citer dans l'histoire de l'opéra et du théâtre. Cette pastorale de circonstance, à l'instar de celles du Tasse et de Guarini, montre que le genre était fort avancé en Italie, et depuis longtemps, lorsqu'il s'introduisit à la cour de France pendant la jeunesse de Louis XIV, par les soins de Lulli. On remarquera aussi la perfection étonnante de la mécanique théâtrale et de l'art des décors. Je ne sais trop ce qu'on pourrait exécuter de plus difficile aujourd'hui, en fait de machines, que ce Parnasse de carton, s'affaissant jusqu'aux pieds de la reine, et s'ouvrant pour offrir à Marie de Médicis un bouton de lys couronné. Probablement Rubens avait connaissance des fêtes de Florence, et de là vient qu'il a introduit des allégories dans ses tableaux sur le mariage d'Henri IV, afin de servir la reine selon le goût de son pays et de la cour de son père.

Les arts et les lettres en Italie ayant eu peu de chose à démêler avec les derniers Médicis, nous pourrons résumer en quelques mots ce qu'il reste à dire de cette maison. L'oncle de la reine de France meurt en 1609. Il est remplacé par Cosme II, âgé de dix-neuf ans. Celui-ci, plus grand à mon sens que Cosme Ier et surtout plus honnête homme, est un des premiers princes italiens qui aient deviné ce précepte tout moderne, qu'en politique, la meilleure habileté c'est la droiture. Il était sage et bon administrateur. Sa plus belle action est d'avoir courageusement accordé sa protection à Galilée, qui en avait grand besoin, et de l'avoir laissé sur la tour de Pise se livrer à des travaux qui ont ouvert à la science une voie large et nouvelle, malgré les cris et les menaces du parti de l'éteignoir. Cosme II n'eût-il fait que cela, ce serait beaucoup. Il prêta encore secours aux chrétiens d'Orient, contre les persécutions de la Turquie, moins tolérante alors qu'aujourd'hui. Malheureusement pour la Toscane, ce prince mourut jeune, en 1621, d'une fièvre qu'il avait gagnée à la chasse dans les Maremmes.

Ferdinand II, son fils, ne suivit point l'exemple d'un père si généreux, et se montra aussi faible que Cosme avait été ferme. Il livra lâchement Galilée à l'inquisition romaine, qui s'empressa d'appliquer la question à ce vieillard de soixante-dix ans, que toute l'Europe enviait à l'Italie. Cette basse complaisance n'empêcha pas Ferdinand d'avoir des discussions avec le saint-siége. Les querelles s'envenimèrent à ce point qu'on arma de part et d'autre. La guerre se termina par une bataille rangée en 1643, dans laquelle le grand-duc perdit vingt-cinq hommes. Après un échec si terrible, on comprend qu'il n'ait pas pu tenir plus longtemps la campagne. La décadence d'un pays et la longévité des princes vont souvent ensemble, apparemment pour que l'œuvre de destruction s'accomplisse plus sûrement et d'une façon irrémédiable. Ferdinand mourut hydropique en 1670, dans la cinquantième année de son règne.

Après lui ce n'est plus sur le penchant de la décadence que glisse la Toscane. Elle arrive à l'abjection. Cosme III tombe dans le ridicule. Marguerite d'Orléans, sa femme, le prend en horreur et s'enfuit de la maison conjugale, ne pouvant plus supporter son ennui. Cosme se plaint, redemande sa moitié. Les grandes cours et même celle de France rient de son chagrin. Lorsque son fils atteint l'âge de puberté, il le marie par procuration à une princesse de Bavière. Le jeune homme ne trouve pas cette femme à son goût, et fuit la colère paternelle à Venise, où il se perd de débauche. L'Europe avise alors à la succession du duché de Toscane, et sans se préoccuper de l'antécédent abusif qu'elle établit en matière d'hérédité, elle dispose de ce duché du vivant même du prince régnant, pour l'époque de sa mort. On signifie au grand-duc qu'il aura pour agréable de laisser sa couronne à un fils de Philippe V, roi d'Espagne et d'Élisabeth Farnèse. Cosme jette les hauts cris de cette usurpation, et on ne l'écoute pas. Alors il prend le bon parti, celui de se taire et de vivre si longtemps que ces projets s'évanouissent dans les brouillards de la politique. Il meurt en 1723, après avoir mis en terre ses ennemis et les héritiers qu'on lui voulait imposer; mais avec son fils Jean-Gaston s'éteint la maison régnante, et la Toscane passe entre les mains de François de Lorraine, qui la porte dans la maison d'Autriche en devenant empereur le 14 septembre 1745.

Nous rappellerons ici, pour mémoire, que deux archiducs, Léopold et Ferdinand, portèrent la couronne grand'ducale jusqu'en 1801, où, par suite du traité de Lunéville, la Toscane devint royaume d'Étrurie. En 1815, elle reprit son nom et revint en l'état où l'avait trouvée la révolution française.

Avant 1848, le grand-duc Léopold II passait pour un prince doux, d'un abord facile, ce qui est toujours le signe d'un bon esprit. Je l'ai rencontré souvent à la ville ou aux environs, accompagné d'une ou deux personnes, en sorte que je ne l'aurais point reconnu si on ne me l'eût désigné. On racontait qu'un jour, dans une de ses promenades, il était arrivé chez de pauvres paysans qui s'apprêtaient à faire baptiser un enfant nouveau-né. Au moment d'entrer à l'église, on cherche le parrain sans pouvoir le trouver : « Entrons toujours, dit le monsieur inconnu. Si le parrain ne revient pas, je tiendrai l'enfant sur les fonts. »

Le curé de village s'impatientait, et voulait en finir. On accepte la proposition obligeante du passant et la cérémonie commence : — « Vos noms, prénoms et qualités, » demande le curé. A quoi le monsieur répond du ton le plus calme : « Leopoldo secondo, duca di Toscana. » En voulant répéter le nom du parrain, le curé bégaye; il y renonce enfin, et se confond en excuses; mais le grand-duc le rappelle doucement à ses fonctions, et la cérémonie s'achève. Le lendemain, le parrain envoya des dragées à sa commère et un présent pour son filleul.

Revenons aux Médicis. La France n'eut guère à se louer de ses alliances avec cette maison. Catherine amena de ce côté des monts quantité de Florentins qui introduisirent l'usage expéditif des poisons, en matière de vengeance ou de succession, dans un pays où ces procédés abominables étaient contraires aux mœurs d'une nation généreuse. La mort suspecte du dauphin François, celle de Jeanne d'Albret et plusieurs autres, où trempèrent les Birague et les Montecuculli, ont porté un dommage notable à la noblesse du caractère français. Les deux seuls rois qui se soient abaissés jusqu'au guet-apens, Henri III et Louis XIII, étaient tous deux les fils d'une Médicis. Quel triste sang coulait dans les veines de ces deux princesses, si l'on en juge par leurs enfants! Le chevaleresque Henri II, le galant et spirituel Henri IV, grâce à l'alliance des Médicis, ont trouvé le moyen de donner le jour, le premier à quatre fils débiles de corps, efféminés et cruels, le second à deux hommes sans courage et sans cœur, dont était Gaston d'Orléans, le type de la faiblesse, qui laissa mourir ses plus fidèles amis, après les avoir compromis par son imprudence et ses rébellions d'écolier. Assurément ce n'était pas à leurs pères que Charles IX, Henri III, Louis XIII et son frère Gaston avaient pris cette santé languissante, ces goûts ultramontains, ces manies puériles, ces instincts de femmelettes, ces visages mornes, ces yeux sans regard et ces cœurs sans passion, qui distinguent les princes français issus des filles des Médicis. Il faut croire que les demoiselles de cette maison jouissaient du privilége d'abâtardissement, qui depuis a été mieux porté que par des têtes à couronnes ouvertes.

II

FLORENCE

Le Palais-Vieux. — Le poète Pulci. — *Morgante-Maggiore*. — La galerie Médicis. — L'école florentine. — Frère Bartholomée et Jérôme Savonarole. — La Niobé. — La tribune. — Un portrait de femme. — Le palais Pitti. — Rembrandt. — La Vierge à la chaise. — Christophe Allori. — Un tableau du Giorgione. — Les trois Parques. — Un auto-da-fé à Fontainebleau. — L'oratoire du Scalzo. — Le portique de l'Annonciade. — Les regrets stériles. — Santa-Croce. — Tombeaux de Dante, de Machiavel et d'Alfieri. — San-Lorenzo. — La *nuit* et le *jour* de Michel-Ange. — La façade du dôme.

Le promeneur dans les rues de Florence trouvera l'habitation des Médicis digne des hommes dont nous venons de parler. Il est aisé de reconnaître que ces immenses bâtiments se divisent en deux parties de dates et de styles bien différents. Celle des galeries en arcades qui s'étend du côté de l'Arno porte le cachet du seizième siècle; Vasari en a tracé le dessin. L'autre partie, appelée Palais-Vieux, et qui donne sur la place du Grand-Duc, est une œuvre du moyen âge. La tour dite de la *Vache*, qui domine cette forteresse carrée, avait une destination particulière; c'était comme une citadelle et un dernier refuge pour les habitants. En cas d'assaut ou de surprise, on pouvait se retirer dans cet *appartement*, et s'y défendre fort longtemps, pourvu qu'on y eût des vivres. Cosme l'Ancien et Laurent le Magnifique demeuraient au Palais-Vieux, et tout ce que Vasari a élevé plus tard était occupé par les jardins et l'académie provisoire de peinture. Dans ces vastes jardins, Laurent de Médicis écoutait Politien, riait avec Pulci et excitait Michel

Ange au travail. Un jour, le magnifique seigneur reprocha doucement à Pulci de ne faire que des vers légers et de dépenser son esprit en bagatelles et en conversations.

« Que n'écris-tu un grand poëme? lui dit-il. L'Italie régénérée ne possède encore que celui de Dante. Imite l'exemple de ce grand maître, et entreprends un ouvrage de longue haleine. »

Pulci répondit qu'il n'avait ni la patience ni la gravité nécessaires pour une si grosse entreprise, et que ses forces le trahiraient à moitié du chemin. Laurent réfuta l'objection en disant qu'on pouvait toujours mener à bien un projet de ce genre si l'on y appliquait ses forces avec persévérance, au lieu de les éparpiller sur mille petits objets. Alors Pulci demanda au magnifique seigneur de lui indiquer le sujet d'un poëme, pensant l'embarrasser; mais Laurent lui répondit sans hésiter : Charlemagne et sa cour.

Les romans de chevalerie étaient fort à la mode alors. Le goût de cette lecture a duré pendant bien des années, puisqu'on voit Françoise de Rimini se passionner pour la chronique de Lancelot, et que Michel Cervantes, au bout de trois siècles encore, a trouvé cette mode à l'état d'une véritable manie, dont il a guéri radicalement ses contemporains. Pulci, enclin par nature à la satire et au badinage, savait bien qu'il n'aurait rien fait de bon s'il eût voulu gêner le tour de son esprit. La prière de Laurent étant un ordre pour lui, il résolut d'exécuter ce qu'on lui demandait, c'est-à-dire un poëme de longue haleine, mais dans un style enjoué et léger. En revanche, il s'imposa ces difficultés de la forme, qui augmentent le charme de la lecture, comme les doubles rimes et la division par strophes.

Il faut remarquer que Louis Pulci, l'un des poëtes les plus aimables de l'Italie, et de ceux qu'on connaît le moins en France, n'avait d'autres modèles que Dante et Pétrarque, qu'il a précédé d'un siècle l'Arioste et le Tasse, et de plusieurs autres siècles toute l'école moderne de la *fantaisie*. Le premier il a conçu la pensée de traiter un sujet sérieux d'une manière ironique, en donnant libre carrière à son imagination, ce qui a bien pu inspirer plus tard à Cervantes l'idée de son charmant fou. Pulci était un chanoine de mœurs fort peu austères, gai, sensuel, gourmand, probablement pique-assiette à la table du magnifique Laurent; mais trop intelligent, trop pénétré des bonnes règles de l'art pour accepter des entraves qui auraient paralysé sa verve. L'allure dégagée et fantasque de son génie, et surtout le sentiment du ridicule qu'il possède à un haut degré, sont d'autant plus remarquables que dans le quinzième siècle où il vivait, on ne les aperçoit point encore. Ce n'est qu'un peu après, lorsque la comédie commence à renaître, qu'on les voit se développer rapidement et procurer des plaisirs vifs et nouveaux à toute la Péninsule.

En Italie même, il s'est trouvé des critiques assez graves pour dire que Louis Pulci avait été plaisant et burlesque sans le savoir dans son poëme. Mais il suffit d'en lire une page pour comprendre qu'il n'est donné à personne de produire involontairement une œuvre aussi comique. Lorsque tant de gens s'efforcent d'amuser et de faire rire, sans aucun succès, il serait incroyable qu'un poëte eût par hasard et sans intention un si précieux avantage. Pulci consulta les savants du palais Médicis sur les sources où il devait puiser. Marsile Ficin et Politien lui indiquèrent la chronique de l'archevêque Turpin, celle du troubadour Arnault et l'histoire d'Alcuin. Il examina tous ces documents, où il ne recueillit pas le mot pour rire, et quand il eut appris par cœur les faits et prouesses de Roland, Olivier, Maugis, des douze pairs et de l'empereur leur maître, il choisit pour son héros, — devinez qui : — le géant Morgant. Les savants s'attendaient sans doute à autre chose, et lorsque Pulci lut à la cour le premier chant de son poëme, la surprise dut être grande; mais elle fut agréable et on l'engagea fort à continuer sur le même ton. Le titre de ce poëme, *Morgante-Maggiore*, n'est pas rigoureusement exact. *Maggiore*, en italien, signifie plutôt l'*aîné* que le *géant*. Pulci a préféré ce mot à celui de *gigante*, quoique plus précis, par une double raison : le jeu de mots et l'euphonie.

Ce titre, sans importance d'ailleurs, contient déjà l'indice du goût de l'auteur et de sa plus brillante qualité, qui sont la plaisanterie et l'*oreille*, comme on dit en musique. Nous donnerons en quelques mots une idée du sujet, afin que le lecteur juge par lui-même si l'on peut raisonnablement soupçonner Louis Pulci de l'avoir choisi et exécuté sans une entière connaissance de cause.

Le vaillant chevalier Roland ayant quelque petit démêlé avec son cousin, le grand empereur Charlemagne, quitte la cour et s'en va courir les aventures pour se distraire, selon l'usage en chevalerie. Il voyage à petites journées et arrive sur les confins de l'Espagne. Dans un pays montueux, qui doit être les Pyrénées ou la Navarre, il s'arrête en un couvent pour se rafraîchir. Les bons moines se plaignent à lui du voisinage incommode de trois géants, brigands de leur état, sans religion, qui ravagent les terres de leur abbaye, détroussent les voyageurs et pillent le pauvre paysan. Fort heureusement, le couvent est entouré de murailles solides; mais de temps à autre, les géants lancent du haut des montagnes des pierres et des quartiers de roche qui font du dégât ou blessent quelqu'un. Le seigneur chevalier serait bien aimable s'il voulait délivrer le pays de ce fléau. Roland considère comme un devoir de se rendre à cette prière. Il se met en campagne et va droit au repaire des bandits. Il engage le combat avec eux, en tue deux assez lestement et couche à terre le troisième qui est Morgant. Au moment où il s'apprête à lui couper la gorge, Morgant implore sa pitié. Roland, aussi humain que brave, accorde la vie à ce mécréant à la condition qu'il se fera baptiser. Le géant n'y voit pas le moindre inconvénient; il recevra le baptême et tout ce qu'on voudra, pourvu qu'il sauve sa peau, et se réjouit fort du marché. Roland lui fait grâce et l'emmène au couvent.

Chemin faisant, le bon chevalier essaie de préparer son prisonnier à recevoir le premier sacrement, et de lui donner une leçon sur les vérités du christianisme. Mais Roland, excellent chrétien de cœur, n'est pas fort instruit des choses de la religion; il expose tant bien que mal au géant le peu qu'il en sait, et cet aperçu est si embrouillé que le naïf Morgant n'y entend goutte. Tout en jasant ainsi, on arrive à l'abbaye. Le prieur félicite Roland de sa victoire, et de peur que Morgant ne se dédise, les moines se dépêchent de le baptiser tellement quellement, en sorte que le voilà chrétien. Cette affaire achevée, le prisonnier converti se fait domestique et mène une bonne vie au couvent, avec son chevalier. On les régale du matin au soir. Morgant, doué d'une force extraordinaire, remplit l'office de porteur d'eau. Un jour qu'il descend à la fontaine, son tonneau sur les épaules, il rencontre deux sangliers. Il les tue et les rapporte à la maison. Les moines enchantés de Morgant et de son butin, quoique ce soit jour de jeûne, mettent les deux sangliers à la broche, en mangent avec tant de gloutonnerie et nettoient si bien les os que les chats du logis se plaignent dans leur langage de n'y rien trouver à gratter après les révérends pères.

Sur ce, Roland qui ne veut pas s'exposer au reproche de fainéantise, part pour d'autres contrées suivi de son géant qui l'a pris en amitié. Morgant lui sert de domestique et d'écuyer. Leur destin les mène à la cour du roi Carador. Ce prince reçoit à merveille le chevalier errant qui, pour le payer de son hospitalité, lui promet d'exterminer les ennemis de son royaume. Justement, Carador avait sur les bras une guerre fâcheuse avec un de ses voisins. Roland met en déroute l'armée étrangère, et Morgant qui l'assiste détruit des bataillons entiers en se servant d'un battant de cloche comme d'une massue. Roland rencontre à la cour de Carador, Renaud et Olivier, ses cousins et ses amis. La belle Méridienne, fille du roi, tombe éprise d'Olivier, qui ne peut écouter les déclarations d'une princesse adorant Mahomet. Avant de pousser plus loin la conversation, il prie la demoiselle d'embrasser la foi chrétienne, comme le géant Morgant qui s'en trouve si bien. Méridienne ne demande pas mieux, tant elle est amoureuse; cependant il faut d'abord qu'Olivier tâche au moins de lui démontrer la supériorité de sa religion sur celle de Mahomet : « Ce sera bientôt fait, et rien n'est plus facile, lui répond Olivier. »

Mais le bon chevalier, plus exercé à manier la lance que la parole, s'embarrasse encore plus que Roland dans les explications qu'il veut donner. Pour faire comprendre à la princesse le mystère de la Trinité, il prend trois chandelles qu'il allume tour à tour les unes aux autres, et il prétend tirer de là une démonstration qui embrouille davantage l'écolière. Heureusement, l'amour tient lieu de conviction, et la princesse interrompt cette leçon de théologie, en s'écriant : « C'est assez ! qu'on me baptise, je n'ai pas besoin d'en savoir plus long. »

Arrêtons-nous aussi un moment, et disons comme la princesse : — C'est assez ! pour juger de l'esprit du poëte. On n'écrit pas des badinages de cette hardiesse, en vers pleins de verve et de gaieté, sans avoir une entière connaissance de ce qu'on fait. Mais que faut-il admirer le plus de la témérité de l'auteur, de la tolérance du prince que cette lecture amusait, ou de la mansuétude de l'Église qui ne censurait pas un pareil ouvrage et permettait de répandre en Italie l'histoire du géant Morgant ? Le pape Sixte IV, qui avait trouvé fort mauvais que Laurent le Magnifique ne voulût pas se laisser assassiner, et qui l'avait excommunié pour lui apprendre à être plus docile une autre fois, ne s'inquiétait guère du ton peu respectueux de Pulci à l'égard des sacrements. Du reste, l'intention du poëte n'était point de tourner la religion en ridicule, mais bien plutôt de critiquer les romans de chevalerie où l'on faisait un abus insupportable des conversions. Toutes les aventures des paladins finissaient par l'entrée de quelques centaines de mécréants dans le sein du christianisme, et le poëte se moquait de ces dénoûments insipides.

Le lecteur remarquera aussi l'intention évidente de Pulci de redresser, en passant, cette manie de montrer toujours les princesses amoureuses des chevaliers, faisant tous les frais et poursuivant de leur passion des preux qui se défendent souvent comme

Joseph en Égypte. Quant aux exploits de ses héros, ils ne sauraient surpasser en absurdité ceux des romans de chevalerie; et, de ce côté, la parodie reste au-dessous des ouvrages sérieux; soit parce que l'auteur n'a point frappé assez fort, soit parce que le moment n'était pas encore venu d'attaquer avec succès le genre à la mode, le *Morgante-Maggiore* n'a point corrigé le goût public. Les romans ont continué à représenter des femmes courant après les chevaliers, et des baptêmes en plein vent. L'Arioste et le Tasse ont exécuté depuis et fait accepter par tout le monde des scènes et des caractères semblables.

Après l'aventure de la belle Méridienne, Pulci montre un roi sarrasin converti d'une façon bien plus étrange, où l'amour n'a aucune part. Roland et Renaud, quoique amis et proches parents, sont trompés par un chevalier félon et sur le point de se battre ensemble. Déjà, ils ont baissé la visière et la lance, et vont courir l'un contre l'autre, ce qui réjouit fort le Sarrasin. Tout à coup un lion sort de la forêt voisine et accourt au galop, se jette entre les deux champions, fait des courbettes et des gentillesses devant les chevaliers, et leur présente une lettre dans laquelle Maugis révèle la trame abominable qui a trompé les deux amis. Aussitôt Roland et Renaud s'embrassent, et le lion retourne à ses affaires. Le roi sarrasin, stupéfait, demeure un moment en extase et se dit ensuite : « Jamais Mahomet n'eût accompli un si beau miracle. Puisque le Dieu des chrétiens apprivoise les lions avec tant d'habileté, ce doit être le seul vrai Dieu. » Et il demande le baptême.

Cette excellente critique n'atteint point la religion. Elle frappe seulement une mode du quinzième siècle, dont Pulci n'a pas encore fait justice avec assez de sévérité, car il faut en convenir, cette aventure du lion, prise au sérieux, constitue un genre de littérature exécrable, et la plus triste platitude que puisse enfanter une imagination impuissante. Il n'eût donc pas été juste d'en faire un crime à Pulci, et d'y chercher une impiété. Je serais un peu plus embarrassé de trouver une excuse littéraire à la conversation entre Morgant et un autre géant appelé Margut.

Ce Margut est d'une stature si colossale que Morgant lui-même paraît un peu étourdi de trouver plus grand que lui. Cependant, ils font amitié ensemble, et s'amusent à raisonner sur toutes sortes de matières, à la façon des géants, c'est-à-dire en esprits bornés, grossiers et incultes. Margut a les instincts du polichinelle napolitain ; la gourmandise, la cupidité, la ruse ; il est seulement plus déluré.

— Qui es-tu ? lui demande Morgant ; quelle diable de figure as-tu ? quelle est ta religion, je te prie ? est-ce ma première, qui était la musulmane, ou la chrétienne, qui est ma seconde ?

— Moi, répond Margut, je ne sais trop que penser de ces matières-là, et, à dire le vrai, je n'y ai pas beaucoup réfléchi ; je ne tiens même pas beaucoup à m'instruire. Je crois principalement au beurre de cuisine, comme à une chose bonne et utile, et puis au chapon rôti ou bouilli, *ad libitum*. Je crois fort à la bière, quand on m'en donne à boire. Je crois à la galette et au petit gâteau, qui doit être son fils. Mon *Pater*, c'est une tranche de viande grillée, et si par bonheur j'ai trois grillades, je les considère comme une seule et même viande. Mais j'ai par-dessus tout une foi robuste dans le bon vin, et selon ma doctrine, celui qui croira fermement au bon vin sera sauvé ! »

Dans ce passage, que Voltaire n'a pas manqué de citer comme une excuse des énormités de sa *Pucelle*, on ne voit pas clairement à quel travers des romans de chevalerie s'adresse la critique, si c'en est une. Il paraît plus probable que Pulci, entraîné par sa verve, s'est permis des plaisanteries peu révérencieuses. Voilà pourtant ce que tout le monde lisait à Florence et à Rome, du temps de Laurent le Magnifique et de Sixte IV, qui ne s'en fâchait pas ! Les traits que nous avons cités ne sont ni les meilleurs ni les plus mauvais du poëme. Il y en a d'un goût encore moins délicat et d'autres plus heureux. Les Italiens accusent Voltaire d'avoir attaqué Pulci dans la préface de la *Pucelle*, et de l'avoir imité dans le corps de l'ouvrage; mais c'est une erreur. Ou ils n'ont pas bien compris le sens de cette préface, ou leur susceptibilité extrême les a trompés. Ce n'est pas que Voltaire n'ait commis de ces trahisons littéraires avec bien d'autres poëtes étrangers, et notamment avec Shakspeare, dont la statue n'en a pas été un moment ébranlée sur son piédestal. Lord Byron s'est inspiré quelquefois de Pulci, et il a traduit en anglais tout le premier chant du *Morgante-Maggiore*, avec la liberté parfaite et la souplesse qui distinguent son génie. Pulci eut après sa mort beaucoup d'imitateurs. On peut donc le regarder comme le créateur d'un genre, et de plus, à cause de la perfection de son style, comme un des modèles classiques, un des pères du bel idiome toscan, et le quatrième dans l'ordre chronologique, puisqu'il arrive après Dante, Pétrarque et Boccace. Pulci eut un petit démêlé avec l'inquisition, non pour son grand poëme, mais à propos d'un sonnet tout à fait impie qui lui échappa dans une débauche d'esprit. Il n'hésita pas à faire amende honorable, à se rétracter dans les termes qu'on lui prescrivit, et à publier son repentir. Il obtint son pardon, et continua ensuite à divertir les Florentins et la cour du palais Médicis.

Tandis que le goût de la poésie comique et légère jetait ses premières racines, la peinture marchait à pas de géant. Giotto, en parcourant l'Italie, avait semé partout sur son passage de bons grains qui avaient germé dans un excellent terrain. On peut l'appeler le fondateur de toutes les écoles; c'est à Florence qu'il a laissé les traces les plus profondes. En outre l'école florentine est celle dont le style me paraît dériver le plus directement de celui de Giotto. Léonard de Vinci et Michel-Ange, qui ont donné à cette école sa grande impulsion, seraient, d'ailleurs, justement revendiqués, le premier par celle de Milan, et le second par celle de Rome. Lorsque ces deux maîtres, enlevés par Jules II et Ludovic le More, ont quitté Florence, on voit néanmoins sortir de terre une pépinière d'artistes éminents dont la liste seule remplirait un volume. C'est de Florence et de Milan que sont venus tous les peintres et sculpteurs appelés par le roi François Ier pour l'embellissement de Fontainebleau. Nous avons dit ailleurs les noms de ceux qui accompagnèrent Léonard de Vinci. Les Florentins sont plus nombreux encore. Ils apportèrent dans notre pays les modèles qui ont produit l'école française du dix-septième siècle. Le besoin de succès rend cosmopolite. Tous ces grands hommes étaient laborieux, pleins d'émulation, souvent jaloux les uns des autres, toujours prêts à plier bagage pour répondre à l'appel des princes. C'est ainsi que l'histoire des arts devient celle du monde.

André del Sarto vint en France des premiers. On voit par les anciens comptes de la maison du roi qu'il reçut trois cents écus d'or pour un portrait du dauphin. Ce portrait, qu'on ne trouve pas au musée de Paris, doit exister quelque part. Jusqu'à l'année 1518, André del Sarto avait vécu à Florence, non dans l'obscurité, — ses compatriotes appréciaient son talent, — mais dans un état voisin de la misère. Le vainqueur de Marignan le voulut avoir à sa cour, l'emmena en France et le combla de faveurs. André vivait en grand seigneur à Paris et à Fontainebleau. La carrière la plus brillante s'ouvrait devant lui. Sa femme, qui était frivole et coquette, le perdit. Pour revoir Lucrèce, qu'il aimait avec passion, André demanda un congé. Il partit en promettant de revenir, et chargé par le roi d'acheter dans sa patrie les plus beaux tableaux qu'il pourrait trouver. On sait l'emploi honteux qu'il fit de l'argent de François Ier. Pour satisfaire les caprices de sa femme, le malheureux se déshonora, en dissipant cent mille écus qui ne lui appartenaient point. A ce propos, un artiste de mes amis, qui n'aura jamais de Lucrèce, me disait un jour :

— Les femmes sont ici-bas pour empêcher l'homme de s'élever trop haut, pour l'extinction de son génie et l'abaissement de son caractère. — Cela est vrai souvent; mais le contraire arrive si la femme est une Hersilie Cortèse, une Agnès Sorel, une reine Blanche, et dans le temps de la chevalerie où les faveurs des dames étaient le prix du courage et de la générosité, peut-on nier que leur sexe ait exercé une heureuse influence sur les mœurs de la noblesse, et produit de grandes actions?

Malgré sa faute, qu'il a chèrement expiée, André del Sarto n'en demeure pas moins un des plus aimables peintres de l'Italie. Qu'importe aujourd'hui qu'il ait travaillé pour subsister ou par ordre d'un prince, dans un palais royal ou dans un grenier? Ce qui sortit de ses mains après sa chute porte le cachet d'un talent jeune, confiant en lui-même et infaillible, d'où lui vient le surnom de *sans-erreur*. Puisque Michel-Ange et Raphaël appartiennent à Rome, Léonard à Milan et le Corrége à Parme, je choisirais volontiers André del Sarto pour le représentant de l'école florentine à sa plus haute expression, s'il n'existait à côté de lui un homme capable de lui disputer la place d'honneur : cet homme est Fra-Bartolomeo.

Sous le rapport de la naissance, les deux maîtres se peuvent donner la main : l'un était fils d'un tailleur, et l'autre d'un commissionnaire, et c'est pourquoi on l'appela le *Fattorino* avant qu'il eût pris l'habit de frère prêcheur. La mystérieuse nature n'imite point ces fées de Perrault, qui ne se donnaient rendez-vous qu'aux berceaux des princes ; elle verse ses dons les plus précieux sur des têtes infimes, et son amour plein de fantaisie descend dans l'échoppe du tailleur ou le taudis du *facchino*. Cependant André Vanucci est encore un aristocrate en comparaison de Fra-Bartolomeo, qui n'a pas même de nom de famille. Celui-ci, tout enfant, se promenait un dimanche dans les jardins du magnifique Laurent de Médicis, et les statues antiques, les fragments de marbre athéniens le tenaient en extase, ce qui dut paraître singulier à son père.

Lorsqu'il vit pour la première fois une œuvre du Vinci, le petit Bartholomée décida que celui-là serait son maître. La peinture lui faisait signe de venir à elle, et l'enfant y courut si vite, qu'il apprit à dessiner et à peindre on ne sait comment. A vingt ans, il avait déjà produit une quantité d'ouvrages. Le fanatisme de Jérôme Savonarole faillit l'éteindre dans la maturité de son talent. Qu'on fasse, si l'on veut, de Savonarole un prophète, une espèce de Christ, le martyr d'une idée de régénération, je ne m'oppose point à cette fantaisie historique; mais quand cet apôtre de la liberté commence par forcer les gens à brûler leurs objets d'art et leurs meubles, il ressemble furieusement à un insupportable despote. Savonarole vint donc à Florence prêcher contre le luxe, les plaisirs, les arts, la poésie, et généralement contre tout ce qui élève l'homme au-dessus de la brute en le rendant heureux. On dressa un bûcher sur la place publique le dimanche des Rameaux de l'an 1496, et, après un sermon de Savonarole suivi d'une procession, chacun apporta ses objets d'art, ses livres, ses meubles de luxe pour les livrer aux flammes. Les éditions de Dante, de Pétrarque, de Boccace et de Pulci furent entassées pêle-mêle avec les tableaux traitant de sujets païens, les portraits de famille, les meubles riches, les étoffes de velours et de soie, les instruments de musique, les miroirs, les ustensiles de toilette, les échiquiers, les cartes et autres jeux, voire les pots de pommade. Au moment où on allait mettre le feu au bûcher, un marchand hollandais s'élance, écarte la foule et demande la parole. Il offre aux Vandales vingt mille écus de toute cette pacotille. Mais on le prend au collet; on va chez lui, et on en rapporte tout ce qu'il possédait de précieux pour l'ajouter à la pyramide; on allume les torches, et en quelques heures plusieurs centaines de chefs-d'œuvre étaient devenus un tas de cendre.

Au milieu de ces pieuses saturnales, le pauvre Bartolomeo perdit la tête; il se crut un agent de perdition : la peinture lui apparut comme une invention subversive; il jeta au bûcher ceux de ses ouvrages qui n'étaient point destinés à l'Église, et se fit moine pour racheter ses péchés de jeunesse. Heureusement l'anathème lancé de Rome contre Savonarole ébranla sa foi en ce saint homme: le calme rentra dans l'âme troublée du frère Bartholomée; il reprit ses pinceaux après quatre ans d'interruption, mais il ne traita plus que des sujets de religion. Pendant le séjour de Raphaël à Florence, ces deux jeunes gens se lièrent ensemble d'une amitié tendre. Raphaël conseillait à son ami de voyager pour s'instruire. Fra-

Bartolomeo se rendit à Rome, et l'étude de Michel-Ange élargit encore sa manière. Il travailla dans plusieurs villes, et revint ensuite à Florence, où il mourut à quarante-huit ans, épuisé de fatigue et consumé par une fièvre qu'on pourrait appeler laborieuse. Son œuvre immense, peu connue en France, se divise en deux parts : la première qu'il fit avec un collaborateur, élève du Vinci, la seconde sans associé. Celle-ci passe pour supérieure à l'autre ; mais toutes deux portent l'empreinte d'une individualité si marquée, que la main du frère prêcheur paraît avoir dominé celle de son confrère. Fra-Bartolomeo est le peintre d'église par excellence, le seul peut-être qui n'ait jamais introduit dans ses belles et sérieuses pages d'élément étranger à la religion. Il ne fait pas le philosophe comme Michel-Ange ; il ne s'amuse point comme Raphaël à chercher de jolis visages, ni comme le Corrége à courir après les grâces mondaines des formes de la femme. Jamais il ne s'amourache de son modèle, quelque beau qu'il soit. Son idéal, c'est la Divinité. Un sentiment profond de piété respire dans tous ses ouvrages. Sa dévotion approcherait du fanatisme, si l'instinct de la grandeur et la pureté du goût ne modéraient l'ardeur de son imagination. Il dut considérer comme une profanation l'abus que faisait André del Sarto de la figure de Lucrèce, en la prêtant trop souvent à la mère du Sauveur. Pas un de ses modèles n'est connu, et jamais ni une Lucrèce, ni une Fornarina n'aurait eu le pouvoir de distraire un moment sa pensée. Son unique amie, sa maîtresse, c'était l'étude : elle ne l'a point trahi ni égaré comme la femme du pauvre André, mais il est mort dans ses bras, comme Raphaël dans ceux de la Fornarina.

Au-dessous des deux grands maîtres de l'école florentine, si nous descendions seulement d'un demi-degré, nous serions aux prises avec une telle quantité de noms illustres qu'il faudrait nous embarquer dans une histoire complète de cette école, ce qui n'entre pas dans notre programme. Choisissons, de préférence aux autres, ceux qui ont émigré pour venir en France.

Jean-Baptiste Rosso, qu'à Fontainebleau on avait baptisé maître Roux, était élève de Michel-Ange. Il travailla fort jeune pour les églises de Florence, et se trouvait à Rome au moment du siége de cette ville par le connétable de Bourbon. Rosso fut pris les armes à la main par les Espagnols qui le traitèrent en prisonnier de guerre. Il s'échappa et réussit à gagner Venise, où il demeura peu de temps. François Ier l'appela en France, le nomma son peintre ordinaire et lui donna une pension et un bénéfice ecclésiastique. Maître Roux orna Fontainebleau d'un grand nombre de peintures malheureusement détruites aujourd'hui. La plus triste des passions, la jalousie, empoisonna son existence et l'entraîna jusqu'au suicide. Il ne pouvait supporter le voisinage d'un rival, et il fallait bien pourtant qu'il en eût. Lorsque le Primatice arriva en France, Rosso en ressentit un dépit qu'il ne put dissimuler. Des querelles interminables s'élevèrent dans lesquelles maître Roux n'avait pas toujours tort. Le roi eut la bonté de les accommoder plusieurs fois ; à la fin, pour obtenir la paix, il donna au Primatice une mission comme celle d'André del Sarto. Peu de temps après, arriva François Pellegrino, architecte et peintre que le roi consulta sur les embellissements du château. Pellegrino avait été l'ami de Rosso en Italie, et l'on pensait qu'ils pourraient vivre ensemble. Un jour Rosso se plaignit d'avoir été volé; il accusa son ami de cette bassesse. François Ier voulut tirer la chose au clair. On arrêta Pellegrino, et on le menaça de la question : les biographes disent même qu'il y fut appliqué; mais j'ai peine à le croire. L'enquête amena cette découverte déplorable que Rosso avait faussement accusé son ami pour le faire chasser. Le scandale de cette affaire tournant à sa confusion, maître Roux perdit la tête et avala un poison violent dont il mourut en quelques heures. Il reste aujourd'hui bien peu d'ouvrages de ce peintre excellent, fondateur de la première école française qu'on appelle Académie de Fontainebleau. Le musée de Paris possède deux de ses tableaux. Ceux qu'on trouve encore à Florence se distinguent par une indépendance de manière qui, dans un autre siècle, aurait pu dégénérer en bizarrerie. Maître Roux aimait à se singulariser, probablement par excès de vanité. Cent ans plus tard, il aurait peut-être donné dans les travers des peintres de la décadence.

De l'heureux et élégant maître Primaticcio nous avons parlé ailleurs, lorsque nous l'avons rencontré à Mantoue. Son ami et son élève Vignola, peintre, architecte et sculpteur comme lui, est encore une des gloires communes à la France et à l'Italie. Niccolo dell'Abbate, né à Modène, suivit aussi Vignola et laissa trente-huit tableaux à Fontainebleau sur des sujets de l'Odyssée. Le sculpteur Montorsoli devint, en France, le pensionnaire et le favori du cardinal de Tournon. Quant à Benvenuto Cellini, nous ne répèterons pas ce qu'il a dit dans ses mémoires. Les rencontres de la promenade nous fourniront l'occasion de parler de quelques autres Florentins. Nous pouvons entrer à présent dans le palais des Médicis, le plus riche et le plus vaste musée qui soit au monde.

Traversons les deux vestibules sans nous arrêter devant les statues de Mars, de Silène, de Bacchus, les bustes des Médicis, le cheval et le sanglier antiques, le Prométhée, les empereurs romains, etc., et arrivons à la salle de la Niobé. Tout le monde connaît cette image de la douleur maternelle. L'écolier qui passe du crayon à l'estompe barbouille sur son papier le visage pleurant de la victime d'Apollon et de Latone. Qui oserait douter de l'authenticité d'un pareil ouvrage? A quel autre que Scopas, l'auteur du tombeau de Mausole et de la Vénus d'Éphèse, pourrait-on l'attribuer? Les anciens n'ont pas souvent cherché l'expression en sculpture. La douleur, l'amour, et généralement tous les sentiments étaient des manifestations trop littéraires à leur gré. Ces Dianes, ces Vénus, ces Apollons, ces Hercules, ces statues de héros qui ornaient les places publiques et les temples, représentaient les types de la beauté, de la grâce, de la force physique; mais l'artiste, préoccupé de la forme seule, aurait craint d'en distraire le spectateur par l'expression de la physionomie ou par une pose outrée.

Cependant le Laocoon, le Gladiateur mourant et la Niobé sont de sublimes exceptions. Scopas, en secouant les entraves de la règle, a dû engendrer des discussions et passer pour un novateur. Dans ce groupe de trois figures se déroule un drame terrible : un enfant mort, une jeune fille blessée qui expire; entre les deux une mère se pâmant de désespoir; que peut-on imaginer de plus pathétique? Scopas, sentant la hardiesse de son entreprise et résolu à vaincre, s'est livré à son sujet comme Sophocle et Euripide l'auraient pu faire. Il y a mis toute son âme; la scène est si tragique et si émouvante que les critiques d'Athènes auraient dû rendre les armes, si les critiques n'avaient des cœurs de bronze en tous pays. Lord Byron conserva de ce spectacle un souvenir profond, et sans doute il pensait au groupe du palais Médicis, lorsqu'il s'écria : « O Italie, Niobé des nations ! »

Une seule chose m'étonne : c'est le coussin de marbre sur lequel repose l'enfant mort. Hérodote, Homère et Properce, en racontant l'histoire de cette pauvre mère, ne diffèrent entre eux que sur le nombre de ses fils et de ses filles; l'un lui en donne douze et les autres quatorze. Les auteurs ne disent pas que pour les percer de ses flèches, Apollon les soit venu chercher dans leur maison; c'est en plein air que le drame s'est exécuté. Cependant il a pu exister, quatre cents ans avant Jésus-Christ, une version aujourd'hui inconnue de l'aventure de Niobé. Selon Scopas, le dieu courroucé, sous le prétexte de faire une visite à la princesse, qui n'aura point osé défendre sa porte à une personne de qualité, se serait introduit jusque dans le salon pour assassiner toute la famille avec une férocité inouïe. Dans la salle du palais Médicis où se trouve la Niobé, on voit encore une Psyché et une statue d'enfant à genoux; plus un tableau de Rubens qui jure, en ce lieu mélancolique, comme une ritournelle de Rossini dans le chœur d'une tragédie grecque.

Après la salle de la Niobé, on arrive à celle dite de Baroccio, parce qu'on y trouve en majorité les tableaux de ce maître, accompagnés d'une trentaine d'ouvrages de premier ordre et de diverses écoles. Vient ensuite la salle des inscriptions, contenant une collection curieuse de bustes antiques, de statues égyptiennes, des sarcophages, et une ébauche de Michel-Ange représentant Brutus. Nous ne nous arrêterons pas devant l'hermaphrodite, qui ne le cède en rien à celui du Louvre. Traversons les salles consacrées aux écoles vénitienne, flamande, hollandaise, où les morceaux précieux sont réunis par centaines. Le palais Médicis se compose de dix-neuf galeries, et ce chiffre suffira, je pense, pour faire comprendre au lecteur le temps que pourrait absorber l'examen détaillé de ce musée. Le premier étage du palais offre un cours complet de la renaissance des arts en Italie. En entrant dans la galerie longue, on remarque les premiers essais de la peinture. L'enfant bégaie et chancelle encore. Ce sont de pauvres madones sur bois, la tête penchée d'un air piteux, aux poitrines plates, aux bras amaigris, vêtues d'étoffes raides et tenant sur leurs genoux de petits enfants écorchés nés avant le terme voulu par la nature. Bientôt après arrive Cimabue, puis Giotto et Orcagna, puis Philippe Lippi, et, enfin, Mantegna. L'art entre dans l'adolescence. Encore un pas et il est homme. Une salle réservée se présente à gauche; c'est celle de la Tribune : ici s'arrête le cours d'histoire.

On a voulu réunir dans la Tribune les chefs-d'œuvre sans distinction d'écoles ni de temps, la crème de tous les âges, le dessus du panier. La sculpture antique est représentée par la célèbre Vénus de Médicis, par le Faune dansant, l'Esclave aiguisant sa serpe et le groupe des Lutteurs. La part des Grecs est assez belle; celle des Italiens et de la renaissance devait être plus considérable, parce qu'on n'avait que l'embarras du choix. Raphaël a fourni six ouvrages dans ses diverses manières : une Sainte Famille, la Vierge au livre, le Saint Jean, et les portraits de Madeleine Doni, du pape Jules II et de la Fornarina. Arrêtons-nous un peu devant ce dernier portrait. Malgré l'autorité des catalogues et livrets, je demande humblement la permission de relever dans cette désignation une erreur évidente. Le portrait de la Fornarina, qui existe à Rome, ne ressemble en aucune façon à celui de la Tribune. L'une de ces deux femmes porte sur son visage les signes certains de l'authenticité ; on y reconnaît les instincts anti-métaphysiques de la belle boulangère, et la tenue peu modeste dans laquelle Raphaël l'a représentée prouve encore qu'elle était sa maîtresse. Dans toute autre condition, nulle femme n'eût consenti à se faire peindre décolletée à ce point. Celle de Florence, au contraire, est habillée fort convenablement, ce qui ne prouverait rien contre l'identité du modèle si les traits du visage et la physionomie n'appartenaient à un autre type. L'une a les yeux d'une grandeur démesurée, la bouche voluptueuse et fendue, le menton un peu fort, la peau brune ; l'autre a les yeux plus petits, la bouche régulièrement dessinée, la peau plus blanche, les os moins saillants et les traits plus fins. Comme ces deux figures n'ont rien de vague et qu'elles sont accentuées avec une telle fermeté qu'elles se gravent à première vue dans la mémoire, on peut affirmer que les modèles étaient deux femmes différentes. En outre, si l'on regarde attentivement le portrait de Florence, qui est, d'ailleurs, une peinture exquise, on reconnaîtra qu'il ne peut se classer dans aucune des trois manières de Raphaël. Ne voulant pas m'en rapporter à mes impressions, j'ai consulté sur ce point les gens du métier ; tous sont tombés d'accord sur la difficulté d'assigner une date à ce bel ouvrage, si on l'attribue à Raphaël. Cependant, à force de chercher, un des peintres que j'ai interrogés a fini par découvrir dans l'œuvre du maître un morceau non moins remarquable et sorti de la même main, le portrait du joueur de violon Tibaldeo. Heureusement, le Tibaldeo est bien certainement de Raphaël, en sorte que les doutes se trouvent dissipés ; mais il demeure constant que le portrait de femme de la Tribune et celui du joueur de violon sont le produit d'une phase particulière dans les diverses manières de Raphaël.

En face de lui se retrouvent ses deux éternels rivaux, Michel-Ange et le Corrége ; le premier, qui n'aimait à peindre que sur les murailles, n'a pu fournir à la Tribune qu'une Sainte Famille, morceau précieux et unique, puisque le vieux maître n'a laissé d'autre tableau de chevalet que celui-là et les *Trois Parques*. Sans manquer à la simplicité que réclamait le sujet, Michel-Ange n'a pas résisté à l'envie de témoigner son goût pour les difficultés. Le petit Jésus lutine sa mère et cherche à lui monter sur les épaules, en prenant une pose pleine d'espièglerie enfantine. Des deux Vierges attribuées au Corrége, une seule paraît être de lui; mais celle-ci est un chef-d'œuvre. Le sujet représente la Madone adorant son Fils. A côté se trouvent une autre Madone de Jules Romain et une Hérodiade de Bernard Luini. Une Vierge d'André del Sarto, montée sur un piédestal et entourée de saints, occupe une place d'honneur vis-à-vis de la porte d'entrée. Fra-Bartolomeo a fourni un Job et un Isaïe. Entre ces deux toiles figure un ouvrage bien différent, le portrait de Charles-Quint à cheval, fait par Van-Dyck d'après un portrait à mi-corps du Titien. Plus haut sont les deux célèbres Vénus du susdit Titien, Vénus si l'on veut, mais bien plutôt courtisanes de Venise, d'une carnation dorée, d'un embonpoint d'odalisque, et devant lesquelles maître Tartufe eût étalé son mouchoir comme devant la gorge de Dorine. Les autres places sont occupées par une Vierge et deux Saints du Pérugin, par trois tableaux de Mantegna, un Massacre des Innocents de Daniel de Volterre, une Épiphanie d'Albert Durer, un portrait de cardinal par le Dominiquin, une Bacchante d'Annibal Carrache, une Sainte Famille de Schidone, une de Paul Véronèse, et une troisième du Parmesan ; enfin un Saint Jérôme de l'Espagnolet et un Saint Pierre de Lanfranc. Rubens est relégué au-dessus de la porte d'entrée. Il manque encore dans la Tribune trois ouvrages : un Léonard de Vinci, un Rembrandt et un Poussin, comme celui qu'on a mis, à Rome, à côté de la Transfiguration. J'ajouterais volontiers un Claude Lorrain, pour accorder une place au paysage. Le premier de ces vides serait facile à combler, puisque la galerie qui suit celle de la Tribune contient un admirable portrait d'un personnage inconnu par le Vinci. Quant à la tête de Méduse du même auteur, on la peut laisser où elle est.

Un de ces contes comme on en invente toujours sur les grands maîtres rapporte qu'un paysan aurait demandé à Léonard un épouvantail pour chasser les oiseaux. De là serait venue cette Méduse dont l'expression, plutôt douloureuse que menaçante, est faite pour effrayer les humains et non les oiseaux qui n'y comprendraient rien. Les deux galeries dites de l'école toscane sont réservées aux peintres florentins. La collection des camées, des médailles et dessins n'est pas ouverte au public, mais on obtient aisément la permission d'y entrer. Pour en donner une idée par chiffres, il suffira de dire qu'on y compte vingt-huit mille études et croquis de tous les premiers peintres italiens.

Si du palais Médicis vous vous rendez, en traversant la rivière, au palais Pitti, résidence ordinaire des grands-ducs, vous y trouverez un autre musée à peu de chose près aussi riche que l'autre. Luc Pitti, du temps de Cosme l'Ancien, était un négociant de Florence dont le crédit et les libéralités avaient conquis la faveur populaire. Il eut la prétention de lutter de magnificence avec Cosme, qui le laissa faire. Le plan de son palais embrassait une telle étendue que bientôt l'argent et les matériaux manquèrent. Alors la population et les Médicis eux-mêmes vinrent au secours de Luc Pitti pour l'achèvement de sa maison. Le gouvernement rendit un étrange décret, qui faisait de ce terrain une espèce de lieu de refuge, et accordait grâce entière à tous les malfaiteurs et repris de justice disposés à prendre part aux travaux. Les ouvriers arrivèrent en foule, comme bien vous pensez. Ce Pitti était sans doute un sot, car au lieu de témoigner sa reconnaissance à ses concitoyens, il les insulta dans un distique latin gravé sur le piédestal d'une mule en marbre noir, et dont le sens était : « Pierres, marbres, charpente, colonnes, cette mule a tout fourni, tout traîné, tout porté. » Le plan de ce palais est attribué à Brunellesco. La façade, en pierres taillées à pointes de diamant, a trois cents pieds de largeur.

Les tableaux les plus remarquables de la première salle sont le Mariage de sainte Catherine du Titien, et deux superbes marines de Salvator Rosa. La seconde salle contient trente morceaux de premier ordre; entre autres deux Saintes Familles d'André del Sarto. Une des Vierges soulève son enfant dans ses bras et le montre au public avec un amour maternel d'une expression sublime. Nous n'avons pas besoin de rappeler que le modèle était encore cette Lucrèce si peu digne de représenter la madone[1]. A hauteur d'appui se trouve un portrait de Rembrandt fait par lui-même, à l'âge de vingt-cinq ans. Les traits n'ont rien de classique; les sourcils épais sont brisés par l'angle que forme l'arcade sourcilière; les lèvres un peu charnues trahissent une disposition à la fois sensuelle et emphatique; mais le génie et la bonté respirent dans ce visage irrégulier. A peu de distance sont deux portraits, un d'homme et un de femme, par Raphaël. Au-dessus de la porte qui mène à la troisième salle, on remarque une déposition du Christ au tombeau par le frère Bartolomeo, dans laquelle un personnage en robe rouge se penche avec amour sur les pieds du Dieu mort, comme pour les baiser. L'action est disposée avec une grandeur où l'on sent la dévotion passionnée du maître.

Tout à côté de la porte d'entrée, dans la salle dite de Mars, se trouve la fameuse Vierge à la Chaise. Je croyais la connaître par la belle gravure de Desnoyers; mais il fallut avouer que ce visage était nouveau pour moi. Les copies ne peuvent donner qu'un aperçu de ce tableau. Le regard de la Vierge, fixé sur la toile par le pinceau de Raphaël, ne sortira jamais d'aucun burin. Lorsque, en revenant d'Italie, je retrouvai dans son modeste cadre la gravure clouée depuis dix ans sur le mur de ma chambre, je secouai la tête en m'écriant : « Ce n'est pas vous ! » En face du type adorable de la douceur et de la tendresse maternelle, et pour

---

[1] Ce tableau a été transporté dans une des salles suivantes ; mais il sera toujours facile de le reconnaître.

former un contraste saisissant, on a placé la célèbre Judith d'Allori, parée de ses atours, son sabre en main, tenant par les cheveux la tête pâle d'Holopherne, ou plutôt de Christophe Allori lui-même. Cette belle et orgueilleuse créature avait donné des chagrins au maître. Il voulut immortaliser par une plaisanterie terrible le souvenir de ses griefs et de son esclavage. Si Molière eût été peintre, il aurait aimé sans doute à se représenter aussi assassiné par Armande Béjart. L'être le plus à plaindre et le plus malheureux du monde est l'homme de cœur amoureux d'une femme indigne de lui, trop clairvoyant pour jouer le rôle de dupe et trop faible pour briser ses liens. Molière, en publiant que sa femme était le modèle de Célimène, s'est vengé avec goût et modération. La punition infligée par le peintre florentin à sa maîtresse est plus cruelle, parce qu'un tableau ne traite qu'un point de la question, sans admettre ni détail ni circonstances atténuantes. Allori a pu dire de son ingrate comme Pierre Corneille à cette dame inconnue qui s'était moquée de lui : « On ne saura de vous que ce que j'en dirai. » Chacun peut rêver à quelque épisode de sa propre histoire en présence de cette femme altière et de cette tête sanglante, car il n'est guère d'homme qui n'ait été un peu égorgé par une Judith quelconque.

Dans la même salle sont encore une Sainte Famille et le portrait bien connu de Léon X par Raphaël, plus deux belles toiles de Rubens, l'une représentant les horreurs de la guerre, l'autre le portrait du peintre entouré de ses amis. Dans la salle suivante se trouvent les Trois Parques de Michel-Ange, dont on n'oublie jamais les visages sinistres une fois qu'on les a vus. Le Saint Marc, placé à peu de distance, pourrait être attribué au même auteur, si on ne savait que ce magnifique ouvrage appartient à Fra-Bartolomeo, qui revint de Rome enthousiasmé de Michel-Ange et pénétré de sa grande manière. Plus loin sont deux batailles de Salvator Rosa, dont les acteurs ressemblent assez à deux armées de brigands; puis on arrive au portrait de Jules II, à la Vierge au Baldaquin et à la célèbre Vision d'Ézéchiel. Près de la porte, à gauche, un visage d'une douceur aimable sourit au passant : c'est le portrait d'André del Sarto âgé de dix-huit ans. Les soucis du mariage et le repentir de ses fautes n'ont point encore creusé ses joues où brille la fleur de la jeunesse. Au milieu de tous ces Italiens, on rencontre une figure tudesque, sous le numéro 223 ; le catalogue l'attribue à Holbein. Arrêtons-nous devant une toile, d'une forme impossible, beaucoup trop large pour sa hauteur et qui évidemment a été coupée. On ne voit plus que deux figures à mi-corps : une nymphe serrée de fort près par un satyre, et qui n'a pas l'air fâché d'être poursuivie. Cette peinture grasse et d'un relief admirable est assurément du Giorgione. L'indécence du sujet aura déterminé le propriétaire à mutiler le tableau. Dans le temps où chaque jour voyait naître quelque chef-d'œuvre, ce n'était pas une grande affaire que de tailler un ouvrage du Giorgione comme on enlève un lé d'une robe de velours gâtée par une tache. Pour que ce morceau ait échappé au bûcher de Savonarole, il faut qu'on l'ait bien caché dans quelque grenier. La France eut aussi son jour de vandalisme. Après la mort du cardinal de Richelieu, M. Desnoyers, petit homme d'une dévotion intolérante, et ministre pendant six mois, a profité de son court moment de pouvoir pour brûler les *nudités* de Fontainebleau, si chèrement payées par François Ier. Une espèce de roi fainéant, qui s'amusait à jouer de la guitare, et versé dans l'art du pâtissier, donna son approbation à cet acte de barbarie. Parmi les peintures détruites dans ce triste jour étaient des Primatice, des Rosso, des Niccolino, et enfin la Léda de Michel-Ange !

Le troisième Musée de Florence est l'Académie des beaux-arts. Toute l'histoire de l'école de Toscane, classée dans un ordre à peu près chronologique, s'y déroule comme au palais Médicis. Pour ne pas fatiguer le lecteur par des énumérations auxquelles suppléent d'excellents catalogues, nous nous arrêterons seulement devant les peintures murales. C'est là qu'on trouve la fresque de

San-Giovanni qui représente la Fuite en Égypte. Cet ouvrage curieux ornait autrefois les murs d'une maison de plaisance. Un habile ingénieur a réussi à le transporter sans accident à l'Académie des beaux-arts. Dans les dépendances de ce vaste édifice sont les galeries d'un ancien cloître adjacent, appelé l'oratoire du *Scalzo*. Les moines avaient commandé à André del Sarto une série de fresques représentant toute la vie de saint Jean-Baptiste. Ces belles peintures, dont la plupart sont malheureusement endommagées par l'humidité, ne furent payées que vingt livres par sujet; et cependant on n'y voit pas une négligence. André a travaillé pour ces moines avaricieux avec autant de conscience que s'ils lui eussent donné le juste prix de ses ouvrages. Jamais on n'abusa plus impudemment de la modestie et du besoin d'un grand artiste; je me trompe : il y eut à Florence d'autres moines plus avares et plus déhontés que ceux de Saint-Jean du *Scalzo*; ce sont les frères servites de l'Annonciade, qui osèrent proposer à André un sac de blé pour la décoration de leur portique. Il accepta le marché; mais cette fois il voulut prendre à témoin l'univers de l'abus qu'on faisait de son indigence. Le misérable salaire figura dans les accessoires de cette peinture, qui s'appelle aujourd'hui la *Vierge-au-Sac*. La chronique raconte qu'après la mort d'André, Michel-Ange et le Titien, tous deux chargés d'années et de gloire, se rencontrèrent sous ce portique, rêvant au beau temps, déjà passé, de la peinture, et qu'ils tombèrent d'accord ensemble sur ce point, que pour payer la valeur de cet ouvrage, les servites l'auraient dû couvrir d'or.

Au lieu de s'apitoyer tardivement sur le sort d'André del Sarto, ces deux vieillards, et surtout Michel-Ange qui l'avait connu, auraient mieux fait de prendre sa défense, eux que les papes comblaient d'honneurs, et qui laissaient ramasser leurs pinceaux par des têtes couronnées. Est-il rien de plus pitoyable que cette éternelle comédie des vœux stériles en faveur de l'artiste ou du poëte malheureux? Il est vrai qu'André avait commis par faiblesse une action basse, et qu'il était mort à quarante ans, consumé par le remords et le sentiment de son déshonneur. D'honnêtes gens avaient le droit de le mépriser. J'admets cette excuse aux vœux superflus et tardifs. Mais qu'il eût été plus beau à un philosophe comme Michel-Ange de ne pas attendre la mort du pauvre André pour admirer son talent, et de lui tendre la main dans son abaissement! On en parlerait encore, et nous-même, à cette heure, avec quel plaisir nous citerions un trait si généreux et si noble!

Voulez-vous d'autres exemples plus solennels de l'ingrate sottise des hommes et de leurs inutiles regrets? entrons dans l'église de Santa-Croce, la plus riche paroisse de Florence, la plus ornée de marbres, dorures, peintures et festons, vaste édifice élevé par Arnolphe de Lapo, un des plus anciens architectes de l'Italie, et embellie, restaurée successivement par Donatello et Vasari. Traversons ces avenues de piliers à huit facettes, supportant les ogives aiguës. Passons devant la peinture de Giotto, devant les nombreuses statues écloses sous les ciseaux de Donatello, du Verocchio, etc., et arrêtons-nous en face des tombeaux de luxe. Quelle est cette grave figure de marbre assise là-haut, et qui parait méditer profondément? D'un côté, la Poésie pleure son maître défunt; de l'autre, une image allégorique moins désolée, — apparemment celle de Florence, — pose son doigt sur ces mots extraits d'un vers de la *Divine Comédie* : « Honorez le grand poëte... » C'est Dante Alighieri. A tout cet étalage il ne manque qu'un accessoire, le corps du poëte exilé, qui repose encore à Ravenne. Ce tombeau est vide.

A deux pas de là, nous voyons un mausolée dans le goût contourné du dix-huitième siècle. Voici l'image de la Politique; elle est assise, et tient d'une main un médaillon, de l'autre une balance. La carte de géographie et l'épée complètent les attributs de l'homme d'État. L'inscription latine dit que le nom seul du personnage parle plus éloquemment que toutes les louanges du monde : c'est Nicolas Machiavel. Ce monument fut élevé vers 1785. Ainsi Florence attendit deux siècles pour s'aviser de rendre hommage au génie de

Machiavel. Je ne voudrais pas répondre sur ma tête qu'après un si long oubli les restes enfermés dans le tombeau sont les siens. Si Machiavel, bien plus que le cardinal Bibiena, n'était le véritable restaurateur de la comédie, on aurait pu, selon mon sentiment particulier, l'oublier tout à fait. L'admirateur de César Borgia ne sera jamais pour moi qu'un professeur de cruauté, de tyrannie et de mauvaise foi politique. Son premier traducteur, Amelot de la Houssaie et ses autres avocats, réduits à soutenir que le livre du *Prince* est une contre-vérité, un piége tendu aux oppresseurs du genre humain, ont prouvé la faiblesse de leur cause. Donner de tels paradoxes pour des arguments, c'est avouer son impuissance ou se moquer du public. On a dit que Machiavel aimait son pays et qu'il le voulait délivrer des étrangers. Ce sentiment, exprimé en effet avec force au dernier chapitre du *Prince*, est le seul louable de tout l'ouvrage; mais lord Byron a trop de bonté d'excuser les chapitres précédents en faveur du dernier. En vérité, il n'aurait plus manqué à Machiavel que de souhaiter à l'Italie d'être une province espagnole ou française! L'honneur et l'indépendance de la patrie sont de si belles et si bonnes choses, qu'un pervers a bien pu les aimer. Le premier besoin de Machiavel était de trouver l'emploi de son activité prodigieuse et de sa vaste intelligence. Aussitôt après avoir conspiré contre les Médicis et subi la question pour ce fait, il écrivait : « Je voudrais que ces Médicis m'employassent, ne fût-ce qu'à tourner une meule ! » L'homme est tout entier dans ce rapprochement. De notre temps on a vu beaucoup de ces caractères-là; il ne leur fallait plus que du génie pour être des Machiavel.

Voici là-bas un tombeau plus modeste. Ici repose Galilée, qu'on peut louer sans recourir à aucun paradoxe. C'est sur la pierre qui couvre ses restes qu'on aurait dû placer l'inscription décernée à Machiavel : « *Tanto nomini nullum par elogium.* » Les autres mausolées sont ceux de Michel-Ange, de Victor Alfieri et de la comtesse d'Albany. Sur le premier on remarque trois belles statues de divers sculpteurs. Le second, composé d'une seule figure pleurant sur l'urne funéraire, est dû au ciseau de Canova. Je trouve, dans une lettre adressée à la comtesse d'Albany par l'abbé Caluso, le passage suivant : « Alfieri a été enterré près de l'autel du Saint-Esprit, dans l'église de Sainte-Croix, où reposent tant d'hommes célèbres. Il n'a qu'une pierre sépulcrale très-simple, en attendant que le mausolée que vous lui destinez, madame, soit achevé, et qu'il soit placé non loin de celui de Michel-Ange. Canova y travaille déjà, et l'ouvrage d'un tel artiste ne peut être que parfait. » Cette phrase semble indiquer que le tombeau d'Alfieri aurait été sculpté par Canova aux frais de madame d'Albany. La comtesse, dernière et fidèle amie d'Alfieri et dépositaire de ses Mémoires, n'a point dû hériter de lui, puisqu'il avait de son vivant assuré par une donation tous ses biens à sa sœur et à ses neveux.

Si de Santa-Croce nous nous rendons à San-Lorenzo, nous y verrons d'autres mausolées somptueux. Cette église, la plus ancienne de Florence, fut en partie détruite par un incendie. Cosme l'Ancien chargea Brunellesco de la reconstruire sur de nouveaux plans. Elle contient plus de vingt chapelles, décorées par d'excellents peintres florentins, peu connus en France, tels que Chimenti, Nasini, Veracini, etc. Dans une chapelle particulière, les Médicis du temps de Léon X eurent l'envie de réunir les restes de leurs ancêtres. Michel-Ange en fit le dessin et y sculpta lui-même les deux tombeaux de Julien et de Laurent le Magnifique. Les deux statues, en regard l'une de l'autre, sont assises au-dessus des sarcophages, dont les groupes représentent, d'un côté, la Nuit et le Jour, de l'autre, l'Aurore et le Crépuscule. Quoique la *Nuit* semble s'assoupir dans une attitude qu'un être humain ne saurait garder plus de cinq minutes, sous peine d'avoir des crampes intolérables dans tous les membres, elle remplit son rôle avec une vérité parfaite; mais le *Jour* me paraît plus admirable encore. Qui peut expliquer pourquoi cette figure répand la lumière autour d'elle? Michel-Ange seul en a connu le secret. Il est certain que cette statue a l'éclat du jour. De l'église un escalier conduit à la bibliothèque Laurentienne, qui renferme des manuscrits de Tacite, de Pétrarque et d'Alfieri.

A Sainte-Marie-Nouvelle, dont Boccace a fait la description exacte dans la préface du Décaméron, se trouvent beaucoup d'ouvrages des plus vieux maîtres : une Vierge de Cimabue, un Christ de Giotto, plusieurs peintures du Ghirlandajo, parmi lesquelles l'auteur a introduit son portrait et ceux de Pierre et de Laurent de Médicis, l'Enfer et le Ciel par les deux Orcagna, des fresques de Buffalmacco, des sculptures de Michel-Ange, de Donatello et de Brunellesco. Donatello avait inspiré de l'amour à une fort grande dame, qui abandonna sa famille pour aller vivre avec lui, sans s'inquiéter du qu'en dira-t-on. Il en fut parlé à Florence. Les artistes ne manquèrent pas de prendre parti pour la maîtresse de leur confrère; ils témoignèrent beaucoup d'estime et de respect à cette dame émancipée; quelques-uns travaillèrent pour elle, et Brunellesco lui offrit un beau crucifix, qu'elle laissa par testament à l'église de Sainte-Marie-Nouvelle, où il est encore. Dans le cloître voisin, au milieu de fresques à demi effacées, on distingue une tête de femme blonde, qui passe pour la figure de Laure de Noves. Peut-être l'auteur de ces fresques est-il Simon de Sienne, qui avait fait un portrait de Laure et une copie pour Pétrarque, dont le poëte l'a remercié par deux sonnets.

C'est assez promener le lecteur dans les églises. Nous en laissons de côté, et des plus belles. Revenons seulement, pour un instant, sur la place de la Cathédrale. On se demande, en voyant cet édifice immense, cette coupole rivale de celle de Saint-Pierre de Rome, au dire de Michel-Ange lui-même, ce campanile d'un si gracieux dessin, comment il se peut que la façade non-seulement ne soit point achevée, mais qu'on ne l'ait pas même entreprise. Il y a une raison, comme à toutes choses. Au moyen âge, il fallait payer un tribut considérable au saint-siége dans l'année où l'on posait la dernière pierre d'une église. De là vient qu'on ne se pressait pas de terminer. Afin d'éviter le reproche de lenteur calculée, on laissait en suspens le point le plus visible, celui qui frappait d'abord les regards ; une église sans façade était incontestablement en cours d'exécution, et le tribut se faisait attendre. Telle est, du moins, l'explication qu'un antiquaire du pays m'a bien voulu donner, et dont je me suis contenté sur sa parole, n'ayant trouvé nulle part traces de cet usage, qui ne manque pas de vraisemblance. Les trois architectes de Sainte-Marie-des-Fleurs auront certainement dessiné des projets de façade. Que la supercherie pour cause d'économie paraisse indigne du magnifique Laurent et du généreux Cosme, j'en demeure d'accord ; mais de la bonne volonté de leurs successeurs à payer le tribut d'usage, il est permis de douter.

III

FLORENCE

Les académies. — Celle de la *Crusca*. — Les censeurs de Corneille et ceux du Tasse. — Les théâtres. — L'empire de l'habitude. — La belle fille du tailleur. — Moyen de s'arracher aux délices de Florence. — Grand chagrin adouci par une pièce de soixante centimes.

L'Italie a poussé jusqu'à l'extravagance le goût des académies. Il n'y a presque pas de ville grande ou petite qui n'ait eu la sienne et n'en tire encore vanité. Florence seule en a possédé jusqu'à dix à la fois, sous les dénominations les plus bizarres. Je pense que le lecteur me dispensera de lui faire l'histoire de l'académie des transformés, de celles des immobiles, des enflammés, des lucides, des obscurs, etc., sans compter celles des *altérés* et des *humides*, dont la première aurait pu absorber la seconde pour apaiser sa soif. Mais une autre plus célèbre a rendu d'immenses services aux lettres italiennes, l'Académie de la *Crusca*, qui tient ses séances au Palais Riccardi. Sa fondation n'est pas des plus anciennes; elle ne remonte qu'à l'année 1582. La langue italienne avait été fixée depuis longtemps et touchait à sa perfection, en sorte que les académiciens de la *Crusca* n'eurent rien à faire pour l'enrichir; ils ne songèrent au contraire qu'à l'épurer, en recueillant le bon grain et rejetant le mauvais. De là leur titre : *crusca* signifie *son* en italien; les travaux de cette académie consistaient à *vanner* et *bluter* la langue et les ouvrages nouveaux, pour séparer le son de la farine. L'académie débuta par un classement assez juste des poëmes et ouvrages remarquables nés avant elle. Dante, Pétrarque, Boccace, Pulci, etc., furent placés à la tête des auteurs dits classiques et des modèles proposés à la jeunesse. Ce travail n'était pas difficile. La consécration du temps et les jugements du public avaient dicté d'avance tous les arrêts; mais à propos des contemporains, la *Crusca* rendit d'autres décrets moins intelligents. L'Arioste, éprouvé par quarante ans de succès, obtint l'approbation de messieurs les académiciens. Le Tasse, arrivant après, n'eut pas le même bonheur. Il fut déclaré indigne. Dans la destinée des académies, on remarque souvent des rapprochements curieux, surtout en matière de bévues. Comme Pierre Corneille, dont l'Académie française censura le *Cid*, Torquato Tasso vit sa *Jérusalem* blâmée par les illustres de Florence.

En France, les examens et débats sur Corneille avaient été fort savamment dirigés par Chapelain, immortel auteur de la *Pucelle d'Orléans*, à qui Voltaire a rendu ce brillant hommage :

> O Chapelain ! toi, dont le violon,
> De discordante et gothique mémoire,
> Sous un archet maudit par Apollon,
> D'un ton si dur as râclé son histoire !

C'était l'histoire de la pauvre Jeanne d'Arc, de cette sublime fille qui sauva son pays, et qui en fut récompensée par une mort horrible, un poëme ridicule, qu'heureusement on ne lit point, et une facétie obscène et révoltante. Après le bûcher des Anglais, il lui manquait le pilori de Voltaire ! En Italie, la censure du Tasse fut habilement conduite par le secrétaire de la *Crusca*, le très-illustre Bastien dei Rossi, que personne ne connaît aujourd'hui, et dont le sobriquet académique était le *pain bis*, car dans ce moulin à paroles tout le vocabulaire de la boulangerie était mis à contribution avec une constance insipide. Un critique de ce temps-là venait de publier un dialogue traitant de la poésie épique, dans lequel il donnait l'avantage au Tasse sur l'Arioste. Cette conclusion blessa les académiciens de Florence. Ils formulèrent un arrêt contraire, dont nous ne saurions faire comprendre la valeur et l'importance qu'en le citant :

« Notre académie, dit le rapport, s'appelle de la *Crusca*, parce qu'elle s'impose de bluter la farine pour en écarter le son. Étant réunie en nombre, dans le local de ses séances, elle apprit l'autre jour, par son économe, qu'on avait déposé un sac de farine pour qu'il fût par nous épluché. Nous le fîmes apporter par nos garçons meuniers... et le sac fut passé au blutoir. Selon nos règlements, lorsque cette opération fournit plus de son que de farine, nous confisquons celle-ci, et nous rendons l'autre au cultivateur. Or, cette fois, il est arrivé que le son s'est trouvé aux trois quarts supérieur en quantité à la farine. En outre, nos censeurs ayant reconnu que cette farine était amère, à cause du mélange des mauvaises graines avec le blé, nous n'avons pas même voulu qu'elle restât dans nos greniers, et nous avons ordonné de la répandre dans la rue. Le rapporteur de cette académie avertit les gens de goût que cette marchandise n'a pas été récoltée dans nos champs, et que le tamis et la meule ne pourraient réparer la mauvaise qualité du grain. »

Suit l'examen approfondi du poëme du Tasse par un autre membre nommé Léonard Salviati : « La *Jérusalem délivrée*, dit-il, n'est qu'une compilation, dont l'ordonnance est pauvre et froide comme un dortoir de moines. Celle de l'Arioste, au contraire, ressemble à un vaste palais entouré d'arcades; on y reconnaît une belle cour dans le milieu, trois étages, des salons, des appartements bien distribués, des cuisines, des caves et toutes les dépendances, voire un superbe jardin. Qui donc a osé comparer un pareil édifice avec le dortoir du Tasse et avec sa maisonnette bâtie de vieux matériaux?... »

Faisons grâce au lecteur du reste de ce rapport admirable. C'est en ces termes que les régisseurs de la littérature, en 1583, donnaient au Tasse des leçons de *goût*. Les critiques de Chapelain et de Scudéry sur le *Cid* de Corneille étaient des chefs-d'œuvre de raisonnement et d'esprit auprès de ces tristes bouffonneries. Il est permis, même à une académie, de préférer l'Arioste au Tasse. On ne peut nier que le premier appartient à la fin du beau temps de l'Italie, et le second au commencement de la décadence ; mais comparer, dans le style qu'on vient de lire, la *Jérusalem délivrée* à de la farine avariée, bonne à jeter sur la voie publique, c'était se couvrir de ridicule. La punition ne se fit pas attendre. Par le prodigieux succès de son ouvrage, le poëte outragé obtint une éclatante réparation, et les rieurs tournèrent de son côté. La *Crusca* eut des regrets amers de sa faute ; elle en a fait souvent amende honorable, et depuis elle s'est montrée plus prudente et plus modeste. Lorsque l'empereur Napoléon rétablit cette académie par un décret, le poëte Vincent Monti, dans une excellente satire, revint sur la censure du Tasse, et il ne se refusa pas le plaisir de jouer aussi sur les mots, en comparant cette docte compagnie à une réunion d'ânes bons à manger leur *son* après l'avoir bluté. Une compagnie littéraire a la vie dure : comme l'Académie française, celle de la *Crusca* s'est relevée du grave échec qu'elle avait reçu à ses débuts ! Aujourd'hui son véritable titre à la reconnaissance des lettres italiennes est d'avoir publié le dictionnaire toscan, dont l'autorité a exercé une heureuse influence pour la conservation de ce bel idiome qu'on peut appeler maintenant la langue du Tasse.

Plusieurs des théâtres de Florence ont emprunté leurs noms aux académies que nous avons citées plus haut. L'Opéra, longtemps administré par une société de riches propriétaires qui avaient pris le titre d'*Immobili*, s'est appelé théâtre des *Immobiles*. La force de l'usage a changé ce titre alambiqué. On dit aujourd'hui théâtre de la *Pergola*, du nom de la rue où il a été construit. La salle de la Pergola, restaurée dans le goût moderne, est une des plus belles d'Italie. On y compte cent seize loges divisées en cinq étages. Elle peut contenir deux mille cinq cents spectateurs. La salle des *Intrépides*, plus neuve et plus ornée, a cent cinq loges. Le théâtre

Alfieri, qui est aussi une construction moderne, n'en a que quatre-vingt-dix-sept. Celui des Enflammés (*Infuocati*), ainsi nommé par la compagnie littéraire qui l'a fondé, a quatre-vingts loges sur quatre rangs. Le peuple, ennuyé des désignations académiques, l'a baptisé *Cocomero*, et on ne le connaît plus que sous ce dernier nom.

Pour une très-faible somme, on peut acheter ses entrées à la Pergola, pendant la saison d'hiver. C'est un moyen de remplir ses devoirs du monde, puisqu'une tournée dans les loges compte comme une série de visites régulières. Vous serez exposé, il est vrai, à entendre le même ouvrage trente fois de suite; mais on s'accoutume à cette monotonie dans les plaisirs comme à un bon régime hygiénique. Il n'y aura point d'opéra qui ne renferme au moins un morceau de votre goût, un *duetto d'amore* capable de vous émouvoir. Vous écouterez celui-là. Bientôt ce repas du soir devient un besoin; le jour où l'on représente un ouvrage nouveau, vous vous surprenez à regretter le *duettino* favori, jusqu'au moment où vous en avez adopté un autre.

Les habitudes du matin et de la journée deviennent aussi des liens invisibles qui vous retiennent malgré vous à Florence. Lorsqu'en prenant le café, vous voyez à travers les vitres le profil du Baptistaire, la fontaine de la grande place Ducale, une statue de bronze ou de marbre, la silhouette d'un palais à mine rébarbative ou les arcades élégantes d'un monument de la renaissance, votre cervelle se change en une *chambre obscure* où se reflètent sans cesse tous ces objets attrayants, et il vous semble que, le jour du départ, un vide affreux va succéder à ces douces sensations. Vous allez devenir comme un miroir voilé, où l'*angle d'incidence* n'amènera plus aucune image. Vous remettez au lendemain, puis au jour suivant; la fin du mois arrive, et l'autre mois vous retrouve encore à Florence. Que de temps m'a fait perdre ainsi cette *loggia d'Orcagna,* qu'on appelait autrefois *loggia dei Lanzi!* Probablement du vivant d'Orcagna, on y avait établi un corps de garde de lansquenets. Depuis lors, on en a expulsé les *lanzi*, pour les remplacer par la Judith en bronze de Donatello, le Persée de Benvenuto, le magnifique groupe de l'enlèvement des Sabines, de Jean de Bologne, et celui d'Hercule tuant le centaure. Après la retraite des hallebardiers allemands, la loge d'Orcagna devint une espèce de tribune aux harangues, d'où les orateurs populaires parlaient à la foule, dans les moments d'agitation. A présent, tous les samedis, on y procède au tirage public de la loterie, autre sujet d'émotions d'un ordre moins élevé. Le déjeuner me semblait excellent, quand je songeais que tout à l'heure j'irais rôder sous ces trois grandes arcades. Le cigare y devenait délectable, la liberté meilleure, la vie facile et l'oisiveté instructive. Toutes les femmes qui passaient par là étaient jolies; tous les hommes qui s'y arrêtaient avaient de l'esprit, — tant qu'ils y restaient.

Un jour, sous la loge d'Orcagna, je me promenais de long en large avec un jeune Français de bonne famille et du faubourg Saint-Germain de Nancy, car il y a un faubourg Saint-Germain dans toutes les villes de France de plus de trente mille âmes. M. Henri *** regardait plus volontiers les femmes de Florence que les statues. Tout à coup il arrêta au passage une fort belle fille, vêtue très-simplement. Elle portait une robe d'indienne, un chapeau de la même forme que ceux des hommes, et attaché sous le menton par une gance de soie jaune, un méchant éventail de papier vert à la main, à cause de la chaleur. Elle avait les bras nus, et les mains si bien faites que c'eût été dommage de les cacher dans une paire de gants. Lorsque M. Henri se plaça devant elle pour lui barrer le passage, elle ne s'effraya point et s'approcha de nous en souriant.

— Puisque vous êtes deux, dit-elle, je puis m'arrêter un moment. Qu'avez-vous à me dire, don Enrico?

M. Henri, établi à Florence depuis six semaines, ne manqua pas de répondre à la belle fille qu'il était tombé amoureux d'elle, il y avait plus de trois mois, et il la supplia d'avoir pitié de son martyre.

— Je sais tout cela, reprit la Florentine; vous me l'avez écrit dans une lettre fort bien tournée. Mais à quel signe puis-je reconnaître que vous ne vous moquez point de moi? Je ne veux rien faire que mon père puisse blâmer; il faut, s'il vous plaît, venir me parler à la maison et non dans la rue.

— Belle Giacomina, répondit don Henri, si je vous parle de mon amour en présence de votre père, il me coupera la parole et me priera d'aller ailleurs.

— Votre seigneurie se trompe, dit Giacomina. Mon père ne trouve pas mauvais qu'on me parle de tout ce qu'on veut, pourvu que ce soit avec politesse. Il est tailleur. Si votre seigneurie a besoin d'un habit, est-ce à moi qu'elle viendra le commander? — Non. Eh bien donc, à chacun sa part. Apportez un bouquet à la maison et l'on trouvera peut-être à qui vous le destinez. En un mot, elle n'est guère avisée, votre seigneurie; et moi j'en ai dit assez. Adieu : je m'en vais.

Un éclat de rire argentin résonna sous la galerie d'Orcagna et la belle fille s'enfuit en courant. Don Henri, armé d'un bouquet, prit avec moi le chemin de la maison du tailleur. Dans une rue peu fréquentée, située près de l'Annonciade, était une boutique de misérable apparence; nous y entrâmes ensemble. Une odeur de fromage et de beurre fondu nous apprit qu'on s'y occupait du repas. En effet, le tailleur et sa fille mangeaient un plat de macaroni dans l'arrière-boutique. Une voix d'homme nous cria *favorisca!* c'est-à-dire : « Favorisez-nous de votre présence. »

— Ma fille m'avait annoncé la visite de vos seigneuries, dit le tailleur. Ce bouquet prouve qu'elles viennent pour la voir, et non pas moi; en conséquence, je leur demande la permission d'achever mon dîner.

Giacomina quitta la table et laissa la porte de l'arrière-boutique entr'ouverte. M. Henri lui débita ses compliments à voix basse; elle y répondait tout haut, avec une assurance et une gaieté un peu railleuses. A la fin le père arriva et se mit à travailler dans un coin sans faire attention à nous. Don Enrico interrompit ses propos galants pour inviter le tailleur à lui prendre mesure d'un gilet.

— Que votre seigneurie, lui dit le bonhomme, ne se croie pas obligée à cette dépense pour obtenir ses entrées chez moi. Elle honore mon humble maison en y venant. Il y a ici une paire de beaux yeux. Eh bien, regardez-les, ces beaux yeux. Ne faut-il pas que jeunesse s'amuse? Riez donc avec ma fille, car pour moi, je lui conterais cent histoires qu'elle m'écouterait tout au plus par complaisance.

M. Henri ayant insisté, le tailleur lui prit mesure d'un gilet, en promettant de l'exécuter aussi bien que le plus habile *coupeur* de Paris. Quand je fus dans la rue avec mon compagnon, je lui demandai ce qu'il pensait des mœurs faciles de ces bonnes gens.

— Je ne sais qu'en penser, me dit-il, mais j'espère en tirer profit.

— Et moi, répondis-je, malgré l'intérêt que je vous porte, je ne puis m'empêcher de souhaiter que vous n'ayez aucun succès. Si cette bonhomie déguisait la corruption, j'en serais surpris et fâché.

Pendant trois semaines je perdis de vue don Henri, et je ne songeais plus à lui, lorsqu'un soir je le rencontrai aux *Cascine*. Je m'informai de ses amours. Il me répondit d'un air embarrassé qu'elles n'avançaient point. La concurrence lui faisait tort : d'autres jeunes gens étaient aussi bien que lui dans la maison du petit tailleur, et cette rivalité le décourageait. Cependant il avait dans sa poche une lettre pathétique qu'il devait envoyer à Giacomina le lendemain.

— Ce sera, dit-il, ma dernière tentative. Ces Florentines ont une façon d'agacer les gens qui ne tient guère parole.

— C'est-à-dire, répondis-je, que leur gaieté n'exclut pas la décence et l'honnêteté.

— J'en conviens; mais comme je n'ai pas envie de me faire berner par cette coquette, je l'aurai bien vite oubliée, si elle continue ainsi.

Au ton dont il parlait d'oublier la belle Giacomina, je compris qu'elle lui tenait au cœur plus que jamais.

Depuis longtemps, j'avais marqué sur l'almanach le jour où je devais irrévocablement partir. Je réussis pourtant à me persuader qu'il m'importait de connaître le dénoûment des amours de don Henri et je laissai passer le jour fixé. Un matin, après une visite à la *Madone au Sac*, j'aperçus de loin, sur la place de l'Annonciade, deux hommes qui s'abordaient, en gesticulant comme font les fourmis avec leurs antennes. Je reconnus don Henri en conférence avec un personnage râpé, à mine patibulaire et mielleuse.

— Quelle affaire pouvez-vous avoir avec ce philistin? dis-je en français

Le philistin devina le sens de mes paroles.

— Excellence, me dit-il en italien, demandez à ce seigneur combien de pas et démarches inutiles je lui aurais épargnés, s'il m'eût employé plus tôt. Je lui apporte la promesse d'une conversation seul à seule. Les lettres et les bouquets sont des bagatelles; il faut des expédients plus solides.

Le drôle fit avec le pouce et l'index le mouvement familier aux changeurs de monnaie lorsqu'ils palpent des pièces d'or.

— Et moi, reprit-il, je ne demande pour ma peine qu'un *piccolo regalio*, un écu de Pise, par exemple.

Don Henri lui mit dans la main l'écu réclamé. Le mercure emporta l'argent, fit un salut de crispin et partit en courant.

— Vous croyez, dis-je à don Henri, que la jeune fille viendra au rendez-vous?

— Je l'espère bien, répondit-il. Si ce vaurien s'était moqué de moi...

— N'en doutez pas : il s'est moqué de vous. Je gagerais qu'il n'a pas même parlé à Giacomina.

— C'est ce que nous verrons.

Une heure après, sur la place du Dôme, j'aperçus encore le philistin jouant des antennes et débitant ses mensonges à **un autre** étranger pour lui extirper une piastre. Le lendemain je devais dîner avec don Henri à l'hôtel du *Lion d'argent*, où l'on nous servait de splendides repas pour trois *paoli* (trente-trois sous de France). Le potage était mangé lorsque mon compatriote vint se mettre à table. Il était sombre comme une nuit de Norwége.

— Qu'avez-vous donc? lui dis-je. Est-ce que les procédés peu romanesques auxquels vous avez eu recours n'ont pas obtenu plus de succès que les billets doux et les bouquets?

— Je suis mystifié, me répondit-il; Giacomina s'est fait enlever par un prince milanais, et probablement son coquin de père a la patte graissée, car il ne se plaint pas et n'a aucune envie de poursuivre le ravisseur.

— Allons, pensais-je en rentrant chez moi, la vertu de la belle fille du tailleur ne me retiendra pas à Florence. Je puis m'en aller.

Tandis que je regardais, assis dans un fauteuil, ma malle ouverte et encore vide, le jour tomba peu à peu. La patronne de *casa* entra dans ma chambre et posa un flambeau sur la table, en me disant, suivant l'usage: *Felicissima notte!* Le moment où on allume les lumières est le signal d'une quantité de souhaits aimables en Italie. Tous les matins, la même *padrona* venait à huit heures ouvrir mes persiennes, et me souhaitait le bon jour, en ajoutant: *Bella giornata* (il fait beau). — Cela durait depuis trois mois, et le soleil, qui fait la santé du pauvre et la bonne humeur du riche, n'avait pas une seule fois manqué à l'appel. La vue d'une malle remplit d'effroi l'excellente *padrona*.

— Bonté du ciel! est-ce que votre seigneurie songe à partir? dit-elle avec vivacité.

— Vous le voyez, répondis-je.

— Quoi? vous vous ennuyez à Florence!

— Je ne m'ennuie pas à Florence, mais on ne peut y rester toute la vie.

— Ah! Excellence, le jour que vous partirez, il faudra pleurer.

— Eh bien, *padrona*, s'il le faut absolument, nous pleurerons.

L'idée ne me vint pas que les regrets de cette bonne femme pussent être pour les quatre *paoli* par jour que je lui payais.

— Et où voulez-vous aller? demanda-t-elle.

— A Sienne.

— *Siena!* dit-elle avec une grimace de mépris, une ville sans plaisirs! Ces étrangers ne savent quoi inventer. Votre voiture versera en route. Vous serez logé dans une bicoque, où l'on vous dérobera la moitié de vos bagages, et ce sera bien fait.

Cette malédiction terrible m'inspira des craintes. Il y avait ce soir-là une représentation extraordinaire au théâtre du *Cocomero*. Je pris mon chapeau et je m'y rendis. A côté de moi se trouvait un artiste français qui arrivait de Rome, au désespoir de l'avoir quittée. Selon l'habitude des amants, il me vanta en détail tous les charmes de cette Rome adorée. Je la connaissais; j'avais éprouvé la même passion. Cette conversation réveilla d'anciens et tendres souvenirs.

— Ce que vous ressentez pour Rome, dis-je à mon voisin, je le ressens pour Florence, car je vais la perdre. Nous allons troquer nos maîtresses, et bientôt vous serez aussi épris que moi.

Tel est le véritable moyen de s'arracher de Florence : rêvez un peu à la Vénus Capitoline et vous pourrez quitter celle de Médicis. Pensez aux peintures du Vatican et vous aurez la force d'abandonner celles du palais Pitti. Le lendemain de cette soirée, au théâtre du Cocomero, ma patronne de *case* vint me demander avec des circonlocutions embarrassées quelles étaient mes intentions. Un Anglais, disait-elle, lui offrait cinq *paoli* par jour de l'appartement que j'occupais. Pour rien au monde elle n'aurait voulu avancer mon départ d'un jour seulement; mais je devais comprendre qu'un *paul* de plus était une affaire de conséquence.

— Concluez avec votre Anglais, répondis-je, car je pars dans une heure.

La question d'argent n'était pas aussi indifférente que je l'avais imaginé; le *paolo* valant soixante centimes, cette fiche de consolation adoucissait l'amertume des regrets et l'horreur de la séparation. Une heure après ma malle était chargée sur l'impériale d'une voiture; la sensible *padrona* me baisait la main, en essuyant avec son mouchoir ses yeux parfaitement secs; je saluais, en passant, la loge d'Orcagna, le Pont-Vieux, les hauteurs couronnées d'arbres du jardin des Boboli, et je disais adieu à Florence, mais non un adieu éternel. A la première couchée, je m'aperçus que tous les objets de flanelle manquaient dans mon bagage; je ne crus pas avoir le droit de m'en fâcher, la *padrona* m'ayant dit plusieurs fois, par manière d'avertissement, que son mari avait la poitrine délicate.

IV

ROUTE DE ROME PAR SIENNE.

Volterra. — Daniel Ricciarelli. — Les nudités du Jugement dernier. — Sienne. — L'Académie des *Rozzi*. — Origine de la comédie improvisée. — Le dôme. — La vie et la mort du Pinturicchio. — Le pays des Volsques. — Acqua-Pendente et Viterbe. — La guerre du temps d'Urbain VIII. — Les soldats du pape. — Le bailli Achille de Valençay. — Le lac de Vico. — Ronciglione.

Pour aller de Florence à Rome, on peut choisir entre deux routes, l'une par Sienne, qui est la plus courte, surtout aujourd'hui qu'un chemin de fer abrége encore de moitié le temps du voyage ; l'autre, plus longue, mais aussi plus pittoresque et qui passe par des villes intéressantes : Arezzo, Pérugia, Foligno. Bien peu de gens prendront la seconde route, et je me réjouis fort de l'avoir parcourue avant l'achèvement du chemin de fer de Sienne. La première s'éloigne des rives de l'Arno, en traversant les plaines riches et bien cultivées de la Toscane, pour rejoindre la route de Livourne à Sienne au bourg de Poggibonsi. Il faut s'arrêter dans ce bourg, et consentir à un retard si l'on veut connaître cette pauvre cité de Volterra, dont Laurent le Magnifique a soulagé les misères. On ne se douterait guère à présent qu'un Médicis a sacrifié le quart de son immense fortune pour la relever de ses ruines. Volterra est située au sommet d'un pic élevé, où l'on arrive à grand'peine par un mauvais chemin pierreux. L'entrée en paraît belle ; on découvre de loin des tours, des églises et de grands monuments. Mais vous trouverez à l'intérieur un spectacle lamentable. La plupart des anciens édifices et des palais sont renversés, privés de toiture ou prêts à s'écrouler. De loin en loin une maison habitée subsiste encore au milieu de ce chaos, où quatre mille âmes occupent l'espace que remplissait jadis une population dix fois plus nombreuse. L'antique enceinte bâtie par les Étrusques a mieux résisté aux ravages et à l'action du temps que les constructions modernes. On peut suivre les fragments de cette énorme muraille pendant un circuit d'un demi-mille. Des points les plus élevés, on découvre, dans la direction du midi, les maremmes qui ont fini par dépeupler la ville, et décimer d'année en année ce que la peste et la guerre avaient épargné. Pise elle-même semble une fourmilière turbulente, si on la compare à cette solitude, sans autre végétation que les plantes parasites et les oliviers au feuillage couleur de poussière.

Les deux hommes les plus célèbres qu'ait produits la ville de Volterra sont le poëte satirique Perse et le peintre Daniel Ricciarelli. Aulus Persius était chevalier et d'une famille riche. Il quitta Volterra à douze ans pour aller étudier à Rome, et se lia d'amitié avec le stoïcien Cornutus. C'était sous le règne de Néron. Dans ces temps d'oppression, les bons esprits cherchaient à détourner leurs regards d'un monde corrompu en se plongeant dans les abstractions. La philosophie stoïcienne était le refuge des gens éclairés; le christianisme se répandait dans le peuple. Ces deux doctrines fortifiaient les cœurs contre une tyrannie sans frein et préparaient le faible à tout événement. L'exil, le séquestre, les condamnations à mort ne surprenaient personne; c'était même un honneur et un brevet de vertu, comme le prouve cette belle réponse de Sénèque à l'envoyé de Néron, venant lui annoncer qu'il fallait mourir : « Tu diras à ton maître que je m'étonnais d'être encore en vie. »

S'il n'eût été stoïcien, Perse aurait eu sujet de s'effrayer lorsqu'il se sentit le don de poésie et le goût dangereux de la satire. Avant dix-huit ans, il écrivit une pièce de vers dans laquelle il se railla lui-même pour acquérir le droit de plaisanter les autres ; mais le moyen ne valait rien. Lorsqu'il attaqua Néron, Cornutus l'avertit qu'il allait se perdre. Ils firent ensemble des changements ; ils tâchèrent d'obscurcir le texte, et finalement le morceau ne fut publié qu'après la mort de l'auteur, sans quoi Perse n'en aurait pas écrit d'autres. Le savant Bayle, dans son *Dictionnaire critique,* remarque avec une certaine raison que ce poëte n'est pas seulement obscur dans les passages où la clarté eût été périlleuse, et qu'il enveloppe sa pensée même aux endroits où l'on ne voit point d'allusion personnelle. Il en conclut que Perse aimait l'obscurité, ou qu'il y tombait malgré lui. Cependant on peut croire aussi que tous les motifs de déguiser les allusions ne nous sont pas connus. Sait-on aujourd'hui à quel personnage, à quel fait pourrait se rapporter tel vers dont le sens est caché à dessein ? Bayle, obligé d'aller écrire et professer à Rotterdam, aurait dû mieux comprendre la difficulté de parler de quoi que ce soit avec indépendance et franchise. Sous le règne de Néron, le danger était assurément plus grand que sous Louis XIV. Le tyran pouvait voir partout la censure de sa vie. Faire l'éloge d'un bon prince, c'eût été blâmer César indirectement. — Si tu vantes la clémence d'Auguste, c'est pour me reprocher de n'être pas clément. — Pourquoi fais-tu l'éloge de mon frère Britannicus, si ce n'est pour l'élever au-dessus de moi? — Jules César était un grand capitaine ; mais tu le dis avec le dessein de prouver qu'il savait faire la guerre mieux que moi. Tu vas mourir.— Citons un passage de la deuxième satire, où probablement Bayle n'a rien vu de dangereux.

« L'or a expulsé de nos temples les vases simples et les ustensiles de cuivre du temps de Numa ; on l'a substitué aux urnes des vestales et à l'argile étrusque. O âmes rampantes et vides de pensées célestes, à quoi sert d'introduire nos mœurs jusque dans les temples et d'employer au culte des dieux les raffinements de notre corruption?... Que n'offrons-nous aux immortels ce que les descendants pervers du grand Messala ne sauraient leur servir dans une vaisselle de luxe : une conscience pure, un cœur juste, des sentiments généreux et honnêtes? »

A première vue, rien de plus innocent que cette tirade contre l'usage de l'or dans les temples. Supposez que Néron vienne à la lire : Voilà, dira-t-il, des vers d'un mauvais esprit. Ce jeune homme ne parlerait pas de la simplicité du temps des vieux Romains, si ce n'était pour blâmer mon luxe et mes dépenses. Il ose insulter Messaline, la femme de mon père adoptif, parce qu'il croit le pouvoir faire impunément. La crainte et non le respect l'empêche d'outrager aussi ma mère Agrippine et moi-même. Qu'on me débarrasse de ce censeur impertinent. Puisqu'il se vante d'être stoïcien, fournissons-lui l'occasion de manifester son mépris de la mort. — Et Perse aurait reçu l'ordre de se faire saigner aux quatre membres.

Il n'y avait rien de plus facile que de ne point écrire de satire contre Néron; mais lorsqu'à défaut de génie, comme disait Juvénal, l'indignation vous avait dicté des vers, on éprouvait le besoin de les communiquer; et puis la prudence arrivait, qui vous engageait à dissimuler votre pensée. Peut-être sous l'influence de ces deux sentiments, Perse aura-t-il été volontairement obscur, et si ses contemporains ont eu quelque peine à le comprendre, il n'est pas étonnant qu'aujourd'hui on le trouve inintelligible.

Passons maintenant à Ricciarelli, connu sous le nom de Daniel de Volterre. Michel-Ange était déjà très-vieux quand Daniel vint à Rome travailler aux peintures du Vatican avec Pierin del Vaga. Celui-ci mourut bientôt après, et Ricciarelli termina seul les travaux commencés. Michel-Ange l'aida de ses conseils, et lui fit obtenir la surintendance des bâtiments. Charles VIII, à son passage en Italie, avait fondé l'église de la Trinité-du-Mont. Daniel de Volterre composa deux magnifiques ouvrages pour ce monument nouveau, une Assomption et une Déposition de Croix. On remarque dans le premier un personnage auquel l'auteur a donné les traits de Michel-Ange. Le second, qui était une fresque, a été transposé sur toile. C'est une des plus grandes et des plus belles pages de l'art sur son déclin. Michel-Ange étant mort, le pape Paul IV, dans un accès d'intolérance, s'avisa de trouver indécentes plusieurs figures du *Jugement dernier*. Il allait ordonner de gratter ce chef-d'œuvre. Les supplications des gens éclairés l'engagèrent à différer l'exécution. Daniel de Volterre, qui était absent, revint bien vite à Rome. Vainement il représenta au saint-père que les morts, en se réveillant aux sons des trompettes, sortiront probablement de leurs tombeaux en l'état de nature, qu'ils n'auront point le temps de commander des habits neufs à leur tailleur, et que par conséquent Michel-Ange, en les représentant dépouillés de tout vêtement, avait obéi à la vraisemblance. Le pape ne voulut rien écouter. Alors Daniel proposa de retoucher l'ouvrage de son maître plutôt que de le laisser détruire. Il promit de contenter les gens scrupuleux. En effet, il ajouta des draperies aux personnages dont la nudité blessait les yeux de Paul IV, et la chapelle Sixtine échappa au désastre du grattoir. Catherine de Médicis avait écrit à Michel-Ange pour lui demander une statue équestre, en bronze, du roi de France Henri II. Daniel de Volterre obtint cette commande par droit de survivance; mais il mourut à cinquante-sept ans laissant ce travail inachevé.

Du bourg de Poggibonsi jusqu'à Sienne, on ne trouve de remarquable que le paysage montueux et varié. Sur le penchant d'une colline, où l'on croit reconnaître les vestiges d'un volcan éteint, s'élève la brillante cité de Sienne, la rivale vaincue de Florence. Dans le temps des guerres intestines, il y avait ceci de bon, que les citoyens persécutés trouvaient à peu de distance un pays ennemi du leur et par conséquent un asile. Arezzo et Sienne ouvraient leurs bras aux exilés de Rome ou de Florence. Dante, Machiavel et bien d'autres en profitèrent. Comme celle de Sinigaglia, l'origine de Sienne remonte aux Gaulois sénonais : Pline a dit *Colonia senensis*. Cette colonie gauloise devint romaine, avec tout le reste de l'Étrurie. Dans le moyen âge, Sienne, cent fois

SIENNE PLACE DU DOME.

déchirée par des factions turbulentes, passa successivement par les trois tyrannies d'un seul, de plusieurs et de la multitude: quel que fût le gouvernement, il était excessif et violent. Au quinzième siècle, les Florentins armèrent contre Sienne, et se mirent en campagne, pensant qu'ils viendraient aisément à bout d'une ville où toutes les familles formaient autant de partis; mais ils furent battus à plates coutures, et laissèrent trois mille morts sur le champ de bataille. L'alarme était si grande à Florence que la moitié des habitants partit pour Lucques ou Bologne. En 1526, les Siennois remportèrent une nouvelle victoire; ce fut la dernière. Cette république tomba sous la tyrannie de Pandolfe Petruccio, qui s'empara de la ville par surprise et la gouverna comme un proconsul romain en pays conquis; cependant il ne vint pas à bout de dompter le caractère belliqueux et turbulent de la population; ce triomphe était réservé à l'astucieux Cosme de Médicis. Lorsqu'il eut établi une bonne garnison à Sienne, Cosme publia une proclamation aussi sincère que son programme d'*ouverture*, et dans laquelle il promettait aux habitants de leur laisser leurs institutions. En effet, on procéda aussitôt à l'élection d'un gonfalonier, qui porta l'habit de velours noir et se promena dans la ville, comme par le passé, suivi d'estafiers et de valets galonnés; mais le pouvoir du magistrat se réduisit aux fonctions d'un préfet de police, et l'érection de la citadelle, avec ses quinze tours carrées, apprit aux Siennois qu'ils pouvaient prendre le deuil de leur indépendance. La ville a pour armes la louve romaine allaitant les deux enfants jumeaux. Près de la place, appelée le *Campo*, on voit, sur une colonne de granit, un exemplaire de cette louve que les gens du pays regardent comme un morceau antique; cependant je ne lui ai pas trouvé tout à fait la structure d'hyène de la louve du Capitole, quoiqu'elle en soit peut-être une imitation.

L'aspect de Sienne rappelle celui de Florence; tout y sent la guerre civile; les habitations sont autant de forteresses surmontées de tourelles crénelées, avec les précautions accessoires que réclame la prévision d'un assaut. Le terrain, fort accidenté où l'on ne fait que monter et descendre, ajoute encore au pittoresque des rues, les plus favorables du monde pour les embûches et combats nocturnes. Depuis le moyen âge, les mœurs des Gaulois sénonais se sont fort adoucies; on les prendrait volontiers pour des Français, à voir leur politesse parfaite, leur galanterie avec les dames et leur susceptibilité sur l'article du point d'honneur. Comme nous, ils aiment la plaisanterie; ils la manient avec grâce et la supportent gaiement, dans une certaine limite; mais s'ils remarquent une apparence d'hostilité, ils le prennent de haut et poussent l'affaire jusqu'au bout avec d'autant plus de vigueur qu'ils pratiquent assez bien l'escrime. Des fanfarons étrangers, qui avaient abusé ailleurs de la mansuétude et de la patience des Italiens, ont reçu, à Sienne, les leçons qu'ils méritaient.

Bien avant que Machiavel, Bibiena et l'Arétin eussent relevé la comédie italienne, il s'était formé à Sienne une société littéraire, ou plutôt dramatique, composée de gens du monde et d'esprit, intitulée l'Académie *dei Rozzi*, c'est-à-dire des *Rustiques*. On y jouait des comédies improvisées au moyen d'un simple canevas préparé d'avance. Dans les petites pièces figuraient toujours plusieurs personnages de la campagne, et les acteurs imitaient le jargon des paysans, ce qui formait l'élément comique des représentations. Ce fut d'abord pour eux et leurs amis que les *Rozzi* jouèrent la comédie. Bientôt le nombre des invités augmenta. On y mit de la solennité; cela fit du bruit et on vint de loin pour assister à ce spectacle nouveau. Léon X, qui adorait la comédie, eut le désir de voir les *Rozzi*. Comme on le pense bien, ils s'empressèrent de se rendre à son appel. Le pape leur donna une salle de son palais, où ils représentèrent leurs meilleures farces devant les cardinaux et la cour, avec un tel succès que Léon X les combla de caresses, et les rappela une fois par an à Rome jusqu'à sa mort. Parmi les dictons populaires que recueillait cette compagnie, se trouvaient des lazzis graveleux, et que les oreilles des prélats d'aujourd'hui ne pourraient supporter. Le pape et les cardinaux de ce temps-là, jugeant les choses d'un point de vue élevé, encourageaient les premiers pas de la comédie naissante, et riaient de tout leur cœur de ces facéties rustiques. Il est douteux, d'ailleurs, que les Rozzi aient jamais rien représenté de plus hardi que la *Calandria* ou la *Mandragore* dont la cour pontificale faisait ses délices. Peu de temps après, les Bolonais s'amusaient à mettre en scène leur docteur Ballanzoni, les Bergamasques leur Truffaldin, les Vénitiens leur Brighella et leur *messer* Pantalon. Mais j'ai vu, par un décret du conseil des Dix, qu'à Venise, pour donner une ou deux représentations, au plus, il fallait solliciter une autorisation dudit conseil, et communiquer d'avance le canevas à deux délégués; ce qui prouve que la sérénissime seigneurie était loin d'égaler Léon X en libéralité à l'égard des spectacles. Elle prit sa revanche sur les autres pontifes. C'est donc, comme on le voit, aux habitants de Sienne que revient l'honneur d'avoir imaginé les premiers cette comédie *dell' Arte*, moitié préparée, moitié impromptu, qui sied si bien au génie italien, dans laquelle ils sont restés incomparables et qui a encore un souffle de vie dans un petit coin de Naples, où nous irons la chercher.

La grande place de Sienne, appelée autrefois *Banda*, et actuellement *Campo*, décrit une ellipse peu allongée de cinq cents pas de circonférence à peu près. Le centre, plus creux que les contours, pourrait servir, comme la place Navone, à des représentations de spectacles nautiques. Ce ne sont point les ruines des bâtiments voisins qui l'ont placée au dessous du sol, comme il est arrivé au *Forum* de Trajan; elle a été dessinée ainsi dans l'origine; les édifices qui l'entourent, garnis d'arcades gothiques, sont évidemment aussi anciens qu'elle; la magnifique fontaine en marbre, à sculptures et bas-reliefs, fournirait assez d'eau, pour emplir en peu de temps ce vaste réceptacle. On m'a bien parlé de fêtes annuelles qui se donnaient dans le *Campo*; mais on ne m'a point dit que les Siennois eussent le goût des *Naumachies*. Dans une autre rue de Sienne qu'on appelle, je crois, rue de l'*Oca,* est une autre fontaine qui, pour l'abondance et la qualité de l'eau, n'a de pareille qu'à Rome, où sont les plus belles fontaines du monde.

Si la cathédrale de Sienne n'était en marbre noir et blanc, comme le campanile de Giotto, on pourrait d'un peu loin la prendre pour une forteresse, aussi bien que les habitations des particuliers. La tour ressemble à celle du palais Médicis de Florence; le lecteur en pourra juger par ses yeux, car cette ressemblance est encore plus frappante sur la gravure ci-jointe que dans la réalité. La façade, d'un travail délicat, est ornée de sculptures et de colonnes élégantes. L'intérieur présente un coup d'œil singulier, où la sévérité du style gothique lutte avec la richesse de l'ornementation. La voûte de la principale chapelle est peinte en bleu et semée d'étoiles d'or; les marbres verts, les lapis-lazzuli couvrent un des autels, et le pavé en mosaïque représente des sujets de l'Ancien Testament qu'on regarde avec autant de plaisir que des tableaux; autour de la nef, dans une espèce de galerie, sont réunis les bustes des premiers papes jusqu'à Alexandre III : dans les chapelles de Saint-Jean et de la Madeleine se trouvent deux statues, l'une en bronze par Donatello, et l'autre du chevalier Bernin. Ces portraits, ces mosaïques et ce mélange d'objets d'art, empruntés à des siècles divers, composent une sorte de musée assez original. Je cherchais avec impatience les célèbres fresques du Pinturicchio, sans pouvoir les découvrir, lorsque mon domestique de place m'apprit que je les verrais tout à l'heure en allant à la *librairie.*

— Quelle librairie? lui demandai-je.

— C'est, me répondit-il, le nom qu'on donne à la sacristie du dôme, parce qu'elle renferme des livres de prières à images.

Un peintre de mes amis m'avait montré à Florence plusieurs copies à l'aquarelle des fresques du Pinturicchio; je les reconnus en entrant à la sacristie : ce sont des sujets du Nouveau Testament traités dans un style entre la naïveté du Pérugin et l'élégance de

Raphaël. La date de 1500 qu'on leur assigne par approximation répond à la jeunesse de l'art renaissant, à cet art charmant où la vigueur succède à la grâce un peu gauche de l'enfance. Pendant bien des années ce magnifique travail fut attribué à Raphaël. Ces confusions ont dû se produire quelquefois dans un temps où le génie courait les rues. Les biographes, pour abréger leur besogne, prêtaient aux riches, afin de s'épargner la peine de rendre à chacun ce qui lui appartenait. La paresse et l'ignorance du public s'en mêlant, on substituait un nom à un autre, et le propriétaire des peintures, qui gagnait au change, n'avait garde de réclamer. La réputation du Pinturicchio a failli périr entièrement par la malveillance de Vasari, qui l'accuse d'impuissance avec une injustice inexplicable. A propos de la mort du Corrége, j'ai exprimé cette opinion, qu'on doit respecter les documents transmis par les contemporains; mais, cette fois, Vasari se trouve en contradiction avec un homme mieux informé que lui, et qui a vu les choses de plus près.

Bernard Benedetto, surnommé le Pinturicchio, fut le compagnon d'études plutôt que l'élève du Pérugin. Ils étaient tous deux de Perugia, et à peu près du même âge. Benedetto, plus hardi que le Pérugin, se fit une manière indépendante, qu'assurément il n'a pas empruntée à Raphaël, plus jeune que lui de trente ans. Lorsque Raphaël commença à se faire connaître, Benedetto avait déjà travaillé dans l'église d'Orvietto, et, à Rome, chez les Colonna et les Borgia. Il avait quarante-huit ans quand il fut appelé à Sienne pour orner de fresques la sacristie du Dôme. Pour son malheur, Raphaël l'accompagna et exécuta sous ses ordres plusieurs cartons; mais le jeune débutant retourna bientôt à Rome, tandis que le vieux maître employa huit ans à l'achèvement de son travail, ce qui détruit cette assertion de Vasari, que le seul mérite du Pinturicchio était de faire vite et de se débarrasser lestement d'une commande. Ses fresques terminées, Benedetto continua de résider à Sienne; il y mourut au mois de décembre 1513.

Soit par légèreté, soit par une haine qu'on ne comprend pas, Vasari ne se contenta point de nier le talent de Benedetto; il tenta encore de ternir son caractère en l'accusant d'une action infâme. Dans un couvent de Sienne où il travaillait, les moines gardaient un trésor que le Pinturicchio aurait essayé de voler, et il serait mort de chagrin de n'avoir point réussi à s'emparer de la somme. Heureusement ce conte blesse le sens commun. On peut mourir de honte et de regret, comme André del Sarto, pour avoir dérobé l'argent de François Ier, mais le dépit de n'avoir pu se déshonorer n'a jamais tué personne. Cette calomnie invraisemblable allait être admise par la postérité, si un bon curé, nommé Tizio, ami de Bernard Benedetto, n'eût pris la peine d'écrire un récit de sa mort, qui ne ressemble guère à celui de Vasari. Le Pinturicchio était marié à une femme galante et perverse. Quand elle vit son mari malade, cette femme le séquestra et le laissa mourir de faim, privé des secours de la religion, ce qui éveilla les soupçons de Tizio, curé de l'église voisine. Le bonhomme prit des renseignements, et le crime lui ayant paru hors de doute, il en écrivit la relation avec l'assurance et la netteté d'un témoin convaincu. La clameur publique n'éveilla point la justice, et, au bout de quarante ans, Vasari, trompé par quelque ancien ennemi du pauvre Pinturicchio, lui aurait enlevé l'honneur, si le curé Tizio n'eût pris sa défense avec une bonne foi qu'on ne peut suspecter.

Quant à la substitution d'un nom plus illustre à celui du véritable auteur des fresques, elle ne saurait résister à l'examen. La vie et les travaux de Raphaël sont connus, pour ainsi dire, jour par jour. Il n'aurait point passé huit ans à Sienne sans qu'on en eût parlé. Malgré une certaine ressemblance, non dans la composition, mais dans l'exécution, il est aisé de voir que ces fresques sont d'une autre main. Celle qui représente le Christ allant au Calvaire, et succombant sous le poids de la croix, est d'un style à la fois large et simple, que Raphaël n'avait point encore à dix-huit ans. Le mariage de la Vierge (au musée de Milan), qu'il a fait à cet âge, n'a aucun rapport avec les peintures de Sienne ; et lorsque Raphaël entreprit les fresques du Vatican, le Pinturicchio n'existait plus. Le bon sens, la logique le rapprochement des dates auraient dû suffire pour renverser l'échafaudage de mensonges élevé, sinon par Vasari lui-même, du moins par les envieux qui lui ont fourni de faux renseignements.

En sortant de Sienne, nous traversons de riantes campagnes pour arriver au village de Buon Convento, où l'empereur Henri VII fut empoisonné, en communiant, par un dominicain du parti guelfe, appelé le frère Bernard, ce qui débarrassa le saint-siége d'un ennemi terrible. Après ce *bon couvent*, la route redevient montueuse et hérissée de difficultés. On y chemine lentement, et plus volontiers à pied qu'en voiture. Sur la droite, nous apercevons de loin Montalvino, dont le nom signifie la *montagne au vin;* par là se récolte le muscat doré qu'on sert à Florence et à Rome, dans de jolies *fiasques* au col mince. Un peu plus loin, nous passons par un autre village agréable et riche, et bientôt après nous arrivons à la frontière des États romains. Avant de quitter la Toscane, nous remarquons sur la gauche Pienza, patrie de Pie II, autrement dit Eneas Sylvius Piccolomini, ce pontife savant et passionné qui écrivit lui-même la confession de sa vie, mais en oubliant le plus curieux. Autour de cette ville étaient jadis des vignobles fameux, dont la réputation se soutint tant qu'ils restèrent entre les mains des Jésuites. On ne sut plus les cultiver si bien une fois que les révérends pères se furent mis à boire de l'eau. Ici la route devient effrayante. Nous rentrons dans la chaîne des Apennins, et la nature prend un aspect lugubre : des traces de volcans éteints, des restes d'anciennes laves assombrissent le terrain. Les habitants de ces montagnes ressemblent à des ours et vous regardent d'un œil farouche. Après le village de Radicofani, on descend, comme dans les Alpes, en suivant le lit d'un torrent qui s'appelle, je crois, *le Rigo,* et en sortant d'une gorge profonde, on arrive par une route plus commode à la petite ville d'Acqua-Pendente, qui tire son nom de ses belles chutes d'eau. Pendant les chaleurs de l'été, les Romains venaient quelquefois chercher le frais à Acqua-Pendente. La *malaria*, qui a régné longtemps au village voisin de San-Lorenzo, a fini par les en détourner.

Ici nous entrons dans le pays des Volsques. La route côtoie les bords d'un grand lac : c'est celui de Bolsena. Ce lac, qui a plus de douze lieues de circonférence, offre des sites charmants sur toutes ses rives, et vous avez le plaisir d'en suivre les contours pendant l'espace de trois lieues. A l'extrémité vous découvrez deux petites îles dans l'une desquelles Amalasonthe, reine des Goths et fille du grand Théodoric, fut attirée par son cousin Théodat et traîtreusement égorgée. Bélisaire fit justice de l'assassin. Nous laissons à notre gauche Orvieto, célèbre par ses vins, les meilleurs qu'on puisse boire à Rome. Je regrette de n'avoir pas eu le temps d'aller chercher à Orvieto des traces du pauvre Pinturicchio, s'il en existe encore sur les murs de l'église cathédrale. En quittant le lac de Bolsena, nous traversons le village mal construit et peu propre de Montefiascone, pour arriver, après une heure de route, à Viterbe, première station depuis Sienne, où l'on puisse espérer un bon gîte.

Viterbe, dont la fondation ne remonte qu'aux rois lombards, a toujours été belle et régulière. Son enceinte fortifiée, couronnée de hautes tours, la fait ressembler de loin à une vaste prison ; mais au dedans vous trouvez une ville de luxe, des palais, des jardins, des rues symétriquement distribuées et pavées en certains endroits avec les anciennes laves. La place principale, ornée d'arcades, peut soutenir la comparaison avec celles des plus grandes villes. L'église de Saint-François contient un beau Christ de Sébastien del Piombo. Viterbe a été le berceau d'un bon nombre de papes, dont on voit les tombeaux à la cathédrale. Il y a des Adrien, des Clément et des Alexandre. Sainte Rose de Viterbe est enterrée dans une autre église qui porte son nom. Sur la fin du quinzième siècle, au plus fort de la renaissance des lettres, lorsque les Médicis se con-

sumaient en efforts pour répandre les lumières, un dominicain
de Viterbe appelé Nanni, et qui se donna le nom latin d'Annius,
eut l'idée singulière d'écrire un gros in-folio sur les antiquités de
Rome, sans prendre la peine ni de les étudier ni même de les
regarder. Il en fit des descriptions fausses, leur assigna des
origines de son invention, compila quelques bribes des auteurs
classiques et servit le tout au public avec une audace imperturbable. Beaucoup de gens y furent pris, à commencer par le pape,
qui était Borgia. L'auteur se laissa honorer et caresser, comme un
savant homme, et puis on reconnut, un beau jour, que son livre
n'était qu'un amas de bévues et d'impostures. Le père Labat, en
sa qualité de dominicain, entreprit longtemps après de réhabiliter
la mémoire d'un confrère; mais il perdit sa peine, et c'est le seul
mauvais emploi qu'il ait fait de son érudition.

Tout le pays que nous venons de parcourir a été pendant le
dix-septième siècle le théâtre d'une longue guerre, — la plus
bénigne du monde au commencement, la plus douce, la plus
aimable des guerres, et qui serait un modèle à citer, si malheureusement elle n'eût fini par la ruine d'une ville. Il faut en raconter
un épisode, pour la justification du proverbe universellement
connu sur la bravoure des soldats du pape. Voici comment survint
le différend auquel n'eut point de part l'amour, qui perdit Troie :
à peu de distance d'Acqua-Pendente, sur la droite de la route, est
le petit duché de Castro, qui appartenait aux Farnèse, ducs de
Parme. Le pape Paul III, qui était Farnèse, en avait assuré la
possession à son fils Pierre. Mais après arrivèrent des pontifes
d'autres familles, et ceux-ci n'avaient pas les mêmes raisons de
favoriser les Farnèse. Le duché de Castro, enveloppé dans le
patrimoine de Saint-Pierre, situé tout près de Rome et fort éloigné
de Parme, parut bon à reprendre aux successeurs de Paul III. Ce
fut Urbain VIII qui le réclama. Edouard Farnèse, alors régnant,
ne le voulut pas rendre, et voilà la guerre allumée. Il n'y eut
d'abord ni village incendié, ni champs ravagés, ni presque de

soldats tués. On allait en campagne, de part et d'autre, comme à une partie de plaisir, et quand, par hasard, on avait entendu de loin un coup de fusil, on s'en revenait raconter à table ses exploits. Cependant un maudit Français, un coureur d'aventures, s'avisa de s'en mêler et pensa tout gâter en obligeant les troupes à se battre une fois tout de bon.

Achille de Valençay, bailli et chevalier de Malte, s'était montré courageux et intelligent au siége de La Rochelle. Il portait le poing sur la hanche et la moustache fort retroussée. Le grand duelliste Boutteville eut affaire à lui, et devant toute la cour il traita de Ganelon-le-félon, M. de Montmorency le maréchal, qui conspira plus tard. Le cardinal de Richelieu l'aimait, à cause de sa franchise, quoiqu'il fût mauvaise langue. Un jour Son Éminence lui dit : Valençay, personne ici ne se peut sauver de vos railleries. D'où vient donc que vous ne dites point de mal de moi? C'est sans doute que vous me craignez.

— Je ne crains personne, répondit Valençay, et pas plus vous que les autres. Faites des sottises, et vous verrez si je vous épargnerai.

La réponse était habile. Achille de Valençay n'avait qu'à se laisser aller au courant pour devenir maréchal de France; mais il commit la faute de prendre parti pour la reine-mère contre le cardinal, et cette cabale arrêta sa fortune. Il tomba en disgrâce, et se rendit à Malte. Il était déjà commandeur de l'ordre. C'était en 1641. Il avait un neveu en grande faveur à Rome. Un jour le pape dit à ce neveu que la guerre contre le duc de Parme n'avançait point, et qu'il manquait un général. Valençay offrit son oncle le bailli. On le fait venir de Malte; on le loge et on l'héberge magnifiquement. Pendant ce temps-là, le cardinal Antoine Barberini, neveu d'Urbain VIII, qui commandait la milice, envoya un de ses gentilshommes en reconnaissance sur la route d'Orvieto. Cet officier tombe dans une embuscade, et reçoit une balle. Aussitôt l'alarme se répand dans l'armée papale, et ensuite jusqu'à Rome. Urbain VIII se réfugie au château Saint-Ange, et ordonne de faire des barricades dans la ville, croyant déjà l'ennemi aux portes. Le premier effroi passé, on donne au diable cet imbécile de gentilhomme qui s'est fait tuer à la française, mais le moment paraît venu de recourir au bailli de Valençay; il prend le commandement de l'armée et la mène à Orvieto. La ville se rend sans coup férir. Il pousse jusqu'à Montefiascone. Arrivé là, il aperçoit un détachement de cavalerie. Le cardinal Antoine se croit perdu, et lui reproche amèrement son imprudence. Valençay, suivi de dix hommes, s'approche de cette troupe inconnue. C'était un renfort de quatre cents cavaliers que lui amenait son neveu. On félicita, on embrassa le général, comme s'il eût remporté une grande victoire; mais on eut beau chercher l'ennemi on ne le trouva pas. Le duc de Parme se tenait clos dans Acqua-Pendente. Valençay, comprenant qu'il ne ferait rien de bon avec de tels soldats, demanda des Français. Il lui vint deux mille volontaires, sur sa réputation d'homme de cœur, et il entra sérieusement en campagne. Un petit village fut enlevé par ces volontaires en deux heures. Le duc de Parme, effrayé de ce début, sortit d'Acqua-Pendente, et battit en retraite. On ramena le bailli en triomphe à Rome. Le pape le baisa sur les deux joues, et le cardinal Antoine lui dit publiquement :

— Vous m'avez fait voir l'ennemi, sans qu'il m'en ait rien coûté que la peur. Je n'oublierai jamais un si grand service.

Ces graves événements se passaient en 1643. Au milieu de ses ovations, Achille de Valençay apprend la mort du cardinal de Richelieu. L'envie lui vient de retourner en France. Son neveu se jette à ses pieds et lui déclare que s'il s'éloigne, le pape en mourra de chagrin. Il s'entête, plie bagage et part. A Foligno, on lui refuse des chevaux de poste. Il revient en colère à Rome et demande s'il est prisonnier. Urbain VIII le calma en lui mettant sur la tête le chapeau de cardinal. Achille de Valençay n'était pas ingrat; il se laissa fléchir, et demeura un an de plus au service du pape. Tant qu'il fut à la tête de l'armée pontificale, le duc de Parme se tint en repos. On employa la valeur du général contre les Vénitiens et les

Bolonais. Jamais la barette rouge ne fut portée plus cavalièrement. A la mort d'Urbain, en 1644, le cardinal de Valençay se crut délié de ses engagements et retourna en France. Le pape Innocent X réveilla la querelle avec la maison de Farnèse, s'empara de la petite ville de Castro, la fit détruire, et transporta le siége de l'évêché à Acqua-Pendente. Tel est le tragique dénouement de cette guerre si gentiment commencée.

A deux lieues de Viterbe, et sur la droite de la route, on découvre le petit lac de Vico, entouré de collines et de laves volcaniques. Les légendes du pays affirment qu'une ville florissante a été ensevelie dans ce lac, et les imaginations vives entendent sonner les cloches au fond des eaux dans les moments d'orage ou pendant les nuits qui précèdent les quatre grandes fêtes. Il faudrait être sourd ou mahométan pour ne pas reconnaître le carillon de la cathédrale, le soir de Noël ou le matin de l'Assomption. N'ayant passé par là que le jour de Saint-Pantaléon, je ne m'étonne pas si les sons du bourdon n'ont point frappé mon oreille. Mais le cocher qui me conduisait avait vu de ses deux yeux des palais, des tours et des dômes à quelques cents pieds au-dessous de la surface des eaux. Pour jouir du même spectacle, il suffisait de se placer, entre chien et loup, sur les bords du lac, et de cligner les paupières d'une certaine façon. Lorsque je demandai à ce brave homme s'il était bien sûr qu'on ne verrait pas des clochers dans la fontaine de la place d'Espagne, au moyen du même clignement d'yeux et à la même heure du jour, il se mit à siffler d'un air scandalisé.

Un peu plus loin nous rencontrons la ville de Ronciglione, dont la population vigoureuse, aux traits mâles et accentués, offre un premier échantillon du beau sang romain. L'homme du peuple commence à se draper dans son manteau comme un sénateur destitué, le front superbe, la démarche majestueuse, l'air pensif. Il a trop bien le sentiment de sa dignité pour se livrer aux vils travaux de l'agriculture. On s'en aperçoit à l'abandon des campagnes environnantes. Pousser une charrue! cela est bon pour des esclaves.

Encore un pas, et nous touchons à l'embranchement de deux routes. Nous entrons dans la voie *Flaminia*, que le consul Flaminius avait fait achever peu de temps avant de donner tête baissée dans les embûches du grand Carthaginois. On découvre devant soi ces champs si fertiles autrefois, puis couverts de maisons de plaisance et de villages, vaste banlieue de Rome, qui s'étendait à quarante milles de la capitale du monde; aujourd'hui c'est un désert de fondrières, où la ronce et l'ortie se prélassent à leur aise. Du haut de ces collines qui forment comme des vagues dans la plaine immense, on pourrait déjà distinguer, avec une longue-vue de l'ingénieur Chevallier, Saint-Pierre ou la Trinité-du-Mont; mais avant de les voir à l'œil nu, il nous faut retourner en arrière. Bientôt nous serons ramenés par un détour à ce point de la voie Flaminia, et tout à l'heure nous suivrons l'itinéraire d'Annibal pour marcher sur Rome, comme on dit en style de guerre.

V

ARQUA, FERRARE, RAVENNE.

Le tombeau de Pétrarque. — Le notaire Pietro. — Portrait de Laure de Noves. — Rienzi. — Ferrare. — Le Palais-Vieux. — La maison et le tombeau de l'Arioste. — Lectures à la cour. — Bon mot du cardinal Hippolyte d'Este. — La prison du Tasse. — L'hôpital Sainte-Anne. — Bernard Tasso. — La cour d'Alphonse. — Lucrèce et Léonore. — Guarini. — Le *Pastor fido*. — De Ferrare à Bologne. — La montagne de Fo. — Lugo. — Le bois de Diane. — Ravenne. — Les antiquités romaines et gothiques. — Le tombeau de Théodoric. — La Rotonde. — Bataille de Ravenne. — Gaston de Foix. — Lord Byron à Ravenne. — La nouvelle Juliette. — Événements de 1821. — Injuste diatribe du poëte anglais.

Le patrimoine de Saint-Pierre décrit, sur la carte d'Italie, un 8 immense, qui enveloppe dans ses contours la Toscane, et touche par son sommet aux provinces vénitiennes, et par sa base au royaume de Naples. Pour n'avoir plus à revenir sur nos pas, supposons que nous partons de Venise même, ou plutôt de Padoue. En sortant de cette ville, nous entrons dans la Polésine de Rovigo, dont la possession a coûté tant d'efforts au conseil des Dix, tant de sacrifices d'hommes et d'argent à la république vénète. Après le bourg de Battaglia, on entre dans un pays favorisé d'un climat doux et d'une riche végétation. A trois milles de la grande route, se trouve le village d'Arquà, dernier asile de Pétrarque, où l'on va comme à un pèlerinage. Les voiturins accoutumés à y mener les voyageurs tournent à droite sans vous consulter. Vous traversez d'abord un joli pré garni de bouquets d'arbres; puis vous cheminez sur la rive d'un petit lac où se mirent de vertes collines. Deux grands rochers forment une espèce de porte. Vous apercevez des maisons de campagne entourées de jardins et à distance les unes des autres. Sans le clocher qui s'élève au milieu vous pourriez ignorer que c'est là un village. En face de l'église est le tombeau de Pétrarque, monument simple, conforme au caractère et au génie du poëte, et qui fut construit aux frais de son gendre François Brossano. Quatre piliers posés sur un large piédestal soutiennent le sarcophage en marbre rouge. On a planté à l'entour des lauriers, arbustes chéris de Pétrarque. Ces lauriers sont devenus de grands arbres, et couvrent le mausolée de leur ombre. Plus bas que l'église se trouve une fontaine d'eau vive. Lord Byron s'est plaint d'y avoir été reçu par une nuée de mouches et de guêpes. Avec un peu de bonne volonté, il aurait pu prendre ces mouches pour des abeilles. Toutes les villes où Pétrarque a demeuré ont consacré le souvenir de son passage par des inscriptions : Arezzo, où il né, Avignon où il a connu Laure; Venise, Padoue, Milan, Pavie, etc., se glorifient de l'avoir reçu. Le petit village d'Arquà possède son corps; mais on dit qu'il y manque un bras, et que le tombeau a été violé par un Florentin qui aurait emporté cette relique dans son pays.

Beaucoup de gens, peu soucieux des dates, considèrent Dante et Pétrarque comme des personnages d'époques fort différentes; le premier appartiendrait au moyen âge, et le second à la renaissance. Cependant ces deux grands hommes ont pu se connaître. Pétrarque avait dix-sept ans à la mort de Dante, et son père était l'ami de la famille Alighieri. Si l'on ne regarde que le style et les progrès de la langue italienne, il semble qu'un siècle au moins doit séparer les *Rimes* de la *Divine Comédie*. Les deux poëtes diffèrent encore par le tour des idées, la façon de sentir et de vivre; mais on pourrait aussi leur trouver des points de ressemblance. Je les laisse à ceux qui aiment les parallèles. Nous remarquerons seulement que tous les grands poëtes italiens ont mené une vie errante et agitée. Dante passe la sienne dans l'exil et les persécutions; Pétrarque, le plus inoffensif des hommes, ne fait que changer de place, courant d'une ville à l'autre, chanoine à Padoue, archidiacre à Parme, ambassadeur en France et à Venise, laissant des amis de tous côtés. Boccace naît à Paris, vient à Florence, s'établit à Naples, parcourt l'Italie, tantôt avec des missions, tantôt pour son propre compte, ou dans l'intérêt des lettres. Au seizième siècle la mode des protecteurs devient le fléau des écrivains. Il faut subir l'inconstance et les caprices d'un maître. Selon les variations de l'humeur ou de la santé du prince, on est applaudi ou sifflé, riche ou misérable, libre ou en prison. L'Arioste abandonné des ducs d'Este languit dans la pauvreté. Il tomberait jusque dans l'obscurité si le public n'était plus juste et plus constant que les seigneurs de Ferrare. Le Tasse s'enfuit dépouillé de tout. Il voyage à pied, vêtu comme un mendiant, et lorsqu'il revient on l'enferme. Celui-là est vraiment à plaindre. On se sent moins de pitié pour les douleurs poétiques et harmonieusement cadencées des autres, lorsqu'on a vu le cachot où il a vécu pendant sept ans, et que nous allons rencontrer bientôt sur notre chemin.

Tout le monde ne connaît pas l'étymologie vulgaire du nom de Pétrarque. Son père, notaire de Florence, s'appelait tout simplement Pietro, et probablement il était de haute taille, puisqu'on lui donna le sobriquet de *Pietracco*[1]. Le fils ayant reçu le nom de Francesco, fut surnommé François *di Pietracco*, c'est-à-dire *fils de Grand-Pierre*. Plus tard, afin de dégager cette périphrase de son côté ridicule, on supprima la particule *de*, et on fit de *Pietracco Petracca*, puis enfin *Petrarca*; et comme ce mot n'avait plus aucune signification, il devint un nom de famille. Pietro, ami de Dante et exilé comme lui, s'enfuit à Arezzo. C'est dans cette ville que naquit François Pétrarque en juillet 1304. Le notaire se retira d'abord à

---

[1] Je ne m'explique pas pourquoi Ginguené considère le nom de *Pietracco* comme un diminutif en le traduisant par le mot de *Petit-Pierre*. Tous les diminutifs italiens sont en *etto* ou *ino*; les augmentatifs sont en *acco, accio* ou *one*. Si le père de Pétrarque eût été petit, on aurait dit *Pietrino*.

Pise, puis à Livourne, et enfin à Avignon, où il trouva beaucoup d'Italiens réfugiés près du pape Clément V. Le petit François fit ses études à Montpellier; il témoigna un dégoût invincible pour le droit. Malgré les remontrances et corrections paternelles, il laissa tout pour cultiver les lettres latines. Revenu à Avignon avec son ami et son camarade d'études le prince Jacques Colonna, Pétrarque fut admis à la cour du pape Jean XXII, où l'on ne parlait que d'amour et de galanterie. Sa jeunesse et son beau visage lui procurèrent des succès, dont il ne voulut point profiter. L'amour de la gloire le dominait exclusivement. Peut-être n'a-t-il livré son cœur à un autre amour qu'après s'être bien assuré que cette passion serait purement métaphysique et ne le détournerait jamais de la poésie. Il reconnut plus tard que la belle Laure de Noves remplissait ces conditions plus complétement qu'il ne l'aurait souhaité. Non-seulement Laure ne pouvait pas éteindre le génie du jeune Pétrarque, mais elle lui devait fournir par d'éternelles rigueurs des sujets incessants de chanter, d'admirer et de se plaindre. Il rencontra Laure le 6 avril 1327, et il l'aima pour toujours. Elle était mariée à Hugues de Sade, gentilhomme jeune et riche, et dès le début de ses amours Pétrarque fut averti qu'il n'avait rien à espérer d'elle de contraire aux devoirs d'une fidèle épouse.

Des critiques ont dit que cette passion était un mensonge, un prétexte à la mélancolie poétique. D'autres ont supposé que les deux amants avaient habilement trompé leur entourage. Rien de cela n'est vrai. Pétrarque aimait réellement Laure; mais elle n'en demeura pas moins sage. Hugues de Sade ne quittait point sa femme et lui donnait de l'occupation, car il eut onze enfants de cette personne dont un autre célébrait la beauté. Si Pétrarque s'était toujours élevé au-dessus des faiblesses humaines, s'il eût supporté sans combats sa position d'amoureux soupirant et sans espoir, on pourrait attribuer sa patience à de la froideur. Mais il se plaint souvent des feux qui le consument; il essaie d'en tourner les ardeurs vers un autre objet, et cette tentative le rend père de deux enfants naturels, un fils et une fille. Malheureusement la femme qui le consola des rigueurs de Laure ne lui parut pas digne d'être connue, puisqu'il ne la nomma jamais; il sortit de cette épreuve toujours amoureux. Ses voyages, ses succès prodigieux, ses amitiés, son triomphe à Rome, sans le distraire tout à fait de sa passion, lui donnèrent pourtant des joies fort douces. Ce qui permet de croire que l'amour de la gloire avait la plus forte part dans son cœur, c'est la sainte colère qui s'empare de son âme lorsque des envieux s'avisent d'écrire contre lui.

Les historiens, ou plutôt les professeurs d'histoire, se plaisent à répéter souvent que la réalité surpasse en imprévu et en originalité toutes les inventions du roman. C'est à mon sens une grande erreur; la vie de Pétrarque m'en fournit la preuve. Supposez pour un instant que cette existence soit une fiction. Certes l'auteur aurait créé deux caractères admirables, ceux du héros et de sa maîtresse; mais dans la conduite des événements il aurait manqué à toutes les règles. Du commencement jusqu'à la fin, la situation resterait la même. Il faut dans une œuvre d'art que le lecteur ou le spectateur ait à la fin ou une satisfaction, ou un sujet de pleurer. Il faut ou que les amants se marient et soient heureux, ou que l'excès de leur malheur arrache des larmes. Rien de semblable dans l'existence de Pétrarque et dans celle de Laure. L'amant promène sa mélancolie, monte au Capitole, reçoit de l'encens et chante les vertus de sa belle. La dame vit paisiblement chez son époux et devient mère de onze enfants. Un roman conçu de cette façon serait absolument dénué d'intérêt. Je ne vois que Mlle de Scudéry qui eût osé l'entreprendre. Pétrarque est un héros aimable. D'où vient donc que cette âme honnête, ce cœur tendre et bon, cette sensibilité que la passion exalte souvent et qui n'est point exempte de faiblesse, cette existence si remplie, d'où vient que tout cela n'attacherait pas si Pétrarque n'était un grand poëte? C'est que les investigations des biographes n'ont amené qu'un résultat sans intérêt; c'est qu'il y manque ce que l'art n'aurait point oublié : la variété des situations, l'action et un dénoûment quelconque. La vie de Pétrarque ressemble au règne d'un roi sage, économe et pacifique. Heureux les sujets d'un tel prince! Mais lorsqu'on lit son histoire, on tourne la page pour arriver plus vite au règne du guerrier.

En revanche, si l'on ne cherche que le poëte, on trouve le plus charmant esprit du monde, et Laure est une femme supérieure, une amie digne du pur amour qu'elle inspire. Le savant Ginguené s'est donné la peine d'extraire des sonnets de Pétrarque tous les passages où il est question de la beauté de cette dame, et il en a composé le portrait suivant : « Ce portrait, dit-il, est répandu dans des poésies où il est à l'abri des siècles. En le dépouillant de ses ornements ou, si l'on veut, de ses exagérations poétiques, et en ne laissant que ce qui paraît être l'exacte vérité, on voit que Laure était une des plus aimables et des plus belles femmes de son temps. Ses yeux étaient à la fois brillants et tendres, ses sourcils noirs et ses cheveux blonds, son teint blanc et animé, sa taille fine, souple et légère; sa démarche, son air avaient quelque chose de céleste; une grâce noble et facile régnait dans toute sa personne. Ses regards étaient plein de gaieté, d'honnêteté, de douceur..... Sa modestie ne l'empêchait pas de prendre soin de sa parure, de se mettre avec goût et, lorsqu'il le fallait, avec magnificence. Souvent l'éclat de sa chevelure était relevé d'or ou de perles; plus souvent elle n'y mêlait que des fleurs. Dans les fêtes et dans le grand monde, elle portait une robe verte parsemée d'étoiles d'or, ou une robe couleur de pourpre bordée d'azur, semée de roses, ou enrichie d'or et de pierreries. Chez elle et avec ses compagnes, délivrée de ce luxe dont on faisait une loi dans les cercles de cardinaux, de prélats et à la cour d'un pape, elle préférait dans ses habits une élégante simplicité.

« Avec tout ce qui inspire les désirs, Laure avait ce qui les contient et ce qui imprime le respect... Rien que de chaste comme elle n'aurait osé l'approcher. Elle n'était pourtant pas insensible...

Mais jamais l'impression qu'un si long amour, des soins si soutenus et si tendres firent sur son cœur, ne coûtèrent rien à sa sagesse. Tout l'esprit naturel que peut avoir une femme, toute l'adresse qu'elle peut employer pour retenir en même temps qu'elle enflamme, elle sut en faire usage, et c'est ainsi qu'elle parvint à captiver pendant vingt ans le plus grand génie et l'homme le plus passionné de son siècle. »

Chaque incident des amours de Pétrarque devient le sujet d'un sonnet, ce qui pourrait sembler ridicule, si chacun de ces petits morceaux n'était un chef-d'œuvre. On peut suivre pas à pas les démêlés, les réconciliations, les frayeurs, les plaintes, les contradictions, et tous les épisodes de ces amours irréprochables. Dans un de ces sonnets, Pétrarque se réjouit d'avoir reçu un doux regard; dans l'autre, il se désole d'un refroidissement. Dans le suivant, on voit qu'il a voulu parler, et que la voix et la hardiesse lui manquant, il est resté muet; plus loin, Laure, touchée de son abattement, lui dit un mot gracieux et consolant; le lendemain, il en a conçu des espérances; le jour d'après, il appelle à son secours la sagesse et la religion. Un jour, il dit qu'il veut rompre ses chaînes. Cette résolution ne dure pas longtemps. Au sonnet suivant, il jure d'aimer Laure jusqu'au tombeau. Dans celui qui porte le numéro 75, il a recouvré sa liberté et il regrette son esclavage. Le numéro 76 nous apprend qu'il est plongé de nouveau dans l'esclavage et regrette sa liberté.

Un jour, en public, Laure laisse tomber un de ses gants; Pétrarque le ramasse et veut le garder; mais elle s'en saisit avec une vivacité qui l'enchante et qui l'attriste en même temps : « Ce n'est pas trop, dit le bon Ginguené, ce n'est pas trop de quatre sonnets pour peindre cette main d'ivoire, etc. » Si ce n'est pas trop de quatre sonnets pour un gant tombé, c'est beaucoup de sonnets, il faut en convenir. Mais qu'importe, puisqu'ils sont tous délicieux, tous pleins de fraîcheur et de sentiment? Il en est un pourtant bien plus beau que les autres, à cause de la gravité du sujet et de la profonde douleur qui l'a inspiré : c'est celui qui porte le numéro 264, et qui commence ainsi : *Levommi il mio pensiero.* Laure était morte, et le poëte raconte en ces termes comment il crut pénétrer en esprit jusque dans le ciel pour la revoir un moment :

« Ma pensée m'éleva jusqu'au séjour de celle que je cherche et que je ne trouve plus sur la terre. Parmi les habitants du troisième ciel, je la revis plus belle et moins fière. Elle me prit par la main et elle me dit : Tu viendras me rejoindre dans cette sphère, si mon espérance ne me trompe pas. Je suis la femme qui t'a fait une si rude guerre, et qui a terminé sa journée avant que le soir fût venu. Mon bonheur dépasse l'intelligence humaine. Je n'attends plus que toi et mon enveloppe mortelle que tu aimais tant et qui est restée sur la terre. — Ah! pourquoi a-t-elle cessé de parler? pourquoi sa main a-t-elle quitté la mienne? Au son de ses douces et chastes paroles peu s'en est fallu que je ne sois resté dans les cieux. »

Étant fort jeune encore, le poëte s'était lié avec un enfant du peuple, Nicolas Rienzi, fils d'un cabaretier. En causant ensemble, ces deux jeunes gens, rapprochés par une communauté d'opinions et de regrets sur les déchirements de leur patrie, avaient rêvé ensemble la liberté de l'Italie, la république à Rome et les papes à Avignon pour toujours. Bien longtemps après, Pétrarque apprit un beau jour que ce rêve s'était réalisé. Nicolas Rienzi lui-même avait changé cette utopie en un fait accompli. On disait que le peuple l'avait provisoirement nommé dictateur, que ses premières mesures semblaient annoncer l'esprit vaste, le caractère énergique d'un réformateur. On envoyait à Rienzi des députations de tous côtés, et l'Italie frémissait à l'idée de former une grande république. Ce fut alors que Pétrarque écrivit à son ancien ami sa belle lettre sur la liberté. Dans son enthousiasme, il partit pour Rome, afin de prêter au libérateur le concours de ses lumières et l'appui de son crédit. Chemin faisant il apprit les excès de Rienzi, ses fautes, le massacre de la famille des Colonna, et finalement la chute du tribun. En revenant à petites journées, Pétrarque reçut la nouvelle de la mort de Laure. Le séjour d'Avignon n'étant plus pour lui qu'une source d'impressions tristes, il erra de ville en ville, bien accueilli partout, cherchant à se fixer. Les princes de Padoue et le bon doge de Venise André Dandolo le comblèrent de caresses. Il eut même la satisfaction de contribuer à la réconciliation de la sérénissime seigneurie avec les Carrare. Résolu enfin à passer le reste de ses jours dans la retraite, il choisit le village d'Arquà, et il y mourut le 18 juillet 1374, d'une attaque d'apoplexie foudroyante qui le surprit lisant un livre.

Le jugement le meilleur qui ait été porté de l'œuvre entière de ce grand poëte est dans ce peu de mots d'un savant critique français : « Les œuvres latines de Pétrarque, sur lesquelles il fondait tout l'espoir de sa renommée, forment un volume in-folio de douze cents pages. Environ quatre-vingts pages de poésie, en langage toscan ou vulgaire, sont comme jetées à la fin de cet énorme volume. Elles y sont à la place que Pétrarque lui-même leur donnait dans son estime ; et ce sont ces poésies vulgaires qui font depuis plus de quatre siècles les délices de l'Italie et de l'Europe, où l'on ne connaît plus aucune des productions latines, objet de la prédilection de leur auteur ; c'est ce qui l'a placé au premier rang parmi les poëtes modernes [1]. »

Cette réflexion pleine de sens prouve combien les poëtes peuvent se tromper dans leurs préférences pour leurs ouvrages. Pétrarque encore, plus amoureux de la gloire que de Laure et qui attachait tant de prix à son poëme latin de l'*Afrique*, à ses églogues et à ses dialogues philosophiques, aurait été fort étonné si on lui eût appris que bientôt on ne lirait plus rien de tout cela, tandis que ses quatre-vingts pages de sonnets resteraient éternellement dans la mémoire des hommes. Parmi ses ouvrages latins il en est

---

[1] Ginguené, *Histoire littéraire de l'Italie*, chap. XIII.

un dont le titre séduit, accompagné d'une très-belle préface; c'est le *Traité des remèdes contre la bonne et la mauvaise fortune* : « Le vulgaire, dit Pétrarque, ne craint que l'*adversité*. Les philosophes connaissent la bonne et la mauvaise fortune, mais celle-ci leur paraît plus difficile à supporter que l'autre. Je ne suis pas de leur avis... J'ai remarqué que beaucoup de gens enduraient avec courage la misère, l'exil, la prison, les supplices, la mort, et ce qui est pire que la mort, les souffrances d'une longue maladie. Je n'en ai pas vu un seul supporter, sans broncher, les richesses, les honneurs et la puissance. » Le sujet, ainsi composé, prêtait à des développements admirables, et dans les mains d'un homme comme Montaigne, par exemple, il en aurait pu sortir le livre le plus agréable et le plus riche en faits et en aperçus variés. Mais le titre et le préambule de Pétrarque sont un véritable leurre. Dans le corps de l'ouvrage on ne trouve que des dialogues froids entre des personnages allégoriques. La *joie* cause avec l'*espérance*; la *raison* vient ensuite qui *raisonne* à son tour. Le nombre des dialogues va au delà de *six-vingts*, comme on disait en France. Il faudrait décerner un prix de vertu à qui aurait le courage de les lire. Ce n'est pas par ce traité de l'une et l'autre fortune que Pétrarque se pourrait classer parmi les écrivains plus modernes que Dante. On le croirait au contraire des plus anciens, et il sent bien plus la scolastique moisie du moyen âge que le sévère auteur du *Banquet* et de la *Divine Comédie*. Si Pétrarque n'eût écrit que ses œuvres latines, c'est-à-dire tout son bagage à l'exception de quatre-vingts pages, il passerait dans l'esprit de ceux qui ne consultent point les dates pour l'arrière-grand-père de Dante. — Je me trompe : on ne le connaîtrait plus du tout, ce qui abrégerait de beaucoup la discussion chronologique.

En 1833, pendant la guerre littéraire entre deux écoles, lorsque la victoire était au parti romantique et que, nous autres simples soldats, nous pensions avoir fortement contribué à renouveler la face du monde, ce n'était pas par le respect des grands maîtres que brillaient nos conversations. Je me souviens qu'un soir, nous raisonnions de Dante et de Pétrarque. Autant nous estimions le premier, autant le second nous paraissait mesquin. Le grand exilé florentin, devenu un colosse, écrasait sous son pied l'amant de Laure. Nous aurions voulu tenir Pétrarque pour lui reprocher sa faiblesse de caractère, son amour sans énergie, sans *pittoresque* ni *couleur*. Nous l'aurions préféré enlevant la belle Laure à son mari pour s'enfuir avec elle dans quelque pays extrêmement éloigné; nous l'aurions voulu provoquant Hugues de Sade en combat singulier et lui perforant la poitrine avec une bonne dague de Tolède. Vers minuit Pétrarque était décidément un pauvre homme, et nous aurions donné ses trois cents et quelques sonnets pour dix vers de Dante. C'est ainsi que dans ce beau temps des paradoxes nous accommodions ce génie délicat et si justement goûté, qui avait su occuper tout un peuple de son honnête amour. Bientôt après, Jean Racine ayant été destitué à son tour et non en conversation seulement, puis ensuite Mozart, traité comme un drôle, je commençai à réfléchir. Dix ans plus tard, j'allais en pèlerinage au tombeau d'Arquà.

Reprenons notre itinéraire. Depuis le chemin d'Arquà jusqu'à Rovigo, où l'on ne trouve rien de bien remarquable, le pays devient plat, mais il reste agréable à cause de la végétation : on dirait un verger. Nous suivons le bord du canal latéral du Pô, et après le village de Polesella, nous passons le grand fleuve dans un bac qui se meut au moyen d'une machine à bras. Nous rentrons dans le patrimoine de Saint-Pierre par une plaine qui serait fertile si on la cultivait, coupée de nombreux cours d'eau, par conséquent marécageuse, et au bout de laquelle on aperçoit Ferrare et ses deux châteaux. Cette ville où l'on s'est tant diverti autrefois paraît triste aujourd'hui comme un lendemain de fête. Vous croiriez que tous les habitants sont partis pour la campagne. Volontiers vous reprendriez la poste, en vous proposant de revenir dans une autre saison; mais hiver comme été, Ferrare sommeille, apparemment pour avoir trop vécu dans les plaisirs.

Le beau siècle de Ferrare a été le seizième; son histoire pendant ces cent années est celle de la maison d'Este, de ces princes vains et lettrés, dépensiers pour eux-mêmes, oublieux et avares pour les autres, pleins de caprices et d'orgueil, avides de flatteries, ingrats pour les flatteurs, et qui ont abandonné l'Arioste, enfermé le Tasse et admiré Guarini. Hormis le théâtre dont la salle est superbe et le château neuf, situé à l'une des extrémités de la ville, tous les monuments de Ferrare rappellent les souvenirs de la cour d'Este et ceux du Tasse et de l'Arioste. Dans ces rues longues et régulières d'un aspect royal, rien de moderne ne frappe les regards; tout au contraire vous ramène en imagination au temps passé. Sur une place, vous voyez une statue : c'est celle de l'Arioste. Dans la rue Mirasole, voici une jolie maison ornée d'une inscription : c'est la demeure de l'Arioste. A l'université, on vous montre un fauteuil, une écritoire, puis un tombeau : ce sont les meubles et le mausolée de l'Arioste. Tout à l'heure nous chercherons les souvenirs du Tasse. Au centre de la ville s'élève le vieux château encore entouré des fossés, avec quatre grosses tours aux quatre coins. Sans cet appareil de défense on le prendrait, avec ses pierres rousses et ses fenêtres en arceaux byzantins, pour un cousin du palais ducal de Venise et un ouvrage de Philippe Calendaro. On en ferait plutôt le séjour d'un conseil des Dix et d'une inquisition d'État, que la résidence d'une cour galante et bel esprit. C'est pourtant dans ces murs où le moyen âge a laissé une empreinte profonde que se donnaient ces fêtes splendides, ces représentations de pastorales en musique, dont les premiers poëtes de l'Italie faisaient les vers et préparaient l'exécution. De belles et charmantes princesses écoutaient les lectures du *Roland furieux* et plus tard de la *Jérusalem délivrée*. Dans les passages amoureux, quand la voix du lecteur trahissait son émotion, les regards de ces dames s'adoucissaient, et le prince fronçant le sourcil, se demandait tout bas si un misérable rimeur avait l'audace incroyable d'aimer ses sœurs et de lever les yeux jusque sur des altesses; et puis les festins, les danses, les spectacles suivaient ces lectures, et les soupçons du prince se dissipaient au milieu du bruit. Aujourd'hui un silence profond règne dans ce vaste château, habité pourtant par le cardinal légat. Dans la grande rue San-Benedetto où passaient les cavalcades et les cortéges, c'est à peine si l'on entend de loin en loin résonner les roues d'un carrosse. Essayons de réveiller pour un instant ce monde évanoui, puisque nous y devons rencontrer deux grands poëtes. En Italie le voyageur ne peut faire un pas sans être arrêté par quelque objet plein de souvenirs. A peine quittons-nous Arquà et le mausolée de Pétrarque, et voici qu'à la première ville où nous cherchons un lit et des vivres, nous tombons devant la maison de l'Arioste et dans la prison du Tasse.

Ludovico Ariosto appartient au plus beau temps de la renaissance, au siècle de Léon X, de Raphaël et de Michel-Ange. Il naquit à Reggio, en 1474, sujet des ducs de Ferrare. Son père, gouverneur de la ville pour Hercule d'Este, avait du bien, mais Louis Ariosto était l'aîné de dix frères et sœurs, cinq garçons et cinq filles. La succession eut à soutenir des procès, et la faible part qui revenait à chaque enfant d'un patrimoine si divisé en fut encore diminuée. Louis était incapable d'abuser du droit d'aînesse; il partagea équitablement avec ses frères et sœurs, qu'il aurait pu dépouiller.

Dans son enfance, l'Arioste faisait déjà par son esprit et son imaginative le bonheur et l'admiration de sa famille. Il inventait les jeux et les amusements des heures de récréation; il composait des comédies et trouvait dans la maison une troupe de petits acteurs intelligents qui le secondait à merveille. Un jour qu'il avait commis quelque peccadille, son père le gronde sévèrement. Il avait précisément dans la tête une scène où il lui fallait une bonne réprimande d'un père à son fils; il écoute avec recueillement le sermon paternel et le met en toutes lettres dans sa comédie. A vingt ans, l'Arioste fut remarqué du cardinal Hippolyte d'Este, fils du duc Hercule et frère du prince régnant Alphonse. Ce prélat le voulut avoir dans sa maison, en qualité de gentilhomme attaché, c'est-à-dire sans appointements, ce qui était une manière de lui prendre son temps et sa liberté sans qu'il en coutât rien. On appelait cela protéger les lettres, à la cour de Ferrare. Le duc Alphonse témoigna aussi beaucoup d'amitié à l'Arioste; il l'admit dans son intimité, mais il le laissait manquer de tout, sachant fort bien que le jeune homme n'avait point de fortune et qu'il était trop honnête et trop délicat pour se plaindre. Au milieu d'une cour somptueuse et d'un luxe effréné, le protégé de ces grands seigneurs vivait dans la gêne.

Lorsque la ligue de Cambrai, dont nous avons tant parlé au chapitre sur Venise, fit explosion en Italie, les ducs d'Este y entrèrent avec Jules II et le roi de France. Leurs États se trouvant sérieusement menacés par l'armée vénitienne, ils envoyèrent à Rome pour demander du secours. L'Arioste, chargé de cette importante mission, s'en tira en homme habile, et devina que Jules II tournait du côté de l'ennemi. Le duché de Ferrare courut de grands dangers pour être demeuré fidèle à l'alliance française. L'année suivante, 1510, l'Arioste se rendit encore à Rome et tenta de fléchir le pape. Il n'en obtint que des menaces; mais la fureur du pontife lui servit à déployer ses talents et la souplesse de son esprit. Le duc Alphonse lui sut gré de ses efforts, et quand la bataille de Ravenne eut un peu calmé l'humeur belliqueuse de Jules II, l'Arioste fut récompensé de son zèle par une petite pension prélevée sur le produit d'un impôt. Quelque temps après, le prince jugea qu'il pouvait supprimer cet impôt. Il fit bien d'en soulager ses sujets; mais il oublia de réparer la perte de son favori. Dans le même temps, l'Arioste perdit un procès, qui réduisit son revenu à quatre cent cinquante livres par an. Sa vie de courtisan et ses dépenses de gentilhomme attaché lui coûtaient bien davantage. Le duc Alphonse apprit cette fâcheuse affaire; il eut la bonté d'en faire un compliment de condoléance à l'Arioste; mais, pour des secours plus efficaces, néant à la requête. Le cardinal Hippolyte traita son gentilhomme avec la même distinction et la même avarice. Enfin, le pauvre Arioste, aux abois, en fut réduit à cette pénible extrémité de s'ouvrir à Leurs Altesses et de leur exposer sa position précaire. Il les pria ou de lui rendre sa liberté, ou de l'employer d'une façon plus lucrative. On lui donna la commission difficile de pacifier une province infestée de pillards et d'incendiaires. Il s'en acquitta en homme de cœur. Pendant une de ses tournées dans un pays en désordre, il tomba au milieu d'un parti de brigands et fut obligé de se rendre. Le chef de ces bandits, appelé Philippe Pacchione, en apprenant son nom, s'inclina devant le poëte et le laissa partir sans rançon avec toute sa suite. Peu de temps après, le pays était débarrassé des bandes armées, et je me plais à croire que l'Arioste aura trouvé l'occasion de rendre à Pacchione son procédé courtois en l'empêchant d'être pendu.

En 1513, Jean de Médicis arriva au trône pontifical. Lorsqu'il n'était que cardinal, il avait témoigné beaucoup d'amitié à *messer* Lodovico, et lui avait promis toutes sortes d'honneurs et de bienfaits. L'Arioste court à Rome pour féliciter le saint-père. Les portes du Vatican s'ouvrent devant lui; Léon X le serre dans ses bras, le mène dans son cabinet, et l'entretient de littérature et de poésie; mais il le laisse repartir pour Ferrare sans avoir rien fait pour lui. Les Médicis détestaient la maison d'Este, et Léon X ne pardonnait pas à l'Arioste d'avoir déployé tant de zèle au service de ces princes, dont il était si mal récompensé.

Enfin ce poëte charmant, cet homme si aimable et si recherché, ne goûta un peu de repos et de bonheur que lorsqu'il se fut décidé à rompre avec la cour et les faveurs trompeuses de ses protecteurs. Cette grande résolution une fois prise, il prétexta sa mauvaise santé pour se retirer dans une maisonnette qu'il fit bâtir lui-même à sa convenance, et sur laquelle il grava cette inscription où l'on sent l'orgueil innocent du propriétaire : « Petite, mais faite pour moi, indépendante, vierge et élevée à mes frais. » Cette maison avait absorbé une partie de son capital. Il ne lui resta plus que le strict nécessaire pour vivre dans la retraite; mais il avait un jardin et il cultivait les fleurs les plus simples. Ce bonheur ne dura pas longtemps. L'Arioste éprouva bientôt les premières atteintes d'une maladie causée par l'excès de travail. Des médecins ignorants achevèrent de détruire sa santé. Il mourut de leurs remèdes plutôt que de son mal le 6 juin 1533, à cinquante-neuf ans.

L'histoire, avec ses prétentions au sérieux, oublie trop souvent que la véritable biographie d'un homme est écrite dans son cœur. On dédaigne souvent le chapitre des amours, à moins que la relation de ces amours ne soit nécessaire à l'appréciation des ouvrages. Les poëtes ont le bon esprit de se mettre en garde contre ces oublis; mais combien d'artistes et d'autres grands hommes défilent dans les recueils comme des ombres sans corps dans la barque de Caron! Il y a une raison pour que cette partie si intéressante de la vie de l'Arioste soit restée inconnue. Contrairement à l'exemple de Dante et de Pétrarque, il a gardé le silence sur ses sentiments. On a dit qu'il avait aimé éperdument une dame de Florence, nommée Ginevra, et l'on suppose qu'il a puisé dans cette passion un des plus beaux épisodes de son *Roland furieux*. Ce ne sont par malheur que des conjectures. Son fameux encrier de bronze est orné d'un amour, un doigt posé sur sa bouche, comme Harpocrate. Sans doute l'Arioste, malgré la fécondité de son imagination, n'aura pas poussé la réserve jusqu'à renoncer à tous les trésors que le cœur fournit aux poëtes; mais le mystère dont il a enveloppé ces emprunts devait être une raison de plus pour les historiens de se livrer à des recherches minutieuses, et il est à regretter que ses quatre frères et ses neveux aient été aussi discrets que lui.

Selon mon goût particulier, l'Arioste est le premier des poëtes italiens. On m'accordera du moins qu'il est le plus amusant, celui dont le tour d'esprit a le plus de souplesse et de variété. Tout le monde connaît assez l'*Orlando furioso* pour me dispenser d'examiner un ouvrage si considérable. Défendons-le seulement contre le reproche injuste qu'on a fait à l'auteur de mêler le comique au sérieux, et de commencer tous ses chants par des digressions de fantaisie étrangères au sujet. C'est une qualité, à mon sens, et non pas un défaut, que d'avoir su éviter la monotonie et de changer quelquefois de ton dans un poëme de longue haleine. L'Arioste n'est ni tout d'une pièce comme Dante, ni bouffon comme Pulci, ni gravement ennuyeux comme Bojardo, ni guindé comme l'est par moments le Tasse lui-même. Quant aux digressions, elles sont inutiles, si on le veut absolument, mais elles avaient un but d'agrément. Lorsque l'Arioste eut fait choix de son sujet, il en parla, étant à Rome, au cardinal Bembo, qui lui conseilla fort de l'écrire en latin. S'il eût suivi ce conseil, son poëme serait allé grossir le fatras du moyen âge, et il n'en serait plus question. Mais l'Arioste répondit à Son Éminence qu'il avait l'intention d'écrire un roman, et qu'il s'élèverait assez haut dans ce genre nouveau pour y prendre le premier rang, ce qu'il ne pourrait pas espérer de faire dans une langue morte. La cour attendit avec impatience que le poëme fût achevé pour en entendre la lecture. Le duc Alphonse d'Este avait épousé Lucrèce Borgia; cette princesse si décriée à Rome, et dont on ne sait plus ce qu'on doit penser, ne laissa dans le duché de Ferrare que le souvenir d'une femme douce, aimable et pleine de grâces. Il s'agissait de l'amuser et de lui plaire. L'Arioste lut un chant de son poëme par soirée; c'était beaucoup pour une réunion de grands seigneurs et de dames. Les préambules s'adressaient directement à cette compagnie choisie, lui rappelaient la lecture de la veille et la préparaient à reprendre le fil du récit. En lisant l'*Orlando* de la même façon, c'est-à-dire un chant par jour, on reconnaîtra que cette méthode ne manquait ni d'art ni de charme, et qu'elle dut ajouter beaucoup à l'agrément et à la gaieté des séances.

Qu'on se figure cette cour avide de plaisirs, composée de princesses et de dames jeunes, impressionnables, spirituelles, de princes égoïstes, incapables de supporter le moindre ennui, altérés de louanges, désireux d'être chantés par ces originaux qui ont le privilége de distribuer l'immortalité, et l'on comprendra le grand succès des préambules assaisonnés d'ingénieuses flatteries. Quant au cardinal Hippolyte, je ne sais à quoi il s'attendait; mais la lecture du *Roland furieux* n'a été pour lui qu'une déception. Il n'y prit pas le moindre plaisir, et l'on doit supposer qu'il se reprocha d'avoir si longtemps accordé sa protection à ce méchant poëte dont la cour et le public s'étaient engoués mal à propos, puisque le seul compliment qu'il ait trouvé à faire à l'Arioste est celui-ci : « *Messer* Lodovico, où diable avez-vous puisé toutes ces balivernes? » J'ai raconté comment, dans le réfectoire des Dominicains de Milan, le cardinal de Gurck, pensant parler en homme grave et en prélat, n'avait fait preuve que d'ignorance et de sottise devant Léonard de Vinci. A quinze ans de distance, le cardinal d'Este se rendit immortel par le même moyen, en présence de l'Arioste. Les deux éminentissimes se peuvent donner la main ; cependant celui de Ferrare me parait encore surpasser l'autre en mauvais goût et en impertinence.

Le portrait de Louis Arioste répond à l'idée qu'on peut se faire de l'auteur du *Roland*. Il était grand; son visage régulier et sa physionomie douce respiraient la bonté, la finesse et l'esprit. Il avait l'air ouvert; sa conversation, pleine de traits brillants, captivait tout ce qui approchait de lui. Il était surtout conteur charmant, et restait sérieux en faisant rire les autres, comme tous les esprits vraiment comiques. Il composait souvent en se promenant, et tombait alors dans la distraction, comme La Fontaine et beaucoup d'autres poëtes. Un jour, à la campagne, il sortit en robe de chambre et en pantoufles; rêvant à quelque scène et caressant son idée, il marcha droit devant lui jusqu'à Ferrare et entra dans la ville, sans songer à son costume négligé. Étant connu et aimé de tout le monde, il ne se troubla pas pour si peu de chose. L'Arioste était organisé pour vivre heureux, s'il eût osé suivre ses penchants, s'il eût eu le courage de sauver le premier des biens, l'indépendance, et s'il se fût mieux gardé de l'illusion des protections de cour et du piége de la fausse faveur. Il compta parmi ses amis le marquis du

Guast, les cardinaux Bembo, Bibiena et Farnèse. Ceux-là, du moins, l'ont apprécié à sa juste valeur. Les témoignages d'estime le venaient chercher de loin. Il en reçut de Charles-Quint lui-même. Il aurait bien mieux fait de les attendre dans sa petite maison au milieu de ses fleurs, que d'aller prendre la livrée chez ses voisins, et de sacrifier son temps, sa liberté, ses loisirs, ses précieuses pensées, à des gens sans cœur, qui faisaient semblant de l'aimer, et qui traitaient ses fantaisies poétiques de balivernes. L'Arioste fut enterré dans l'église de San-Benedetto, selon son désir. L'avarice des princes d'Este à son égard ne se démentit point. Ils le laissèrent dans un coin, sans autre mausolée qu'une simple pierre, sur laquelle tous les voyageurs venaient s'inscrire avec la pointe de leurs couteaux. Trente-neuf ans après, un gentilhomme ferrarais, nommé Mosti, fit élever à ses frais, dans la même église, un autre tombeau plus riche. Le petit-fils du poëte y ajouta le buste en bronze de son aïeul. Enfin en 1801, sous la république italienne, un monument beaucoup plus somptueux reçut les restes de l'Arioste, qui furent transportés solennellement au Lycée, d'où il faut espérer qu'ils ne sortiront plus.

Nous avons un pèlerinage plus triste à faire que celui d'Arquà, un lieu plus sombre à visiter que la gracieuse maisonnette de l'Arioste et le tombeau du Lycée, c'est l'hôpital Saint-Anne. Figurez-vous une espèce de caveau à fleur de terre, sans plancher, dont l'entrée est si basse qu'on y heurte son chapeau. Il faut laisser la porte ouverte pour y voir clair. Le Tasse a vécu pendant sept ans dans cette prison, qu'on a encore l'audace d'appeler chambre ou cellule. Les murs, en pierres humides, exhalent une odeur de cachot. Le gardien actuel, qui descend peut-être de l'ancien geôlier, comme s'il craignait d'offenser les défunts princes d'Este, m'assura qu'il y avait autrefois une fenêtre au fond de cette prison et que par là on jouissait de la vue d'un jardin. Mais c'est un mensonge, ou bien ce fut pour y installer le Tasse et pour lui ôter la vue du jardin qu'on mura la fenêtre. Nous en trouvons la preuve dans un sonnet adressé par le prisonnier à un chat qu'il remercie d'être venu l'éclairer du feu de ses yeux et lui apporter une étincelle de cette lumière qu'on lui refuse. Ce document suffit pour rétablir la vérité des faits et réfuter le bavardage du gardien cicerone. Les événements qui ont amené dans ce trou le quatrième et dernier grand poëte de l'Italie sont connus de tout le monde; mais il y reste des points sujets à controverse.

Bernard Tasso, père du Tasse et plus jeune que l'Arioste de vingt ans seulement, était lui-même un poëte fort distingué. Son roman d'*Amadis* aurait plus de réputation s'il n'eût été un peu étouffé entre les deux succès du *Roland* et de la *Jérusalem délivrée*. On y trouve des beautés de premier ordre, et après ces deux modèles du genre, la lecture de l'*Amadis* est la plus agréable que puissent espérer les gens qui ne se lassent point de la chevalerie. Bernard Tasso, comme son fils, avait le physique et le caractère d'un de ses héros. Véritable Amadis par ses mœurs et sa figure, il était grand, robuste, adroit, généreux, loyal et de complexion amoureuse. Sa famille était de Bergame, où l'on a conservé son portrait. Il s'attacha de bonne heure à San-Severino, prince de Salerne, dont l'amitié ne lui fit jamais défaut. Ses malheurs lui vinrent de ceux de son protecteur. Avant cela, il avait passé quelque temps à la cour de Ferrare, près de la duchesse d'Este, qui était Renée de France. A la mort de cette princesse, il accepta les offres de San-Severino, et partit pour le royaume de Naples, où il se maria. Dans une petite maison située à Sorrente sur le bord de la mer, seul patrimoine que Bernardo ait laissé à ses enfants, naquit le fameux Torquato qui devait surpasser son père en toutes choses, même en infortune.

Le premier vice-roi que Charles-Quint envoya à Naples, don Pedro de Tolède, débuta par y établir l'inquisition. Le peuple de Naples ne goûta pas ce présent. Il y eut une insurrection, et la noblesse députa San-Severino près de l'empereur pour solliciter la révocation de l'édit. Charles-Quint, prévenu par don Pedro, reçut très-froidement l'ambassadeur. Pendant ce temps-là, l'émeute comprimée était suivie de persécutions. San-Severino fut exilé, et Bernard Tasso, qui l'accompagnait, partagea son sort. Ils se réfugièrent en France, puis à Venise, à Padoue, à Rome et menèrent cette vie errante à laquelle était condamnée la moitié des Italiens par l'autre moitié. Bernard se trouvait à Urbin chez le duc de la Rovere, lorsqu'il apprit que son fils Torquato, étudiant à l'université de Padoue, venait d'écrire, à dix-huit ans, un poëme en plusieurs chants. Cette découverte ne lui donna que du déplaisir. Connaissant par expérience les soucis de la carrière littéraire, il fut effrayé de l'avenir que se préparait son fils. D'abord il commença par s'opposer à la publication du *Rinaldo;* mais quand il y eut jeté les yeux, la plus agréable surprise succéda bientôt à son irritation. Le père et le fils, appelés à Mantoue par le marquis Scipion de Gonzague, partirent pour cette ville, et le jeune Torquato y fut reçu membre de l'Académie des *Éthérés.* Ce n'était pas un bien grand honneur, mais le Tasse y gagna l'amitié du prince de Mantoue, à laquelle il dut, plus tard, la liberté, et même la vie.

En 1565, Torquato Tasso, alors âgé de vingt-un ans, fut invité à venir à Ferrare par le cardinal Louis d'Este, frère du duc Alphonse II. Il s'empressa de se rendre à cette prière. L'accueil flatteur qu'il reçut de toute la cour, et plus encore la beauté de la princesse Léonore, le décidèrent à s'y fixer. A quarante ans de distance, il se retrouva dans la même situation que l'Arioste, près des princes de la même maison, dans les mêmes lieux et les mêmes conditions, mais environné d'écueils plus dangereux. L'Arioste avait eu à se plaindre d'une profonde indifférence. Le Tasse devait avoir affaire à la haine et à la rancune de ses protecteurs. En attendant, ses débuts à Ferrare furent les plus heureux et les plus brillants du monde. Les deux princesses, Lucrèce et Léonore, sœurs du duc régnant, ne déguisèrent point leur goût et leur partialité pour lui. Soit que Torquato ait commencé par les aimer toutes deux, soit qu'il ait voulu prendre un détour prudent pour arriver à la plus jeune, il se déclara dabord l'admirateur de l'aînée. Cependant, même pour faire agréer ses hommages à Lucrèce, il employa encore un subterfuge respectueux. Il y avait à la cour une jeune dame fort belle, appelée aussi Lucrèce; ce fut à elle qu'il adressa des vers et des galanteries qui arrivaient à la princesse par une voie détournée. Lorsqu'il voulut employer par la suite le même moyen à l'égard de Léonore, ce premier artifice rendit le second plus transparent, et ce fut une imprudence qui coûta cher à l'auteur. En 1570, à l'occasion du mariage d'Alphonse avec une archiduchesse d'Autriche, on ordonna des fêtes d'une magnificence inouïe; la présence du Tasse ajouta aux plaisirs ordinaires ceux plus rares de l'esprit. On tint au palais ducal une espèce de cour d'amour, dans laquelle ce jeune homme se montra expert et raffiné. Il discuta en maître avec une dame, qui passait pour docteur ès sciences amoureuses, et ces conférences, où l'avantage resta au poëte, divertirent extrêmement l'assemblée.

La mort de son père vint arracher le Tasse aux succès de cour. Il voyagea pour se distraire de son chagrin, et à son retour à Ferrare, il accepta la proposition du cardinal Louis, qui désirait l'emmener avec lui en France. On voit, par le testament qu'il fit au moment de partir, le triste état de ses finances. Il avait engagé pour vingt-cinq livres des effets, des tapisseries qu'il ne pouvait retirer des mains des juifs, et il part en les laissant pour garantie de cette faible somme. Le cardinal d'Este, fidèle à la tradition de famille, et digne neveu du cardinal Hippolyte, ne se piquait pas de libéralité. Son gentilhomme attaché manquait de tout à la cour de France Lorsque monseigneur dînait en ville sans lui, le Tasse était réduit aux expédients pour manger. Les biographes italiens ont nié ce fait pour cause d'invraisemblance; mais nous autres Français qui avons la manie d'écrire des lettres et des mémoires, de prendre des notes sur tout ce que nous voyons, et de recueillir des anecdotes, nous en savons plus que les étrangers sur ce qui se passe en notre pays. Balzac et le docteur Guy-Patin ont formellement assuré que le Tasse, ayant avoué à une dame l'état de gêne où il se trouvait, cette dame lui avait offert sa bourse avec empressement et qu'il s'était borné à y prendre un écu pour aller dîner : c'était en 1571. Le Tasse, présenté à Charles IX, reçut de Sa Majesté un compliment gracieux et l'offre d'une pension; mais ce fantôme de roi oublia ses promesses, peut-être en rêvant à la Saint-Barthélemy. Ronsard, qui était alors dans toute sa gloire, fit amitié avec Torquato. Les deux poëtes eurent ensemble un commerce agréable, et se décernèrent des éloges l'un à l'autre. Pendant ce temps-là, sans qu'on ait pu deviner pourquoi, le cardinal d'Este se refroidit tout à coup pour son protégé; il le traita même avec assez de mépris pour que le Tasse ait cru nécessaire, dans l'intérêt de sa dignité, de quitter la cour de France et de partir avec un secrétaire que le cardinal renvoyait à Ferrare.

Le moment semblait venu de faire comme l'Arioste et d'aspirer à la retraite; mais les beaux yeux d'une princesse ne conseillent ni la prudence, ni le goût de la solitude, et l'amour est une excuse à laquelle on ne peut rien répondre. Torquato écrivit en deux mois sa pastorale d'*Aminta*, qui plut beaucoup au duc Alphonse, et cette bonne fortune amena une recrudescence de faveur. A son retour à Ferrare, le cardinal trouva toute la cour dans l'enthousiasme. Après la représentation de l'*Aminta*, il partagea lui-même l'admiration générale, et ne parut pas se souvenir de ses griefs mystérieux. La pièce était montée avec un grand luxe. Alde Manuce s'empressa de l'imprimer à Venise, et le succès de lecture surpassa celui du spectacle. La princesse Lucrèce, qu'on avait mariée au duc d'Urbin, ne connaissait pas l'*Aminta*. Elle écrivit à son frère de lui envoyer l'auteur, disant qu'elle voulait entendre ces beaux vers récités par lui-même. Le Tasse partit pour le château de Castel-Durante, et le temps qu'il passa dans cette délicieuse campagne a été le plus doux de sa vie. Cependant il tomba malade chez la duchesse, ce qui causa un grand émoi parmi les dames de la cour d'Urbin. Lorsque le médecin tira sa lancette, on poussa les hauts cris. La jeune et belle princesse Lavinia voulut tenir le bras du patient et présenter les bandes de linge. Le poëte fait allusion à cette scène gracieuse dans une pièce de vers où il parle d'une noble main qui a pansé ses blessures. Ici finit le bonheur du pauvre Torquato. Le reste de sa vie n'est plus qu'une suite de persécutions et de tortures. Son poëme de la *Jérusalem* était presque achevé. On en connaissait quelques passages, et le retentissement que devait avoir un ouvrage si conforme au goût du jour était facile à deviner. La rage des envieux ne garda plus de mesure. Un gentilhomme, à qui le Tasse avait laissé ses clefs en partant pour la campagne, abusa de sa confiance et brûla ses papiers. Enfin, peut-on nier qu'il eût des ennemis lorsqu'on voit trois forcenés l'attaquer ouvertement dans la rue, l'épée à la main? Ils trouvèrent un champion capable de leur tenir tête, et s'enfuirent sans avoir réussi à le blesser.

Quelque temps encore, le Tasse dissimula son amour pour la princesse Léonore, en adressant ses hommages poétiques à deux personnes du même nom : l'une était une grande dame, et l'autre une fille d'honneur. Mais la haine rend clairvoyant : ce manége fut bientôt découvert. Léonore ayant refusé de se marier, le duc Alphonse comprit que le cœur de la princesse était engagé. L'auteur de ce désordre n'était plus qu'un audacieux dont il fallait châtier l'insolence. Parmi les sonnets du Tasse, il s'en trouve un qui établit clairement la nature de ses sentiments pour Léonore : on voit qu'après une absence d'un mois, il demande grâce et se rend à discrétion. Son amour l'emporte sur un mouvement de dépit passager qui ressemble tout à fait à une querelle d'amant. Au milieu de ces débats, le poëte Guarini, amoureux d'une des trois Léonore, la comtesse Scandiano, prit au sérieux les hommages que le Tasse rendait à cette dame, et il en conçut une jalousie qui pourrait sembler comique, si elle n'eût été funeste à celui que Guarini croyait de bonne foi son rival. On ne doit pas s'étonner que les mauvais procédés de toutes sortes, la disgrâce, les coups d'épingle perpétuels aient produit dans une organisation d'une sensibilité extrême une exaltation semblable à de la folie. Ce fut le prétexte de l'emprisonnement du Tasse. On a dit que le duc l'avait cru fou, qu'il l'était d'ailleurs un peu, et qu'on l'avait enfermé à l'hôpital Sainte-Anne pour le soigner. Mais, alors, pourquoi ces rigueurs et cette sévérité? Une cellule basse, étroite et sombre, est-ce un endroit à mettre un malade? Au bout de six ans, le prince consent enfin à lui donner une chambre plus spacieuse; n'est-ce pas la preuve que le ressentiment commence à s'apaiser? Ne doit-on pas en conclure que cet emprisonnement était une punition? De tous les coins de l'Italie, les plus grands personnages écrivent en faveur du prisonnier. Les sœurs même d'Alphonse ne peuvent réussir à le fléchir. S'il est vrai que le Tasse ait été fou, c'est en prison qu'il l'est devenu. Dans ses *Veilles*, le plus beau de ses ouvrages pour ceux qui préfèrent la peinture d'un sentiment vrai aux caprices de l'imagination, il se plaint en effet de visions qui l'obsèdent et du trouble de ses facultés; mais cet état maladif ne l'empêche ni de raisonner juste, ni d'analyser ses sensations désordonnées et de les exprimer d'une manière saisissante. Cette odieuse captivité dura sept ans et deux mois. Le Tasse sortit de l'hôpital en 1586. Il y serait mort si le prince de Mantoue ne fût venu à Ferrare implorer lui-même sa grâce et le tirer de prison. Sa santé resta toujours ébranlée; mais aussitôt qu'il put respirer un air libre, sa raison fut si promptement rétablie, qu'il est au moins permis de douter de son égarement.

L'exemple de l'Arioste et sa propre expérience auraient dû mettre le Tasse en garde contre les semblants d'amitié, les vaines protestations et les promesses flatteuses des grands seigneurs qui osaient encore se disputer l'honneur de l'héberger. Cependant, à peine sorti de sa prison, il court en vingt endroits après cette hospitalité trompeuse, toujours agité, inquiet, souvent déçu, quelquefois abandonné tout à coup dans un dénûment affreux, ou obligé de chercher un asile dans les couvents. Ses moments de repos, au milieu de ces pérégrinations, sont ceux qu'il passe à Florence chez le grand-duc de Toscane, et à Naples chez son ami le marquis de Manso, qui l'aimait tendrement, et qui a écrit sa vie. Le cœur se serre quand on lit ce triste enchaînement de malheurs, de déboires, de voyages, d'illusions, de chagrins causés par l'ingratitude, la vanité, la fausse amitié, comme si tous les hommes s'entendaient pour tourmenter l'objet de l'admiration publique. Il est commode de rejeter sur le compte de la folie les souffrances d'un grand esprit. Que ne le laissait-on tranquille? Pourquoi ces éternelles obsessions dans le but de l'attirer et de le maltraiter ensuite? N'y avait-il pas au fond des cœurs un lâche sentiment d'envie et une fureur de se venger de sa supériorité? Peut-être n'a-t-on conçu la pensée de lui décerner les honneurs du triomphe qu'en le voyant épuisé, atteint d'une maladie de langueur, et près de mourir; mais les derniers jours du Tasse, les détails lamentables de sa mort et de son triomphe manqué ne concernent point la ville de Ferrare.

Torquato Tasso était très-grand, bien bâti, un peu maigre et pâle de visage. Ses yeux, d'un bleu de mer, avaient une expression douce et grave. Son nez était long, sa bouche bien dessinée et ornée de belles dents, ses sourcils noirs et arqués. Il montait à cheval et maniait l'épée avec adresse, comme l'ont reconnu les imprudents qui ont tenté de l'assassiner. C'était un véritable chevalier très au fait des lois de l'honneur, prêt à payer de sa personne; et si l'on voulait chercher parmi ses créations poétiques le caractère qui se rapproche le plus du sien, il faudrait le comparer à ce héros aimable et généreux qu'il appelle *le bon Tancrède*. Dans toutes les circonstances de sa vie, on dirait aussi volontiers de lui : *il buon Torquato*. La sympathie qu'il inspire amène depuis bientôt trois siècles tant de visiteurs dans sa prison, que les murs sont couverts d'inscriptions et de signatures. Le gardien ne manque pas de montrer le nom de lord Byron, tracé sur la pierre fort lisiblement. Un peu plus loin, j'ai remarqué celui de Victor Hugo. Le troisième qui frappa mes regards était celui de Roger de Beauvoir. Il reste encore de la place; mais les gens désireux de s'inscrire feront bien de se dépêcher.

A côté du Tasse il y avait à la cour de Ferrare un autre poëte moins distingué que lui, et par conséquent moins malheureux. Jean-Baptiste Guarini, secrétaire d'Alphonse d'Este, devint conseiller d'État. Il était en faveur, et voulut se faire poëte, quand il vit le grand succès du Tasse et les honneurs que procurait le talent. Après la représentation de l'*Aminta*, Guarini, étourdi par les applaudissements de la cour, entreprit à son tour une comédie pastorale. Probablement il crut surpasser son modèle en refaisant à peu près la même pièce, où il introduisit de plus un élément tragique dont ce genre d'ouvrage s'accommode mal. Les scènes principales, les chœurs et les caractères de l'*Aminta* se reproduisent avec de faibles différences dans le *Pastor fido*. Guarini fit exprès d'adopter les mêmes divisions, la même coupe de vers et quelquefois les mêmes rimes ; seulement les scènes sont plus outrées, les caractères exagérés, les chœurs plus longs et les couplets plus nombreux.

On ne songerait pas à comparer Guarini au Tasse si les contemporains de ces deux poëtes n'eussent balancé entre eux, et si le duc d'Este n'eût manqué de goût au point d'hésiter aussi. En acceptant pour bon le genre puéril et bâtard des pastorales, on trouve du moins chez les bergers du Tasse des sentiments humains. Ceux de Guarini ressemblent plutôt à des figures d'intermède. On pourrait les habiller de vertugadins et les présenter à la cour de Louis XV, sur le théâtre où Servandoni faisait jouer la création du monde. Leurs raffinements d'amour sont parfois ridicules et souvent indécents, mêlés de *concetti* et d'autres ingrédients fâcheux de la décadence de l'esprit méridional. Les tirades où l'auteur croit mêler la passion à l'élégance ne sont que prétentieuses. Lorsqu'on lit aujourd'hui ce poëme si applaudi par la cour de Ferrare, on se demande qui jugeait les ouvrages, qui leur assignait un rang et décidait du succès et de la réputation des écrivains. Nous avons vu en France des coteries mettre la *Phèdre* de Pradon au-dessus de celle de Racine; mais Louis XIV ne s'y laissa jamais prendre. Quand son jugement ne le guidait pas assez sûrement, il interrogeait, il consultait Boileau. Il ne se serait point exposé au ridicule d'accorder à Pradon les faveurs et l'amitié dont il honorait Racine. Le duc Alphonse fit mieux : il mit le poëte original au cachot, et appela l'imitateur dans son conseil. Si Guarini a contribué à ruiner son rival dans l'esprit de ce prince, il ne jouit pas longtemps de ce triste succès; l'indifférence et l'orgueil de son protecteur ne lui épargnèrent pas les déboires. Une tirade du *Pastor fido*, empreinte d'un certain cachet de hardiesse et de vigueur, révèle le déplaisir amer que ressent Guarini du manque d'égards et des mépris qu'il essuie à la cour de Ferrare : « Je n'aurais jamais cru, dit son vieux berger Carino, qu'on pût devenir misérable à vivre parmi les grands et au milieu du luxe. Je pensais au moins trouver des êtres humains dans ces auberges royales; j'y ai vu, au contraire, des gens courtois de nom et de langage, mais secs et sans pitié; doux à l'extérieur, mais au fond plus cruels et plus irritables que la mer. Tout chez eux n'est qu'apparence. Leurs airs caressants déguisent l'envie : quand leur regard est droit, l'esprit est louche. Ce qui passe pour vertu dans le reste du monde devient vice à la cour : parler, agir avec droiture, aimer sincèrement, demeurer fidèle, garder purs son cœur et ses mains, cela est bon pour le vulgaire; c'est le signe d'une âme vile. »

Tu l'as voulu, Guarini! tu as cabalé contre le Tasse et tu t'es abaissé au métier d'envieux, peut-être de dénonciateur. Ton tour arrive d'être méprisé! Ne t'en prends qu'à toi-même. Au lieu d'accuser la cour de Ferrare, qui te punit par où tu as péché, tu ferais mieux d'aller demander pardon au pauvre Torquato, et de t'humilier devant lui dans sa prison. Tu abuses de l'ignorance du duc d'Este; tu viens à bout de lui persuader que ton mérite est bien supérieur à celui du seul grand poëte vivant. Tu éveilles la défiance du prince, tu déchaînes son orgueil et tu l'excites à commettre une horrible injustice qui le déshonore à jamais, et tu veux, après cela, qu'il soit bon, généreux et humain avec toi ! Cela ne se pouvait pas. L'ingratitude dont tu oses te plaindre est un « juste retour des choses d'ici-bas. »

Quand on a rendu ses devoirs à l'Arioste et au Tasse, regardé le Palais-Vieux, l'église de San-Benedetto et les peintures des autres églises, où domine l'école bolonaise à cause du voisinage, il ne reste plus qu'à s'embarquer pour aller plus loin. C'est à quoi nous invitons le lecteur. Avec deux bons chevaux, une demi-journée suffit à parcourir la distance de Ferrare à Bologne, par une route excellente, unie comme un miroir, mais si poudreuse pendant la belle saison qu'on y est aveuglé. Aucune ville importante ne retarde le voyageur. De Bologne, dont nous avons parlé au volume précédent, une route beaucoup plus pittoresque conduit à Florence, en traversant les Apennins. Sur le point le plus élevé de ces montagnes règnent des vents si violents, qu'on y a construit une longue muraille, en manière de paravent, pour préserver les voitures que la force de l'ouragan a plus d'une fois jetées dans les précipices. Avant d'arriver à ce passage périlleux, on est arrêté au village de Filigara, par une barrière qui ferme le chemin, comme dans les allées des parcs royaux. C'est la frontière de Toscane. Près de là s'élève un édifice neuf que vous prendriez pour un château si les seigneurs qui l'habitent, en s'emparant de vos bagages et en vous demandant vos passe-ports, ne se faisaient connaître pour des douaniers et des gendarmes. En Italie, la police et les douanes sont logées princièrement, et le métier doit être lucratif si l'on en juge par les beaux habits, le teint fleuri et l'embonpoint des agents. On ne s'explique pas l'ardeur et les soins jaloux qu'ils apportent dans l'exercice de leurs fonctions; ne devraient-ils pas savoir l'impossibilité absolue de faire un pas en ce beau pays sans des papiers parfaitement en règle? L'imprudent qui se mettrait en route privé d'un seul des trente-six *visa* de rigueur, n'irait pas à deux lieues qu'on l'obligerait à rebrousser chemin. Si donc vous êtes parvenu au centre de la péninsule, c'est assurément qu'il ne vous manque pas un timbre ni une signature.

En passant de nuit la montagne de Fo, j'aperçus à trois ou quatre cents pas de la route, une grande flamme bleue qui éclairait tout le paysage environnant. Cette espèce de volcan innocent n'empêche point l'herbe et les plantes de pousser autour de lui sur les bords même de son petit cratère. Plus loin, on montre une mare d'eau d'où s'exhale une vapeur qui prend feu, pour un instant, comme un punch lorsqu'on en approche une lumière, ce qui prouve que les terrains adjacents sont autant de solfatares. Jusqu'à Florence, on ne rencontre plus rien de remarquable, sauf le paysage d'une sauvagerie admirable. Au lieu de rentrer dans la capitale de la Toscane, où nous n'avons plus affaire, et pour ne rien oublier du patrimoine de Saint-Pierre, faisons une courte visite à l'antique cité de Ravenne.

En sortant de Bologne par la voie *Emilia*, que nous avons déjà parcourue, on trouve, à Imola, un chemin qui se dirige vers l'Adriatique. La première ville qui se présente est celle de Lugo, dont le nom romain *Lucus* indique le voisinage d'un bois sacré. Le terrain, occupé aujourd'hui par le chanvre et le riz, était couvert de forêts, parmi lesquelles un bois consacré à Diane chasseresse contenait le temple de cette divinité. Les environs de Lugo sont encore un bon pays de chasse, à cause des rizières; mais il faut aimer cet exercice avec passion pour braver les moustiques et la fièvre, dans ces campagnes humides. Un trajet de six lieues, par un pays désert, nous conduit ensuite à Ravenne. J'avais lu, en plusieurs endroits, que le tombeau de Dante, élevé par Guido Novello, en 1321, avait été restauré en 1483, aux frais d'un seigneur vénitien. Ces dates me faisaient espérer que le style en serait pur. Je fus un peu désappointé en trouvant un mausolée fort riche, et qui a dû coûter beaucoup d'argent ; mais qui n'a le caractère ni du moyen âge ni de la renaissance. On m'apprit, en effet, que l'ancien tombeau ayant subi des dégradations, le cardinal de Gonzague en avait érigé un nouveau en 1780. Ce tombeau est situé sur un terrain qui faisait autrefois partie du cloître des pères Franciscains.

L'aspect de Ravenne est triste comme celui de toutes les villes dépeuplées ; mais cette tristesse a beaucoup de charme. Des souvenirs romains et gothiques, quelques palais à belles façades, des peintures du Baroccio et du Guerchin, des places ornées de statues et de colonnes, et surtout des environs variés et le voisinage d'une vaste forêt, chose rare en Italie, suffiraient à expliquer la prédilection de lord Byron pour Ravenne, quand même on ne saurait pas qu'il y était retenu par une passion alors secrète, mais qui a fait depuis un furieux bruit. La cathédrale, mélange monstrueux du gothique et du moderne, contient encore à l'intérieur de superbes colonnes en marbre antique. On y montre aussi une chaise d'ivoire sur laquelle ont bien pu s'asseoir Honorius, Valentinien, le grand Théodoric, ou quelque autre prince romain, goth ou lombard. Le chapitre de cette église métropolitaine jouissait de priviléges pompeux, comme d'aller dans les rues en rochet et en robe violette. Le prévôt et l'archidiacre s'habillaient en prélats, et les curés de toutes les paroisses sortaient avec l'étole. C'était bien du luxe pour des gens d'église. Le nombre de personnages saints ou célèbres par leur piété, de papes, d'évêques, de cardinaux, de prieurs, de savants et de princes que Ravenne a fournis à l'Italie est incalculable. Avant l'ère chrétienne elle avait à Rome plusieurs de ses citoyens membres du sénat et honorés de distinctions particulières.

Outre le musée des antiquités, où sont réunis beaucoup d'objets intéressants, on trouve à Ravenne une foule de morceaux curieux, en se fiant aux hasards de la promenade. Dans une église située à l'extrémité d'un faubourg, et dédiée à saint Apollinaire, on voit vingt-quatre colonnes d'une hauteur énorme, apportées de Bysance au moyen âge. Quatre autres petites colonnes en marbre noir, d'une élégance parfaite, soutiennent la chaire. Le maître autel est en porphyre. Dans les églises de Saint-Romuald, de Saint-Jean-Baptiste et de Sainte-Marie-du-Port, sont des fresques et des tableaux du Guide, de Vasari et de Palma le Vieux. Le palais Spreti contient aussi une belle collection de tableaux ouverte aux voyageurs; mais le monument le plus original est le tombeau de Théodoric, qu'on appelle aujourd'hui la Rotonde. Au-dessus de cette chapelle massive en pierres énormes, Amalasonthe, fille de Théodoric, avait fait déposer le corps de son père dans un sarcophage de porphyre. Autour étaient rangées les statues des douze apôtres. Celle du roi des Goths, placée au milieu, surmontait le tout. Le dôme qui supportait le poids considérable de la tombe et de ses ornements existe encore. La clef de voûte est une pierre circulaire de trente-huit pieds de diamètre et quinze pieds d'épaisseur. Ce monument, qu'on voyait de loin, devait offrir un coup d'œil magnifique. Il avait été respecté par Bélisaire, par les Lombards, les Vénitiens et le gouvernement des Exarques. Les soldats de Gaston de Foix, exaspérés par la mort de leur général, y portèrent les mains les premiers, et brisèrent quelques-unes des statues dans l'ivresse du pillage. Peu de temps après, le pape Paul IV, qui était pourtant fort occupé, trouva le temps, pendant ses neuf ans de règne, d'ordonner la destruction du mausolée de Théodoric, parce que ce prince avait été de la secte des ariens. On renversa du haut du dôme les statues et la tombe. Un particulier recueillit le sarcophage de porphyre, et le fit enchâsser dans une muraille, où il est encore. On conserva seulement le soubassement, que l'exercice du culte catholique et le nom de Sainte-Marie de la Rotonde auront assez purgé du vice d'arianisme.

A trois milles de Ravenne, du côté de la route de Bologne et près d'un petit canal, on peut voir le champ de bataille où a péri Gaston de Foix, après une des plus brillantes campagnes des armées françaises. Gaston, duc de Nemours, avait obtenu le commandement de l'expédition d'Italie, parce qu'il était neveu du roi Louis XII ; mais la faveur, en cette occasion, fit ce que la justice aurait dû faire. Ce jeune prince de vingt-trois ans en savait plus que les vieux capitaines, et les La Trémouille, les Trivulce, les Bayard reconnurent bientôt qu'ils avaient un maitre. C'était au printemps de l'année 1512, lorsque la ligue de Cambrai, formée par Louis XII avec tant de mystère, avait dégénéré en une coalition contre la France, à laquelle le pape avait donné le nom de sainte-ligue. Le duc de Nemours passa les Alpes, et commença par battre une armée de Suisses. Il courut ensuite sur Brescia dont il s'empara en trois jours, malgré une garnison de quarante mille hommes ; les débris de l'armée vénitienne se retirèrent vers Bologne, pour opérer leur jonction avec les troupes espagnoles et pontificales ; Gaston les poursuivit l'épée dans les reins, et après avoir traversé quatre rivières, il tourna brusquement sur Ravenne, où il vint commencer un siége dans le but d'attirer l'ennemi et de choisir à son gré le champ d'une bataille générale. Le maréchal de Fleuranges dit dans ses Mémoires : « Il y avait bien deux mois que pas un de nous n'avait dormi une bonne nuit, tant monsieur de Nemours nous faisait marcher. » Cette promptitude foudroyante, si souvent pratiquée dans la tactique moderne, était une nouveauté en ce temps-là ; mais Bayard et La Palice en comprenaient l'importance et admiraient fort leur jeune capitaine.

Le 10 avril, Gaston de Foix, averti par ses éclaireurs que les troupes espagnoles, vénitiennes et papales s'avançaient en bon ordre sur la route de Lugo, fit enlever l'artillerie qui battait les murs de Ravenne et la posta en un lieu d'où il dominait le canal de Ronco, que l'ennemi devait traverser. Pierre Navarre, le Vauban du seizième siècle, servait alors l'Espagne ; arrivé près du Ronco, il y établit à la hâte, au moyen de charrettes à bagages liées entre elles avec des cordes, une espèce de redoute où il plaça son artillerie. La canonnade fut vive de part et d'autre au début de l'action ; les boulets espagnols faisaient de grands ravages dans les rangs de l'infanterie française et des lansquenets allemands à la solde de Gaston de Foix; on envoya deux fois les gens de pied sans réussir à prendre la redoute. Ce fut la bande de M. de Crussol, commandant les archers de la garde, qui eut l'honneur d'y pénétrer, et d'y faire prisonniers le vice-roi de Naples, le marquis de Pescaire, beaucoup d'autres grands seigneurs, et Pierre Navarre lui-même, « ce petit homme maigre, comme dit Fleuranges, si ingénieux à prendre places de guerre ou à les défendre, et qui s'entendait merveilleusement à faire mines et contre-mines. » En quelques heures, l'armée ennemie se trouva rompue et dispersée. Mais un gros de cette infanterie espagnole, qui était déjà la première du monde, se retira sans se laisser entamer. Cette circonstance devint la cause de la mort de Gaston.

Fleuranges raconte, à ce propos, un fait singulier. Le baron de Chimay, fort vaillant homme d'ailleurs, était sujet à des accès de seconde vue. Le matin de la bataille, M. de Nemours l'ayant interrogé, en badinant, le baron lui répondit du ton le plus sérieux que s'il en croyait ses visions, la victoire serait au roi de France, mais que le général en chef y périrait. Lorsque la redoute espagnole fut enlevée, le parc de Pierre Navarre détruit et l'ennemi en pleine déroute, Gaston de Foix se tourna vers le baron de Chimay et lui dit en riant: « Eh bien! me voici encore debout. — Hélas! monseigneur, répondit le baron, ce n'est point fini. » En ce moment, un archer montra au prince le gros d'infanterie espagnole qui battait en retraite les rangs serrés Gaston, qui avait déjà ôté son casque, le remit aussitôt, rassembla tout ce qu'il put de ses gentilshommes, et courut à la poursuite de ce bataillon d'infanterie. Lautrec lui représenta qu'il fallait attendre du renfort; mais le duc de Nemours, craignant que l'ennemi ne lui échappât, voulut commencer l'attaque, et s'étant approché à portée des piques, il fut littéralement enlevé de son cheval par les hallebardiers et couché à terre, où il expira aussitôt. Lautrec, qui le suivait, reçut une blessure grave, et trente gentilshommes des plus vaillants furent tués ou blessés, dont bien peu, dit Fleuranges, revinrent au camp.

On a eu raison d'appeler imprudence l'ardeur de Gaston de Foix; mais il faut remarquer aussi que cette mort héroïque est le résultat d'une combinaison militaire, et non pas seulement d'un mouvement d'impétuosité. Il importait au général de détruire ce dernier noyau d'ennemis auquel auraient pu se rallier les débris de l'armée vaincue. Une bataille savamment dirigée ne devait pas rester incomplète. Toute la campagne de Ravenne avait été si bien menée que La Palice, en prenant le commandement en chef, n'eut qu'à en recueillir le fruit. Lorsqu'il entra dans la ville, qui ne lui opposa aucune résistance, il la trouva déjà saccagée en partie par les lansquenets allemands, et l'on doit dire à son honneur qu'il fit cesser le pillage, non sans peine, et qu'il poussa la sévérité jusqu'à condamner les mutins, et entre autres un capitaine aventurier nommé Jacquin, à être pendus par la gorge; ce qui fut fait. Louis XII confirma l'élection de La Palice; mais il lui envoya l'ordre d'établir des garnisons dans toutes les villes conquises, en sorte que les forces de la France, éparpillées en Lombardie, ne tinrent plus la campagne. Jamais Gaston de Foix n'aurait consenti à suivre ce plan détestable. « Le roi, dit Fleuranges, ne devait point rompre son armée; s'il l'eût au contraire renforcée, et *boutée en avant*, il eût été prince de toutes les Italies et de Naples aussi. » — C'est ce que Gaston de Foix eût fait certainement, et pourquoi sa mort a été funeste à la France.

Ajoutons ici une particularité gracieuse dont les mémoires font mention sur le dernier et le plus beau jour de ce héros de vingt-trois ans. Le duc de Nemours, à Ravenne, vint au combat sans harnais, montant son cheval à poils et le conduisant avec un simple bridon, par suite d'un vœu d'amour. Il avait laissé une bonne part de son cœur en France aux genoux d'une dame; mais il lui en restait encore autant qu'au plus vaillant de ses chevaliers. Quand il harangua ses gentilshommes, *devant* que le canon eût commencé à gronder, il leur dit : « Vous verrez tout à l'heure ce que je ferai pour l'amour de ma mie. » Il ne fit que trop bien, comme nous venons de le raconter.

Pendant son séjour à Ravenne, en 1821, lord Byron, amoureux comme Gaston, ne s'amusait pas à chevaucher sans harnais, parce que la comtesse Guiccioli n'aurait probablement trouvé à cela rien de touchant. Autre temps autres mœurs. Mylord prenait les choses dramatiquement. Il poussa la passion jusqu'à proposer à sa *mie* de prendre un narcotique et de se faire passer pour morte, comme Juliette Capelletti. La dame eut peur de cet expédient trop shakspearien. Lorsqu'il ne se pose pas en héros devant son lecteur, lord Byron, pourvu qu'il parle beaucoup de lui-même, est volontiers sincère : « D'où vient, écrivait-il de Ravenne en 1821, d'où vient que durant toute ma vie j'ai été plus ou moins ennuyé? Pourquoi le suis-je moins aujourd'hui qu'à vingt ans, si j'en crois mes souvenirs?... A présent je puis rêver avec calme et je préfère la solitude à toute compagnie, excepté celle de la dame que je sers. » Pour un homme orgueilleux, c'est avouer de bonne grâce l'empire que la belle comtesse exerçait sur son esprit. Cet amour augmenta de jour en jour, et finit, comme on sait, par amener un éclat.

L'effervescence était grande alors dans la population de Ravenne, travaillée par le carbonarisme. Toutes les nuits on égorgeait dans les rues quelque carabinier du pape. Un de ces malheureux, frappé à huit heures du soir, fut recueilli par lord Byron et mourut dans sa maison. Cependant le poëte anglais faisait des vœux pour la révolution qui paraissait imminente. Les deux comtes Gamba (le père et le frère de son amie) conspiraient, et mylord leur prêta des armes. Il offrit même sa maison aux conspirateurs pour y tenir conseil. La nouvelle des événements de Naples et de la fuite du roi excita son enthousiasme au plus haut degré. Lorsque les Autrichiens se préparent à entrer en campagne, lord Byron ne doute pas qu'ils ne soient écrasés par le généreux peuple napolitain. Il faut voir comme le poëte s'exalte en parlant de ces héros, de ces champions de la liberté qui se préparent à repousser les barbares. Léonidas et ses trois cents Spartiates n'ont qu'à bien se tenir; leur réputation va s'éclipser et le beau fait d'armes des Thermopyles tombera pour jamais dans l'oubli, après les prouesses que nous allons apprendre. L'univers attentif écoute en palpitant le bruit lointain du combat. Hélas! mylord ne connaissait guère ce peuple frivole, qui ne sait pas même ce que veut dire le mot de liberté dans le sens politique. Sa liberté, c'est celle de dormir au soleil, de chanter la nuit, de tuer ses puces et de mettre à la loterie son dernier sou; il n'en désire et n'en veut pas d'autre. Aussi quand lord Byron apprend l'épouvantable *fiasco* de la révolution de Naples, la soumission des vaillants champions sans coup férir et la débandade de leurs terribles cohortes, quelle douleur et quel mépris dans l'âme attristée du poëte! « Les vrais Italiens, dit-il, ne sont pas coupables. Ce sont ces vils faquins relégués dans le talon de la botte... les laves de leur Vésuve, avec leurs corps damnés pour ciment, seraient un bon pavé pour le *corso* de Satan. » Vous allez trop loin, mylord, et vous passez d'un extrême à l'autre, emporté par une injuste colère. Ces pauvres Napolitains ne sont que de charmants enfants, nourris dans l'ignorance, pour qui vos grands mots sont de l'hébreu, et vous voulez qu'ils meurent pour une chose inconnue! apprenez-leur ce que vous entendez par dignité, liberté, etc., et quand vous aurez fait leur éducation, vous aurez le droit de les gronder s'ils ouvrent leurs portes à Xerxès.

VI

ROUTE DE ROME PAR TRASIMÈNE

Saint Romuald. — Arezzo. — Luc della Robbia. — Le moine Gui. — Pierre l'Arétin. — Le chantage littéraire. — Cortone. — Pierre Berettini. — Ossaja. — Champ de bataille de Trasimène. — Stratagème d'Annibal. — Le garçon d'auberge carthaginois. — Passignano. — Le lac. — L'île des Serpents. — La princesse captive. — Un cuisinier artiste. — Perugia. — Le Pérugin. — Sainte-Marie-des-Anges. — Les frères mineurs. — Assisi. — Foligno. — Spoleto. — La porte d'Annibal. — Terni. — La chute du Velino. — Narni. — Campagne de Rome. — Le *Ponte-Molle*. — Le baptême du peintre.

La seconde route de Florence à Rome, celle où vint tomber Annibal après avoir traversé les Apennins, mérite d'être parcourue à petites journées. Pour aller à Arezzo, nous prendrons le chemin qui remonte le cours de l'Arno. Le pays qui s'ouvre devant nous a l'aspect d'un jardin de plaisance. La richesse de la campagne, l'air heureux des paysans, la coquetterie des femmes, tout éveille des idées gaies et respire l'abondance et le bien-être. Le grenadier, avec ses fleurs couleur de sang, orne les haies, comme chez nous l'églantier. Dès la première poste, nous quitterons un moment le grand chemin, pour monter à Vallombreuse. Là-haut, bien au-dessus du monastère des Camaldules, est le petit ermitage où saint Romuald, fondateur de l'ordre, se retira lorsqu'une vision l'eut engagé à vivre au désert. L'endroit était bien choisi. Sur ces montagnes, d'où l'œil découvre un vaste panorama, le pieux solitaire, dégagé des liens terrestres, a dû se sentir plus près du Créateur qu'en aucun autre lieu du monde. De son ermitage, que les gens du pays ont nommé le Petit-Paradis, le regard peut s'étendre jusqu'à la mer. Cependant saint Romuald a sans doute changé de place, car on trouve à plusieurs lieues de là, dans la chaîne des Apennins, une autre Thébaïde plus sauvage qui porte son nom. La source de l'Arno jaillit à peu de distance, et ce ruisseau fait un détour de vingt lieues avant de se rendre à Florence. Dans un troisième désert encore plus élevé, les Camaldules ont fondé un monastère d'où l'on peut voir l'Adriatique et la Méditerranée; il ne m'a manqué pour cela qu'un télescope ou les yeux de la foi. Une carcasse d'éléphant, découverte dans ces montagnes, a fait supposer qu'Annibal y avait perdu quelque partie de ses bagages. Cette supposition n'a rien d'invraisemblable; mais on a retrouvé des éléphants fossiles en Italie, dans beaucoup d'autres lieux où jamais le grand Carthaginois ne s'était montré. Quoi qu'il en soit, faisons comme lui, et redescendons dans la plaine pour entrer à Arezzo.

Cette ville de huit ou dix mille âmes est construite avec une rare magnificence. Les rues sont larges, pavées de dalles et d'une propreté dont il faut louer d'autant plus la Toscane que le reste de la péninsule ne suit point son exemple. On voit à Arezzo les ruines d'un amphithéâtre romain. Le plus ancien monument parmi ceux qui sont debout est une espèce de temple irrégulier, converti en église dédiée à saint Pierre. Cette destination nouvelle ne sied que médiocrement à son architecture. La cathédrale, du plus beau style gothique fleuri, contient trois morceaux précieux : le maître autel, festonné par le ciseau de Jean de Pise, et deux tombeaux d'un fini charmant, ornés de statuettes par Luca della Robbia. J'avais déjà remarqué à Vallombreuse des sculptures de ce vieux maître. Luca della Robbia, comme les miniaturistes des missels, coloriait et dorait ses figurines de marbre. On voit encore sur celles de l'église d'Arezzo la trace des couleurs et de l'enduit préparatoire. Ces statuettes ont une grâce inimitable. Il y manque malheureusement quelques fragments dont les Anglais se seront emparés avec le sans-gêne vandale qui distingue les touristes de la Tamise. A l'abbaye de l'ordre du Mont-Cassin, à Arezzo, se trouve le fameux tableau de Vasari, représentant la cour d'Assuérus. Un jésuite artiste s'est amusé à peindre, dans l'église du même couvent, un édifice en perspective, produisant au premier regard l'illusion qu'on appelle trompe-l'œil. Ces effets, qu'on obtient facilement avec de la préméditation et par des procédés mathématiques, ne prouvent point le mérite d'une peinture. Ce sont des gageures qui font l'admiration des enfants et l'orgueil des guides. Tout le monde connaît la sotte histoire des petits oiseaux venant becqueter les grains de raisins peints par Zeuxis. On oublie d'ajouter que le tableau représentait un pâtre portant des raisins dans une corbeille, ce qui donne lieu au dilemme suivant : ou le personnage du pâtre était fort mal fait, sans quoi les oiseaux n'auraient point osé lui venir voler ses raisins, ou ces oiseaux-là, quoique grecs, ne s'y connaissaient pas.

Vasari, qui était d'Arezzo et meilleur architecte que peintre, a beaucoup travaillé aux embellissements de sa ville natale. Sur la grande place, il a élevé un monument, dont la façade, large de cent cinquante pas, est ornée d'arcades élégantes en style toscan. Dans ce palais appelé les *loges,* sont à la fois le théâtre d'Arezzo et l'administration des douanes, pour laquelle on ne saurait faire d'édifice trop splendide. — Les plus beaux priviléges reviennent toujours de droit aux institutions gênantes et vexatoires. — Beaucoup de grands hommes sont nés à Arezzo ; entre autres Mécène, Pétrarque, le moine Gui, qu'on pourrait nommer le Guttemberg de la musique ; François Accolti, le plus savant jurisconsulte du quinzième siècle ; Pierre Bacci, généralement connu sous le nom de l'Arétin ; le pape Jules III ; deux peintres, Vasari et le Guide, et un ministre de France, le maréchal d'Ancre. Celui de ces grands hommes dont on parle le moins est pourtant celui de tous qui a le plus contribué au bonheur de l'humanité. Sans le pauvre moine, dont on ne sait que le nom de religion, Giacomo Meyer-Beer eût été bien empêché de mettre par écrit son *Robert le Diable.*

Jusqu'au onzième siècle, on n'essaya de noter le chant que pour l'église et le lutrin, et la méthode employée était si défectueuse et si compliquée, qu'il ne fallait pas moins de dix ans à un chantre pour apprendre à déchiffrer à livre ouvert. Encore ne pouvait-on écrire par cette méthode barbare que le plain-chant. Vers l'année 1030, Gui d'Arezzo, alors retiré chez les Bénédictins de Ravenne, imagina une méthode nouvelle et simple, celle qu'on suit aujourd'hui, dont Mozart et Rossini se sont contentés, et que Jean-Jacques Rousseau a failli supplanter à son tour. Certes, s'il fut jamais une découverte innocente et non subversive, c'était bien celle de ce bon moine; mais l'ingratitude et la sottise des hommes se retrouvent partout. Les Bénédictins de Ravenne, au lieu de se glorifier du génie de leur confrère, l'accablèrent d'outrages. Le supérieur du couvent crut devoir le regarder comme un impie, un perturbateur, un ennemi de la religion. Gui d'Arezzo, qui n'était réellement ennemi que de l'ignorance, a raconté lui-même les persécutions et les mauvais traitements qu'il eut à subir de M. le prieur. Comprenne qui pourra comment les *portées,* la clef de sol, les dièzes et les bémols ont eu le pouvoir de soulever tant d'orages. Gui, poussé à bout, s'enfuit du couvent et s'en alla d'église en église, donnant des leçons, répandant sa méthode, et faisant des prosélytes sans autre artifice que la bonne foi et l'évidence. L'évêque d'Arezzo lui confia ses chantres, dont il fit des musiciens en moins d'un an.

Par un bonheur providentiel, le pape Jean XX aimait la musique, et chantait au lutrin, comme le bon roi Robert. Le bruit vint à ses oreilles de ce qui se passait à Arezzo. Il appelle Gui à Rome, lui demande des leçons, et s'éveille un matin, ravi et stupéfait d'avoir appris par la nouvelle méthode, ce qu'il n'aurait jamais su par l'ancienne. Voilà le perturbateur de l'Église en grande faveur à la cour pontificale. Son prieur, un peu confus, lui écrit une lettre d'excuses et l'invite à revenir au couvent. Lui, charitable et bonhomme, retourne dans sa cellule, satisfait d'avoir créé des écoles de chant, qui achevèrent bientôt la révolution commencée. La méthode de Gui d'Arezzo fut adoptée par l'Italie du vivant de l'auteur, et ensuite par le monde entier.

Un autre personnage moins estimable, et pourtant plus célèbre, sortit d'Arezzo sur la fin du quinzième siècle. Pierre l'Arétin, fils naturel du chevalier Bacci et d'une courtisane appelée Tita, peut être considéré comme l'inventeur de cette industrie littéraire qu'on a flétrie de notre temps par un nom tiré de la langue des voleurs, le *chantage*. On voit que cela date d'assez loin. Pierre d'Arezzo, né en 1492, avait incontestablement beaucoup d'esprit et de talent; mais le don de la satire, si précieux quand il est appuyé de l'honnêteté, n'engendre qu'injustice et bassesse sous l'influence de l'envie et de la cupidité. L'Arétin aimait trop l'argent pour dépenser son esprit au service de l'envie, qui ne rapporte rien; mais il abusa de la faiblesse des princes jusqu'à les rançonner sans vergogne. Qui le payait recevait des louanges; qui ne donnait rien était tourné en ridicule. La petite république d'Arezzo semblait un lieu commode pour l'exercice de ce métier. Cependant l'Arétin, perdu de mœurs, insolent et tapageur, ne pouvait guère demeurer dans une ville sans y avoir maille à partir avec l'autorité. Dans sa jeunesse, il exerça le métier de relieur à Perugia. Une nuit, il s'amusa follement à peindre une guitare entre les mains de la Madeleine sur un tableau d'église. Probablement il craignit d'être poursuivi pour cette équipée; il se rendit à Rome, et il y devint amoureux d'une servante fort belle. Il avait pour rival un Bolonais, qu'il ne manqua pas de berner par écrit. Le Bolonais, peu patient, l'attendit au coin d'une rue, lui donna cinq coups de poignard et le laissa pour mort. L'Arétin en guérit pourtant. Obligé de s'enfuir de Rome par suite de la honteuse affaire des seize sonnets obscènes illustrés par Jules Romain, il s'en alla en Lombardie. Sa verve et sa gaieté amusèrent Jean de Médicis, qui voulut l'attacher à sa personne. En compagnie de ce brillant *condottiere*, alors au service de la France, l'Arétin fit la guerre et vit de près plusieurs batailles. Une balle espagnole lui enleva son protecteur. Voici en quels termes Brantôme raconte la mort de Jean de Médicis, âgé de vingt-huit ans : « Il reçut une blessure au genou. Comme les médecins lui dirent qu'il fallait des gens pour lui tenir la jambe, tandis qu'on la lui couperait, il leur répondit : Coupez hardiment ; il n'est besoin de personne. Et tint lui-même la bougie pendant qu'on la lui coupa. » L'Arétin et le duc de Mantoue étaient présents à cette opération. Jean de Médicis mourut de la fièvre qui survint. Ses soldats, en signe de deuil, adoptèrent des enseignes noires et se rendirent célèbres sous le nom de *bandes noires,* pendant les guerres d'Italie.

L'Arétin chercha une ville libre où il pût se livrer en sûreté à son industrie littéraire. Venise lui parut remplir les conditions désirées. Le doge, André Gritti, le reçut à merveille, et le Titien honora ce pirate d'une amitié qu'il ne méritait guère. Des imprimeries de Venise sortirent alors des épîtres, des sonnets à la louange des rois, princes, prélats et grands seigneurs qui payaient, et des libelles injurieux contre les autres. Charles-Quint envoya une chaîne d'or et fut loué; il y ajouta une pension de deux cents écus et fut porté aux nues. François Ier pensa d'abord à suivre la même marche; il envoya aussi une chaîne d'or, et promit quatre cents écus de pension. Mais, heureusement pour l'honneur de la France, le roi comprit que les éloges ainsi obtenus constituaient un ignoble trafic, et le brevet de la pension ne fut jamais expédié. Aussitôt les flatteries cessèrent et Charles-Quint eut seul de l'encensoir. L'orgueil de l'Arétin, enflé par ces succès, lui inspira l'idée de faire frapper une médaille, sur laquelle il osait s'intituler : « Le divin Arétin, fléau des princes. » Cette témérité n'ayant point ralenti les libéralités, il poursuivit son commerce avec de grands bénéfices.

Cependant l'Arétin reçut deux fois en sa vie des leçons sévères. Pierre Strozzi, fils de Philippe, exilé de Florence depuis la mort d'Alexandre de Médicis, ayant été insulté dans un sonnet, envoya un de ses gens dire au libelliste qu'au premier mot il le tuerait vertement. L'Arétin eut une peur affreuse et garda le logis pendant longtemps. L'ambassadeur d'Angleterre à Venise, injurié à son tour, eut moins de patience encore que Pierre Strozzi, et fit rouer de coups de bâton son détracteur. L'Arétin s'avisa de demander justice, mais on lui répondit par un silence qui signifiait : Justice est faite. Le poëte Berni lui adressa un sonnet où il lui disait : « Tu en feras tant, langue venimeuse, qu'à la fin il se trouvera un poignard meilleur que celui d'Achille pour punir ta forfanterie et ton insolence. » Mais les leçons ne le corrigeaient point, parce qu'on ne saurait empêcher un dogue ni d'aboyer ni de quémander ; c'était dans sa famille que le pamphlétaire devait être châtié cruellement.

D'une jeunesse fort désordonnée il restait à l'Arétin trois filles naturelles de mères inconnues. Lorsque l'aînée, Adria, qu'il aimait avec une tendresse particulière, fut en âge de se marier, on lui présenta un parti convenable. Ce prétendu, plus avare que le beau-père, plut à la jeune fille, et ne lui donna que du chagrin. Il déclara qu'il se contenterait de mille ducats en dot, mais à condition que la somme entière lui serait remise en espèces sonnantes le jour qu'il donnerait l'anneau de mariage. L'Arétin n'avait point d'argent comptant; il demanda sans pudeur des avances sur ses futures louanges au cardinal de Lorraine, au duc de Toscane, et mit en gage une de ses chaînes d'or pour parfaire la somme exigée. Le gendre, une fois nanti, traita sa femme avec tant de mépris et de dureté qu'elle abandonna la maison conjugale et revint chez son père. Quand le mari eut promis d'être plus doux à l'avenir, elle retourna près de lui ; mais ce fut pour y mener une vie insupportable. « On chicane ma fille, écrivait l'Arétin en 1554, jusque sur le manger et le boire; on ne lui laisse pas une seule clef des armoires; on ne veut point qu'elle porte de bijoux et l'on voudrait l'obliger à vendre le diamant qu'elle tient de son père... Je n'aurais jamais cru que tant de mépris pût atteindre un homme de mon nom et de ma réputation... Que mon gendre ne fasse pas plus d'estime de moi que d'un chien, ce n'est pas merveille, mais ce qui étonne bien davantage c'est de voir cet âne témoigner si peu de respect au grand-duc de Toscane, qui eut la bonté, un jour que nous sortions de Pesaro sur la route de Rome, d'appeler mon gendre, étant à cheval, et de lui dire : Si tu veux mériter mes bonnes grâces, traite ta femme comme si elle était ma propre fille. » Ces tristes démêlés n'empêchèrent pas l'Arétin de chercher à marier sa seconde fille, Austria, dont le nom était une recommandation à l'empereur d'Allemagne, comme celui de la première à la seigneurie de Venise. Sur la fin de sa vie, le flatteur de Charles-Quint, l'insulteur de Léon X, l'écrivain de livres obscènes se mit à paraphraser des psaumes, non par dévotion ni par hypocrisie, mais tout simplement pour gagner de l'argent, car il ne lui en coûtait pas plus de louer Dieu qu'un autre pourvu qu'il y eût du profit. Cependant comme les louanges d'un débauché auraient pu sembler suspectes, l'Arétin se voila sous un pseudonyme pour chanter la gloire du Très-Haut. En revanche, il ne se déguisa point toutes les fois qu'il écrivit quelque gravelure bien libertine et bien impie. Il mourut comme il avait vécu, en disant au prêtre qui lui donnait l'extrême-onction : « Me voilà bien huilé, à présent qui me préservera des rats ? »

Après Arezzo, la première ville qu'on rencontre est celle de Cortona, qu'il ne faut pas confondre avec Crotone, dans la province de Tarente. Il n'y a qu'un retard de deux heures à subir pour jeter un coup d'œil à Cortone, située sur la gauche de la route, au sommet d'un mamelon couvert de vignes, et pourtant la plupart des voitures ne s'arrêtent point. Malheur aux villes dont les préoccupations de la guerre intestine ont fait des nids d'aigle ! Les besoins des temps pacifiques, le commerce, l'agriculture, la libre circulation attirent l'homme dans la plaine, tandis que la place forte, perchée sur sa montagne, à l'abri d'un ennemi qui n'existe plus, demeure à l'écart, négligée, loin des routes, et le passant qui chemine dans la vallée poursuit son voyage sans se déranger. Cortone mériterait pourtant l'honneur d'une visite. Ce n'est pas une grande affaire que de monter pendant une *heurette* au milieu de la végétation la plus riche, en se reposant de temps à autre sous l'ombrage des arbres à fruits. L'ancienne académie de Cortone, qui avait pris le titre d'*Étrusque*, a doté la ville d'une collection curieuse d'antiquités, la plupart extraites des tombeaux. Lorsque les Étrusques, par un sentiment religieux qu'ils partageaient avec les Égyptiens, ont enfermé leurs morts avec des vases, des armes, des objets d'art, et jusqu'à des peintures, pour adoucir les ennuis du tombeau, ils ne se doutaient point qu'ils travaillaient au profit des curieux à venir, des compagnies savantes et des collectionneurs. Trois mille ans n'ont pas plutôt passé sur leur civilisation, que ces dépôts souterrains font l'ornement des musées. Cortone, l'une des douze cités de l'Étrurie, est environnée de carrières de marbre. L'exploitation de cette pierre de luxe a amené la découverte d'objets funéraires, parmi lesquels sont des inscriptions, des camées, des médailles, des dieux lares et des figurines étranges.

Rien ne prouve que le tombeau romain conservé dans la cathédrale de Cortone soit, comme on le dit, celui de Flaminius. Après un massacre aussi complet que la bataille de Trasimène, les Romains éparpillés, fuyant la cavalerie numide, ne se sont point amusés à enterrer les morts; et comme l'armée d'Annibal, maîtresse du pays, s'est avancée immédiatement vers Rome, le corps de Flaminius, confondu avec les autres, aura été jeté dans le lac ou dans les fosses communes qui forment ces groupes d'ossements que le soc de la charrue rencontre aujourd'hui. Bien d'autres Romains que Flaminius ont pu venir à Cortone y mourir dans leurs lits et s'y faire enterrer, sans avoir livré bataille à quatre lieues de là. La cathédrale renferme d'autres morceaux plus intéressants et plus authentiques; par exemple, la belle peinture de Pietro di Cortona représentant la naissance de Jésus-Christ.

Pierre Berrettini, dont nous avons francisé le sobriquet en l'appelant Pietre de Cortone, est un des derniers peintres de l'école romaine. Il fut adopté par le pape Urbain VIII, trop heureux de trouver encore dans son pays une étincelle du feu sacré. Pietro travailla pour la famille Barberini jusqu'à la mort d'Urbain VIII. Il fit ensuite un voyage dans le nord de l'Italie, s'arrêta longtemps à Florence, et revint à Rome sous Alexandre VII, qui le combla de faveurs et le nomma chevalier de l'Éperon-d'Or. En ce temps-là, cet ordre ne se vendait pas encore. Pierre Berrettini eut le bonheur d'arriver en ce monde justement à propos, lorsqu'on regrettait les maîtres défunts et que le public avait un reste de goût pour les bons ouvrages. Le favori d'Urbain et d'Alexandre VII vécut dans l'aisance ; il laissa en mourant, à l'église de San-Martino de Rome, une donation de soixante mille écus, valant près d'un million d'aujourd'hui. On trouve dans quelques palais de Cortone et dans les autres églises de cette ville plusieurs ouvrages du Pérugin, de Barocci et d'Allori.

Redescendons la montagne pour revenir à la grande route. Ici commencent les souvenirs d'Annibal. Dans ce paradis terrestre, coupé de ruisseaux et de bouquets d'arbres où chantent des milliers d'oisillons, s'est livré une des batailles les plus acharnées des annales de Rome. On se figure généralement les deux armées marchant au-devant l'une de l'autre, et se rencontrant sur les bords du lac de Trasimène. Je croyais qu'il en devait être ainsi ; mais Tite-Live raconte la campagne de Flaminius tout autrement. Le consul, cherchant l'ennemi, avait poussé jusqu'à Arezzo, où nous étions tout à l'heure, et il s'y était fortifié. Annibal, voulant le faire sortir de la défensive et l'attirer dans les plaines, afin de choisir son terrain, poursuivit sa marche en avant, et laissa son adversaire derrière lui. Cette manœuvre avait tout l'air d'une faute : ce n'était qu'un piège. Les Carthaginois défilèrent devant Cortone, montèrent la colline d'Ossaja, et s'enfoncèrent dans les bois qui environnent encore le lac de Trasimène : ils y campèrent, cachés par les arbres et par les collines formant un bassin circulaire au fond duquel se trouve le lac. Ce terrain, comme l'a remarqué Tite-Live, était le plus favorable du monde pour les embûches. Flaminius s'y laissa prendre ; il sortit d'Arezzo, et c'est en revenant vers Rome qu'il rencontra les Carthaginois.

Voici quelle est aujourd'hui la disposition des lieux : Ossaja, qu'on croyait ainsi nommé à cause d'un ossuaire de cadavres romains, est loin du champ de bataille. Son nom primitif était *Orsaja,* ce qui indiquerait plutôt la caverne d'un ours qu'un amas d'ossements humains. Au delà de ce village, la route commence à monter. Du sommet de la colline, après une demi-heure de marche, on découvre le théâtre du combat ; à droite, au fond de la vallée, brille le lac de Trasimène. Entre le lac et le pied des collines à droite, il y a un marais ; mais, à gauche, il reste entre la rive et la base rocheuse des montagnes un espace que traverse la route, et au centre duquel est aujourd'hui le village de Passignano. Cet espace, plus large qu'il ne faut pour tracer un grand chemin et y bâtir une bourgade, était trop étroit pour le déploiement d'une armée : c'était là qu'Annibal voulait amener les Romains, et il les y attira par une ruse diabolique. Descendons comme lui la montagne qu'on appelle *la Spelunca.* Nous traversons deux ruisseaux qui vont se jeter dans le lac : le premier coupe la route et marque la frontière des États romains ; le second, qui passe à trois cents pas plus loin, est nommé *le Sanguinetto,* parce qu'il roula des flots de sang ; c'est là l'endroit du grand carnage.

La chaîne circulaire de la Spelunca, qui entoure le lac et la plaine, était couverte de bois, comme nous l'avons déjà dit. A l'extrémité opposée au village d'Ossaja, dans un point dégagé d'arbres, Annibal fit camper en évidence l'infanterie espagnole et africaine dont les armes pesantes, les boucliers et les casques brillaient au soleil. En débouchant d'Ossaja, les Romains aperçurent ce front de bataille en face d'eux, et ils pensèrent naturellement que l'intention d'Annibal était de les attendre dans cette position forte. Il semblait donc qu'on pouvait avancer encore, descendre jusqu'au bas de la vallée en s'appuyant en arrière sur la Spelunca, pour voir si l'ennemi, en voulant chercher le combat, se déciderait à perdre l'avantage de sa position élevée. Le soir vint pendant cette délibération; Flaminius fit avancer ses troupes jusqu'au bord du lac et y passa la nuit. Au point du jour, en s'éveillant, il revit les casques et les boucliers de l'infanterie carthaginoise au même endroit que la veille, et ce spectacle le rassura complétement. Mais pendant cette nuit, si tranquille en apparence, Annibal avait répandu ses troupes légères sous le bois à la gauche des Romains; la cavalerie numide, montée sur d'excellents chevaux, avait fait un long détour et s'était postée à couvert dans les défilés que Flaminius avait passés la veille, en sorte que la retraite était fermée.

Quand le soleil eut dissipé le brouillard du matin qui enveloppait toute la vallée, les cohortes romaines, campées sur un espace étroit, voulurent se déployer. Le pied des roches d'un côté, les eaux du lac de l'autre ne leur permirent point d'étendre leur front de bataille; cependant en voyant l'infanterie ennemie se mouvoir et descendre à leur rencontre, ils durent penser que les inconvénients du terrain seraient également partagés. En ce moment, un immense cri de guerre sortit du bois, et les Romains, recevant en arrière et sur leur flanc gauche une grêle de traits et de pierres lancées par les frondeurs, tombèrent dans un désordre épouvantable. Tite-Live assure qu'ils étaient frappés avant d'avoir pu tirer leurs épées; mais il ajoute qu'ils se défendirent avec la rage du désespoir pendant trois heures. Enfin lorsqu'ils virent Flaminius mortellement blessé au milieu d'eux, ils commencèrent à prendre la fuite. La cavalerie numide, qui les entourait, repoussa une partie des fuyards jusque dans les eaux du lac où ils se jetèrent. Le gros de l'armée fut exterminé sur les bords du Sanguinetto, en voulant battre en retraite. Tous les défilés de la Spelunca, gardés par les Carthaginois, devinrent des lieux de carnage; une seule légion de six mille hommes serra les rangs et se mit en marche sans se laisser entamer. Le reste de l'armée ayant péri, Annibal tourna toutes ses forces contre cette phalange héroïque;

elle fut anéantie à une grande distance du champ de bataille.

Les paysans de la vallée, qui semblent avoir embrassé la cause de Carthage, montrent au voyageur les restes d'une tour construite sur le côté gauche de la Spelunca, et qu'ils nomment la tour d'Annibal. Sur la colline découverte où l'infanterie carthaginoise s'était mise en évidence, on aperçoit le petit village de Torre, dont les maisons blanches, éclairées par le soleil, représentent assez bien le corps d'armée portant cuirasses et boucliers. On parle même, dans ces campagnes, du Carthaginois Maharbal, commandant en chef de la cavalerie numide. A Passignano, le garçon d'auberge me disait, comme si l'affaire se fût passée la semaine précédente, qu'Annibal n'avait guère payé de sa personne à Trasimène, et qu'il s'était tenu là-haut, loin du danger, jusqu'au moment de la déroute, tandis que le vaillant Maharbal s'était multiplié à la tête de ses cavaliers et qu'on l'avait vu en tous les endroits périlleux. Je n'en savais point assez pour répondre aux arguments de ce *cameriere* érudit. Pensant que ma complaisance à l'écouter méritait quelque faveur, je lui demandai la meilleure chambre de l'auberge. Il me conduisit dans un taudis effroyable, où il y avait trois lits vermoulus qui s'appuyaient les uns sur les autres, et quand il m'eut promis de faire en sorte qu'on ne me donnât pas plus d'un compagnon de nuit, il sortit en me disant d'un air de triomphe : *Ecco, Signore!* Si la chambre était laide, en revanche on y jouissait d'une vue admirable. A peu de distance les eaux limpides du lac baignaient le pied des maisons ; trois îles s'élevaient au milieu de ce beau lac dont une paraissait habitée ; sur la droite on voyait la tour de Borghetto, et au-dessus la Spelunca formant une vaste couronne de verdure, où les petits villages ressemblaient de loin à des fleurs poussant dans le feuillage.

Mon savant garçon d'auberge m'apprit que l'île habitée appartenait à des moines ; la seconde île ne contenait que des cabanes de cultivateurs ; la troisième était la propriété de reptiles si nombreux et si vivaces que les gens du pays n'y abordaient pas sans danger et par conséquent sans crainte. Je demandai au *cameriere* s'il avait osé tenter l'aventure : — Oui, me répondit-il, et le seul souvenir de ce que j'y ai vu me fige encore le sang. Que votre seigneurie se représente une quantité innombrable de serpents, se glissant dans l'herbe, se réunissant en masse compacte, s'entrelaçant de manière à présenter toujours leurs têtes à l'imprudent qui vient les troubler, ouvrant leurs gueules et sifflant d'un air encore plus menaçant qu'effrayé. A moins d'avoir des armes enchantées, comme Roland, Roger ou Astolphe, il faudrait être fou pour se hasarder dans cette île, où quelque princesse, gardée par ces monstres, attend peut-être un libérateur. Ce lieu terrible paraît être le seul sur la terre que les chevaliers errants n'aient jamais visité.

— Eh bien! dis-je, pourquoi ne tentez-vous pas de délivrer la princesse? Vous êtes bel homme : vous lui plairiez, je n'en doute pas, ainsi qu'au roi son père. D'ailleurs, les règles de tous les romans de chevalerie lui ordonneraient d'épouser son libérateur. On célébrerait vos noces dans le palais de cristal qu'on découvrirait probablement au centre de l'île.

— Excellence, reprit le garçon d'un ton moitié sérieux et moitié comique, un pauvre diable comme moi se perdrait à vouloir rompre des enchantements; laissons cela aux grands seigneurs et aux paladins; quand j'aurais le cœur de Maharbal ou de Roland lui-même, réussirais-je, n'étant qu'un fils de paysan? Ne voit-on pas que tous les héros de la chevalerie sont des princes, des fils ou des neveux de rois et d'empereurs? Il faut de la naissance pour tuer des serpents; ne sortons pas de notre sphère; balayer des chambres est moins glorieux, mais plus facile que de combattre des monstres.

— La littérature italienne vous est aussi familière que l'histoire, à ce qu'il paraît.

— Excellence, dans notre pays, il n'y a pas besoin d'apprendre à lire pour connaître l'Arioste et le Tasse. Chacun en récite quelque passage, et l'on finit par avoir tout entendu.

Le *cameriere* me déclama plusieurs strophes du seizième chant de la *Jérusalem délivrée*. J'admirais les instincts poétiques, le sentiment du beau, l'intelligence éveillée de ce domestique de village, et je faisais un triste retour sur la grossière indifférence et la cupidité du paysan de nos campagnes, lorsque je m'aperçus qu'il y avait sur les meubles un pied de poussière.

— Vous voyez bien, dis-je au garçon, que vous êtes né pour tuer des serpents et délivrer la princesse captive, plutôt que pour manier le balai. Cette chambre est fort malpropre.

— Ah! Excellence, répondit le drôle en souriant, vous m'interrompez au plus bel endroit. Pouvez-vous songer à ces vils détails de ménage quand je vous récite les vers du divin Tasso? Vous n'avez pas un véritable amour de la poésie; et moi, je m'en vais servir le dîner.

Ce dîner, dont j'avais grand besoin, m'inspirait de sérieuses inquiétudes. Je descendis à la cuisine. Le chef ne déclamait point les vers du Tasse; mais il chantait une romance.

— Vous avez une jolie voix de ténor, lui dis-je. Recommencez un peu ce couplet.

— Bien volontiers, me répondit-il; c'est un vieil air de nos montagnes, Excellence.

Et il me chanta la romance entière. La mélodie en était suave, et les paroles ne manquaient pas de grâce. Il y était question d'une belle fille de Perugia que son amant avait laissé périr dans le lac, un jour d'orage, et dont l'âme revenait errer sur les eaux et poussait des soupirs d'amour. Tout en goûtant cette délectable musique, j'observai un poulet à la broche, sous lequel on n'avait pas même placé de réceptacle. La graisse fondante tombait goutte à goutte sur les charbons ardents et produisait une fumée infecte.

— La nature vous a fait artiste, dis-je au cuisinier; mais, si vous n'arrosez pas ce poulet, il ne sera pas mangeable.

— Arroser! répondit le chef avec une grimace de surprise et de dédain. Ce sont les fleurs qu'on arrose, et non la viande.

Le cuisinier, blessé de mon interruption, alluma sa pipe et se renferma dans un silence majestueux. Le poulet, empoisonné par une longue fumigation, et desséché par le feu, fut rebelle à la dent comme un paquet de filasse, et en faisant d'inutiles efforts pour l'attendrir par une mastication opiniâtre, je pus me convaincre de cette vérité : qu'il est plus facile, en Italie, de repaître l'esprit que l'estomac. Voici la recette la plus sûre pour obtenir à la fois les deux nourritures : achetez un *nombolo* (filet de bœuf), mettez-le à la broche, faites-le rôtir vous-même, et tandis que vous le surveillerez, priez le cuisinier de vous chanter une romance ou de vous réciter un *sonetto d'amore*.

Au delà de Passignano, la route côtoie le lac de Trasimène. Au point où elle s'en éloigne, elle se transforme en une belle avenue de peupliers. Nous montons la colline où campait Annibal avant la bataille. Au pied du versant opposé est assise Perugia, qu'on prendrait pour une capitale, à voir sa vaste enceinte, ses rues larges, ses places spacieuses. Dix-huit mille habitants se trouvent trop à l'aise dans ce grand espace. J'arrivai à Perugia au milieu du jour, par une chaleur torride. Ayant adopté les mœurs du pays, je demandai une chambre pour y dormir. On me conduisit dans une immense pièce qui n'avait pas été habitée depuis un mois. Deux des quatre fenêtres étaient ouvertes, et cependant il y régnait une odeur âcre et nauséabonde. Je m'approchai de l'alcôve et j'en tirai les rideaux ; un grondement menaçant m'apprit que la place était occupée. Une chatte, qui allaitait ses petits, avait pris possession du lit, et trouvait fort mauvais qu'un étranger arrivât de France exprès pour la troubler dans l'exercice de ses fonctions maternelles. Tel était le sens de ses jurons. La tendre progéniture, trop jeune pour marcher, avait si bien parfumé le lit, qu'à cette heure les matelas en doivent être encore imprégnés. Le garçon voulait expulser toute la famille à coups de bâton ; mais il fut mis en déroute par cette mère au désespoir, et il me donna une autre chambre où les souris prenaient leurs ébats, les chats étant ailleurs.

On n'entre pas dans un monument de Perugia sans y trouver les traces du maître qui porte le nom de la ville. Pierre Vanucci dit le Pérugin, fondateur de l'école ombrienne, a produit une œuvre si considérable, que les emprunts de Rome et les achats des musées n'ont pas épuisé les richesses qu'il avait laissées dans cette partie de l'Italie. Depuis l'âge de vingt ans jusqu'à soixante-dix-huit, le Pérugin n'a pas déposé ses pinceaux un seul jour : *Nulla dies sine linea* était aussi le précepte de Claude Lorrain, qui avait commencé à travailler un peu tard. Pendant sa longue carrière, le Pérugin n'a guère varié sa manière. L'art avait beau marcher à pas de géant, il ne s'en inquiétait point ; il le laissait courir et poursuivait tranquillement son petit chemin, dans une ornière, il est vrai, mais creusée par lui-même. Ses derniers ouvrages ont, comme les premiers, un certain air gothique ; semblable à ces musiciens qui jouent éternellement le même morceau, le Pérugin reproduisait souvent les mêmes groupes, les mêmes têtes, les mêmes physionomies. Léonard de Vinci, son contemporain, lui passa sur le corps et le fit vieillir tout à coup d'un siècle au moins. Raphaël, après l'avoir appelé son maître, dut finir par trouver que le bonhomme radotait ; mais ce radotage est celui d'un vieillard aimable, savant, d'une piété douce et sincère. Vasari pense qu'il aimait l'argent plus que la gloire, et qu'il faut attribuer à ce défaut la négligence, la monotonie et les répétitions de son pinceau. Je croirais plutôt que le Pérugin avait à la fois le génie de l'artiste et le caractère de l'ouvrier ; il travaillait pour le plaisir de travailler, comme l'abeille et la fourmi, par ordre supérieur, et si l'argent et la renommée arrivaient au bout, c'était du luxe, une bague au doigt. Je comparerais volontiers ce vieux maître avec Haydn, si le maëstro germain n'avait pas sur le peintre italien la supériorité incontestable de la souplesse d'esprit et de la variété des idées.

Il n'est guère de musée en Europe qui ne contienne un ou plusieurs tableaux du Pérugin. Dans celui que possède la ville de Lyon, et qui est un des plus beaux, on remarque un personnage d'apôtre souriant avec bonhomie; ce doit être ou le visage du peintre ou celui d'un de ses amis, car on le retrouve à Rome, à Florence, à Perugia, sur les toiles comme dans les fresques. Le chemin de fer de Sienne détourne la plupart des voyageurs de l'itinéraire d'Annibal, et personne ne s'arrête plus d'un jour à Perugia; les papes ont donc bien fait de réunir le plus grand nombre possible d'ouvrages du Pérugin dans une capitale où l'étude attire les artistes de tous les pays du monde. On en a, d'ailleurs, laissé beaucoup en Ombrie; les plus remarquables sont à la cathédrale de Perugia, au palais public et dans les églises de Saint-Augustin et de Santa-Maria-dei-Fossi; celui que je préfère est l'Adoration des Mages qu'on voit dans l'église de Saint-Antoine. On trouve encore à Perugia des fresques de Raphaël jeune, des peintures de Jules Romain, du Fattorino, de Sasso-Ferrato, de Luc Signorelli, le savant anatomiste qui donna des leçons à Michel-Ange; plus deux grandes et magnifiques toiles, l'une de Barocci, l'autre d'André Sacchi, élève de l'Albane.

Cette petite rivière que nous traversons, en sortant de Perugia sur le pont Saint-Jean, c'est le Tibre, prenant sa course vers Rome par une route plus longue que la nôtre. A deux petites lieues de là, nous trouvons en plein champ une énorme et superbe église. Le voyageur étonné se frotte les yeux et cherche la ville dont cette basilique doit être la cathédrale; il aperçoit un monastère, quelques maisonnettes, et puis, comme la sœur Anne, la campagne qui *verdoie* et la route qui *poudroie*. Voici l'explication de cette énigme : un peu plus loin est le bourg d'Assisi, d'où sortit le grand saint François, vers l'année 1200, vêtu d'une tunique longue, avec une corde pour ceinture. En peu de temps François eut beaucoup de disciples. Il voulut fonder un ordre, et, lorsque le pape Innocent III eut approuvé sa règle, cinq mille personnes se ceignirent les reins d'une corde et le suivirent comme une armée son général. Il lui fallait un asile pour cette nombreuse famille. Les Bénédictins lui donnèrent l'église de Notre-Dame-de-la-Portioncule, située dans un petit hameau entre Assise et Perugia. Avec les dons des fidèles, il y bâtit un couvent qui devint le berceau de l'ordre immense des frères mineurs, lequel engendra ceux des récollets, des observantins et des capucins. Ces derniers changèrent en vertus la fainéantise et la mendicité, comme étant le comble et la perfection de l'humilité chrétienne. Depuis lors, les lois humaines ont remis ces vertus à leur place, en France du moins.

A la prière de saint François d'Assise, le pape Honorius III attacha des indulgences au pèlerinage de Notre-Dame-de-la-Portioncule. Le criminel amené là par un repentir sincère s'en retournait absous et purifié. Bientôt les franciscains cordeliers désirèrent une église plus belle et plus vaste, et ils élevèrent en plein champ celle qu'on voit aujourd'hui, et qui porte le nom de Sainte-Marie-des-Anges. Ce magnifique monument, ouvrage de l'architecte Vignola, contient dans ses flancs l'ancienne chapelle de la Portioncule. A côté du vaste couvent de Saint-François est une autre église du plus beau gothique, et qui renferme un précieux travail de Giotto et de ses élèves. L'ordre des franciscains a fourni cinq papes au trône de saint Pierre.

Cette partie de l'Ombrie est malheureusement exposée à de fréquents tremblements de terre. Déjà, en 1832, Perugia courut le danger d'une destruction complète. Des secousses répétées ont endommagé beaucoup de maisons et d'édifices. Il y a un an, dans la nuit du 11 au 12 février, une nouvelle ondulation du terrain a failli détruire Assise et tout ce qui l'environne. Le couvent de Saint-François a beaucoup souffert, celui des frères observantins bien plus encore : celui des religieuses de Sainte-Catherine n'est plus habitable. L'église de Sainte-Marie-des-Anges n'a pas échappé au désastre sans quelques crevasses. On a senti des secousses jusqu'à Perugia. Plusieurs maisons et une caserne ont été détruites. Il y eut des soldats et des habitants tués ou blessés. Par bonheur, le plus fort mouvement s'est produit dans la campagne; mais il a atteint le village situé entre Perugia et Assisi, et des familles entières ont péri sous les ruines. Tout ce qui a survécu à cette catastrophe a dû camper en plein air pendant plusieurs jours, au milieu des rigueurs de l'hiver; car le voisinage des Apennins amène souvent de la neige en Ombrie.

La première ville que nous rencontrons après Assise est Foligno, moins grande que Perugia, mais plus belle encore, plus régulière et d'une apparence plus riche, quoique le chiffre de la population soit moindre de moitié. La culture productive de la soie et la fertilité des campagnes en est la cause. Nous retrouvons à l'église des franciscains un souvenir du fondateur de l'ordre. Au couvent des *Comtesses* le fameux Bramante a dessiné une de ces coupoles élégantes dont le charme incontestable est un problème, comme tout ce qui touche aux questions de goût. Ce que Foligno possédait de plus précieux en a été enlevé. C'était la madone de Raphaël, qui porte encore le nom de la ville, et qu'on a transportée à Paris sous l'empire, puis, en 1815, au Vatican, où elle occupe une place d'honneur dans la salle des chefs-d'œuvre. Près de Foligno on montre une grotte fort curieuse, toute en stalactites. Le touriste est averti qu'on l'a fermée par une porte, et qu'avant de partir pour l'aller voir, il en faut demander les clefs, ce qui veut dire que pour y entrer, une pièce de monnaie blanche sert de billet de faveur.

A Foligno même, la route de Toscane se croise avec celle d'Ancône. Nous entrons sur la voie *Flaminia*, où s'avança l'armée d'Annibal aussitôt qu'il eut défait le consul qui venait de donner son nom à cette grande ligne stratégique. Les Carthaginois, dans l'ivresse du succès, arrivèrent en tumulte sous les murs de Spoleto, et montèrent la colline, pensant qu'ils pénétreraient aisément dans la place; mais la garnison romaine fit une sortie vigoureuse et repoussa l'avant-garde sur le gros de l'armée. Annibal, ne voulant pas perdre le temps à assiéger une place de guerre, prit un détour et passa outre. En parcourant les belles campagnes de l'Ombrie, j'allais plus volontiers à pied qu'en voiture. Un soir — je ne sais plus si c'était à l'entrée de Spolète ou à celle de Civita-Castellana —

je marchais seul, au coucher du soleil, et j'attendais mon véhicule peu véloce qui roulait à un kilomètre en arrière, lorsqu'une voix lamentable me demanda la charité : « Donnez un obole au pauvre prisonnier, disait cette voix, vous qui jouissez du bonheur d'être libre. » Sur la droite du chemin j'aperçus à travers les arbres une fenêtre basse et grillée, percée dans le pignon d'un grand bâtiment. Deux mains décharnées sortaient entre les barreaux. Je m'approchai de la muraille et je vis un prisonnier en haillons, la barbe et les cheveux en désordre, dans l'abandon et la saleté du régime du *carcere*. Je lui demandai quel péché l'avait amené là.

— Je l'ignore encore, me répondit-il : on me l'apprendra un de ces jours, si l'on pense à moi, car je cours le risque d'être oublié dans ma prison. Probablement je ne me suis pas assez défié de mes amis. J'aurai peut-être mal parlé du barbier Gaëtano ; on m'aura dénoncé. Les sbires sont venus chez moi une belle nuit, et me voilà dans ce trou, Dieu sait pour combien de temps ! Seigneur voyageur, donnez-moi deux baïocs pour acheter du tabac.

La fenêtre était à dix pieds au-dessus du sol. Je lançai au prisonnier une pièce de deux *pauls*, qu'il saisit au vol avec dextérité, puis il m'accabla de bénédictions.

— O belle Italie ! pensai-je en continuant mon chemin, combien je me félicite d'avoir vu le jour loin de ton ciel splendide, de vivre sous la protection d'autres lois que les tiennes, et de respirer librement ton air parfumé dans lequel s'épanouissent l'arbitraire et l'intolérance !

Peu de temps après cette rencontre, Grégoire XVI vint à mourir, et avec lui finirent le crédit et la puissance de son barbier Gaëtano. Le premier acte de Pie IX, en montant sur le trône de saint Pierre, fut de publier une amnistie générale. Les prisons s'ouvrirent pour des milliers d'individus, et, en lisant cette paternelle amnistie dans les journaux italiens, je songeai avec plaisir à mon pauvre prisonnier.

Lord Byron a raconté que le valet d'écurie de la poste, à Spolète, tirait vanité de la déroute des Carthaginois. Ce valet, Romain dans l'âme, avait des sentiments absolument contraires à ceux de mon garçon d'auberge de Passignano. Le peuple, comme les enfants, admire volontiers le plus fort et se range généreusement dans le parti du vainqueur. A Trasimène il se fait Carthaginois; douze lieues plus loin il redevient citoyen romain, parce qu'Annibal a reçu un échec. Si le héros africain eût pris la ville, le palefrenier de la poste se vanterait de l'avoir conquise. Une inscription placée sur la porte romaine, qui n'est autre chose qu'une arche d'aqueduc, rappelle à la mémoire du passant le fait d'armes glorieux de la garnison. Spoleto, construit sur un terrain montueux, n'a pas une seule rue droite et régulière. Par les pluies d'automne ou d'orage, les ruisseaux deviennent des torrents où l'on pourrait se noyer. Parmi les ruines, on remarque les restes d'un théâtre, ceux du temple de la Concorde, devenu l'église du Crucifix, et encore ornée de six colonnes antiques; l'église Saint-Julien, bâtie sur les débris d'un autre temple; le palais de Théodoric, non-seulement respecté, mais restauré par Narsès; plus un immense pont jeté sur la Maroggia, et dont les piliers s'élevaient à quatre cents pieds au-dessus du lit du torrent. Les restes de ce pont servent d'aqueduc, et l'arche encore debout est celle qui remplit l'office de porte de la ville.

La voie Flaminia ne tarde pas à s'enfoncer dans la montagne au delà de Spolète. Nous arrivons à Terni, patrie du grand historien Tacite et siége d'un évêché. Un petit chemin qui traverse le jardin d'une villa par où l'on nous permet de passer, nous conduit au pied de la plus belle cascade qui soit en Europe. Du haut de la montagne, le Vellino se précipite à trois cents pieds dans la vallée. Au point où il verse son large volume d'eau, le Vellino est une rivière; au fond de l'abîme, ce n'est plus qu'une pluie fine et blanche, tant il s'est divisé en se brisant sur les rochers. A deux cents pas de là on le retrouve coulant dans un lit de verdure et remis de sa chute. Le fond de cette vallée étant un impasse, encadre naturellement le tableau toujours frais, ou plutôt toujours mouillé, puisque le Vellino y entretient une pluie perpétuelle; mais ces innombrables gouttes d'eau finissent par se réunir pour reformer le fleuve, interrompu par accident. Les rayons du soleil, en se noyant dans ces nuages blancs, s'y décomposent comme dans un prisme en plusieurs arcs-en-ciel superposés, qui se balancent, s'écartent ou se rapprochent les uns des autres, selon les ondulations capricieuses du nuage. Quand on a bien joui de ce spectacle, il faut monter par un sentier tournant au sommet de la montagne, et contempler le point de vue en sens contraire. Malgré le travail des Romains, qui ont encaissé le lit du Vellino pour l'amener au précipice, des ruisseaux s'échappent des deux rives et courent impétueusement parmi les rochers et les arbres, essayant de se frayer un autre chemin, mais toujours ramenés vers le penchant par la forme du terrain. Au milieu de ces eaux bruyantes et comme effarées, on croirait assister à une de ces révolutions terrestres pendant lesquelles tous les éléments confondus manquaient d'équilibre et se heurtaient en cherchant une assiette nouvelle. Arrivé au sommet de la montagne, si l'on continue à suivre le cours de la rivière, le vacarme s'éloigne, on arrive sur les bords tranquilles d'un joli lac, et le Vellino s'avance résolûment sans se douter du piége qui l'attend.

La petite ville de Narni, qu'on rencontre après celle de Terni, ne s'est jamais relevée du pillage des troupes vénitiennes. C'était apparemment pour suivre l'exemple de Charles-Quint et du connétable de Bourbon, qui dans le même temps saccageaient Rome, que la république de Venise et ses condottieri commirent d'infâmes excès dans les États du saint-père. Nous sortons des montagnes qui bornent l'Ombrie pour entrer dans le pays des Véiens, dont la capitale a fini par être dépassée par les faubourgs de Rome. Sous les empereurs, à partir d'Otricoli, la route devenait une rue bordée de palais et de maisons de plaisance. Aujourd'hui ces faubourgs ne sont plus qu'une vaste campagne, d'abord verte et fertile, et puis nue, morne et inculte à mesure qu'on approche davantage de la ville. Nous traversons le Tibre sur un beau pont avant d'arriver à Civita-Castellana, que tous les guides désignent comme étant l'ancienne Véies; mais on a reconnu depuis peu que Véies était bien plus proche de Rome. Civita-Castellana n'a guère que l'importance d'un simple village, mal entretenu et fort pauvre, dont la grande place, ornée d'une fontaine, présente aux passants le tableau perpétuel de la Rébecca du Poussin. Il n'y manque que le personnage d'Éliézer, et ce n'est pas grand dommage, car cette espèce de Giafar armé d'un sabre fait une tache qui nuit à l'harmonie du tableau.

A Nepi, autre village du même genre, commence la campagne de Rome. Des tableaux connus de tout le monde et souvent reproduits dans nos expositions de peinture s'y montrent à chaque pas. Tantôt ce sont des bandes de jeunes chevaux, comme Decamps les aime, conduits par un paysan robuste et basané, chaussé de grandes guêtres, dirigeant sa monture avec les genoux, et poussant devant lui son troupeau turbulent au moyen d'une longue perche, comme pour représenter le guerrier sabin armé de sa lance. Tantôt ce sont des charrettes attelées de deux buffles au museau noir, à l'air sournois, et qui traînent lentement, quoique sans peine, une pyramide de paille ou de foin sur laquelle des femmes s'endorment, accablées de chaleur. Plus loin, c'est un berger drapé comme un grand seigneur dans son *tabaro* couleur d'amadou, et faisant gémir sa cornemuse, tandis que ses brebis haletantes se couchent dans les fossés, dont elles ont mangé le dernier brin d'herbe; et puis vous parcourez une demi-lieue sans voir âme qui vive, sans entendre un son, à moins qu'un chasseur d'alouettes n'envoie son plomb à quelque bande d'oiseaux tournoyant dans les airs. Mais si vous parcourez cette aride campagne à la chute du jour et qu'une cloche de village salue le soleil couchant, les physionomies changent aux sons mélancoliques de l'*Ave Maria*. Bergers et paysans font le signe de la croix et murmurent dévotement leur prière. Quittant aussitôt leurs airs d'empereurs

romains et leurs attitudes de bas-relief, ils se transforment en pèlerins du moyen âge, en personnages du Pérugin, et vous ne voyez plus sur leurs visages que l'expression bénigne de la foi et de l'humilité chrétienne. Tout à coup, du haut des vagues que forme le terrain, vous apercevez les sept collines, la coupole de Saint-Pierre, la Trinité-du-Mont; vous laissez à votre droite le tombeau où repose Néron, sans souhaiter que la terre lui soit légère. Le Tibre traverse la route, et vous le passez sur le fameux pont Molle. Ici s'arrête un moment le jeune artiste français ou allemand, lauréat ou non pensionné, pour ôter son chapeau et saluer sept fois la ville éternelle. Dans ce monde gai, intelligent et plein d'espérance des artistes élèves, celui qui n'a jamais passé sur le Ponte-Molle ne peut être qu'une oie non capitoline, et n'a point le droit d'exprimer une opinion. Ce pas une fois franchi, tout paradoxe mérite attention et respect, et trouve des oreilles complaisantes. Au delà de l'illustre pont, dont le passage est comme le baptême du peintre, on entre dans la petite banlieue. Une suite non interrompue de maisons et de guinguettes conduit jusqu'aux murs de la ville. Voici la Porte-du-Peuple, à gauche la villa Borghèse, devant nous *le Corso :* nous sommes à Rome.

VII

ROME

Les années de collége. — Engelures et *pensum*. — Rome sous l'empire. — Tableau des rues d'après Juvénal. — L'éclairage et la police. — Les Grecs en Italie. — Constantin. — Invasions des barbares. — Alaric. — Attila. — Le pape Léon. — Genséric. — Totila. — Rome chrétienne. — Nicolas V. — Jules II. — L'escadron de cavaliers turcs. — Léon X. — Amusements de la cour de Rome. — La comédie au Vatican. — Pierre Bembo. — Le cardinal Bibiena. — La *Mandragore* de Machiavel. — Le sac de Rome. — Cruauté de Charles-Quint. — Les Farnèse et les Caraffa. — Le népotisme. — Hersilie Cortèse. — Tristes effets d'un grand amour. — Sixte-Quint. — Clément VIII. — Rome au repos.

Le moyen le plus sûr d'effrayer le lecteur et de l'engager à sauter par-dessus le présent chapitre serait de lui servir, en manière de *pensum*, cet éternel abrégé de l'histoire romaine, qui vous reporte à vos années de collége, c'est-à-dire au beau temps du *pain sec*, des engelures et de la privation de sortie. Les dames elles-mêmes, pour peu qu'elles aient obtenu des jetons et des présidences aux cours de l'abbé Gauthier, nous dispenseront volontiers de ce travail. On voit distinctement dans Rome actuelle deux villes de caractères fort différents : Rome païenne et Rome chrétienne. La première a duré jusqu'à l'invasion d'Alaric; la décadence de la seconde a commencé sous Clément VII, lors du pillage ordonné par Sa Majesté catholique l'empereur Charles-Quint, lequel pillage dura chrétiennement deux mois entiers !

Rome ancienne, telle que j'aime à me la représenter en imagination, n'est point celle de Romulus avec ses quelques centaines de cabanes réunies sur le mont Palatin, et son palais de joncs couvert en chaume. Sous Ancus Martius, la ville aux sept collines n'en occupait encore que quatre. Le mont Vatican, où sont aujourd'hui Saint-Pierre et le palais pontifical, étant de l'autre côté du Tibre, demeura fort longtemps étrusque ; dans l'ordre chronologique, c'est la dixième de ces collines dont le nombre s'éleva jusqu'à douze, quand l'enceinte atteignit son plus grand développement. De la Rome de Tarquin, il ne reste que l'énorme égout qui faisait l'admiration de Pline, et l'affreuse prison où périt Jugurtha.

Lorsque Brennus eut détruit tout ce qui environnait la citadelle, le peuple hésita entre une émigration et l'entreprise d'élever une ville nouvelle. Les tribuns proposaient de partir pour Véïes. Camille fut d'un avis contraire. On rebâtit la ville, en laissant aux citoyens liberté entière pour le choix des terrains où il leur convenait de s'établir, ce qui produisit un vilain dédale de rues tortueuses. Pendant tout le temps que dura la république, on ne fit rien pour réparer ce désordre. Lucius Sylla, en revenant de Grèce, trouva Rome fort laide. Auguste enrichit la ville d'un grand nombre de temples et d'édifices ; mais tous les vieux quartiers étaient des cloaques. Néron prit un parti extrême : il brûla les deux tiers de Rome, pour la reconstruire sur de meilleurs plans. Peu d'années après, Rome était la plus belle ville et la plus régulière du monde, la ville par excellence, comme l'appelaient les auteurs.

Il n'est pas probable qu'on revoie jamais une capitale pareille à la Rome de Trajan, et cela n'est guère à souhaiter, car il a fallu, pour créer cette merveille, reculer les frontières de l'empire jusqu'aux dernières limites de l'univers connu, asservir, opprimer, dépouiller cent nations, et réduire au désespoir les trois quarts de la population du monde antique. Tâchons d'oublier les moyens et voyons le résultat. L'enceinte de Rome ayant été changée sept fois, on ne sait pas au juste quelle était la mesure de superficie enveloppée dans les murs qui se voient encore à Saint-Jean-de-Latran et à la porte de Bélisaire ; mais on sait que sous le règne de Constantin les faubourgs s'étendaient dans un rayon de quinze lieues vers l'Ombrie. La ville se divisait en quatorze quartiers, dont le premier était celui de la porte *Capena*, et le dernier celui qu'on nomme aujourd'hui le Transtevère. Il y avait huit ponts sur le Tibre, vingt-six *champs* et marchés pour les assemblées et le commerce, quinze grands thermes publics avec des étuves pour les hommes, onze autres thermes pour les femmes, sept cent vingt-six bains répartis entre les divers quartiers, treize basiliques, cent cinquante-six temples, vingt-neuf bibliothèques publiques, quarante-huit obélisques, trois théâtres, deux amphithéâtres, cinq naumachies, et, sur les places, vingt-quatre chevaux de bronze doré, quatre-vingt-quatorze chevaux en ivoire, trente-six arcs de triomphe, vingt-quatre mille comptoirs ouverts pour la vente des boissons et de l'huile, etc. Dans le Colysée, cent cinquante mille spectateurs regardaient les combats de gladiateurs ou les lions hircaniens dévorant les pauvres esclaves. Aux bains publics, deux mille personnes se baignaient à la fois. Vingt-un aqueducs gigantesques apportaient des masses d'eau choisies avec soin. Qu'on s'imagine une population de quatre millions d'âmes se mouvant dans ce grand espace, les chars roulant sur le pavé, les cavaliers, les cortéges des personnages puissants, suivis de leurs créatures, et la fourmilière des piétons.

« Le riche, dit Juvénal dans un accès de mauvaise humeur, le riche a-t-il quelque affaire ? on le porte au milieu de la foule, qui s'écarte. Tout en cheminant, il lit, écrit ou s'endort, invité au sommeil par sa litière bien close. Il arrive avant nous autres piétons retardés par la cohue qui nous précède, et poussés par celle qui nous suit. L'un me heurte du coude, l'autre d'une barre de fer, d'une solive ou d'une cruche. Je suis éclaboussé ; mes pieds, déjà meurtris, sont encore écorchés par la chaussure grossière d'un soldat. »

Ce spectacle se représente tous les jours, non à Paris, qui est le pays de la politesse, mais à Londres, où chacun croirait déroger en prenant garde à son voisin.

La mendicité était apparemment permise à Rome, puisque Perse observe que des gens ruinés se promenaient dans les rues, portant sur leur dos la peinture de leur naufrage, afin d'exciter la pitié du passant. Le même poëte nous apprend que les marchands du dix-neuvième siècle n'ont pas inventé l'art honteux de la sophistication des denrées. Pour le prix exorbitant des loyers, la cherté des vivres, les excès du luxe et de la table, le bruit insupportable de la ville, la Rome des Césars surpassait toutes les capitales modernes. Quant à la police urbaine, si l'on en croit Juvénal, elle était fort mal faite. Le soir, on jetait dans la rue des vases rompus, des tessons de bouteilles et des ordures. « Autant de fenêtres éclairées, autant de dangers de mort ; on devait s'estimer heureux de n'être qu'aspergé. » Les propriétaires louaient des maisons en si mauvais état, que souvent elles s'écroulaient à l'improviste, et l'administration ne cherchait pas à prévenir ces graves accidents, moins fréquents encore que les incendies : « Tu dors, quand le bas étage de ta maison brûle, dit Juvénal ; et l'indigent abrité par le toit n'a que le privilège de griller le dernier. » Point d'éclairage nocturne : le grand seigneur, précédé de flambeaux, n'avait rien à redouter ; le modeste bourgeois, qui se glissait dans l'obscurité pour regagner ses pénates, était dévalisé par les voleurs ou battu par les ivrognes. Quelle différence avec nos rues toujours éclairées *a giorno!* La pauvre Rome d'aujourd'hui, celle dont un poëte que j'ai de bonnes raisons d'aimer, a dit :

> Tu l'as vu ce fantôme altier
> Qui jadis eut le monde entier
>   Sous son empire.
> César dans sa pourpre est tombé,
> Dans un petit manteau d'abbé
>   Sa veuve expire.

Cette Rome expirante vient de se donner un luxe qui aurait

émerveillé Trajan lui-même. Un journal annonçait, l'an passé, l'inauguration du gaz hydrogène dans le *Corso*. Ce fut sans doute une nuit de fête à Rome. Sur la colonne Antonine, les personnages des bas-reliefs ont dû interrompre leurs exercices pour se demander si le blond Phébus avait arrêté la marche de son char et banni la nuit pour jamais. Ce n'est point aux Romains que revient l'honneur des embellissements de l'antique Rome. Marbres sculptés, édifices, statues, fontaines, peintures, mosaïques, tout était l'ouvrage des Grecs. La force des armes avait transporté Athènes en Italie. Le Grec, artiste, ingénieux, souple, remuant et flatteur, se vengea du vainqueur en venant l'exploiter. On avait conquis son pays ; il partit pour aller conquérir Rome en détail. « Romains, disait Juvénal, je ne puis souffrir une ville remplie de Grecs... Et savez-vous ce que c'est que cette canaille achéenne ? Quand un Grec arrive chez nous, il y apporte avec lui une légion d'hommes. Il est à la fois grammairien, rhéteur, géomètre, peintre, baigneur, augure, acrobate, médecin, sorcier. Il sait tout. Ordonne-lui d'escalader le ciel, il y montera, s'il a faim. Celui qui s'attacha des ailes de cire aux épaules n'était ni Maure, ni Sarmate, ni Thrace : il avait reçu la vie à Athènes... Un misérable, que le vent poussa dans Rome, portant un bagage de figues sèches ou de pruneaux, est aujourd'hui à table sur un lit meilleur que le mien ! A quoi me sert d'avoir, en naissant, respiré l'air du mont Aventin, d'avoir été nourri des fruits de la Sabine ? Le Grec insinuant se glisse partout ; il applaudit l'ignorant, s'extasie de la beauté d'un protecteur difforme ; il compare le cou d'un invalide à celui d'Hercule étouffant Antée dans ses bras, et il admire un mauvais chanteur glapissant comme un coq amoureux.

« Nous pensions savoir flatter ; mais le Grec va plus loin, il se fait croire. Qui peut se vanter de jouer mieux que lui le rôle d'une courtisane, ou d'une épouse honnête, ou même celui de Doris sortant de l'eau toute nue ? Le comédien disparaît : j'entends la voix d'une femme. En vérité, je crois distinguer les formes du sexe féminin... Si tu ris, le Grec surpasse ta gaieté par ses éclats; si tu pleures, il verse des larmes sans effort; si tu allumes du feu en automne, il s'enveloppe de son manteau; si tu dis que tu as chaud, il sue... Point d'accès à un Romain partout où un Grec s'est établi. Sa jalousie, — c'est le vice de cette espèce, — ne consent pas au partage de l'amitié. Il a bientôt versé dans une oreille trop confiante une goutte du poison qu'on distille dans son pays; la maison m'est fermée, et mes longs services sont inutiles... »

Cette colère de Juvénal me paraît tout à fait comique. Le poëte, malgré son horreur pour la canaille achéenne, s'il eût été riche, au lieu de vivre dans cette médiocrité qu'il endure par parenthèse avec une impatience peu digne d'un philosophe, aurait été lui-même absorbé par les Grecs. Pour faire bâtir un palais, à qui Juvénal aurait-il pu recourir? à un architecte grec. A qui pour orner ce palais de statues et de peintures? à des sculpteurs et des peintres grecs. Et pour donner la comédie à ses amis, pour se faire raser par un barbier adroit, pour administrer sa maison, diriger ses esclaves, élever ses enfants, leur enseigner l'histoire et les lettres, il aurait choisi, comme tout le monde, des auteurs grecs, un barbier grec, un intendant, un précepteur grecs; ou si, par obstination et parti pris, il eût voulu employer d'autres gens, il aurait été mal logé, mal rasé, mal servi. Tant il est vrai que les Grecs avaient conquis Rome !

Ils ont fait bien d'autres conquêtes. Deux cents ans après Juvénal, lorsque le siége de l'empire fut à Constantinople, le Grec industrieux y alla chercher fortune et s'y empara de tout. Avec cette flexibilité d'esprit qui le distingue, il avait servi à ses patrons ce qui leur pouvait plaire. Il s'était plié aux exigences d'une nation héroïque et presque grossière comparée à lui. Sans cesser d'être Grec il s'était fait Romain. A Bysance, il changea de nature et devint Oriental. Le même artiste qui avait construit le Panthéon par l'ordre d'Agrippa, s'il eût vécu à la cour de Grenade, aurait élevé l'Alhambra, et ce fut un artiste grec emmené à Venise par un riche amiral, qui inventa une architecture nouvelle appropriée au goût de l'habitant des lagunes.

Changer la capitale d'un empire est une grande imprudence ; mais il y a un moyen plus sûr encore pour un prince de rayer ses États de la carte du monde, c'est de les démembrer par testament. Constantin le Grand a commis ces deux fautes. Aussitôt que Rome fut transportée à Constantinople, les peuplades du Nord et de l'Asie commencèrent à s'agiter. Les Huns et les Tartares, remarquables par leur laideur, partent des frontières de la Chine, traversent la mer Putride, on ne sait comment, pénètrent en Europe, entraînant avec eux les Avars, les Alains, les Ostrogoths, les Visigoths, les Gépides ; ils arrivent en Germanie et retournent tout à coup en Asie par la Pologne et la Moscovie. Ils reviennent par les rives de la mer Baltique et s'installent définitivement en Europe. L'Italie se dépeuplait, car les Grecs n'avaient pas été les seuls à suivre la cour impériale. Comme s'il eût été complice de l'ennemi futur, Constantin avait licencié les garnisons des frontières. On aurait eu le temps de prendre des mesures efficaces pour repousser les barbares, puisqu'ils employèrent un demi-siècle à se heurter entre eux avant de s'entendre. Alaric, pensant probablement que les premiers arrivés auraient la plus belle part, devança les autres. Ces hordes belliqueuses manifestaient le désir et la curiosité de voir la civilisation italienne ; mais cet appétit des lumières n'a jamais d'autre résultat que la dévastation. Sous le prétexte de regarder de près, de connaître les belles choses, le barbare, une fois le maître, brise tout avec une joie stupide. C'est sa manière d'admirer et de jouir. Alaric ne trouva qu'une faible résistance et pénétra jusqu'à Rome. Il abandonna cette ville immense à la fureur et à l'ivresse de ses compagnons. Les débris d'objets précieux, de meubles et d'ustensiles que ces sauvages ont mis en pièces, sont devenus une treizième colline que la terre végétale a fini par recouvrir. Au-dessous du temple dit de Vesta, dans un endroit où le Tibre fait un coude, les pillards ont jeté dans l'eau tant de vases, de statues et de richesses dont ils ignoraient le prix, n'estimant que l'or et l'argent, qu'il a été question plusieurs fois de détourner le cours du fleuve pour y chercher ce que les soldats d'Alaric regardaient comme des objets sans valeur. Attila vint bientôt après, et les Huns allaient traiter Rome comme les Visigoths, si la sublime inspiration du pape Léon n'eût arrêté le fléau de Dieu. Je ne sais où Baronius a pris ce détail fort douteux, que pendant son entrevue avec Léon, Attila vit distinctement saint Pierre et saint Paul debout à côté du pape, et que ces deux personnages visibles pour lui seul, lui commandèrent de rebrousser chemin. La manie d'introduire partout le surnaturel est une faiblesse des écrivains des premiers siècles de l'Église, qui tend à changer l'histoire en légende et à lui ôter son caractère sérieux et authentique. Baronius aurait dû ne point répéter cette prétendue vision. Il n'a point songé que c'était enlever au pape Léon tout le prestige de son dévouement et de son courage, au roi des Huns tout le mérite de sa générosité. Est-il rien de plus beau et de plus saisissant que cette confiance du saint-père marchant au-devant de l'ennemi sans autres défenseurs que ses faibles prêtres? Quel besoin d'ajouter à cela un prodige de théâtre? Deux hommes ne peuvent-ils s'entendre et s'accorder dans une pensée noble, sans que les lois de la nature soient bouleversées? Les faiseurs de légendes sont de bien pauvres esprits, s'ils ne conçoivent la possibilité d'un acte de clémence qu'avec l'entremise du merveilleux. Alexandre le Grand consolant la famille de Darius, Auguste pardonnant à Cinna, Titus, Louis XII, etc., auraient-ils donc obéi, non à l'amour de la gloire et au sentiment de leur puissance et de leur grandeur, mais à des hallucinations? et pourquoi pas au loup-garou, si redouté du paysan?

Le roi des Huns recula devant le pieux cortége de saint Léon, parce qu'il était accessible à la générosité, à l'admiration, au respect. Il aurait égorgé des soldats; il n'osa lever le sabre sur un vieillard sans armes; mais s'il épargna Rome, le reste de l'Italie lui fournit un immense butin qu'il emporta dans le Nord. Trois ans plus tard, en 455, Genseric accourut du fond de l'Espagne. Les Vandales, plus féroces que les Visigoths et les Huns, exercèrent de terribles ravages à Rome. L'Italie respira sous le règne de Théodoric; mais ce malheureux pays, incapable de défendre sa liberté, en était réduit à souhaiter la victoire au moins cruel de ces peuples, qui se disputaient sa conquête. En 546, il tomba sous la domination de Totila, et le pillage de Rome fut encore la récompense du soldat. On vit alors les sénateurs et les plus riches patriciens, dépouillés par le vainqueur, errer dans les rues en haillons et demander l'aumône aux officiers goths installés dans leurs propres maisons. Bélisaire et Narsès arrivèrent enfin d'Orient pour expulser Totila et mettre fin à cette orgie. Après avoir payé un juste tribut d'admiration au dévouement de saint Léon, oserais-je donner la préférence au procédé employé par Marius, par Mérovée, et en dernier lieu par les généraux de Justinien? Une armée de trois cent mille hommes me paraît, en définitive, le meilleur moyen de défense contre l'invasion étrangère. La destruction de Rome païenne était achevée; mais la capitale du monde antique devait être un jour celle du monde chrétien, et cette seconde existence lui a valu le titre de ville éternelle.

Il fallut à peu près mille ans à la nouvelle Rome pour sortir des ruines de l'ancienne. C'est vers l'année 1455, sous le pontificat de Nicolas V, qu'on voit le trône de saint Pierre, débarrassé des schismes et des contestations, s'affermir au milieu d'une ville florissante. Rome actuelle est construite sur un sol plus élevé de quinze ou vingt pieds que celle des Césars. En creusant la terre, on retrouve à cette profondeur les traces des anciennes voies, les chapiteaux, les colonnes renversées, les piédestaux qui supportaient les statues. Plus les monuments étaient rapprochés les uns des autres, plus le volume considérable des matériaux a exhaussé le terrain. Rome antique gît sous terre à l'exception des édifices situés sur quelque hauteur ou dans un champ vaste. Pie II continua l'œuvre de Nicolas V. Sixte IV fit pour les arts ce que ces deux pontifes avaient fait en faveur des lettres. Borgia lui-même, dont le règne finit avec le quinzième siècle, obéit à l'impulsion de ses prédécesseurs. Les églises et les palais se multiplient; on relève les obélisques; on rétablit les fontaines. Trois des anciens aqueducs restaurés suffisent à ramener l'eau en abondance dans tous les quartiers de la ville. Jules II arrive enfin et donne l'intendance des bâtiments à Bramante. Michel-Ange se fait bientôt connaître et Raphaël apparait. Mais nous avons un petit compte à régler avec Jules II.

Une discussion s'est établie entre les historiens pour savoir si ce pape vaillant avait ou non commandé un escadron de cavaliers musulmans. Les capitaines français ont assuré qu'ils avaient vu des turbans dans l'armée pontificale. On a répondu qu'ils s'étaient trompés. Le document suivant, dont j'ai pris copie dans les archives de Venise, jettera quelque lumière sur cette question :

« TRAITÉ ENTRE PHERISBEY ET LE DOGE DE VENISE.

« Au nom du Christ, etc., l'an 1510 de la Nativité, le 13 sep-
« tembre, le seigneur Ali Evrenesli, ambassadeur de Turquie,
« l'illustre Pernavabey, vaïvode du magnifique Pherisbey, san-
« zaco d'Albanie, et l'illustrissime prince de Venise, sont convenus
« entre eux de ce qui suit :

« Le susdit seigneur vaïvode passera en personne au service de
« l'illustrissime prince de Venise avec deux cents cavaliers turcs
« équipés à la légère.

« Les chevaux et cavaliers devront être en état satisfaisant et
« convenir audit prince, qui sera libre de les accepter ou refuser
« à l'examen qu'il en fera.

« Chaque cavalier recevra quatre ducats de solde, avec le four-
« rage pour son cheval.

« Par cent homme il y aura deux capitaines, ayant dix ducats
« de solde chacun.

« Les recteurs de la république donneront à ces troupes le
« passage gratis sur nos terres.

« Elles recevront la solde et les fourrages le jour où les navires
« qui doivent les transporter entreront dans cette ville, et jus-
« qu'au moment de la revue du doge, le vaïvode sera tenu de
« faire le service qui sera commandé à lui et à ses hommes.

« Le butin pris sur l'ennemi sera abandonné à ces troupes, à
« la condition expresse qu'elles ne pourront retenir aucun pri-
« sonnier, mais elles pourront en demander des rançons honnêtes
« et proportionnées à la qualité des personnes.

« Ces cavaliers vivront en bonne intelligence avec nos sujets,
« et ne leur pourront faire aucun dommage ni injure.

« Lorsqu'ils voudront retourner dans leur pays, on n'y fera
« point empêchement, et on leur donnera le passage gratuit, sans
« rien retenir de ce qu'ils auront pu amasser.

« Le sérénissime prince et l'illustre seigneur acceptent les con-
« ditions ci-dessus, etc.

« Fait au palais du prince à Venise [1]. »

On voit par ce traité que les cavaliers turcs étaient à la solde
de la république de Venise et non à celle du saint-père. Mais une
lettre du sénat à son ambassadeur en cour de Rome, datée du
23 septembre, prouve que Jules II a commandé lui-même et mené
au combat cet escadron musulman.

« Nous pensons, écrit le sénat, que Sa Sainteté sera arrivée
« hier à Bologne, et qu'avec sa magnanimité ordinaire, elle pren-
« dra gaillardement et promptement les mesures que réclame
« l'importance de notre entreprise. Vous lui ferez savoir que,
« outre les cavaliers turcs armés à la légère, qui étaient déjà dans
« la Polésine de Rovigo avec son envoyé, le révérend frère Léo-
« nard, nous dirigeons encore vers son armée pontificale le cava-
« lier Cauviana-Sbrojavacha, le Mamelouk, et plusieurs compa-
« gnies de Strathiotes, si bien que Sa Sainteté aura reçu de nous

---

[1] Collection des *Commemoriali*, tome XIX, p. 147. (Archives de Venise.)

« mille cavaliers et plus, avec lesquels elle pourra opérer de façon
« que ceux de Ferrare en doivent trembler[1]. »

Jules II répondit aux espérances des Vénitiens et se conduisit gaillardement en effet, puisqu'il monta lui-même à l'assaut de Mirandola. Cette lettre explique comment on a pu voir des turbans à sa suite, sans qu'on ait trouvé dans les archives du Vatican aucune trace de relations entre lui et Pherisbey. Le traité signé entre l'ambassadeur de Turquie et le doge éclaircit la question. Venise payait la solde et Jules II commandait les troupes.

Ce pontife intrépide et violent, qui faisait feu à la fois des armes spirituelles et temporelles, trouvait encore, au milieu des préoccupations guerrières et politiques, du temps à consacrer aux arts et à l'embellissement de Rome. Il donna la chapelle Sixtine à Michel-Ange, et il allait voir travailler le maître plus souvent même que celui-ci ne l'aurait souhaité.

Le règne de Jules II et celui de Léon X, qui suivit, n'embrassent qu'un espace de dix-huit années. Ce sont les plus belles de Rome moderne, de l'Italie et de la renaissance. Les chefs-d'œuvre poussaient comme des fleurs. Chaque matin voyait naître un de ces ouvrages qui, dans tous les genres, sont restés comme des modèles inimitables. Les *chambres* et les *loges* du Vatican, la Farnésine, les églises, les palais étaient couverts de peintures. On jouait la comédie chez le pape. Voici, d'après un contemporain digne de foi, l'historien Paul Jove, comment on passait le temps à la cour du saint-père.

Léon X aimait beaucoup ce genre de plaisanterie peu délicat qu'on nomme mystification, et qui fut à la mode en France sous le Directoire et l'Empire. La haute position du pontife lui donnait tant de facilité à berner les gens, qu'il n'y avait pas grand mérite à y réussir. Le cardinal Bibiena remplissait le rôle de compère avec une habileté remarquable. Un jour on vit arriver à Rome un

---

[1] Registres secrets (Archives de Venise).

rimailleur infatué de lui-même, improvisant avec une fécondité déplorable et assassinant les gens de ses méchants vers. Ce pauvre homme, nommé Baraballo, tomba dans les filets de Bibiena. Le cardinal feignit de se délecter en l'écoutant, et se garda bien de relever les fautes de langue et de prosodie dont les morceaux de Baraballo étaient farcis; il lui promit de le présenter à Sa Sainteté. Léon X averti joua le même jeu que le cardinal. La cour, qui avait le mot, s'extasia. Baraballo fut proclamé le grand poëte du siècle. Tant de succès lui inspira la prétention folle d'obtenir les honneurs du triomphe. Il en fit la demande, et Léon X lui accorda sans hésiter ce qu'il souhaitait; mais on eut soin que ce triomphe ironique fût un sujet de divertissement pour les gamins de Rome. Cette plaisanterie, poussée trop loin, avait le double inconvénient de chagriner un pauvre diable et de mettre le peuple de moitié dans une pantalonnade peu digne du chef de l'Église.

A la table fort recherchée du pontife venaient s'asseoir exactement une demi-douzaine de gourmands facétieux, qui payaient leur écot en bons mots. On s'amusait quelquefois à leur servir des corbeaux parés de plumes de faisan, ou des pâtés contenant des morceaux de cuir, et leur déception ou leurs grimaces égayaient fort la compagnie. Après le dîner on jouait aux cartes, et Léon X, qui fournissait l'enjeu, abandonnait les sequins d'or à ses adversaires, qu'il eût gagné ou perdu. La chasse était aussi un de ses divertissements favoris, et il y apportait une ardeur juvénile, comme celle de Jules II à faire la guerre. Paul Jove n'approuve point ces dépenses folles et cette légèreté de caractère; mais le savant Ginguené remarque avec raison que les goûts frivoles de Léon X ont débarrassé le monde du pédantisme et de la rudesse du moyen âge, et ramené la politesse et la douceur dans les mœurs de la cour. D'ailleurs ce pontife aimable se donnait des plaisirs plus relevés que les mystifications; à cette table, où il recevait des pique-assiettes, venaient aussi s'asseoir les esprits les plus distingués et la plupart des grands artistes de l'époque.

Pierre Bembo, un des hommes les plus aimables de cette cour, était né sujet de la seigneurie de Venise en 1470. Il avait vécu à la cour de Ferrare, et le duc d'Este l'avait fort goûté. Il s'attacha ensuite à Jules II, puis à Léon X. Bembo avait un peu oublié sa patrie. La fameuse harangue qu'il vint prononcer à Venise était bien plus dans les intérêts du saint-siége que dans ceux de cette république. Le conseil des Dix, qui n'aimait pas la publicité, décida qu'il n'écouterait plus ces discours solennels, parce qu'ils donnaient trop de retentissement aux discussions des affaires politiques. L'éloquence de l'orateur n'en fut pas moins admirée de l'Italie entière. Pierre Bembo ambitionnait à la fois la gloire de Cicéron et celle de Pétrarque. Il professa constamment une admiration extrême pour l'amant de Laure, et il contribua beaucoup à ramener dans une meilleure voie le goût public, qui avait déjà dégénéré. L'emphase et les *concetti*, auxquels l'esprit italien est toujours enclin, eurent en lui un ennemi redoutable. Non content de leur faire la guerre dans la conversation, il prêchait la concision et la simplicité par l'exemple en produisant de charmantes poésies légères qui ont pris place à côté des sonnets de Pétrarque. Pierre Bembo était beau de visage et d'une grande taille; il avait le geste noble, une physionomie gracieuse, une diction élégante, des manières d'une séduction irrésistible; il contait les historiettes avec un art infini, ce qui ne contribua pas peu à sa fortune. A Rome, il devint amoureux d'une dame qu'il appelle Morosina, et dont il eut trois enfants naturels. Cet amour ne l'empêcha pas de monter en grade et d'obtenir le chapeau de cardinal. Il resta pendant vingt-cinq ans attaché à cette dame, et il paraît que la cour de Rome, au lieu de blâmer cette liaison, la trouva édifiante à cause de sa durée. Devenu vieux, Bembo alla se fixer à Venise, avec la permission du sénat, qui le choisit pour écrire les annales de la république. La possibilité d'être élu pape après la mort de Paul III lui fit quitter sa retraite. Il revint à Rome, et il y mourut d'une chute de cheval à soixante-dix-sept ans.

L'autre ami et confident de Léon X était Bernard Divizio, célèbre sous le nom de cardinal de Bibiena. Né en 1470, comme Bembo, il s'attacha de bonne heure aux Médicis, et devint secrétaire du cardinal Jean. Lorsque celui-ci brigua la tiare, à la mort de Jules II, Bibiena ne craignit point d'employer la cabale et la ruse pour obtenir l'élection de son protecteur. Il réussit, au moyen d'un mensonge qu'on ne peut répéter, à faire tomber le choix du conclave sur un jeune prélat de trente-six ans. Jean de Médicis, devenu pape, prit le nom de Léon X, et récompensa son secrétaire en lui donnant le chapeau. Bibiena professait l'admiration de Plaute, comme Bembo celle de Pétrarque. Avant l'élection de Léon X, il avait fait une pièce de théâtre; cette comédie, la première qui ait été écrite en prose italienne, avait été représentée avec beaucoup de pompe devant la cour d'Urbin. Léon X en voulut avoir le spectacle, à l'occasion du passage de la princesse de Mantoue à Rome. La *Calandria* eut un succès de rires à la cour pontificale. Dans le même temps parut la *Mandragore* de Machiavel, dont le succès ne fut pas moins grand. Le pape se prit d'une telle passion pour ces deux ouvrages, que, dans une galerie du Vatican, il fit élever deux théâtres, sur lesquels on jouait alternativement un acte de la *Calandria* et un acte de la *Mandragore*. Le spectacle se prolongeait fort tard, sans que l'attention de l'assemblée s'épuisât, tant la comédie était un plaisir nouveau et recherché.

La *Calandria* est une pièce à quiproquo, comme Plaute les savait si bien faire. On y voit un frère et une sœur jumeaux qui se ressemblent assez pour qu'on les confonde l'un avec l'autre. Ils sont chrétiens et natifs d'un village de la Morée qui a été pillé par les Turcs. Tous deux échappent au massacre, et ils arrivent en Italie, chacun de son côté, le garçon déguisé en fille et la fille en garçon. De là une série de méprises qu'il serait trop long de raconter. Il suffit de dire que le jeune homme en jupons inspire de l'amour à un vieillard et la jeune fille à une dame. La plupart des scènes qui excitaient l'hilarité de la cour pontificale seraient aujourd'hui renvoyées au théâtre des *Funambules* et aux pierrots du boulevard du Temple, si elles n'étaient écrites avec esprit et dans un style pur, qui les a fait classer parmi les vieux modèles de la langue toscane. Ce titre de la *Calandria* vient du nom de Calandre, personnage principal de la pièce. C'est comme si Molière eût appelé *Scapinades* les *Fourberies de Scapin*.

Voyons maintenant l'autre pièce en faveur à la cour du saint-père. Sauf la gravelure du sujet, la *Mandragore* de Machiavel est une comédie parfaite, bien supérieure à celle du cardinal Bibiena. Messer *Nicia*, riche bourgeois de Florence, bouffi de sottise et de vanité, a pour femme la belle, sage et dévote Lucrèce, dont le jeune Callimaque tombe éperdument amoureux. Callimaque ne peut prétendre à séduire une personne si vertueuse. Il n'en conçoit pas même l'idée ; mais il fonde quelque espérance sur la bêtise du mari. Messer Nicia n'a point d'enfant et il désire extrêmement d'en avoir ; c'est de ce côté que l'amant dresse ses embûches. Moyennant finance, il réussit à mettre dans ses intérêts un des habitués de la maison. Cet intrigant, nommé Saturio, propose à messer Nicia de lui amener un médecin fort savant. Le médecin n'est autre que Callimaque. Celui-ci disserte en latin de Molière sur la stérilité, pour jeter de la poudre aux yeux, cite Hippocrate et gagne ainsi la confiance de messer Nicia. Il lui fait part ensuite d'un remède certain, connu de lui seul, dont il a usé avec succès en plusieurs rencontres et que des princesses ont employé selon ses ordonnances. Le remède est une décoction de mandragore ; cette herbe ne manque jamais son effet ; mais il faut tenir compte d'une particularité qui réclame de la prudence dans l'emploi de ce breuvage : lorsqu'une dame a pris une potion de mandragore, le premier homme qui met à l'épreuve l'efficacité du remède contre la stérilité meurt dans la huitaine. Messer Nicia rejette bien loin ce moyen dangereux. Callimaque imagine un expédient. Pourquoi n'enverrait-on pas à dame Lucrèce un homme du peuple ou un paysan, qu'on prendrait au hasard, et qui, après avoir absorbé et détruit le poison, s'en irait mourir dans un coin? Messer Nicia délibère. Callimaque finit par lever ses derniers scrupules; mais lorsqu'ils sont tombés d'accord ensemble, il s'agit de vaincre la répugnance de la sage Lucrèce, et cela est plus difficile.

Ici l'intrigue se complique, et Machiavel en dirige les ressorts avec une profondeur admirable. Pour persuader Lucrèce, on emploie l'influence de sa mère, qui est une tête légère, celle du confesseur, le frère Timothée, dont on tente la cupidité avec une adresse diabolique. La pauvre femme sollicitée par son mari, persécutée par sa mère, demande conseil au moine et s'étonne de ne point le voir scandalisé. Le frère Timothée prêche la soumission aux ordres d'un époux et l'offrande au ciel des répugnances et du chagrin que cause cette extrémité à une honnête femme. Lucrèce cède en pleurant à tant d'importunité. La potion de mandragore avalée, Lucrèce devient un réceptable venimeux. On ne peut la laisser en cet état. Il faut aller à la recherche du rustre qui doit être sacrifié. Messer Nicia se déguise en soldat et se place au coin d'une rue avec le laquais de Callimaque. Frère Timothée prend part à l'action. Cette scène d'embuscade est d'un comique excellent. Le mari et le moine ont peur de recevoir quelque horion et sont sur le point de décamper, lorsque le valet leur vient dire qu'il a découvert un jeune drôle fait exprès pour le rôle de victime. Callimaque arrive bientôt déguisé en mendiant. Il chante à tue-tête et joue de la guitare. On le saisit; on lui couvre le visage d'un voile et on l'entraîne dans la maison, où il passe la nuit.

Au dernier acte, lorsque la toile se lève, le jour commence à paraître et le jeune manant vient d'être congédié. Messer Nicia se frotte les mains, enchanté de sa ruse. Lucrèce arrive enfin; un changement complet s'est opéré dans son humeur. Ce n'est plus la vertu sévère de la veille, et l'on comprend à son langage que la séduction de Callimaque a exercé sur son cœur et son esprit plus d'effet que la mandragore. Lorsque l'amant revient sous son habit de médecin, Lucrèce le félicite, lui accorde sa confiance et lui donne une clef de son appartement, afin qu'il puisse venir la soigner à toute heure du jour. Ainsi finit cette comédie peu morale, mais dont la gaieté, la verve et l'originalité font un chef-d'œuvre que Molière n'aurait point désavoué. La pièce avait encore pour le public de Florence un attrait particulier : le sujet reposait sur une anecdote vraie, connue de toute la ville, en sorte que les dialogues étaient pleins d'allusions et de traits aristophaniens. Cet élément de succès n'existait plus à Rome; les applaudissements de la cour n'en furent que de meilleur aloi. Ce qu'il y a de vraiment habile et profond, c'est d'avoir montré Lucrèce honnête et indignée, luttant contre tout le monde, et vaincue à la fin par une conspiration générale contre son honneur. Si elle eût été de connivence avec Callimaque, comme le cardinal Bibiena l'aurait probablement voulu, tout le piquant des situations se serait évanoui en même temps que la difficulté. La pièce n'aurait guère mieux valu que la *Calandria*. A ce signe on reconnaît la grande supériorité de Machiavel et sa parfaite connaissance de l'art dramatique. Beaumarchais a suivi la même règle, en faisant de son docteur Bartholo un tuteur fin et défiant, qui évente tous les complots, déjoue toutes les ruses et finirait par avoir gain de cause, si l'amour n'était encore plus fort que lui.

Quand la cour de Rome applaudissait la *Mandragore*, le public ne pouvait guère censurer une pièce approuvée par le pape. Sans chercher si Léon X eut tort ou raison d'accorder tant d'honneur à cet ouvrage, on peut reconnaître qu'après la renaissance de la poésie et de la peinture, le théâtre, oublié jusqu'alors, méritait bien quelques encouragements. Léon X en prit l'initiative, et au point de vue littéraire, son goût ne fut pas si mauvais ni sa prédilection si mal placée. Parce que le saint-père aimait les mystifications et les méprises, les auteurs se persuadèrent qu'on ne pouvait réussir dans un autre genre. L'Arétin, témoin des succès de Machiavel et de Bibiena, voulut à son tour mettre en scène des trompeurs et des dupes. Dans sa première comédie, on voit un vieux militaire, ennemi du mariage, obligé par son maître, le prince de Mantoue, à prendre pour femme une jeune fille qu'il ne connaît pas. Le bon maréchal n'ose refuser, mais au moment de conclure, la peur le travaille. Il consulte sa nourrice et son compagnon d'armes, le colonel Ambroise ; l'une lui retrace tous les agréments du mariage, l'autre lui en rappelle les dangers et les inconvénients. Cette scène, antérieure par sa date à la publication du *Pantagruel* de Rabelais, sans avoir autant de force et de hardiesse que la consultation de Panurge, a le mérite d'être plus vraisemblable, comme il convient au théâtre, parce que le pour et le contre sont plaidés par deux avocats différents. Les hésitations du maréchal, penchant tour à tour d'un côté et de l'autre, restent d'ailleurs les mêmes. A la fin le vieux militaire se résigne à épouser par pure obéissance. Lorsqu'il donne sa main à la fiancée, celle-ci lève son voile et il reconnaît un page du duc de Mantoue qu'on avait habillé en jeune fille. Dans les autres comédies du même auteur, il s'agit toujours de quelque vieillard ou personnage naïf trompé par des amoureux de sa femme, des valets, des intrigants ou des courtisanes. Aucun de ces ouvrages ne s'élève aussi haut que la *Mandragore,* et il est à remarquer qu'en général le créateur ou le restaurateur d'un genre le pousse à la perfection et laisse peu de chose à faire à ses successeurs. Quant à la décence, si l'Arétin ne la respecte pas plus que Machiavel et Bibiena, on peut observer qu'il n'était ni secrétaire de la république de Florence comme l'un, ni prince de l'Église comme l'autre.

En même temps que les comédies de l'Arétin, parurent celles du Florentin Jean-Marie Cecchi. La meilleure est l'*Assiuolo,* qui plut extrêmement au public de Florence et à Léon X. Comme la pièce de Bibiena, l'*Assiuolo* eut l'honneur d'être représenté avec la *Mandragore* au Vatican. Le sujet semblait inventé exprès pour divertir la cour de Rome. Un vieux docteur ridicule, amoureux d'une dame, obtient d'elle un rendez-vous. Le signal auquel il doit se faire reconnaître, pour que la dame lui ouvre la porte, est le sifflement de l'oiseau de nuit appelé en Italie l'assiuolo, et en France le duc. On devine que le docteur sifflait en pure perte, et recevait le vent et la pluie pendant toute la nuit sans que la porte s'ouvrît, au grand contentement des spectateurs qui s'étaient joués du pauvre Baraballo. L'Arioste écrivait alors ses cinq comédies pour la cour de Ferrare. Si elles n'ont pas autant de verve que les pièces aimées de Léon X, elles sont d'un meilleur goût. L'Arioste cherchait le comique dans les caractères plutôt que dans les situations, et il le trouvait sans effort. Un peu de satire se mêlait à ses intrigues. La cour de Ferrare, pour être amusée, permettait la critique au poëte. Ce genre d'un ordre plus élevé que celui de la *Calandria* n'était pas à la mode à Rome, et cette fois la mode avait tort.

Les véritables pères de la comédie sont donc Bibiena, Machiavel, l'Arétin, l'Arioste et le Cecchi ; ses Mécènes les plus éclairés, les Médicis, les princes d'Este et d'Urbin, et ses spectateurs les plus intelligents, la cour de Rome et le public de Florence. On la crut alors à son apogée ; mais, cent cinquante ans plus tard, elle atteignait une hauteur où cet art difficile n'était jamais parvenu. Molière, la cour de Versailles et le public de Paris ont ajouté à l'histoire du théâtre un chapitre si beau, que la renaissance de la comédie italienne au seizième siècle n'en est plus que l'introduction. Le genre créé par les amis de Léon X eut une foule d'imitateurs auxquels l'idée ne vint pas de sortir de la comédie d'intrigue. Je doute que Bembo les ait applaudis d'aussi bon cœur que le pape. Vasari a raconté que les décors de la *Calandria* avaient été peints par Baldassar Peruzzi, élève de Raphaël. Le même artiste aura sans doute fait ceux de la *Mandragore* et de l'*Assiuolo*. Ces plaisirs durèrent jusqu'au jour où le Saint-Père retira sa faveur au cardinal Bibiena. Ce prélat mondain, voyant décliner la santé de son protecteur, eut le désir de se coiffer de la tiare à son tour. Il avait trop habilement pratiqué l'élection de Léon X pour être maladroit à préparer la sienne. S'il eût réussi, la comédie s'en serait mieux trouvée que la religion. Malheureusement le Saint-Père fut averti de cette cabale. Bibiena reconnut un peu tard qu'il n'était pas prudent de se jouer aux Médicis. Une maladie sans nom l'enleva subitement. Le pape, en permettant l'autopsie du défunt, compta probablement sur l'ignorance des médecins; mais il se trompa : la présence du poison fut constatée, et cette expérience apprit aux Médicis qu'il fallait perfectionner leurs toxiques. Ils en trouvèrent de meilleurs, dont leur fille Catherine apporta la recette en France.

Après cette fatale année 1520, Rome penche insensiblement vers son déclin, comme le soleil dès le lendemain du solstice d'été. Six mois avant la mort de Bibiena, une saignée maladroite avait enlevé Raphaël. Michel-Ange, fatigué, se ménageait et travaillait peu, pensant avec raison qu'il avait donné la plus haute expression de son génie dans les peintures de la chapelle Sixtine. Le tombeau de Jules II, dont il s'était chargé, n'avançait point. L'année suivante, Léon X mourut. Adrien Boyens, fils d'un tisserand d'Utrecht, et ancien précepteur de Charles-Quint, dut son élection à l'influence de l'Espagne. La parcimonie et la petitesse des idées du Hollandais succédèrent au faste et à la prodigalité italiennes. Un peu d'ordre était devenu nécessaire dans le budget pontifical : Adrien VI déploya sur le trône les modestes vertus d'un bon teneur de livres. Il congédia les laquais, vendit chevaux et voitures, et négligea les artistes. Le théâtre du Vatican, fermé pour cause de décès, ne se rouvrit jamais. Le vieux clergé louait Adrien et le considérait comme le réformateur de l'Église; mais le peuple de Rome, qui détestait les étrangers, appelait bassesse sordide son économie, sa simplicité de mœurs et sa frugalité. Lorsqu'il mourut après trois ans de règne, la population ne dissimula point sa joie; elle accueillit avec des transports l'élection de Clément VII, cousin de Léon X, et fils de Julien de Médicis, assassiné à côté de Laurent dans la cathédrale de Florence. Cependant cette élection si fêtée devint la cause de la ruine de Rome.

Pour échapper à la domination intolérable de la faction d'Espagne, Clément VII embrassa le parti de la France, ce qui était plus généreux que prudent. La perte de la bataille de Pavie finit par amener l'armée du connétable de Bourbon sous les murs de Rome. Le Saint-Père, retiré dans le château Saint-Ange, put voir, du haut des créneaux, la ville prise et saccagée par les descendants des Vandales. Obligé de se mettre à la discrétion d'un vainqueur impassible et rancuneux, il supplia longtemps sans obtenir de réponse. Charles-Quint appesantit sa main césarienne sur l'Italie, détruisit la république florentine et disposa en maître des couronnes ducales, reculant ou resserrant à son gré les frontières des divers États. Le divorce d'Henri VIII et sa rupture avec le saint-siége, pour les beaux yeux d'Anne Boleyn, devinrent un surcroît de déboire pour Clément VII. Les chagrins ruinèrent sa santé. Il mourut en 1534, âgé de cinquante-six ans, après avoir eu la satisfaction de donner sa nièce Catherine à Henri, second fils de François Ier.

Le sac de Rome et la tyrannie d'Alexandre de Médicis à Florence avaient fait aux arts un tort irréparable, arrêté les progrès des écoles, et dispersé les maîtres et les élèves. Jules Romain était à Mantoue. Benvenuto Cellini et beaucoup d'autres voulurent chercher de l'ouvrage en France. Ceux qui revinrent se grouper autour du pape Paul III retrouvèrent Michel-Ange, qui remonta leur courage, comme un général rassemblant les débris de son armée après une déroute. Les Farnèse, qui succédaient aux Médicis, se donnèrent beaucoup de peine à combattre l'hérésie. Après les intérêts de la religion, leurs plus grands soins furent pour la fortune de leur famille. Leur successeur Jules III ne manqua pas de reprendre aux Farnèse tout ce qu'il put leur ôter, pour le donner à d'autres. A l'avénement de Paul IV, la famille des Caraffa fit sa main à son tour. Pie IV, qui était Médicis, dépouilla et poursuivit les Caraffa pour enrichir ses neveux. C'était une bascule perpétuelle. Ces scandales enrichirent le vocabulaire politique d'un mot nouveau, qui passa de la langue italienne dans toutes les langues vivantes : le népotisme. Les cardinaux neveux et les ducs neveux, qu'il fallait pourvoir, devinrent une plaie pour le pays. Le désordre s'introduisait dans l'administration, et le brigandage infestait les routes de la péninsule, au point que la circulation était impossible. On trouve, dans la vie d'une femme célèbre de ce temps-là, un exemple frappant de l'instabilité des fortunes.

Hersilie Cortèse était une des plus belles et des plus aimables personnes de la cour de Jules III. Elle faisait des vers pour s'amuser. Quelques poésies d'elle, publiées après sa mort dans un recueil dédié aux dames romaines, font regretter qu'on n'en ait pas conservé un plus grand nombre. Jean-Baptiste Del-Monte, neveu de Jules III, devint amoureux d'Hersilie, et obtint du pape la permission de l'épouser. Le cardinal Grégoire Cortèse en donnant sa nièce à un proche parent du Saint-Père crut lui assurer tous les avantages du népotisme; il avait compté sans la mort. Jean-Baptiste Del-Monte fut tué dans la campagne de Ferrare, en 1552, et le pape mourut l'année suivante. Veuve à vingt-trois ans, Hersilie Cortèse inspira de l'amour sans le vouloir à Caraffa, neveu de Paul IV. Elle pouvait par cette alliance reprendre exactement la position qu'elle avait eue du temps de Jules III; mais elle avait adoré son mari, et malgré son jeune âge, elle ne put se résoudre à un second mariage. Caraffa, irrité de cette résistance, eut la sottise de vouloir se venger d'une femme parce qu'elle ne l'aimait pas. Il eut soin que Paul IV, en dépouillant les favoris de ses prédécesseurs, n'oubliât pas les Cortèse. Hersilie perdit non-seulement les biens de son mari, mais encore son patrimoine et l'héritage de son oncle. Quand elle fut réduite à la misère, Caraffa lui offrit de l'épouser, pensant avoir vaincu son orgueil. Elle répondit à cette proposition avec la hauteur et le mépris d'une Romaine du temps de Cornélie. Quatre ans après, Paul IV étant mort, la chute des Caraffa rendit à Hersilie Cortèse une partie de son ancienne fortune et la délivra de ses persécuteurs. Elle vécut paisiblement à Rome dans le commerce de savants et de poëtes, parmi lesquels était Bernard Tasso. Dans le temps de ses malheurs, elle avait pris pour devise une maison incendiée avec cette légende : *Opes non animum,* pour témoigner que le feu pouvait détruire sa fortune, mais non son courage.

Cet échantillon suffit à faire connaître ce qui se passait à Rome pendant la seconde moitié du seizième siècle. Les grandes familles se disputaient les honneurs et la puissance; chaque nouveau pontife proposait aux rois de la chrétienté une ligue générale contre les Turcs; le projet n'avait pas de suite, et tandis que le népotisme, la simonie et le trafic des emplois allaient fleurissant, les arts tombaient en décadence. Le besoin d'une main ferme et d'un homme nouveau se faisait sentir. Lorsque le trône de Saint-Pierre fut enfin occupé par un pontife énergique, entreprenant, également passionné pour la religion, pour les lettres et les arts, désireux de laisser après lui de beaux souvenirs, on s'aperçut que les gens de talent manquaient à son appel. Sixte-Quint arriva trop tard. Le seizième siècle avait jeté tout son feu. L'école de Bologne, qui appartient au dix-septième siècle, ne donnait pas encore signe de vie. Ludovic Carrache, âgé de vingt ans, étudiait à Parme, et son cousin Annibal maniait l'aiguille chez un tailleur, sans se douter qu'il devait bientôt régénérer la peinture. La plupart des travaux d'art commencés par l'ordre de Sixte-Quint, exécutés par des imitateurs serviles de Michel-Ange ou de Raphaël, ont un cachet de routine et de faiblesse qui aurait attristé ces grands maîtres. On pourrait comparer l'état de la peinture, en ce moment, à celui de la tragédie française lorsqu'elle fut tombée des mains de Jean Racine dans celles de Campistron. Cependant à défaut d'œuvres nouvelles et originales, Sixte-Quint forma des collections d'objets antiques et des bibliothèques, éleva des fontaines et des obélisques, embellit la ville, les palais, les maisons de plaisance, purgea l'Italie des brigands, et rendit aux lois une vigueur poussée jusqu'à l'exagération.

L'académie de peinture, fondée par les Carrache, fournit une nouvelle pépinière d'artistes; ils ne furent pas tous heureux.

Quelques-uns, et des meilleurs, ont langui étouffés par des rivaux intrigants. L'école napolitaine fut une salle d'armes et un coupe-gorge. Celle fondée à Rome par le *cavalier* Bernin eut un succès d'engouement, parce qu'elle flattait le goût à la mode. Les beaux arts gagnèrent la maladie contagieuse dont les lettres italiennes étaient empoisonnées. Alors le génie de la peinture, effarouché par ce désordre, s'envola et vint descendre en France. Depuis lors il n'a plus repassé les monts. La sculpture, galvanisée par Canova, ouvrit les yeux un instant et se rendormit. Mais l'Italie ne sera jamais frappée d'une stérilité complète. Pendant le dix-huitième siècle, elle se releva par la musique et disputa le premier rang à l'Allemagne, en opposant Cimarosa à Mozart. Le succès de Beethoven lui-même fut balancé par celui de Rossini. On peut tout espérer d'un peuple intelligent. Il est difficile de croire que le mouvement littéraire commencé par Giusti, Foscolo, Manzoni, Léopardi, etc., ne sera pas tôt ou tard accompagné d'une manifestation quelconque dans les arts. En attendant, Rome se repose et ne semble aspirer qu'à la conservation de ses trésors. De tous les pays du monde, la jeunesse laborieuse vient étudier dans ce vaste musée; c'est une gloire que nulle capitale n'enlèvera jamais à la ville des Césars et des papes. Rome peut dire encore : Je ne produis plus, mais voyez mon ouvrage et tâchez de mieux faire.

VIII

ROME.

La place du Peuple. — Le Corso. — La place Colonna. — Les *aquajoli*. — Marc-Aurèle. — Les délices d'un verre d'eau. — Les fontaines de Rome. — La place de Venise. — Le forum de Trajan. — Le mont Capitolin. — La roche Tarpéienne. — — Le forum romain. — L'arc de Septime-Sévère. — Comment on compte les heures en Italie. — La rue du *Babbuino*. — Le faune et la *barcaccia*. — Vénus outragée par un commissionnaire. — La Trinité-du-Mont. — Le Quirinal. — La rue *Ripetta*. — Le Panthéon. — La place Navone. — Cirque de Flaminius. — Prison Mamertine. — Jugurtha. — L'égout. — Pasquin vit encore.

La place du Peuple, par où le touriste arrivant du nord fait son entrée à Rome, est une des plus belles de la ville. Dans ce quartier neuf, bien entretenu, orné de palais modernes, on ne se douterait pas des ruines immenses qui s'étendent du côté du sud. Le contour de la place du Peuple décrit une ellipse divisée par les façades de quatre grands édifices. Au centre s'élève un obélisque de vingt-quatre mètres, ou de quatre-vingts pieds si l'on compte le péidestal. Cet obélisque, couvert d'hiéroglyphes, avait été transporté d'Héliopolis à Rome et dressé dans le grand cirque du temps d'Auguste. Les barbares s'étaient donné beaucoup de peine pour le renverser. Sixte-Quint en fit réunir les morceaux par l'architecte Fontana. On le transporta des ruines du cirque à la place du Peuple, et on l'entoura de sculptures et de fontaines. Du pied de l'obélisque, vous voyez les entrées de trois grandes rues parfaitement droites, qui partagent Rome moderne en deux triangles aigus. Celle du milieu n'est autre que le *Corso* qui mène à la place de Venise et au Capitole. Celle de gauche, la *via del Babbuino*, se dirige obliquement vers la place d'Espagne et le mont Quirinal. La troisième, appelée la *via Ripetta*, passe sur les bords du Tibre et vient aboutir au théâtre *Valle*, entre la place Navone et le Panthéon. La *via dei Condotti*, partant de la place d'Espagne et finissant au palais Borghèse, se croise avec ces trois grandes artères principales, et forme la base des deux triangles qu'elles embrassent. Au moyen de cette division, il est facile de retrouver son chemin dans cette partie de la ville.

Le Parisien au boulevard de Gand ou l'Anglais à *Regent-street* croit de son devoir d'être mis *comme tout le monde*. Il craindrait de se singulariser en n'offrant pas aux regards la même silhouette que son voisin, et le même habit taillé sur le même patron. Le Romain au *Corso* n'entend rien à ces substilités du bon ton. Non-seulement un cardinal porte son costume, mais on distingue de loin son carrosse à certains signes particuliers. Deux laquais au moins se tiennent derrière la voiture; ils sont coiffés de tricornes à trois glands et armés de longues cannes à pomme d'argent. Les chevaux, richement harnachés, ont sur la tête, entre les deux oreilles, une houpe rouge en passementerie. Par un sentiment diamétralement opposé à celui du Parisien, chacun montre les insignes de ses dignités et de sa profession. Le jeune *monsignor*, aspirant aux grandeurs ecclésiastiques, circule en culotte courte, chaussé de bas violets. De petits abbés, encore imberbes, aux visages blancs et frais, jasent en public, et prennent des glaces devant les cafés. L'artiste étranger, voyant cela, ne veut pas être confondu avec les habitants du pays; il se taille un costume de fantaisie. C'est ordinairement aux portraits de Van-Dyck, du Titien ou de Rubens qu'il se plaît à ressembler. Son gilet devient justaucorps, son habit pourpoint, son chapeau *sombrero* à l'espagnole, et, si la police le permettait, il adopterait volontiers la rapière à la Boutteville. L'homme du peuple semble choisir exprès les toilettes capables de séduire au passage les chercheurs de modèles. Il se drape superbement dans son manteau déchiré; il lève vers le ciel son visage basané, ses yeux enchâssés comme ceux de l'Antinoüs; il efface ses larges épaules et s'appuie contre un mur, le poing sur la hanche et les jambes croisées, immobile et sérieux, comme s'il eût reçu un écu romain pour se faire peindre. Vous voyez encore passer des paysannes d'Albano en corsages rouges et coiffées du *panno*, des filles de Frascati, avec des rubans dans les cheveux, admirant les boutiques d'orfévrerie. D'un bout à l'autre de cette grande rue, c'est-à-dire pendant une demi-lieue, tout vous invite à jouir d'une liberté patriarcale et semble se concerter pour vous récréer la vue. Nous parlerons plus tard du coup d'œil unique au monde que présente le Corso de Rome à l'époque du carnaval.

Cheminons au milieu de cette foule civilisée. Nous arrivons à la place Colonna, au centre de laquelle est la colonne Antonine, qui devrait porter le nom de Marc-Aurèle, puisqu'elle fut élevée en commémoration de la campagne de cet empereur contre les Marcomans. Le sénat d'alors, qui n'était plus bon qu'à voter des remerciements, proposa l'érection de cette colonne pendant que Marc-Aurèle était au camp. On ne connaissait pas encore à Rome ce grand esprit et ce beau caractère. Marc-Aurèle demeura pendant quatorze ans à l'armée. Il écrivait sous la tente son admirable recueil de pensées, qu'on peut ranger hardiment à côté des meilleures inspirations de la doctrine chrétienne; mais ce livre sublime, où la philosophie antique se rencontre souvent avec l'Évangile, n'était qu'un agenda de poche; il ne fut pas publié du vivant de l'empereur. Tandis que Marc-Aurèle faisait son bréviaire des bons princes, le sénat prenait sans doute ce philosophe couronné pour un César ordinaire, et pensait le charmer en lui dédiant des colonnes. Marc-Aurèle accepta la dédicace dans l'intérêt de la ville, et Rome actuelle s'en trouve bien. Les bas-reliefs de ce monument représentent des épisodes de la guerre. On y reconnaît la main d'un Grec. Les Vandales auront dédaigné ce bâton de marbre blanc. Si par malheur on y eût aperçu un clou doré, ils auraient tout mis en poudre pour l'extraire.

En revenant du théâtre ou en sortant du café, on ne saurait passer par la place Colonna sans s'y arrêter un peu pour y fumer un cigare. Il faut bien regarder la lumière de la lune se jouant dans les bas-reliefs. Que de bonnes heures j'ai doucement perdues en cet endroit, par des nuits splendides, à mesurer la distance du pied de la colonne aux murs du palais Chigi! Je sortais de la villa Médicis, et ce n'était pas mon chemin pour rentrer chez moi. Un démon familier, ennemi du sommeil, m'y conduisait, abusant de ma distraction. Et ne fallait-il pas aussi écouter les dialogues entre le marchand de limonade et les consommateurs? Au moyen d'un tube de fer-blanc percé comme un arrosoir, l'*aquajolo* pose une demi-douzaine de verres en permanence sous autant de petits jets d'eau. L'immersion perpétuelle offre la plus grande garantie possible de propreté. Lorsque vous demandez une limonade, le marchand retire un des verres, et en répand quelques gouttes dans le bassin de la fontaine pour faire de la place à l'assaisonnement. Il prend ensuite une espèce de casse-noisette, et, d'un seul coup, il exprime dans le verre tout le jus d'un citron. Une cuillerée de sucre en poudre complète le breuvage rafraîchissant et à bon marché. Quant au verre d'eau pure, il n'a point de prix : on vous le donne, comme à Florence une fleur. Un jour de fortune ou de liberté, vous vous acquittez avec l'*aquajolo* en lui offrant une gratification. Les gens qui nient que l'eau ait une saveur n'ont point vécu à Rome. Il faut s'être désaltéré à la *barcaccia*, à la fontaine Pauline ou à celle de la place Colonna, pour apprécier tout ce qu'un verre d'eau peut procurer de jouissance. Le Romain pousse le raffinement jusqu'à reconnaître de quel aqueduc vient l'eau qu'on lui sert. Presque toutes les maisons sont pourvues d'une fontaine, placée ordinairement dans le vestibule. Lorsque je demeurais rue Borgognona, je m'endormais au murmure d'un jet d'eau coulant sous l'escalier dans un bassin de rocaille. A mon second

FORUM DE TRAJAN.

domicile, *via del Babbuino,* la servante de la maison apportait, en même temps que la lumière, une carafe qu'elle venait d'emplir. L'eau qui a séjourné une heure dans un réceptacle n'est plus considérée comme potable.

La place de Venise, où finit le Corso, doit son nom au palais des anciens ambassadeurs de la sérénissime seigneurie. Le gouvernement autrichien s'est trouvé propriétaire de cette résidence magnifique en acquérant la Lombardo-Vénitie. Nous arrivons au pied du Capitole; mais avant d'en monter l'escalier, prenons à notre gauche une petite rue qui descend au forum de Trajan. Depuis la base du mont Capitolin jusqu'à celle du Quirinal, on voyait autrefois une suite de monuments publics tous dédiés à Trajan. Ce forum a été découvert à cinq mètres au-dessous du sol. C'est une grande place dont le pavé était en mosaïque noire et blanche; elle forme un rectangle borné par deux hémicycles, sur lesquels étaient des boutiques de marchands. On pouvait faire le tour du forum entier sous des portiques. En le traversant dans sa longueur, on arrivait à la basilique de Trajan, dont on a relevé plusieurs tronçons de colonnes. Il a fallu démolir deux couvents pour dégager cette basilique [1], et l'on retrouverait assurément beaucoup d'autres choses précieuses sous les deux églises voisines, celles de Notre-Dame-de-Lorette et du Nom-de-Marie, si l'on pouvait se résoudre à faire ce sacrifice. Au milieu du forum, qui était la cour d'entrée de la basilique, on a relevé la colonne brisée, dont les morceaux ont heureusement pu se réunir sur leur ancien piédestal et sans qu'il y manquât rien. Cette magnifique colonne, haute de cent trente-cinq pieds, entièrement couverte de bas-reliefs, représente une série de victoires remportées sur les Daces. Les figures sculptées, au nombre de deux mille cinq cents, les chevaux, les armes et machines de guerre, fournissent autant de documents aussi intéressants pour l'histoire que pour les arts.

[1] Ce mot de basilique, qu'on applique aux grandes églises chrétiennes, signifiait, au temps des empereurs, un palais public.

Raphaël, Michel-Ange, les Carrache, le Poussin, sont venus puiser la connaissance et le sentiment de l'antique dans l'étude de ces bas-reliefs. Lorsque Napoléon voulut changer en ornements les canons d'Austerlitz, il ne trouva pas de meilleure forme à leur donner que celle de la colonne Trajane.

Revenons maintenant sur nos pas pour monter le grand escalier du Capitole. Deux lions de marbre, qui rappellent ceux de Venise et par conséquent sculptés par un Grec, lancent des gerbes d'eau. A l'endroit où l'on a élevé depuis l'église d'*Ara-Cœli*, se trouvait autrefois le temple de Jupiter tonnant. A la direction des colonnes conservées, on a reconnu que la façade était tournée vers le mont Aventin. Trois incendies ont détruit ce temple trois fois relevé, la dernière sous le règne de Domitien. La statue de Scipion l'Africain, en or massif, était dans le sanctuaire, à côté de celle du dieu : cet honneur exceptionnel rendu au vainqueur de Carthage prouve combien Rome avait eu peur de sa rivale. Il ne reste plus rien de la *Monnaie*, du temple de Junon et des autres monuments capitolins. Tout ce qui orne aujourd'hui cette colline provient de découvertes plus ou moins récentes et de fouilles exécutées dans d'autres parties de la ville. Telles sont les statues colossales de Castor et Pollux, déterrées du temps de Pie IV; deux autres statues trouvées dans les thermes de Constantin, une colonne milliaire qui marquait le premier mille sur la voie Appia; enfin la belle statue équestre de Marc-Aurèle, en bronze doré. Paul III la fit transporter sur la place du Capitole et demanda un piédestal à Michel-Ange, qui en choisit un tout fait dans le forum de Nerva. Trois grands édifices entourent la statue : le Musée capitolin, que nous visiterons plus tard, le Palais sénatorial et celui des conservateurs.

Près du palais des conservateurs sont les degrés par lesquels on monte à la roche Tarpéienne. Au collége, on se fait une idée terrible de ce lieu de supplices et de cette chute où l'ambition amenait les usurpateurs et les traîtres. Quand l'écolier, devenu homme, a lavé les taches d'encre de ses doigts, il s'étonne des petites proportions de ce saut de loup, et se demande si Manlius a bien pu s'y rompre le cou. Aujourd'hui, il faudrait presque de la bonne volonté pour se tuer en tombant dans un abîme si peu profond. Mais il est impossible de se faire une idée exacte de l'ancienne roche Tarpéienne. Des blocs de pierre, qu'on voit au-dessous du palais des conservateurs et du palais Caffarelli, en ont peut-être été détachés. D'ailleurs il y a deux moyens de niveler une colline : le premier est d'en abaisser le sommet, le second d'enterrer sa base. Si l'on pouvait d'un coup de baguette remettre à leur place les quartiers de roche, les fortifications, les murailles, les monuments qui entouraient le mont Capitolin, et sur lesquels on marche à présent, et rétablir l'ancien niveau des terrains, la roche Tarpéienne prendrait un air plus imposant.

Un chemin qui descend le long du Palais sénatorial va nous conduire au Forum, non pas un de ces vingt-cinq *forum* créés successivement par les empereurs, mais celui de la république. Cette place était dans l'origine un champ, puis ce fut un marché entouré de boutiques, où le peuple venait acheter ses provisions. Lorsqu'il fut borné par l'érection des monuments qui l'entouraient, le Forum avait six cents pieds de longueur, et quatre cents pieds de largeur. Les monuments étaient les temples de la Concorde, de Saturne, de Castor et Pollux, la Grecostasis, et plusieurs basiliques. La tribune aux harangues faisait face au Capitole. Les églises ajoutées du temps des papes sont Sainte-Marie-Libératrice, Saint-Adrien, Saints-Côme-et-Damien. Arrêtons-nous devant les tristes restes qui ne sont pas absolument défigurés.

L'arc de triomphe de Septime-Sévère fut encombré jusqu'à la moitié de sa hauteur par la chute des temples de Saturne et de la Concorde. Lorsqu'on entreprit de le dégager, on le trouva sur pieds. A l'occasion de la guerre contre les Arabes, Septime-Sévère avait élevé cet arc de triomphe en l'honneur de ses deux fils qui l'avaient accompagné. Caracalla, devenu seul maître de la couronne par un assassinat, fit gratter le nom et le chiffre de son frère Géta. Les deux faces, ornées chacune de quatre colonnes cannelées d'ordre composite, contiennent des bas-reliefs où l'on sent la décadence. Le dessin en est mou et la composition mal ordonnée. Ces défauts même ont leur prix comme renseignements pour l'histoire des arts. A la place où est l'église de Saint-Adrien s'élevait la basilique de Paul-Émile, dont les restes se sont écroulés en 1823. Les plus beaux débris de toutes ces merveilles en poussière sont le groupe de trois colonnes qu'on croit avoir appartenu à la Grecostasis (salle d'attente des ambassadeurs), et le péristyle de huit colonnes du temple de Vespasien. Les artistes qu'on voit si souvent assis devant ces fragments, le crayon à la main et le carton sur les genoux, ont l'air de se hâter de les copier avant qu'un coup de vent achève l'ouvrage des barbares et du temps. Ces colonnes figurent, à l'encre de Chine, dans les papiers de tous les architectes. Des autres monuments, on ne distingue que l'emplacement ou quelques pierres enclavées dans les constructions modernes. Le mont Capitolin est une espèce de musée composé de morceaux rapportés de tous les coins de Rome. Le Forum, au contraire, entièrement abandonné dans le temps des papes, est redevenu à peu près ce qu'il avait été à la naissance de Romulus ; et, comme si le peuple eût oublié ses annales et sa gloire passée, comme si ce lieu n'eût jamais eu de nom, les bonnes gens l'appelèrent le *Campo-Vaccino* (le Champ-des-Vaches). Quant à l'étymologie du mot forum, sur laquelle on a discuté, elle est indiquée par les dérivés : on ne dirait pas un *marchand forain,* ni une *foire* de village, si le Forum n'eût été dans le principe entouré de boutiques (*tabernæ*).

Sur cette place où se traitaient les affaires commerciales, judiciaires et politiques, il devait exister quelque aiguille solaire. Les anciens, si habiles en toutes choses, ont dû enrager de ne pouvoir pas diviser régulièrement le temps. Le cadran décrit par Vitruve et les obélisques qui remplissaient l'office d'horloge, marquaient l'heure vraie à midi ; mais, aussitôt après, l'ombre changeait de

direction, selon l'époque de l'année, ce qui devait fort dérouter les savants. Lorsqu'on voulait savoir l'heure on envoyait un esclave regarder une des aiguilles solaires, et l'esclave rapportait un renseignement faux; encore fallait-il que le ciel fût sans nuage. Par les temps brumeux il devenait difficile d'être exact à un rendez-vous, à moins qu'on ne l'eût donné pour le lever ou le coucher du soleil. Aujourd'hui, le peuple, en Italie, divise le jour comme s'il n'existait pas d'horloges. Dès que le soleil se couche commence la première heure. Les cloches donnent le signal en sonnant l'*Ave-Maria*. Dans le temps des équinoxes, on dit *une heure* à sept heures du soir; minuit devient six heures. Pendant cette première moitié de la nuit on peut encore se reconnaître. Mais au jour le compte s'embrouille : à six heures du matin, on dit *douze heures*, à midi, *dix-huit heures*, et puis dix-neuf, vingt heures, etc., jusqu'au coucher du soleil, que finit la vingt-quatrième heure. Quand le soleil disparaît sous l'horizon au quart ou à la demie, le calcul se complique. Au moment où une horloge sonne trois heures, on voit des paysans compter sur leurs doigts et se donner bien de la peine pour découvrir que l'aiguille marque pour eux vingt et une heure et quart, ou quelque chose d'aussi simple. Cependant, à force d'entendre sonner les horloges, le peuple des villes finira par adopter la division nouvelle, qui date de quatre ou cinq cents ans tout au plus. Déjà on désigne *une heure* par le mot *tocco*, parce que la cloche frappe un seul coup. A deux heures, on dit : une heure après le *tocco*. C'est un progrès remarquable. Il faut laisser aux gens le temps d'apprendre.

Si nous allions tout droit, au delà du Forum, nous tomberions d'un désert dans un autre bien plus vaste. Pour connaître Rome actuelle, il nous faut retourner en arrière, et partir de la place du Peuple en suivant, au lieu du Corso, la *via del Babbuino*. Ce nom vulgaire vient d'une fontaine adossée au palais Buoncompagni et sur laquelle est une statue de faune, que les gens du peuple ont appelé *Babbuino*, c'est-à-dire singe. Il y a dix ans, j'avais à Paris, dans mon antichambre, un exemplaire en plâtre de la Vénus de Milo. Lorsque je voulus déménager, deux commissionnaires prirent la déesse à bras le corps et la chargèrent dans une voiture. En arrivant à mon nouveau domicile, où je les attendais, ces hommes déposèrent la statue sur une table que j'avais préparée pour la recevoir. L'un des commissionnaires reculant d'un pas, regarda en souriant avec ironie la mère des grâces et des amours, et ce drôle me dit : « Monsieur, voici votre poupée sans bras. » Ainsi, la plus belle figure connue qui soit jamais sortie des marbres de Paros n'était pour ce barbare des rives de la Seine qu'une poupée, et vraisemblablement il me prit pour un maniaque et un original qui attachait du prix à un morceau de plâtre. Le peuple de Rome, si profondément artiste, n'a pas fait preuve de son goût et de son discernement habituels en donnant ce sobriquet de *babouin* à un faune. Cependant on peut admettre, comme circonstance atténuante, la conformation bizarre d'une figure humaine avec des jambes de chèvre, et l'ignorance d'un peuple dévot auquel les prêtres ont trop de peine à enseigner le catéchisme pour lui parler de mythologie. Ce serait d'ailleurs un danger, car avec leurs imaginations vives, les Italiens pourraient bien s'amouracher de Vénus et la confondre avec la madone, pour laquelle ils ont un culte incomparablement plus tendre et plus passionné que pour son divin fils, parce qu'elle est femme et belle.

En suivant la rue du Faune, nous arrivons à la place d'Espagne, entourée de grands édifices, parmi lesquels est l'ancienne résidence des ambassadeurs de Sa Majesté catholique. Delà vient le nom de cette place. Au palais d'Espagne habitèrent, pendant bien des siècles, ces grands personnages qui menaçaient les papes, emplissaient Rome de leurs cabales et portaient le trouble dans le Vatican. Leur insolence dura jusqu'au jour où Louis XIV donna l'ordre à ses ambassadeurs de prendre le haut du pavé. Sur la place d'Espagne s'élève la grande fontaine de la *Barcaccia*, ouvrage de Pierre Bernini, père du célèbre Bernin. Elle représente un

vaisseau lançant de l'eau par la proue, la poupe et le tillac. Cette fois le peuple n'a pas tout à fait manqué de goût en donnant à ce morceau peu gracieux le nom de *Barcaccia* (grande vilaine barque). Devant le triple et splendide escalier qui conduit à la Trinité-du-Mont est une autre fontaine plus simple. Comme la place Colonna, celle d'Espagne devient pendant les nuits d'été un lieu de flânerie et de conversation. Les *acquajoli* offrent leur limonade au dernier passant qui se couche tard, et tout de suite après, au premier qui se lève matin. La Trinité-du-Mont est l'église fondée par le roi de France Charles VIII, pendant son séjour à Rome, et qui renferme les belles peintures de Daniel Ricciarelli dont nous avons parlé en passant à Volterre. L'obélisque placé devant la façade a été découvert dans un cirque où il était enfoui. On y a gravé des signes à l'imitation des caractères tracés sur l'obélisque de la place du Peuple. Ces faux hiéroglyphes seraient autant de non sens pour un Égyptien du temps de Pharaon, mais on ne craint pas qu'un prêtre d'Apis vienne jamais signaler l'ignorance des graveurs. A gauche de l'obélisque, une avenue en terrasse conduit au palais Médicis, actuellement propriété de la France. Sur cette terrasse on rencontre une large coupe de granit d'où jaillit un filet d'eau de trente pieds de hauteur.

En reprenant la direction de la rue du *Babbuino*, si nous traversons la place d'Espagne, nous arrivons au Quirinal, qu'on appelle aujourd'hui *Monte-Cavello*. Ce nom lui vient des deux grands chevaux de marbre attribués à Phidias, mais dont l'âge ne remonte qu'au siècle de Constantin. Au sommet de la colline, point de jonction de plusieurs rues, est le carrefour des *Quatre-Fontaines*, l'un des endroits les plus agréables de Rome moderne. Les rues dont la pente est rapide deviennent autant d'échappées par où la vue s'étend à une grande distance. La place Barberini est encore ornée d'une fontaine surmontée d'un triton et de quatre dauphins, ouvrage prétentieux et contourné du *cavaliere* Bernin. A droite du Quirinal, en redescendant vers le centre de la ville, on rencontre la place de Trevi, ornée sinon de la plus belle, au moins de la plus grande fontaine qui soit à Rome. C'est un bloc de rochers artificiels, à la façon de la grotte d'Apollon, à Versailles. Au-dessus des rochers, une immense coquille traînée par des tritons et des chevaux marins supporte un Neptune colossal. Malgré sa mythologie du siècle des talons rouges, la fontaine de la place de Trevi s'appelle fontaine de la *Vierge*, parce que la source qui l'alimente, située sur une colline à trois lieues de Rome, fut indiquée à des soldats mourant de soif par une jeune fille qui disparut après cette action charitable. Une version plus ancienne appelle l'eau de cette fontaine l'eau vierge (*aqua virgo*).

Afin d'indiquer au lecteur un itinéraire qui lui puisse servir à quelque chose, revenons pour la dernière fois à la place du Peuple, et prenons la *via Ripetta*. Tout le commencement de cette rue jusqu'à l'amphithéâtre et au mausolée d'Auguste était occupé par un jardin s'étendant sur les bords du Tibre. On y a trouvé deux obélisques, dont un figure actuellement à Sainte-Marie-Majeure ; l'autre est celui de la place de Monte-Cavallo, dont nous venons de parler. Sans nous arrêter au palais Borghèse, allons jusqu'au bout de la rue Ripetta, et tournons à gauche pour arriver au Panthéon, que le peuple appelle la *Rotonde*. Devant le monument, on voit une fontaine surmontée d'un obélisque en granit rouge, qu'on découvrit en creusant les fondations d'une église.

Le Panthéon, seul édifice de l'ancienne Rome qui n'ait presque point souffert, est réellement une rotonde précédée d'un admirable portique à seize colonnes de granit. L'architecture en est grecque, mais accommodée au goût romain, avec des proportions plus grandes que celles des temples d'Athènes. Les colonnes, hautes de trente-huit pieds, sont du même ordre et du même style que celles de la Grecostasis au Forum. La coupole, recouverte en bronze, a tenté la cupidité des Vandales; mais on l'a refaite en plomb. La porte, aussi en bronze, a été cependant sauvée par miracle. Une ouverture circulaire de vingt-six pieds de diamètre, pratiquée au sommet de la coupole, répand une lumière douce et également ménagée dans toutes les parties de l'intérieur. Les inscriptions anciennes disent que ce temple a été dédié à tous les dieux par Agrippa, l'an de Rome 727. Au commencement du septième siècle, le pape Boniface IV voua le Panthéon au culte d'un seul Dieu, et c'est aujourd'hui l'église de Sainte-Marie-aux-Martyrs.

Au bout de la *via Ripetta*, si nous tournons à droite, nous tombons sur la célèbre place Navone, vaste bassin de forme ovale, orné de trois grandes fontaines. Celle du centre, ouvrage du Bernin, représente un écueil surmonté d'un obélisque de cinquante pieds de hauteur. Au-dessous sont groupées quatre figures de fleuves, un cheval marin et un lion, sculptures maniérées, mais dont l'ensemble peut plaire, si l'on n'y regarde pas de trop près. Tous les samedis et dimanches du mois d'août, on inonde la place Navone en détournant l'eau des trois fontaines, non pas pour donner le spectacle des antiques naumachies, mais par mesure d'assainissement, à l'époque des chaleurs caniculaires. Les carrosses traversent ce lac peu profond et les enfants se lavent les jambes, ce qui ne leur arriverait peut-être pas, si on ne leur proposait cette toilette comme une partie de plaisir. Deux orchestres de symphonie viennent s'établir aux extrémités du bassin et donnent concert à tour de rôle.

Si nous reprenons la direction de la *via Ripetta*, en passant devant les deux théâtres *Valle* et *Argentina*, nous nous rapprochons du Tibre, que nous pourrions traverser sur le pont Sixte; mais avant d'entrer dans le redoutable quartier du Transtevère, finissons-en avec les places de la rive gauche. En suivant les bords du fleuve, nous arrivons à la place Mattei, située entre une île et le pied du mont Capitolin. C'était autrefois l'emplacement du cirque de Flaminius. Sur une colonne érigée en cet endroit par ordre du sénat, le consul montait en cérémonie les jours de déclaration de guerre, et lançait un javelot dans la direction du pays où les légions devaient aller combattre. Le peuple romain a toujours eu le goût des démonstrations solennelles et dramatiques; sous ce rapport, son caractère n'a point changé. Ne nous éloignons pas de ce quartier, sans jeter un coup d'œil sur l'antique prison Mamertine. « Du temps de nos pères, disait Juvénal, une seule prison suffisait à Rome. » C'était celle-ci ; mais quel effroyable séjour ! on le croirait inventé par une imagination vénitienne. La prison Mamertine se composait de deux étages, un rez-de-chaussée et un souterrain, où l'on descendait les prisonniers au moyen d'une corde. Dans ce trou, le gouvernement eut la barbarie d'enfermer Jugurtha et de l'y laisser mourir de faim, après l'avoir traîné derrière le char triomphal de Marius. Sans doute, les sénateurs voulaient se venger du mépris que devait ressentir pour eux un roi qui avait une fois acheté leurs voix à prix d'or. Il est étrange que les Romains n'aient pas eu plus de générosité pour un ennemi qu'ils avaient vu en face pendant cinq ans, et dont la plume brillante de Salluste a immortalisé le courage. Encore s'ils l'avaient pris les armes à la main, on pourrait excuser leur rancune. Mais ils n'avaient réussi à s'emparer de lui que par une de ces trahisons, comme celles que l'Angleterre a souvent employées pour se défaire des princes indiens, dont les États ont arrondi ses colonies. Lorsqu'une grande nation trouve tous les moyens bons pour acquérir et met l'avantage matériel au-dessus de l'honneur, c'est le devoir de l'histoire de lui en faire honte. Tôt ou tard le profit passe, mais la tache reste. La conquête de la Numidie est loin de nous, et le voyageur, en regardant aujourd'hui ce caveau d'où s'exhale un air humide et glacé, plaint le héros africain et maudit le lâche sénat qui l'a fait mourir après avoir accepté son or. Dans le même caveau, Tibère envoya son favori Séjan. Cela se conçoit mieux. La prison Mamertine devait sourire à l'assassin de Germanicus. Quant aux complices de Catilina, ils furent enfermés à l'étage supérieur, afin que le bourreau n'eût pas la peine de descendre plus bas pour les étrangler. Une petite église dédiée à saint

Joseph-des-Charpentiers s'élève actuellement au-dessus de ce souterrain historique.

Près de là passe le grand égout de Tarquin (*cloaca maxima*), creusé dans le but de dessécher le marais de Velabre, situé entre le Palatin et le Capitole. Cet énorme travail a coûté la vie à des milliers d'ouvriers, comme l'aqueduc de Maintenon; mais dans un but d'utilité et non d'agrément. L'égout se divisait en deux branches, dont une partait du point où est l'église de Saint-Georges-en-Velabre, l'autre de Sainte-Marie-en-Cosmedin. Le tronc où se réunissaient les deux branches forme un beau canal souterrain aboutissant au Tibre, où l'on peut encore se promener en bateau quand les eaux sont basses. Une jolie source coule près du Forum et va se perdre dans le cloaque de Tarquin. A peu de distance, sur la rive du Tibre, en face du *Ponte-Rotto*, sont encore les restes du temple de la Fortune-Virile, l'un des rares monuments de Rome républicaine. Les pierres en étaient recouvertes d'une espèce de stuc dégradé par le temps, mais dont il existe des traces. Six colonnes ioniques d'un style simple et d'un goût parfait supportent encore un fragment de corniche. Dans la *cella* ou sanctuaire du temple, on a bâti une petite église, donnée aux Arméniens par le pape Grégoire XV. Du haut de la rive du Tibre, nous apercevons le *Pont-Rompu*, qui s'appelait pont Palatin du temps de la république. Lépide l'avait fait commencer, et il ne fut achevé qu'au bout de trente-six ans. Il dura jusqu'au treizième siècle, où une inondation l'emporta. On l'avait relevé, lorsque, sous le pontificat de Jules III, il s'écroula de nouveau. Le saint-père demanda un plan de construction à Michel-Ange; mais les intrigues de cour firent donner la préférence au projet d'un mauvais architecte, et le pont à peine achevé s'écroula pour la troisième fois. Grégoire XIII le remit sur pieds en 1575. Il tomba encore au bout de vingt-trois ans, et depuis lors le *Ponte-Rotto*, dont on ne s'est plus occupé, passe pour ensorcelé. Des gens superstitieux pensent que le vieux Buonarotti, armé de son ciseau, est revenu deux fois pendant la nuit miner les piles de pierre pour se venger des intrigues de la *Camera*¹.

Terminons cette première excursion par une visite à la petite place de Pasquino, qui doit sa célébrité à une historiette du quinzième siècle : lorsque le monde secoua la tristesse où la barbarie l'avait plongé depuis mille ans, le savant Poggio ne fut pas le seul à faire et à recueillir des bons mots, des anecdotes et des satires. Un simple tailleur, nommé Pasquino, enclin à la malice, disait chaque matin quelque drôlerie sur les bruits du moment. Ses traits d'esprit se répandirent de proche en proche et voyagèrent du carrefour qu'il habitait dans toute la ville. Les jeunes gens, pour jouir de sa conversation, lui apportaient les nouvelles. On se réunissait dans sa boutique; on excitait sa verve; on s'emparait de ses mots et on les colportait. Pasquin devint un personnage; il se mêlait de juger le gouvernement, le pape lui-même, à plus forte raison les cardinaux et les gens de cour. Les événements de conséquence, comme les bagatelles, passaient à la censure de ce bouffon, et l'on s'informait au Vatican même de ce que disait maître Pasquin. Triboulet en France fit deux bons mots dans toute sa vie. Pasquin en distribuait tous les jours une douzaine à ses amis. Il eut tant de succès et d'influence sur l'opinion, que ni le saint-père ni l'inquisition elle-même n'auraient osé priver le public d'un amusement qui devint, en se transformant, un des instruments les plus actifs de la civilisation moderne, le journalisme. Sans le savoir, Pasquin, avec ses facéties, posait les premières bases de la liberté d'examen. Pour la première fois, les abus, qui se dérobaient facilement aux regards d'un maître enveloppé dans les brouillards du pouvoir, furent signalés par une voix partie d'en bas. En plus d'une occasion le cri du peuple a pu parvenir ainsi jusqu'aux oreilles du pape; mais à l'ordinaire les plaisanteries de Pasquin n'étaient que des railleries de circonstance sur le tiers et le quart.

¹ On a construit récemment un pont en fil de fer à la place du *Ponte-Rotto*, afin que Michel-Ange ne pût pas en détruire les piliers.

Cependant le tailleur devint vieux et partit pour l'autre monde. La population de Rome, ne voulant pas renoncer au plaisir dont elle avait pris l'habitude, cherchait un autre bouffon. Sur la petite place où avait demeuré Pasquin, se trouvait une statue mutilée. On s'avisa d'appeler cette statue du nom de cet homme célèbre. Des anonymes apportèrent chaque soir leurs nouvelles à la main et leurs satires écrites, qu'ils affichaient sur le piédestal ou sur la statue même. Le matin, tous ceux qui venaient autrefois recueillir les bons mots du tailleur, prenaient lecture des placards et couraient en publier le contenu. A la faveur de l'incognito, chacun put se faire journaliste. Au moment des élections, tandis que le conclave assemblé délibérait au Quirinal, la statue de Pasquin n'épargnait pas les coups de griffes aux candidats. Les Borgia, les Piccolomini, les La Rovère et les Médicis se virent tour à tour attaqués, non-seulement avant leur élection, mais jusque sur le trône, et l'on a peine à comprendre aujourd'hui comment ces pontifes tout-puissants ont toléré cette licence dans leur propre capitale. Le bouillant Jules II n'osa point se fâcher. Léon X poussa l'indulgence plus loin : il avait tant de goût pour l'esprit, qu'il sut gré à Pasquin d'en avoir montré, même à ses dépens. Adrien VI fut le seul qui se cabra. Comme les Romains le détestaient, Pasquin emporta la pièce en parlant de lui. Le pontife, irrité, voulut mettre une sentinelle en faction devant la statue, pour faire saisir et emprisonner les railleurs ; mais on lui représenta que s'il livrait la guerre à un usage passé dans les mœurs, il serait vaincu. L'instinct satirique des Romains n'aurait pas cédé sans résistance ; pour un Pasquin surveillé de près, cent autres Pasquins seraient sortis de terre sur tous les carrefours de la ville. Adrien se rendit à ces raisons.

Bientôt Pasquin et ses bons mots devinrent insuffisants pour les besoins de la population. Le public ne se contentait pas de n'entendre qu'un son ; il voulait une polémique. Une autre statue, celle de Marforio, qui se trouvait alors près du Forum (actuellement au musée du Capitole), se chargea de répondre à celle de Pasquin. Tantôt les deux organes de l'opinion tombaient d'accord, tantôt ils se contredisaient, en sorte qu'il y avait plus de justice dans les critiques. Ce jeu dura jusqu'à la fin du siècle dernier. Le véritable journalisme détruisit ce moyen de publicité puéril et grossier. Pasquin et Marforio gardèrent le silence, parce qu'on ne les lisait plus; mais le premier avait fait tant de bruit, que la comédie italienne le mit en scène et l'adopta parmi ses personnages à caractère. Il existe à Palerme un acteur charmant et plein d'esprit, qui divertit les Siciliens par ses *lazzi*, et qui remplit dans toutes les pièces le même rôle, celui de Pasquin. Quant à la vieille statue défigurée par les injures du temps, on peut la voir encore à Rome. Son piédestal est sur la *Piazza di Pasquino*, au coin du palais Braschi.

IX

ROME

Les grands airs et l'éloquence.— Férocité du Transtévérin.— Contrastes.— Rencontre du cicerone-amateur. — L'église de Saint-Augustin. — Fresque du prophète Isaïe. — Sainte-Agnès. — Saint-Onuphre. — La mort et les reliques du Tasse. — Les antithèses. — Paysages du Poussin ; — son tombeau. — Guido Reni. — Méprise du cicerone-amateur. — Proverbe romain. — *Ser* Tito. — Les thermes de Dioclétien, de Caracalla et de Titus. — Le Moïse de Michel-Ange. — Le Colysée. — Les gladiateurs. — Le *spoliarium*. — Malheur aux Gaulois ! — Les arcs de triomphe de Constantin et de Titus. — L'ordre d'une marche triomphale. — Rencontre d'un tribun du peuple. — Garibaldi et Ciceruacchio.

L'éloquence et les belles manières courent les rues à Rome. Le *facchino*, assis au coin d'un carrefour, dans une pose académique, prépare évidemment son discours pour le jour solennel où il espère monter sur la tribune aux harangues. Si vous lui demandez votre chemin, il se pique de répondre à votre seigneurie en termes choisis. Le geste est d'une grâce, la prononciation d'une mélodie à faire envie à un archiprêtre. Vous penseriez avoir interrompu les méditations d'un grand seigneur, si le costume n'était trop pittoresque dans son délabrement et porté avec trop de majesté pour appartenir à un homme du monde. La bonne compagnie n'a pas tant de sérieux et de distinction. Outre le toscan, qu'il prononce avec cette pureté dont on a fait un proverbe, le peuple de Rome parle un dialecte particulier. Avant de connaître ce patois, si vous écoutez une conversation sans la comprendre, vous croiriez entendre réciter des vers, tant les intonations sont sonores.

Les personnages puissants ont à cœur d'appliquer à l'exercice de leur autorité une bonté patriarcale, une douceur dans les formes qui séduit et enchante. Ce sont des pères de famille et non des administrateurs. Demandez-leur une grâce; ils vous la refuseront avec tant de regret de ne pouvoir vous satisfaire, que vous leur devrez encore des remercîments. Lorsqu'un magistrat interroge quelque pauvre jeune homme tombé à l'état de suspect, c'est avec les caresses, les démonstrations tendres, compatissantes d'un ami, d'un confesseur plein d'indulgence. Il rassure le pauvre diable, le console en souriant de ses peccadilles, en se réjouissant de le trouver docile et soumis comme un bon fils; et puis on envoie le jeune homme, pour la forme, pour quelques jours seulement, dans une prison, où, par un hasard fâcheux, on l'oublie jusqu'à sa mort. Si les parents de ce malheureux demandent audience, ils s'en retournent rassurés, consolés, embrassés, bénis, et privés à jamais de leur enfant.

Dans le Transtevère, le peuple n'a point la politesse qui fait le charme de la rive gauche du Tibre. L'habitant de ce quartier se vante de garder l'antique dignité du citoyen romain; sa manière de rester fidèle à cette tradition respectable est de témoigner une grande brusquerie d'humeur, un orgueil susceptible et vindicatif. On n'entend dans ce pays-là que des malédictions, des injures, des menaces, des cris d'enfants battus. Le Transtévérin qui a promis un pouce de lame dans les côtes à un ennemi, ou la lame entière, selon la gravité de l'offense, tient ponctuellement parole. Cette rudesse de mœurs est heureusement une exception en Italie. Nous passerons sous le silence les anecdotes tragiques recueillies à ce sujet et plutôt faites pour un journal de tribunaux que pour une relation de voyage. Citons plutôt un exemple frappant de courtoisie et d'affabilité.

Un matin, je me rendais chez M. Merle, dont le magasin de librairie est le rendez-vous des étrangers lettrés et des artistes français, qui sont toujours en grand nombre à Rome. Quiconque a eu affaire à M. Merle connaît son obligeance. Je le trouvai sur le seuil de sa porte, indiquant la poste aux lettres à deux jeunes gens que j'avais rencontrés à Venise. Après avoir renouvelé connaissance avec ces messieurs, je les conduisis au guichet de la poste restante, et quand ils eurent retiré leurs lettres, je les menai à Saint-Augustin, dont ils voulaient voir les peintures. L'église était ouverte. Nous allâmes tout droit à la troisième travée de la nef, et nous restâmes longtemps devant la belle fresque de Raphaël, représentant le prophète Isaïe. Cette figure, assise entre deux anges qui lui apportent le souffle divin, est admirable sans doute; mais on n'y reconnaît à aucun signe particulier le prophète chéri de Dieu, celui de qui saint Jérôme a dit qu'il était à la fois le premier des philosophes, des moralistes et des théologiens, l'historien de l'avenir et du passé. Les prophéties d'Isaïe sont des morceaux sublimes d'éloquence, pleins d'images qui frappent d'autant plus qu'elles ne sont point cherchées. Par exemple, lorsqu'il annonce au peuple juif les coups de la colère céleste en des termes terribles, et qu'il ajoute : « Dieu en épargnera quelques-uns, comme des grappes de raisin oubliées par les vendangeurs, » Isaïe s'exprime en véritable poëte. Sans imposer aux peintres comme une loi le mysticisme dont Michel-Ange a fait un usage si heureux, on ne peut nier que ce mysticisme eût été de saison pour traiter un pareil sujet, et que les prophètes de la chapelle Sixtine sont bien supérieurs à celui de l'église de Saint-Augustin. Ces figures bibliques, d'une grandeur plus qu'humaine, convenaient moins au génie gracieux de Raphaël qu'à celui de Michel-Ange, l'Isaïe des arts.

Après avoir regardé d'autres peintures, nous nous approchâmes d'une charmante madone coiffée d'un diadème oriental, parée de colliers et de bracelets et dont la douce mélancolie formait un étrange contraste avec ce luxe d'ajustement qui lui donnait un petit air indien. L'enfant Jésus, appuyé tendrement sur l'épaule de sa mère, était lui-même couronné de fleurs. Le riche baldaquin qui couvrait la niche et les cierges brûlants déposés sur l'autel, attestaient que cette madone était en grande vénération dans son quartier. Nous cherchions de qui pouvait être ce beau groupe, lorsqu'un *signor* fort bien mis, — habit noir, gilet de chamois rayé, pantalon de Nankin, chapeau brossé avec soin, remarqua notre incertitude, et s'approchant d'un air tout à fait aimable, il nous dit en souriant :

— L'auteur est Sansovino. Vos seigneuries auraient eu de la peine à le deviner, car ce grand maître, toujours occupé d'architecture, a sculpté peu d'ouvrages de cette dimension. Dans la troisième chapelle à gauche, il y a encore une statue fort estimée d'un autre sculpteur, nommé Hercule Ferrata.

Nous nous laissâmes conduire devant cette autre statue représentant un saint quelconque. Le gentilhomme s'aperçut qu'elle nous plaisait moins que la douce madone.

— Je vois bien, nous dit-il, que j'ai mal réussi; mais si vos seigneuries veulent me permettre de les mener à Sainte-Agnès, je prendrai ma revanche.

— Il ne faut pas vous déranger pour nous, répondis-je. Vous paraissez attendre quelqu'un dans cette église.

— Point du tout, reprit l'inconnu ; je n'ai rien à faire, et je m'estimerai heureux de causer un moment avec vos seigneuries. Je vois avec satisfaction qu'elles n'ont point de domestique de place. Ces canailles, qui s'intitulent des *ciceron*, ne sont que des ignorants qui récitent leur leçon comme des perroquets, pour gagner leur salaire. Grâce à eux, tous les étrangers font exactement la même promenade dans Rome, entendent les mêmes bavardages et voient les mêmes choses dans le même ordre.

— C'est précisément afin d'échapper à cet éternel programme, répondis-je, que nous avons pris le hasard pour guide.

— Votre guide, reprit le gentilhomme, est donc dans mes intérêts, puisqu'il m'a procuré l'honneur de rencontrer vos seigneuries. Serais-je trop indiscret en leur proposant de remplacer pour une heure ce *cicerone* capricieux?

Il était impossible de refuser les offres de service d'un si galant homme. Pendant cet échange de politesses, le seigneur inconnu nous conduisait à la place Navone, où se trouve l'église de Sainte-Agnès. Quoique le chemin ne fût pas long, il trouva le temps de nous raconter son histoire. Son père, Dominique Cruccoli, d'une bonne famille de Viterbe, avait tenu boutique de droguiste à Rome, pour son malheur à lui, Tito Cruccoli, car le bonhomme, ne s'y étant pas enrichi, avait dérogé en pure perte. Je compris que le but de ce récit était d'apprendre à nos *seigneuries* qu'elles avaient affaire à un gentilhomme dont la noblesse n'était pas d'une pureté au-dessus de tout reproche.

— Les principes de 1789, répondis-je en riant, permettent à des Français de fréquenter avec un ancien droguiste, pourvu qu'il ait de l'instruction et de la politesse.

Après cette explication, don Tito parut se sentir plus à l'aise. La glace qui n'était pas fort épaisse fut entièrement brisée, quand j'eus glissé dans la conversation les noms de mes compagnons et le mien, ce qui équivalait à une présentation en bonne forme. Nous étions arrivés à Sainte-Agnès. Cette grande église a été construite sous le pontificat d'Innocent X, sur le terrain d'un ancien cirque, dans lequel Agnès avait souffert le martyre, ce qui a fourni au Dominiquin le sujet d'un tableau dont nous avons parlé en passant à Bologne.

— Nos ancêtres, dit le seigneur Tito, ont commis une infâme cruauté en égorgeant une fille de quinze ans; mais c'est à la constance de ces pauvres victimes que nous devons d'être tous de bons chrétiens.

Sur un des autels de l'église, le gentilhomme nous montra un bas-relief représentant sainte Agnès dépouillée par ses bourreaux avant l'exécution, et se voilant de ses cheveux, comme si elle était plus alarmée de l'outrage fait à sa modestie que de l'approche du supplice.

— Que pensent vos seigneuries de ce morceau? demanda le seigneur Tito avec confiance.

Nous n'hésitâmes pas à déclarer que ce bas-relief était admirable

— Eh bien, reprit le gentilhomme, l'auteur est pourtant un maître de la décadence : Alexandre Algardi.

— Il est fort connu comme architecte, répondis-je. A présent, je le tiens pour un sculpteur excellent.

— Bravo! ma journée n'est pas perdue, reprit le seigneur Tito. Alexandre Algardi naquit à Bologne. Il vint travailler à Rome au dix-septième siècle, et tandis que le Bernin emplissait notre ville de ses ouvrages et l'univers du bruit de sa renommée, Algardi faisait avec moins de succès des sculptures infiniment meilleures. Quand le goût public se corrompt les arts sont bien malades. Si vos seigneuries veulent se donner la peine de chercher parmi les ornements dont l'église de Saint-Pierre est surchargée, elles y trouveront un bas-relief du même auteur représentant la rencontre d'Attila et de saint Léon.

En revenant par le Corso, notre aimable guide nous conduisit à l'église de Saint-Charles, où il nous montra une belle statue de David par le sculpteur français André Lebrun. Au moment de nous séparer, nous entrâmes encore à l'église des Santi-Apostoli, pour regarder le tombeau de Clément XIV, par Canova. La statue du pontife, assise au sommet du mausolée, tient la main droite étendue vers le spectateur, qu'elle semble à la fois bénir et réprimander. Le caractère de ce philosophe chrétien est tout entier dans le geste pacificateur de cette main, qui veut être obéie parce qu'elle impose la concorde. Sur le visage de Clément XIV on sent la bonté, la douceur, mais aussi la ferme volonté d'un père qui n'attend pour sourire à ses enfants que la fin de leurs querelles.

Notre nouvel ami nous reconduisit jusqu'à l'*Hôtel de Londres*, sur la place d'Espagne, où demeuraient mes compagnons. L'un d'eux, cherchant un moyen de s'acquitter avec le seigneur Tito, voulut le retenir à dîner; mais celui-ci s'excusa de ne point accepter en disant qu'il comptait sur le plaisir de nous revoir. Il nous offrit ses services pour le lendemain, à l'heure qu'il nous plairait de choisir. Après bien des cérémonies, nous fûmes obligés de céder à son insistance. Nous prîmes rendez-vous au café *Grec* pour midi, et afin de ménager les jambes d'un *cicerone* si complaisant, mes deux compatriotes arrivèrent en calèche de louage. Nous commençâmes par nous faire conduire à l'église de Saint-André, appartenant aux jésuites et située sur le Quirinal. On y conserve les reliques de saint Stanislas, enfermées dans une urne couverte d'incrustations en lapis-lazzuli. Notre guide, connaissant les détours fermés au commun des martyrs, nous fit ouvrir, dans la maison du noviciat des jésuites, la chambre de Stanislas, convertie en chapelle. Nous y trouvâmes une étrange statue couchée, représentant le saint à l'heure de la mort. La tête, le cou, les mains et les pieds sont de marbre blanc, le froc de marbre noir, le lit et les coussins de marbre jaune. Les traits du visage, contractés par l'angoisse de la dernière heure, ont une expression sinistre de piété vaincue par la souffrance physique. Cet ouvrage, d'une exécution vigoureuse, est dû au ciseau du sculpteur français Legros. Notre savant *cicerone* nous apprit qu'il existait un beau groupe du même maître dans la chapelle de Saint-Ignace, à l'église de Jésus. Les révérends pères avaient du goût pour le talent de ce maître original.

Afin de bien employer notre véhicule, nous allâmes voir la fontaine Pauline, à Saint-Pierre-in-Montorio. Paul IV fit construire cette grande fontaine avec des matériaux de choix extraits du forum de Nerva. Au-dessous des six colonnes qui supportent l'attique, trois larges orifices versent une masse d'eau considérable, qui se subdivise pour se répandre dans tout un quartier de Rome. Notre guide nous fit ensuite monter à Saint-Onuphre, petite église appartenant à la congrégation des pères hyéronimites. Les trois célèbres médaillons du Dominiquin, représentant des actions de la vie de saint Jérôme, sont sous le portique d'entrée. De la terrasse qui entoure l'église on découvre le panorama complet de la ville. L'air est si pur sur cette hauteur, que, dans les temps d'épidémies, les bons pères échappent aux fièvres et *influences*, comme on dit à Rome. Le couvent de Saint-Onuphre et la chartreuse de Saint-Martin, à Naples, sont les seuls endroits où j'aie senti quelque tentation de me faire moine. Si ce n'était l'office de matines qui vous oblige à vous lever avant le jour, la vie réglée du cloître serait fort douce en ces deux pays-là. Léonard de Vinci, le plus inconstant des hommes, vint travailler à Saint-Onuphre. Dans l'intérieur du couvent, sous une galerie couverte, il peignit à fresque une de ces madones que Raphaël lui-même n'a pas surpassées. Léonard, retenu probablement par le charme du lieu, acheva son ouvrage, et fit pour les pères de Saint-Jérôme ce que le gonfalonier Soderini n'avait pu obtenir de son humeur capricieuse. Torquato Tasso vint aussi chercher dans ce séjour paisible un soulagement à ses dernières souffrances; mais il était trop tard : les blessures qu'il y apporta ne pouvaient plus se fermer.

On a dit que le pape Clément VIII ne s'était avisé de sa tendresse subite pour le Tasse que par haine de la maison d'Este, dont il méditait déjà la spoliation. Cette manière d'interpréter une action généreuse ne se devrait jamais avancer que sur des preuves certaines. Quand même il y aurait à cela quelque chose de vrai, on ne peut, du moins, suspecter les bonnes intentions et l'admiration sincère du cardinal neveu Cintio Aldobrandini pour le poëte persécuté. Le Tasse, retiré à Naples chez son ami le marquis de Manso, y reçut des lettres du cardinal qui le pressaient dans les termes les plus affectueux de venir recevoir à Rome les honneurs dus à son génie et les consolations dont son cœur ulcéré devait avoir besoin. Lorsqu'on apprit qu'il cédait à ces prières, on voulut lui faire une réception digne de lui. Les deux cardinaux neveux, accompagnés d'un cortége, attendirent le Tasse à la porte de Rome, sur la voie Appia, et le conduisirent en grande pompe jusqu'aux appartements du pape. On le logea au Vatican et on l'accabla de soins. C'était au mois de novembre 1594. Aldobrandini se chargea lui-même de préparer la cérémonie du triomphe qui devait effacer celui de

Pétrarque en magnificence. Ces préparatifs demandaient du temps. On ne voulait rien épargner, et pour convier l'Italie entière à y venir assister, on publia d'avance que la solennité aurait lieu au mois d'avril suivant. Ce fut précisément dans les premiers jours de ce mois que Torquato Tasso, dont les infirmités avaient empiré pendant tout l'hiver, se sentit près de sa fin. Il quitta le Vatican pour se faire porter au couvent de Saint-Onuphre.

« Je me sens, écrivait-il à ses amis de Naples, entraîné par la mort, comme par un torrent rapide auquel je ne puis résister. Ce n'est plus le moment de songer à l'obstination de ma mauvaise fortune, pour ne pas dire à l'ingratitude des hommes; ils auront la joie de me mettre au tombeau misérable, comme j'ai vécu, au moment où j'espérais recevoir le prix de la gloire que ce siècle retirera de mes ouvrages, en dépit des envieux. Je me suis fait porter à *Sant-Onofrio,* sur l'avis des médecins, parce que l'air y est meilleur que dans le reste de la ville; mais surtout dans le dessein de commencer de ce lieu élevé, et dans la conversation des saints moines, mes entretiens avec le ciel. »

Peu de jours après, le Tasse fut pris d'une fièvre ardente. Dans un moment d'exaltation, il supplia le cardinal Aldobrandini de réunir ses manuscrits, de rechercher les éditions publiées de ses poëmes et de les détruire. Pour le calmer, le cardinal promit au moribond tout ce qu'il voulut, avec l'intention de ne point lui obéir. Tout était prêt pour la cérémonie du triomphe, et dans la ville on espérait encore qu'elle ne serait que différée; mais la destinée du Tasse ne voulut pas lui donner une satisfaction qui aurait peut-être effacé dans une âme si accessible aux émotions douces les souvenirs d'une vie entière de chagrins et de tortures. Le 25 avril il rendit le dernier soupir, et la consternation se répandit avec cette triste nouvelle. Le cardinal Aldobrandini revêtit de la toge le cadavre du poëte, lui posa la couronne sur le front, et le promena dans les rues, suivant lui-même le brancard avec ses domestiques et ses amis. Une foule immense se porta sur le chemin de ce cortége funèbre, et quand il revint à Saint-Onuphre, le triomphateur fut déposé sous une pierre de la petite église. Le cardinal neveu ne voulait laisser à personne l'honneur d'élever à Torquato Tasso un tombeau digne de son génie et de sa réputation... Huit ans après, le tombeau était encore à faire, et ce fut un habitant de Ferrare (le cardinal Bevilaqua), qui remplaça la simple pierre par le petit mausolée de marbre qu'on voit encore à Saint-Onuphre, et sur lequel on a placé le buste du poëte. L'épitaphe pompeuse et un peu longue est aussi l'ouvrage du prélat de Ferrare. On aurait dû graver sur le marbre les mots que le maréchal de Trivulce voulut avoir sur son tombeau : « *Hic quiescit, qui nunquam quievit.* » (Ici repose enfin celui qui ne s'était jamais reposé.)

Dans la bibliothèque de leur couvent, les bons religieux conservent précieusement des autographes du Tasse, quelques meubles et ustensiles dont il s'est servi avant de mourir entre leurs bras, tristes reliques dont la simplicité même attendrit le cœur. Dans les souvenirs, les traits de caractère, les amours, les chagrins, la mort de Torquato Tasso, on retrouve partout l'homme aimable, bon, chevaleresque, généreux, sans aigreur, même dans sa prison. Des malheurs si peu mérités sont une honte pour ses contemporains, une souillure ineffaçable sur le blason de la maison d'Este. L'histoire de sa vie est le roman le plus attachant et le plus varié. On conçoit que cet homme ait encore en Italie des dévots, et que sa modeste tombe attire de loin des pèlerins amenés par la sympathie, l'estime et la vénération. Je partageais avec eux ces sentiments et ces émotions dans la petite église de Saint-Onuphre. Mais si l'on fait un effort pour oublier le héros et juger l'écrivain sans prévention, sans engouement, on ne peut nier qu'il n'ait de graves défauts, et qu'il ne soit le dernier des quatre grands poëtes que l'Italie met au rang de ses demi-dieux.

Plût au ciel qu'en lisant la *Jérusalem délivrée* on ne sentît que le génie du poëte sommeillant par instants comme celui d'Homère! Malheureusement les taches qui gâtent ce bel ouvrage ne sont point des accidents; elles échappent à l'auteur sans qu'il s'en doute, parce qu'elles viennent du tour naturel de son esprit. Il passe avec une facilité incroyable de l'inspiration à la *manière*, et mêle souvent le faux goût à l'expression d'une grande pensée. Pour en citer des exemples, il ne faut qu'ouvrir son poëme au hasard, comme on tire un oracle virgilien. Lorsque Tancrède a blessé mortellement Clorinde et qu'il l'a reconnue, il s'évanouit de douleur et ses amis l'emportent « à demi mort en lui-même et mort tout à fait en elle. » Armide, dont les passions ont tant d'ardeur, ne s'amuse-t-elle pas à des pointes d'esprit, lorsqu'elle parle en ces termes au cœur de Renaud qui l'abandonne : « O pierre tant aimée et honorée, qui renfermes en toi mes flammes et reçois au dehors mes pleurs?.... ». — Et pourquoi Renaud reste-t-il inébranlable? « parce que, dans son cœur, l'*entrée* est fermée à l'amour et la *sortie* aux larmes. » J'aurais attribué plutôt la cause de son insensibilité au langage précieux et affecté de sa maîtresse. Partout ces antithèses et ces jeux de mots viennent refroidir le lecteur et ternir des pensées ingénieuses, des descriptions agréables et des situations fortes. Quand vous rencontrez le mot *feu*, vous pouvez être sûr de trouver l'*eau* à la ligne suivante. Le mot *rire* appelle le mot *pleurs*. Si le front d'Armide est *sombre*, son infortune est *claire*. Quand des expressions semblables se rapprochent, l'une a un sens physique, l'autre moral. Telle est, dans le récit de la naissance de Clorinde, la *blancheur* de son teint, qui pouvait rendre suspecte aux yeux de son père la *blancheur* de la fidélité de sa mère.

Au lieu de citer mille traits de ce genre, puisque le poëme en est farci d'un bout à l'autre, arrêtons-nous pour remarquer dans ce travers du siècle où le Tasse écrivait les premiers signes de la décadence des lettres italiennes. Le mal n'est point encore sans remède; il ne le devient qu'à la mort du poëte, quand les imitateurs se précipitent en foule dans cette mauvaise voie et qu'ils exagérèrent les défauts sans avoir les beautés. Le Tasse, avec ses disparates, donne la main droite au Dante et la gauche au *cavaliere*

Marino. L'antithèse et le jeu de mots passèrent d'Italie en France, où ils eurent, pendant la première moitié du dix-septième siècle, un furieux succès. La cour de Louis XIII en fit ses délices. L'illustre Voiture, le célèbre Gombauld et le grand monsieur Chapelain obtinrent des applaudissements, voire des pensions fort rondes de M. le cardinal-ministre, en faisant manœuvrer comme des soldats de plomb la *vie* et la *mort*, l'*eau* et le *feu*, la *glace* et les *flammes*. Pierre Corneille ne put échapper à cette contagion. Quand Chimène se plaint que « la moitié de sa vie a mis l'autre au tombeau, » elle s'exprime en héroïne du Tasse. Racine lui-même donna dans ce phébus lorsqu'il fit dire à Pyrrhus amoureux : « Brûlé de plus de feu que je n'en allumai. » Mais il se corrigea aussitôt que Molière et Despréaux commencèrent à tourner en ridicule le pathos et le style précieux. Cette maladie n'était en France que la gourme d'une littérature naissante, tandis qu'en Italie c'était une infirmité de vieillesse. Certes les académiciens de la Crusca, en voulant motiver leur préférence pour l'Arioste, auraient eu beau jeu à critiquer les fautes de la *Jérusalem délivrée*. Ils s'en gardèrent bien, et s'en prirent aux qualités de ce grand ouvrage, au plan, à la composition, à l'ordonnance, qui sont irréprochables. Ils ne rendirent pas plus de justice à la fécondité, à la puissance de création, ni à cette longueur d'haleine qui ne trahit pas un instant les forces du poëte. Comment auraient-ils relevé l'abus des antithèses et le cliquetis des mots, puisque, dans leur censure, ils se livraient aux mêmes exercices, avec bien moins d'esprit et un goût cent fois plus mauvais ?

La *Jérusalem délivrée* restera comme un de ces grands tours de force de l'esprit humain, dans lesquels on admire l'énormité de l'entreprise et la difficulté vaincue. Mais il existe un petit volume du Tasse dont on ne parle guère et qui vaut mieux, à mon sens, que tout un poëme épique : c'est le recueil appelé les *Veglie*. Comme l'avait remarqué notre guide à propos d'Algardi, le public court toujours là où il entend du bruit, et la *Jérusalem* en a fait beaucoup, tandis que les *Veilles* du prisonnier n'ont pas eu le même retentissement. Dans le premier de ces ouvrages, l'auteur dirige à grandes guides son attelage avec le sang-froid nécessaire à un habile cocher. Hormis dans quelques épisodes touchants, sa tête seule s'échauffe. Pendant les nuits de l'hospice Sainte-Anne, il ouvre son cœur et ne s'amuse plus à jouer sur les mots. Ses plaintes ne sont plus celles d'un être imaginaire : c'est lui-même qui souffre, et le cri du désespoir part du fond de sa poitrine. On sent palpiter les entrailles du poëte persécuté; on retrouve le héros de roman des biographies, la victime d'un prince orgueilleux, l'amant malheureux, l'homme de cœur aimable et charmant. C'est un spectacle lamentable et d'un intérêt extrême que de voir cette belle intelligence analyser avec une lucidité singulière les sensations et les visions de la fièvre; les impressions fantastiques, les souffrances, le découragement même lui inspirent des vers heureux, empreints d'un cachet profond de vérité. Des élans passionnés, des aspirations vers une vie meilleure, l'emportent, par instants, bien loin de son cachot. Le Tasse ne peut manquer d'être toujours adoré de ses compatriotes; car si jamais l'Italie se guérit des *concetti*, elle ne rabattra de son admiration pour la *Jérusalem* qu'en se prenant d'un enthousiasme plus grand pour les *Veilles*. En faisant ce petit volume, Torquato Tasso ne savait pas qu'un jour pourrait venir où ce travail sur lui-même serait estimé le meilleur de son œuvre. N'eût-il écrit que cela, il vivrait encore comme André Chénier, comme Leopardi, et l'on irait à *Sant'-Onofrio* regarder sa modeste tombe, les pauvres reliques conservées par les moines, et son buste, son noble visage, où l'on reconnaît tous les signes d'une belle âme, d'un honnête cœur, avec plus de génie qu'il ne lui en fallait pour être crucifié.

Pour faire une diversion aux souvenirs pénibles que le pèlerinage à Saint-Onuphre avait éveillés, notre intelligent *cicerone* nous conduisit dans une église qui s'appelle, je crois, Saints-Martin-et-

Sylvestre. Nous y trouvâmes des paysages du Poussin, formant des espèces de médaillons sur les deux côtés de la nef. Des paysages dans une église, c'était une rareté. Je m'écriai : Des Poussin ! comme Jean-Jacques lorsqu'il vit des pervenches.

Le Poussin avait une façon à lui de comprendre la nature. Il en sentait vivement le côté grandiose et le traduisait avec une majesté d'exécution que je comparerais volontiers à l'éloquence de Bossuet. Au premier plan de ses paysages, il met souvent des groupes d'arbres gigantesques et centenaires, qui ressemblent à des conciliabules de vieillards. On prendrait ses collines pour celles où la louve prêta ses mamelles aux deux jumeaux privés de leur mère. Ses bois sont des bois sacrés, et du fond de ses lointains mystérieux, on s'attend à voir sortir une armée de soldats étrusques, une procession de prêtres, ou un peuple émigrant par l'ordre de Dieu. Les paysages de l'église de Saint-Martin, quoique noircis par le temps, ont bien ce caractère antique, cette ampleur et cette poésie qui font rêver à des siècles passés, à des scènes historiques et solennelles. Quelques-uns pourtant rafraîchissent l'imagination par des perspectives riantes et des jeux de lumière méridionaux. Le seigneur Tito, enchanté d'avoir eu la main heureuse, nous mena, pour terminer cette seconde journée, dans l'église de San-Lorenzo-in-Lucina, devant une tombe neuve en fort beau marbre. C'était celle de Nicolas Poussin, mort à Rome le 19 novembre 1665. Mais ce que tout le monde ne sait pas, c'est que ce mausolée a été élevé par l'ordre de M. de Chateaubriand. Notre ami ne put pas me dire si l'auteur du *Génie du Christianisme* avait rendu cet hommage à la mémoire du premier des peintres français, pendant ses ambassades et comme représentant de la France, ou simplement comme voyageur enthousiaste.

Dans la même église de Saint-Laurent se trouvent des peintures de l'école napolitaine, assez rares à Rome, et une des pages les plus fameuses du Guide. Avant d'user son talent à payer ses folles dépenses et ses dettes de jeu, Guido Reni eut un beau moment de verve et d'enthousiasme; il produisit alors son œuvre véritable, celle de sa jeunesse. On sent bien que la maladie du siècle le gagne; mais elle entre dans un corps robuste et n'est point encore chronique. Lorsqu'il peint, par exemple, l'enlèvement d'Hélène, la dame enlevée ressemble fort à une marquise en costume de quadrille, et Pâris à un grand seigneur déguisé en guerrier de ballet. Le petit vaisseau qui doit emmener madame pourrait bien être en carton, et la scène entière a tout à fait l'air d'une décoration de théâtre. Mais dans certaines peintures mythologiques, comme la grande fresque des *Heures*, ou dans les sujets religieux, où les grâces de cour ne seraient plus de mise, le Guide redevient sérieux, son style s'agrandit; on reconnaît l'élève des Carrache et l'admirateur de Raphaël. Le grand tableau de l'église San-Lorenzo, représentant le supplice du Christ, appartient à cette belle époque de sa carrière. Ce fut un des ouvrages qui lui procurèrent tant de réputation et de faveur, qu'il ne put suffire aux commandes et se crut au-dessus d'un revers de fortune. Il apprit bientôt que l'oubli et l'indifférence des hommes sont les choses du monde les plus faciles à mériter et à obtenir.

En revenant par le Corso, le seigneur Tito fit arrêter le cocher devant un palais nouvellement blanchi et restauré, dont il nous proposa de visiter la galerie de tableaux, qui n'était pas ouverte au public, disait-il. Persuadés de sa discrétion et de son savoir-vivre, nous nous laissâmes conduire. Ce gentilhomme savait un peu de français et croyait le parler à merveille. Par complaisance pour lui, nous causions quelquefois en cette langue qu'il paraissait aimer.

— Les appartements de ce palais où se trouvent les tableaux, nous dit-il, sont habités en ce moment; mais pour peu que vous ayez envie d'y entrer, on vous recevra. Le patron est un bon homme, qui a deux jolies filles, et vous verrez chez lui des marines de Salvator Rosa.

Après avoir consulté mes deux compagnons, je répondis que

nous entrerions volontiers dans les appartements pourvu qu'il n'y eût personne. Malheureusement je fis cette réponse en français. Don Tito monta l'escalier tandis que nous l'attendions sous le vestibule, et revint nous dire en souriant :

— Comme vous le désirez : *il y a personnes*.

Sur ce, nous le suivons avec confiance, quoique nous entendions résonner les sons d'un piano. A peine avons-nous passé l'antichambre, que nous tombons au milieu d'une compagnie nombreuse : le maître de la maison, ses deux filles, dont une était au piano, la mère de ces demoiselles et trois jeunes gens, qui nous regardent avec étonnement. On interrompt la musique. Les demoiselles vont s'asseoir dans un coin, et les jeunes gens les y accompagnent pour chuchoter à voix basse. La mère cache son visage sous son éventail, et le papa, faisant un pas de notre côté, nous dit très-froidement que nous pouvons contenter notre envie. Pour examiner les tableaux, il aurait fallu déloger successivement de leur place toutes les personnes présentes. Ce n'était point là ce que nous voulions. Mes deux compatriotes reculent du côté de la porte. Je m'empresse de répondre au maître de la maison que notre ami nous a mal compris et que nous sommes désolés d'avoir été importuns. Dans cette phrase d'excuse, pour désigner le seigneur Tito, à qui je ne voulais rien dire de désagréable, je me servis du mot gentilhomme. Cette expression provoqua un accès d'hilarité dans toute la compagnie.

— Cher seigneur, me dit Tito, je ne vous ai pas trompé : *il y avait personnes*.

— Voilà précisément où est la méprise, lui répondis-je; vous avez traduit dans votre tête : *ci sono persone* (il y a du monde), et nous avons compris tout le contraire : *il n'y a personne*, ou en italien : *non c'è nessuno*. Une autre fois, expliquez-vous dans votre langue. Ce sera plus prudent. Un des jeunes gens s'approcha de l'introducteur malencontreux et lui dit en patois romain :

— Tu avais bien besoin de faire l'important !

Cette apostrophe me parut un peu vive entre gens de qualité; mais je pensai que le jeune homme et notre guide se connaissaient beaucoup; celui-ci répondit, d'ailleurs, en se remettant de son trouble :

— *In capo ce avevo na Babilonia* (j'avais en tête une Babylone); proverbe transtevérin qui signifiait : j'avais l'esprit préoccupé.

De nouveaux rires animèrent les visages. Les demoiselles quittaient leur coin pour se mêler à la conversation, et je vis le moment où la familiarité allait s'établir entre nous; comme je ne voulais pas que ce fût aux dépens de notre complaisant ami, je pris congé en renouvelant mes excuses, et nous retournâmes à notre voiture. Arrivés à la porte de l'*Hôtel de Londres,* mes deux compatriotes voulurent retenir à dîner le seigneur Tito, pour témoigner qu'ils ne lui savaient pas mauvais gré de sa bévue.

— Vos seigneuries, dit-il en italien, daigneront-elles accepter mes services pour demain, malgré la mésaventure d'aujourd'hui?

— Assurément, répondis-je. Vous nous trouverez au même lieu et à la même heure que ce matin.

— Eh bien! reprit-il avec dignité, cela suffit. J'ai tant de plaisir à leur faire les honneurs de notre mourante cité, qu'elles n'ont pas besoin d'exciter mon zèle.

Le lendemain, nous montâmes en voiture pour aller à Sainte-Marie-des-Anges. Le pape Pie IV parcourait un jour les ruines des thermes de Dioclétien; il était accompagné de Michel-Ange, et il lui proposa d'élever une église avec les matériaux précieux de cet énorme édifice. L'idée plut au vieux Buonarotti. Une des salles contenant des colonnes lui parut l'endroit favorable. Il dessina une église assez grande, régulière et en croix grecque, de manière à y faire entrer toutes les colonnes encore debout. Michel-Ange ne vit pas la fin du travail, et après lui Vanvitelli fit quelques modifications à ses plans. L'église achevée fut ornée de peintures par le Flamand, le Dominiquin, les Proccacini et Charles Maratta, qui vinrent successivement y travailler. De tous ces ouvrages remarquables, le plus beau est le Saint-Sébastien du Dominiquin. Michel-Ange, en train de dessiner, avait aussi tracé le plan d'une chartreuse. On en éleva le cloître près de l'église, toujours avec les matériaux des thermes antiques. D'une salle de bain on a fait encore un vestibule rond, qui sert d'entrée à l'église et à deux chapelles latérales, dans l'une desquelles est enterré Salvator Rosa, mort à Rome en 1673.

Outre l'église et le couvent de Sainte-Marie-des-Anges, les bains de Dioclétien contiennent l'église et le jardin de Saint-Bernard, des magasins de grains, des maisons, plus deux places publiques. L'enceinte entière formait une circonférence de quatre mille trois cents pieds; on pouvait s'y baigner trois mille deux cents personnes à la fois. La bibliothèque du Forum y fut transportée, et l'une des salles contenait un musée de peinture et de sculpture pour l'agrément des baigneurs. C'est dans cette galerie que Michel-Ange a fait tenir une église. Tant de grandeur effraie l'imagination. Les bains de Caracalla, où l'on arrive par un dédale de ruines aussi vaste que Rome moderne, sont moins grands que ceux de Dioclétien. Il y avait place pour seize cents personnes seulement. Du reste, les baigneurs y trouvaient les mêmes amusements, plus un théâtre où l'on jouait la pantomime. Aucun édifice chrétien ne s'élève dans cette solitude. Le portique par où l'on y entre, les contours des bassins, les énormes murailles à demi-écroulées ont conservé leurs formes primitives. Des escaliers dégradés mènent encore à moitié chemin des étages supérieurs qui n'existent plus; l'ascension en est périlleuse. Les martinets ont établi leur demeure dans le ciment et babillent en voltigeant autour des sommets inaccessibles, où leur famille demeure en sûreté. On peut apprécier la valeur des objets d'art exposés à la vue des baigneurs par les trouvailles faites dans ces établissements. Des fouilles opérées aux bains de Caracalla sortirent le Taureau et l'Hercule dits Farnèse, et la statue de Flore qui sont au musée de Naples. Des bains de Titus vient le célèbre groupe de Laocoon et de ses enfants. Sous le pontificat de Jules II, plusieurs centaines d'ouvriers travaillèrent constamment à creuser les thermes de Titus. On y découvrit des salles pavées en mosaïque, des galeries ornées de peintures d'un prix inestimable, et qui s'effacèrent bientôt en revenant au jour. Il existe, au sujet de ces peintures, une anecdote d'une authenticité heureusement fort douteuse.

Pendant qu'on exécutait les travaux de recherche, beaucoup d'artistes y venaient assister. Raphaël, dit la chronique, se serait introduit dans une galerie fraîchement débarrassée de la terre et couverte d'arabesques — si l'on peut donner ce nom à des peintures romaines — Raphaël aurait pris des copies de ces arabesques et les aurait ensuite effacées pour les produire comme de lui. Ce plagiat, renforcé de vandalisme, me paraît si monstrueux que je n'y saurais croire sur la foi des gens malveillants dont un grand maître est toujours entouré. Les admirables fantaisies que Raphaël a dessinées dans les intervalles de ses *loges*, au Vatican, seraient devenues pour lui des sujets de remords, s'il en eût détruit et volé les modèles dans les bains de Titus, au préjudice de la science et de l'archéologie. Cette historiette, inventée à plaisir, prouverait plutôt que la fécondité d'imagination, la grâce et le goût de Raphaël ont écrasé ses rivaux et causé tant d'étonnement, qu'au lieu de lui en faire honneur, on a préféré en attribuer le mérite à l'antiquité.

En voulant chercher les thermes de Trajan, voisins de ceux de Titus, et qui étaient servis par le même aqueduc, nous arrivâmes à travers des ruines, sans formes précises, devant la petite église de *San-Pietro-in-Vincoli*. Le pape Jules II, qui affectionnait ce lieu tranquille, voulut y être enterré. Il demanda le dessin de son tombeau à Michel-Ange. L'invention d'un projet ne coûtait rien à Buonarotti; mais quand vint le moment de l'exécution, il prétexta la fatigue, et des cinq figures qu'il devait sculpter, il n'en a achevé qu'une seule, le Moïse. Cette statue est l'un des plus beaux fruits de l'esprit humain. Le législateur s'apprête à parler au peuple. Il est assis et tient sous son bras les tables de la loi. D'une main il écarte sa longue barbe. Sur son visage, d'une sévérité terrible, on sent l'inspiration descendre. C'est la volonté de Dieu qui va se manifester par sa bouche. La tête légèrement inclinée vers la gauche semble promener ses regards sur la foule qui l'environne et s'irriter de la voir trop peu attentive; mais avec cette figure-là Moïse va bientôt inspirer le respect et commander le silence. Tout le monde connaît le mot de Michel-Ange lorsqu'il eut achevé son ouvrage : *Adesso puoi parlare.* (A présent tu peux parler.) L'histoire ajoute que le maître, en prononçant ces paroles, frappa le genoux du prophète avec son maillet de bois, et l'on aperçoit en effet une petite marque sur ce genou colossal. Dans leurs Vénus, leurs Dianes et leurs Apollons, les anciens ont créé des types si parfaits, qu'ils ont amené les divers genres de beauté physique à des règles presque géométriques. Dans la Niobé, le Laocoon, le Gladiateur mourant, ils ont rendu quelques mouvements de l'âme. Michel-Ange seul, sans détourner la sculpture de son but, a su exprimer par le marbre des pensées philosophiques et profondes. Le *Penseur* de Florence et le Moïse de Rome se peuvent mettre à côté de tout ce que l'art antique a produit de plus beau, et ce sera pourtant autre chose, en sorte que le maître, en commandant à son chef-d'œuvre de prendre la parole, aurait pu ajouter : « Dis au peuple que tu ne ressembles à personne, et que l'auteur, en faisant aussi bien que Phidias, Praxitèle, Lysippe, Myron et les autres, ne leur a rien emprunté. »

Pour revenir aux débris de l'ancienne Rome, nous allâmes au Colysée, le plus vaste des monuments antiques, le pendant des thermes de Dioclétien. Celui-là ne s'effacera jamais de la surface du globe. Une telle accumulation de pierres peut braver les siècles; la faux du temps entame les parois, mais elle s'y ébrèche, et son travail de destruction ne finira qu'avec le monde, si la main des hommes ne vient plus l'aider. Du temps de Paul III, on a fait à ce magnifique amphithéâtre des blessures profondes en lui empruntant des matériaux ; mais ces brèches, qui n'ont point altéré les formes du monument, en font mieux comprendre les proportions colossales, lorsqu'on songe que le palais Farnèse, celui de Venise et plusieurs autres édifices sont sortis de ses flancs. Le Colysée fut commencé par Vespasien. Quatre ans ont suffi à son achèvement. Les mesures en étaient habilement calculées. Après le spectacle, la foule s'écoulait en un instant sans confusion et sans danger par les soixante-dix ouvertures. Deux entrées particulières étaient réservées pour l'empereur et la cour. Les trois étages d'arcades superposées s'élèvent à plus de cent cinquante pieds. Sous le règne de Titus, les fêtes d'inauguration durèrent pendant cent jours consécutifs, et ces divertissements coûtèrent la vie à deux mille gladiateurs, prisonniers de guerre pour la plupart. Ceux qui n'étaient ni d'âge ni de force à combattre servaient de pâture aux bêtes féroces : c'était une manière de varier les spectacles. Quelques esclaves risquaient leur vie dans l'espoir d'obtenir leur liberté. Un petit nombre de gladiateurs de profession venaient faire parade de leur force et de leur adresse. Ceux-ci étaient les plus dangereux. Ils se mesuraient rarement ensemble ; mais il leur arriva plus d'une fois d'être vaincus par quelque jeune barbare amené des rives de la Loire ou de celles du Danube.

Lorsqu'un gladiateur recevait une blessure, le combat cessait. Le blessé devait jeter son épée à terre et s'avancer jusqu'au pied des gradins pour demander grâce de la vie. Souvent les spectateurs, émus par la pitié, levaient le pouce en l'air et l'homme était sauvé, à moins que sa blessure ne fût mortelle. Souvent aussi les spectateurs baissaient le pouce vers la terre, et alors il fallait que le malheureux allât se faire achever par son adversaire. Si l'empereur assistait au combat, tous les blessés étaient épargnés. Une seule fois, du temps de l'infâme Caracalla, l'empereur renvoya au jugement du peuple un gladiateur blessé, et le peuple, aussi féroce que son maître, vota pour la mort. Lord Byron observe avec raison que ces actes de cruauté semblent ou des horreurs ou des choses simples, selon les habitudes des peuples. Les jolies femmes de Séville, qui applaudissent le taureau à chaque cheval qu'il tue, ne supporteraient pas la vue d'un gladiateur égorgé. Le *gentleman*, qui met un cheval au-dessus d'un homme, frémit d'indignation au spectacle du coursier andalous éventré par une bête à cornes. Revenu dans son pays, le même Anglais assiste, le lorgnon sur l'œil, à une lutte de boxeurs, et si le combattant pour lequel il parie a toutes les dents brisées d'un coup de poing, il entonne un verre d'eau-de-vie dans cette bouche en marmelade, et renvoie son homme au combat, jusqu'à extinction. Si la force de l'usage justifiait tout, ce serait fort bien; mais l'usage ne peut rendre barbare une nation qui ne l'est pas encore, et l'on aurait, j'espère, quelque peine à faire entrer dans les mœurs françaises les combats de boxeurs, de taureaux et de gladiateurs, ce qui n'empêche pas nos petits soldats de se conduire assez vertement sur les champs de bataille, comme l'ont appris des peuples moins polis et moins humains que nous.

Les Gaulois, nos pères, ont plus d'une fois défendu chèrement leur vie dans le Colysée. Que de beaux jeunes gens, à chevelure blonde, sont venus mourir sur le sable de cette arène, en présence de cent mille Romains avides de leur sang! Point de grâce à la race détestée des Gaules! tel était le cri du peuple. Tous les pouces s'inclinaient vers la terre, et le pauvre jeune homme était égorgé parce que, dans les forêts de la Bretagne, quelques tribus de ses compatriotes résistaient encore aux légions romaines. L'exécution achevée, les serviteurs du cirque lui passaient un nœud coulant autour des jambes, et traînaient son corps jusqu'au *spoliarium*, où ils se partageaient ses dépouilles. Quand le blessé était un chef, ou un personnage riche dans son pays, un Asiatique vêtu d'étoffes rares, chaussé de brodequins brodés, les domestiques souhaitaient que le peuple fût d'une humeur massacrante. Mais si le combattant n'était qu'un Africain en jaquette de lin, avec des bracelets de cuivre, Rome pouvait être clémente et pitoyable.

Tout près du Colysée, dont il touche presque le chemin de ronde, s'élève l'arc de triomphe de Constantin. Le sénat de Rome, ne voulant rien épargner pour honorer un empereur qui venait de prouver ses droits à la couronne en battant ses deux rivaux, lui dédia le modèle le plus parfait des monuments de ce genre. Pour abréger le temps, on employa une partie des bas-reliefs de l'arc de Trajan; en sorte que les scènes guerrières et les trophées de ces bas-reliefs se rapportent aux victoires remportées sur les Daces, et non pas aux défaites de Maxence et de Licinius. Un peu plus loin, dans la direction du Forum, se trouve l'arc de Titus, plus petit et d'un dessin moins beau que celui de Constantin, mais dont les bas-reliefs montrent comment se passait la cérémonie du triomphe. On y voit Titus sur un char traîné par quatre chevaux de front, précédé de la musique guerrière, des prisonniers chargés de chaînes, et des soldats couronnés de fleurs portant une table, un candélabre, des vases sacrés et d'autres objets précieux. Ces dépouilles étaient celles du temple de Jérusalem. Derrière le char marchent les légions. Une figure de femme, représentant la Victoire, pose la couronne sur le front de l'empereur.

Du haut des gradins du Colysée nous avions aperçu, dans la campagne, un nuage de fumée noire, qui annonçait l'incendie de quelque ferme. Au bout d'une heure le feu parut éteint. Nous rentrions à la ville par le Corso, lorsqu'un rassemblement arrêta notre voiture sur la place de Venise. Des gens du peuple couraient, se pressaient avec une ardeur incroyable en criant: *Viva!* de tous leurs poumons. Cette ovation s'adressait à un gros homme en manche de chemise, portant sur l'épaule gauche son habit déchiré. Son large chapeau gris à la *calabrèse* était roussi par les flammes, et je compris que ce robuste gaillard venait de se distinguer sur le théâtre de l'incendie.

— Regardez, messieurs, nous dit le gentilhomme romain, voici le célèbre Ciceruacchio.

Comme j'entendais ce nom fameux pour la première fois, je priai don Tito de le répéter.

— Ciceruacchio, me répondit-il. Vos seigneuries l'entendront plus d'une fois encore si elles demeurent longtemps à Rome.

Je commençai par interroger notre ami Tito, et ce qu'il me raconta de cette illustration populaire ayant piqué ma curiosité, je cherchai d'autres renseignements. Tout le monde savait quelque histoire plus ou moins vraisemblable sur les hauts faits de cet homme. Huit ans se sont écoulés depuis la rencontre de la place de Venise, et aujourd'hui que la carrière de Ciceruacchio paraît terminée, je puis offrir au lecteur une notice abrégée sur ce Romain moderne. Son véritable nom était Angelo Brunetti. Sa mère, simple femme du peuple, le voyant frais de visage, vigoureux et joufflu, lui avait donné dans son enfance le sobriquet de Ciceruacchio, qui veut dire en patois *gros poupard*. Ce surnom lui resta. Au moment où je le vis passer, Angelo Brunetti avait à peu près quarante-cinq ans. Il était d'une taille moyenne, large des épaules, avec un cou de taureau, des bras herculéens, l'œil bleu, les lèvres épaisses, la bouche grande, vermeille, souriante, le regard ferme, les cheveux d'un blond ardent. Dans sa première jeunesse, Brunetti se mit dans l'esprit de faire fortune. Il spécula sur les coupes de bois et les céréales, et devint riche en peu de temps à force d'activité, d'intelligence et de probité; et puis, au rebours des gens parvenus, il laissa le commerce et ne songea plus qu'à employer honorablement et utilement ses revenus considérables. Doué d'une force rare, d'un courage de lion, Brunetti ne se contentait pas de courir partout où un malheur réclamait sa présence. Après avoir payé de sa personne, il déliait les cordons de sa bourse. Les victimes d'un incendie ou d'une inondation, les orphelins, les faibles, les affligés de toutes sortes voyaient arriver Brunetti, et, en lui ouvrant leur porte, ils savaient que leurs maux allaient finir. Les occasions ne manquent pas en Italie à qui veut soulager des misères ; aussi avait-il beaucoup d'occupation. C'est ainsi que son nom devint célèbre.

Brunetti n'avait qu'un défaut : il aimait trop le vin, comme Alexandre le Grand. On le lui pardonnait à cause de ses grandes qualités. Ses traits de courage et de générosité avaient fait parvenir sa réputation jusqu'à Naples. Un ambassadeur lui offrit la décoration du Mérite civil. En 1847, après l'avénement de Pie IX et la proclamation de l'amnistie, la joie et l'enthousiasme des Romains approchèrent du délire. Ciceruacchio organisa des fêtes et réjouissances publiques. Un arc de triomphe en matériaux de décors fut élevé à ses frais sur la place du Peuple, et il en dirigea lui-même l'exécution. Lorsque le saint-père passait dans son quartier, Brunetti faisait sonner les cloches, les maisons étaient pavoisées, et l'on jetait des fleurs par les fenêtres. Au mois d'août de la même année, le différend entre Pie IX et l'Autriche excita en Italie une fermentation prodigieuse. On disait les baïonnettes étrangères prêtes à passer le Pô et à marcher sur Bologne. Un jour d'effervescence, Brunetti, délégué par le peuple, alla se prosterner aux genoux du pape et lui offrir le secours d'une légion de volontaires, résolus à mourir pour sa défense. Pie IX, fidèle à la tradition chrétienne et pénétré de l'esprit de saint Léon, le releva avec bonté, et lui dit, en montrant le crucifix, que Rome n'était pas encore en danger, et que, pour la défendre, il avait là ses armes. Ciceruacchio, en sortant de son audience, retourna vers ses amis, leur rapporta la réponse du saint-père, et leur recommanda de rentrer chez eux. Il fut obéi, et, grâce à lui, on n'eut à déplorer aucune scène de désordre.

Dix-huit mois plus tard, la situation était fort changée. Des événements impossibles à prévoir avaient bouleversé toute la péninsule. Brunetti partagea l'entraînement général, et, quoique les circonstances l'aient mis en face d'une armée française, nous pouvons rendre justice à son courage, sans entrer dans les considérations politiques. C'est même une réparation que nous devons aux Romains, après avoir parlé sans ménagement de la poltronnerie du cardinal Antoine Barberini et des soldats d'Urbain VIII. Le courage est une qualité si vulgaire chez les Français, qu'il ne serait ni digne, ni généreux à eux de la nier quand ils la rencontrent dans un ennemi. Où serait, d'ailleurs, le mérite, si l'on avait vaincu des gens incapables de se défendre? Il y eut assurément de beaux traits de courage du côté des Italiens au siége de Rome. La résistance fut organisée en partie par Ciceruacchio, en partie par Garibaldi, autre figure d'une énergie incontestable.

Dans sa légion, Garibaldi ne voulait que des hommes trempés comme lui. Lorsqu'un volontaire se présentait pour y entrer, il lui disait, avec ce ton dramatique que les Italiens savent si bien prendre : « Voici mes conditions : vous serez censé recevoir une solde qu'on ne vous payera jamais si nous n'avons point d'argent. Quand les vivres manqueront, vous vous passerez de manger; vous serez prêt à vous battre la nuit comme le jour, à faire quinze lieues à pied d'une seule traite si le service l'exige, et à mourir à votre poste, sans gloire et peut-être sans sépulture. Cela vous convient-il? » S'il réussissait, par ce tableau peu séduisant, à intimider le volontaire, il le refusait. Sa légion, ainsi recrutée, battit les Napolitains à Velletri. D'une villa située sur la route de Civita-Vecchia, et qui appartenait à la famille Giraudi, les Romains avaient fait une redoute. Trois cents jeunes gens, tous Italiens et de bonnes maisons, s'y établirent. Cette villa, qu'on appelait le Vascello, défendue avec opiniâtreté par ces volontaires, dont pas un n'avait jamais vu le feu, ne fut prise qu'à la fin du siége, et le nombre des combattants se trouva réduit à moins de soixante-quinze. Le reste avait péri, et le Vascello était criblé de trous par l'artillerie. Je ne vois donc pas pourquoi les Français, qui se plaisent à rendre hommage à la valeur des armées russes, refuseraient la même justice aux Romains, qui n'avaient aucune éducation militaire. Quant au dévouement, à l'abnégation, aux sacrifices d'argent, les Italiens en sont plus susceptibles qu'aucun peuple du monde. Je pourrais nommer tel grand seigneur qui a donné sans hésiter sa fortune entière pour une cause perdue d'avance. Aujourd'hui que tout cela est bien loin de nous, le saint-père ne doit point regretter que ses enfants aient montré du cœur même en état de rébellion.

Brunetti disparut après la prise de Rome, et l'on n'a jamais su ce qu'il était devenu. Quelques personnes pensent qu'il aura été fusillé dans un coin par d'autres que les Français, et enterré secrètement ; mais le peuple, qui ne veut jamais que ses héros puissent mourir, reste persuadé que Ciceruacchio avait la peau d'une dureté à l'épreuve de la balle, et qu'il s'amuse à chasser l'ours dans les Abruzzes.

X

ROME

Suite de l'aventure du cicerone-amateur. — Promenade dans le Vatican. — Les petits appartements. — Les *loges*. — Les *chambres*. — La galerie de tableaux. — Salle des chefs-d'œuvre. — Saint-Érasme. — Les divers musées. — Une heure en Étrurie. — Chapelle Sixtine. — La basilique de Saint-Pierre. — *La confession*. — La chapelle de la Pietà. — Solennités de Noël, de Pâques et de la Saint-Pierre. — La procession. — Illumination de la coupole. — La *girandola*. — La religion en Italie.

Le lendemain de notre rencontre avec le tribun Brunetti, notre ami le seigneur Tito vint au *Café grec* nous annoncer que le pape devait passer une partie de la matinée au Quirinal. C'était une occasion de visiter, pendant ce temps-là, les petits appartements du Vatican. J'avais vu sous les arcades de Saint-Pierre une affiche portant que les galeries de ce palais étaient ouvertes au public le jeudi seulement. Pensant que la mesure était nouvelle, je demandai à don Tito si on l'observait rigoureusement.

— Avec la dernière rigueur, me répondit-il; mais moyennant la *bonne-main* au *custode* de chaque galerie, musée ou chapelle, vous entrerez partout.

Sachant par expérience que les gardiens flairent l'étranger à perte de vue et sollicitent la *bonne-main*, qu'il soit jour de Vénus, de Saturne ou de Jupiter, je compris qu'il n'y aurait aucun bénéfice à remettre au jeudi, et je partis avec mes compagnons dans l'intention de leur faire parcourir le Vatican de haut en bas.

De tous les points de la campagne de Rome et des endroits élevés de la ville, on aperçoit le dôme majestueux de Saint-Pierre; mais on n'en voit la façade que de près, lorsqu'on a traversé le Tibre sur le pont Saint-Ange. Quoique le Bernin, sans tenir compte de l'œuvre de Bramante et de Michel-Ange, ait tracé le dessin de cette façade dans le goût de son siècle, comme s'il se fût agi de la cathédrale de Versailles, Saint-Pierre, avec ses galeries avancées en fer-à-cheval, représente noblement l'église qui a pour paroisse le monde chrétien et pour presbytère le plus vaste palais et le plus orné de la terre. La situation du Vatican, du côté de la ville, ne permet d'embrasser du regard toute son étendue que du pied des murailles et obliquement. On ne sait d'abord par où pénétrer dans cet édifice, dont on ne voit que les fenêtres; il y a pourtant deux entrées : l'une, pour les piétons, cachée sous le portique de la basilique, se trouve près de la statue équestre de Constantin. Elle mène au vestibule de la chapelle Sixtine et au pied d'un énorme escalier construit par le Bernin. Pour découvrir l'autre, qui est celle des carrosses, il faut tourner autour de l'église, et quand on a passé une porte semblable à celle d'une citadelle, on entre dans une vaste cour, où l'on aperçoit enfin des escaliers. Chacun des trois étages du Vatican est orné de galeries extérieures. Les appartements du saint-père sont au second, et la galerie ouverte qui les entoure contient les *loges* de Raphaël. Une grande salle, éclairée seulement par les fenêtres pratiquées sous les *loges*, reçoit un jour sombre et s'appelle pour cette raison la salle du clair-obscur. D'une des extrémités de la galerie, on entre dans la pièce réservée aux gardes-suisses, dont l'uniforme de cérémonie, mi-partie de deux couleurs, ressemble assez au costume des arquebusiers de Louis XI. Après la salle des Suisses, vient celle des valets de pieds, et puis celle des gardes nobles. Une porte, située à droite de l'entrée, donne accès dans la chapelle particulière du pape; un couloir conduit de cette chapelle à la chambre à coucher de Sa Sainteté. Au delà sont la salle du trône et le grand salon d'attente, où l'on peut arriver par un autre chemin, et dans lequel les prélats, les ambassadeurs et toute la cour pontificale viennent faire antichambre. Quoique cette pièce communique directement avec le cabinet de travail du pape, on y entend souvent du bruit à cause du grand nombre de personnes réunies; c'est là que Poggio recueillit les anecdotes et bons mots qu'il intitula le *Bugiale*, c'est-à-dire *fabrique de mensonges*, du nom que l'on donnait au salon d'attente sous le pontificat de Nicolas V.

A Paris, dans nos bibliothèques publiques, si vous demandez le livre de Poggio, on vous répond que ce bouquin est un mythe, et que personne n'en a jamais tourné les pages. Le *Bugiale* serait *una bugia*. Cependant les divers historiens de la littérature italienne en parlent comme des gens qui l'avaient lu. Cette imposture n'aurait rien ajouté à l'éclat des lettres de leur pays. Je ne vois pas dans quel but ils auraient inventé cette fable et endommagé gratuitement le caractère sérieux de Poggio. Avant d'affirmer que son petit volume n'a jamais existé, il faudrait d'abord être sûr qu'à cette heure même, personne en Italie n'en possède un exemplaire.

Passons du *Bugiale*, où l'on dit maintenant la vérité, dans le petit appartement du saint-père, qui se compose de trois pièces : le cabinet de travail, la chambre à coucher, la salle à manger. Il y a huit ans, le mobilier en était fort simple. On ne voyait dans le cabinet qu'un bureau à écrire, une console, un fauteuil, quatre pliants et un grand crucifix, probablement celui qui a été montré depuis au tribun Ciceruacchio. La chambre à coucher contenait un petit lit, une commode, cinq fauteuils, dont un pour le *riposo*, un prie-Dieu, surmonté d'une image de la Vierge. Dans la salle à manger, un fauteuil sous un baldaquin rouge, une table et un buffet. De la salle à manger on peut passer dans une espèce d'office, qui mène d'une part aux cuisines, de l'autre aux appartements du grand-maître de la *camera* et du confesseur de Sa Sainteté. Les parents, les amis et les personnes favorisées des petites entrées arrivent par ce chemin pour entretenir le saint-père à l'heure de ses repas. Un escalier dérobé conduit du cabinet de travail à la bibliothèque, située au troisième étage. Près du même cabinet se tiennent les valets de chambre dans une espèce de petit salon. Au delà de la salle à manger commencent les grands appartements, la salle du conseil des ministres, les galeries, etc. Quoique le mont Vatican ne soit pas la plus haute des collines de Rome, on découvre des fenêtres de ces appartements toute la campagne des environs, les déserts de ruines, et plus loin les montagnes d'Albano, les bosquets de Lariccia, les antiques oliviers de Tivoli et le grand pin de Frascati, qui ressemble à un parasol.

Les *loges* de Raphaël sont une des premières choses qu'on rencontre avant de pénétrer dans les appartements du Vatican. Leur situation sous une galerie couverte, mais non fermée, exposait ces peintures à une dégradation rapide. Les plus précieuses ont été mises sous verre. Quiconque s'est tant soit peu occupé de beaux-arts sait par cœur ces chefs-d'œuvre, et en connaît au moins les gravures. Tout le monde a dans la tête le célèbre *bon Dieu* à cheval sur un nuage, écartant de ses deux bras les ténèbres du chaos. Comme l'ont dit les poëtes, on reconnaît à la jeunesse de son visage et à la blancheur de sa barbe l'être dont l'existence ne commença jamais et ne peut point finir. Dans les peintures de la chapelle Sixtine, Michel-Ange a traité le même sujet, et, à mon sens, il s'est élevé plus haut que Raphaël. Le Dieu des *loges*, en débrouillant le chaos par un geste, admirable d'ailleurs, se donne la peine de *faire* le monde; celui de Michel-Ange le *crée* sans effort par la pensée; il veut que le monde soit, et le monde s'échappe de ses mains. Parmi les autres sujets, plusieurs demandaient plutôt de la grâce que de la profondeur; Raphaël y est incomparable. Tels sont, par exemple, Adam, Ève et leurs deux enfants, hors du paradis terrestre et obligés de se livrer au travail, le patriarche Abraham visité par les trois anges, la bénédiction d'Isaac, Rachel demandée en mariage par Jacob, Moïse sauvé des eaux par Thermutis, entourée d'un essaim de jolies filles, les Mages prosternés devant l'enfant Jésus assis sur les genoux de cette Vierge idéale, dont le pinceau de Raphaël a beaucoup contribué à rendre le culte plus passionné en Italie que celui de son divin fils. Les autres sujets sont : Joseph expliquant les songes de Pharaon, Moïse jeune à genoux devant le buisson ardent, Moïse vieux donnant au peuple les tables de la loi, David triomphant, traîné par deux chevaux que Buffon n'aurait pas reconnus. Une révolution toute récente s'est opérée dans les arts touchant les animaux : les lions de carton et les chevaux de bois ont fait leur temps, grâce à M. Barye. Le douzième sujet des *loges* est la Cène. Si on voulait opposer à cette dernière fresque le même sujet traité par Léonard de Vinci, l'avantage resterait, pour la beauté de l'ordonnance et l'expression des têtes, à la peinture du couvent de Milan. De ces douze ouvrages, les deux premiers seulement sont en entier de la main de Raphaël; les dix autres, dessinés par lui-même, ont été exécutés sous sa surveillance par Jules Romain, Pierin del Vaga, Pollidore de Caravage et Mathurin de Florence. Sur les autres peintures des *loges*, dont le nombre total s'élève à cinquante-deux, on a moins de certitude. Qu'elles aient été composées par Raphaël ou par son école, on peut encore affirmer qu'un seul de ces morceaux suffirait aujourd'hui à faire la réputation d'un peintre vivant.

C'est dans les intervalles des *loges* que le jeune maître, pour compléter son travail, a dessiné de caprice ces arabesques fameuses que l'envie s'est empressée de déclarer trop ingénieuses pour n'être pas le produit d'un plagiat. Les unes représentent des fleurs, les autres des oiseaux, d'autres une série de poissons disposés avec un goût charmant. La hardiesse de ces fantaisies aura sans doute éveillé les soupçons. Cependant ne fallait-il pas qu'elles eussent été imaginées par quelqu'un? et pourquoi ne voulait-on pas que ce fût par Raphaël? Sans les copier exactement dans les thermes de Titus, ne pouvait-il pas en avoir conçu l'idée en regardant ces médailles siciliennes sur lesquelles on voit précisément des guirlandes de poissons? La chronique raconte que Michel-Ange, sortant de la chapelle Sixtine à la chute du jour, seul et rêveur, vit Raphaël descendant l'escalier du Vatican, accompagné de ses élèves et d'une foule d'oisifs et de curieux. « Te voilà, dit Buonarotti, suivi d'un cortége comme une courtisane. — Et toi, seul, comme le bourreau, répondit Raphaël. » Après cette escarmouche, dans laquelle Michel-Ange avait les premiers torts, ils se séparèrent blessés tous deux ; mais ils ne changèrent point de mœurs. Le peintre de la chapelle Sixtine, toujours préoccupé de quelque grande pensée dont il ne voulait pas se distraire, avait besoin de solitude ; le gracieux peintre des *loges* pouvait admettre ses amis à le regarder faire des oiseaux et des poissons. Il semble que Raphaël ait eu le dessus en répondant avec tant de verdeur à la provocation de son rival. Mais si l'on examine les choses de près, Michel-Ange ne fut pas aussi battu qu'on le pourrait croire : le Moïse, le Jugement dernier, la chapelle de la *Pietà* étaient d'assez bons fruits de cette vie solitaire et rêveuse. Quand les courtisans de Raphaël publièrent la fable de son plagiat, Michel-Ange dut se féliciter d'avoir toujours fermé sa porte à ces excellents amis.

De la galerie des *loges,* si nous passons dans les *chambres,* nous arrivons devant les plus célèbres pages et les plus belles de Raphaël. La première de ces chambres contient l'Incendie du bourg de Spirito-Santo. Ce sujet, choisi probablement par le saint-père, a donné des distractions à l'auteur. Raphaël, oubliant qu'il s'agissait d'un village brûlé au neuvième siècle de l'Église, en a fait l'incendie de Troie. Si le groupe du jeune homme portant son père sur ses épaules, et suivi d'une femme, n'est pas Énée sauvant Anchise et perdant Creüse, on pourrait au moins s'y tromper. Le président Dupaty, dont les *Lettres sur l'Italie* ont obtenu un si grand et si légitime succès, cherchant un moyen de communiquer l'enthousiasme dont il se sentit transporté à la vue de cette peinture, imagina de feindre qu'un incendie véritable l'avait interrompu dans sa visite au Vatican. Il employa son éloquence à raconter la scène de désolation dont le hasard le rendait témoin. L'ardeur des flammes était si grande qu'on le pouvait croire en danger lui-même. Quand il juge ses lecteurs assez effrayés, il leur avoue enfin sa supercherie, en ajoutant qu'il a éprouvé ces alarmes devant une image. Cet artifice oratoire fut fort applaudi. Cependant le morceau me paraît mal choisi, et le prétexte de tant d'émotions tiré par les cheveux. Le président aurait été bien surpris si Raphaël lui eût dit : « Calmez-vous, cher monsieur; mon incendie n'est pas si terrible que vous vous plaisez à le croire. Ces flammes, qui montent si haut dans les airs, sont des flammes de convention. Je sais bien que cela manque de vérité, comme les chevaux qui traînent mon David triomphant. Je l'ai fait exprès. N'ayez donc pas si grand'peur. » Ou le président Dupaty s'amusa aux dépens de ses lecteurs, ou il se battit les flancs pour jouer l'enthousiasme. Il fut de meilleure foi, lorsqu'en allant de Florence à Rome, par Sienne et non par Perugia, il prit le lac de Bolsena pour celui de Trasimène, et qu'il mit Annibal aux prises avec Flaminius à vingt lieues de l'endroit où ils s'étaient rencontrés, sur un chemin qu'ils n'avaient parcouru ni l'un ni l'autre.

La chambre suivante contient l'École d'Athènes et la Dispute du Saint-Sacrement. Aristote et Platon, dont les graves figures se rencontrent sous les portiques d'Athènes, fourniront matière à d'éternels débats : l'un voulait gouverner les esprits en tyran; l'autre connaissait mieux l'art de les séduire. Leur divergence d'opinions et de méthode ne les empêchait pas de se rendre justice; tandis que sur la moindre question théologique, il faut s'entendre, sous peine d'hérésie. On se querelle sur la métaphysique; on se fait tuer pour la religion. Malgré le despotisme d'Aristote, les péripatéticiens n'ont condamné personne à mort, que je sache. Cent mille Albigeois et quarante mille Hussites ont été brûlés vifs pour s'être écartés de l'orthodoxie. De là vient, sans doute, que les docteurs de la Dispute du Saint-Sacrement ont des airs si attentifs et si réfléchis. L'importance du sujet qui les occupe se voit dans leurs attitudes méditatives et sur leurs visages sévères. Je ne sais si Michel-Ange lui-même les aurait représentés avec plus de profondeur. La peinture suivante, celle du Parnasse, est placée près d'une fenêtre dont le jour lui nuit un peu. Les Muses, divisées par groupes, entourent Apollon. Il fallait le pinceau de Raphaël pour donner de la grâce à ce dieu qui joue du violon.

Dans la chambre dite d'Héliodore sont quatre morceaux du même ordre que les précédents, quoique Jules Romain et Pierre de Crémone, élève du Corrége, aient pris part à la collaboration. Héliodore, chassé du temple de Jérusalem, et saint Léon, marchant au devant d'Attila, sont en face l'un de l'autre. Le maître a adopté, dans ce dernier ouvrage, la version de la légende, qui fait apparaître dans les airs les figures de saint Pierre et de saint Paul. Attila, frappé de terreur, laisse tomber son épée ; ce qui est contraire à l'histoire, puisqu'il la remit tout au plus dans le fourreau pour un instant. Michel-Ange, sans employer ces ressources fantastiques, aurait su rendre, par le seul jeu des figures, les sentiments des personnages. Les deux autres fresques représentent le Miracle de l'ostie sanglante et saint Pierre en prison, délivré par l'ange.

Mediante la buona-mano, comme disait le seigneur Tito, les portes s'ouvrirent devant nous, et nous arrivâmes à la galerie de tableaux. Ce n'était pas assez de n'admettre dans ce musée que des peintures des plus grands maîtres ; on voulut encore choisir la crème de leurs ouvrages, et, par un surcroît de recherche, on a mis dans un petit salon les meilleurs ou du moins les plus estimés et les plus fameux de ces morceaux déjà triés avec tant de soin. J'ai toujours éprouvé une satisfaction d'amour-propre en entrant dans cette salle particulière, parce que le Poussin y occupe une des places d'honneur et qu'il y supporte le voisinage de Raphaël, de Pérugin, du Dominiquin. L'école française tient son rang dans le salon des chefs-d'œuvre. Les belles choses ne se font point de tort les unes aux autres. Chacune a toujours son cachet particulier. La piété sincère et l'aimable naïveté du Pérugin, la suavité de Raphaël, la profondeur et l'énergie de Michel-Ange, la grâce du Corrége, le pathétique du Dominiquin, le brillant et l'éclat des maîtres de Venise sont balancés par ce sentiment de la véritable grandeur que le Poussin possède au plus haut degré. Par une fatalité singulière, ce maître sérieux, qu'on prendrait pour un contemporain de Michel-Ange, ne déploie toute sa puissance que dans les ouvrages de petite dimension. Le Martyre de saint Érasme, le seul de ses tableaux qui puisse servir de pendant à des figures de grandeur naturelle, n'est pas d'un mérite au-dessus de tout reproche, comme le Jésus guérissant les aveugles, le Saint Jean donnant le baptême, et les autres compositions réunies au Musée du Louvre. On regrette que le Poussin se soit arrêté à ce sujet ingrat. Ce saint Érasme étendu sur un chevalet et auquel le bourreau ouvre les entrailles, cet appareil et ces détails d'un supplice affreux retracent avec une vérité digne de l'école espagnole une scène qui inspire de la répugnance. En revanche, le reste du tableau, les exécuteurs, les soldats romains, les idoles éclairés par une lumière qui vient de la coulisse, tout est savamment composé, distribué avec art, et d'un aspect tout à fait antique.

Nicolas Poussin avait quitté la France dans un moment d'impatience. Chargé des embellissements du Louvre par Louis XIV et Colbert, il avait vu arriver à Paris le cavalier Bernin, grand propagateur du style contourné, homme à la mode et fort tranchant. Le roi, sujet à des accès de mauvais goût, lorsqu'il oubliait de consulter, crut bien faire en demandant l'avis du Bernin sur les travaux du Louvre. Celui-ci se mêla de critiquer. Le Poussin, qui n'était pas courtisan, ne s'amusa point à discuter. Il donna sa démission et partit fièrement pour Rome. Il y retrouva bientôt le Bernin; mais sur un terrain où il n'avait rien à craindre de lui. Dans cette occasion, Louis XIV commit une erreur aussi grave que s'il eût demandé l'opinion de Colletet sur une pièce de Corneille. On reconnaît le prince qui prit Benserade pour un grand poëte, et dépensa bonnement quarante mille écus à illustrer les Métamorphoses d'Ovide mises en rondeaux, livre d'un luxe inouï, dont, comme disait Chapelle, tout était beau : papier, dorure, images, caractères. La faute du roi coûta cher. Le plus grand maître de l'école française vécut et mourut loin de son pays, dans le siècle même où la France renouvelait les temps d'Auguste et de Périclès.

A côté du saint Érasme, si l'on n'eût mis que la Transfiguration, cet ouvrage n'aurait représenté que la dernière phase du génie de Raphaël. Mais le peintre des Madones et des saintes Familles reparaît dans la Vierge de Foligno sous son aspect le plus aimable. Les qualités du Dominiquin se développent aussi dans la Communion de saint Jérôme. Ce n'est pas seulement la foi profonde et l'ardente piété du vieillard que le peintre s'est attaché à rendre : ces sentiments-là étaient trop simples pour lui. Saint Jérôme affaissé par l'âge et la décrépitude, venant tomber épuisé au pied de l'autel, et mettant son dernier souffle de vie dans l'accomplissement de son pieux dessein; voilà le point de vue qui devait séduire le Dominiquin. Si le lieu où l'attendait l'hostie eût été plus éloigné de cent pas, le pauvre vieillard serait mort en route. On pourrait s'étonner que Dominique Zampieri, avec son caractère faible et timide, ses craintes perpétuelles, cette disposition au découragement dont ses rivaux et les envieux ont abusé si cruellement, ait trouvé dans ses compositions tant d'inspirations énergiques et passionnées. Apparemment sa douceur et sa faiblesse n'ont point exercé d'influence sur son talent; il devenait fort, entreprenant, plein de hardiesse et de courage, une fois seul et le pinceau à la main.

Parmi les tableaux du Pérugin, on a choisi avec discernement la Résurrection du Christ, qui ne ressemble pas absolument à tous ses autres ouvrages. La galerie entière mériterait d'être examinée en détail; mais il faut se borner à quelques citations. Jules Romain et le *Fattore* ont fourni le Couronnement de la Vierge; le Guerchin, la Madeleine; le Guide, le Supplice de saint Pierre; Paul Véronèse, une sainte Hélène; André Sacchi, un Grégoire le Grand; le Titien, un Doge; le Corrége, un Christ; Michel-Ange de Caravage, une Image de la Piété; enfin, pour que l'école flamande eût sa petite place, on a bien voulu admettre un paysage de Paul Potter.

Nous n'arriverions jamais au bout de notre tâche si nous entreprenions seulement l'énumération de tous les trésors que renferme le Vatican. Ce sera déjà beaucoup que d'indiquer, non pas les morceaux curieux, mais seulement les salles et les musées où on les conserve. Ce sont : la *galerie des candélabres,* qui se subdivise en six parties, contenant les antiquités égyptiennes, les statues, les vases, les ustensiles, etc. ; la *salle du char* (camera della biga), ainsi nommée à cause du char antique en marbre qu'on a placé au centre ; la *salle de la Croix grecque,* contenant la mosaïque de Tusculum, les objets trouvés dans les tombeaux de Constantin et de l'impératrice Hélène, avec les statues provenant des fouilles de la villa d'Adrien ; la *salle ronde,* où sont les bustes colossaux et la grande coupe de porphyre ; la *salle des Muses,* renfermant l'Hermès antique, les statues de Sophocle, d'Épicure, de Solon, les neuf Muses, une belle figure qu'on croit être Alcibiade. De cette salle, une porte, placée à gauche, conduit au cabinet de Pie VI, où l'on a réuni le Faune antique, le Pâris, l'Adonis, une Minerve admirable, et beaucoup de bas-reliefs. De là nous pouvons aller dans la *salle des bustes.* Sur de belles tables de marbre est rangée la collection de figures historiques la plus curieuse qu'un phrénologiste puisse désirer : le bel Antinoüs, le fou féroce Caracalla, la noble tête d'Agrippa, le vaniteux Éliogabale, etc. Dans la *salle des statues,* cent morceaux intéressants et tous sortis de ciseaux grecs, peuvent retenir le connaisseur pendant toute une demi-journée. La *salle des animaux* contient quatre Hercule combattant, le groupe du Centaure et de la Néréide, les chevaux de Diomède, plus une collection curieuse d'animaux. Dans le vestibule de cette salle se trouve la mosaïque découverte à Palestrina. Dans le cabinet du Portique, on ne peut passer sans s'arrêter devant le fameux Apollon du Belvédère, la Bacchante, le Ganimède, le Bacchus, le bas-relief d'Auguste faisant un sacrifice, les Néréides portant les armes d'Achille, l'Antinoüs sous la forme de Mercure, les sarcophages découverts dans les fondations de la sacristie de Saint-Pierre, les ornements transportés des thermes de Caracalla, le Mercure, la Pallas, les deux Lutteurs de Canova, et le Persée du même maître. La *salle de Méléagre* doit son nom à la statue de ce héros, vainqueur du sanglier de la fable. Les deux vestibules qui précèdent cette salle contiennent les fragments antiques, parmi lesquels il faut distinguer le torse d'Hercule du sculpteur Apollonius, le morceau antique le plus admiré de Michel-Ange.

Au bout de l'immense bibliothèque du Vatican, où l'on peut voir des peintures de Raphaël Mengs et des fragments du Guide représentant la vie de Samson, se trouve le musée profane, contenant les bronzes, les camées, les pierres précieuses, bijoux antiques d'or et d'argent. En revenant sur ses pas, on arrive au musée Chiaramonti, collection variée de mosaïques, de statues et de vases; puis à l'hémicycle du belvédère, consacré aux bustes antiques, moules du Parthénon et curiosités égyptiennes. On y expose le portrait du roi d'Angleterre George IV, par Laurence, sans doute en commémoration du beau fait d'armes des Anglais, qui, sous le règne de ce prince, ont dépouillé les temples d'Athènes, arraché les bas-reliefs, et transporté les marbres de Phidias sur les bords de la Tamise, dans leur atmosphère de brouillard et de fumée.

Les papes qui ont fait construire ou embellir quelque partie du Vatican lui ont laissé leur nom. Le palais d'Innocent VIII, converti en musée par Clément XIV et par Pie VI, s'appelle aujourd'hui Musée Pie-Clémentin. L'appartement des Borgia est devenu Musée de Pie VII. Le feu pontife Grégoire XIV voulut aussi doter le Vatican d'une nouvelle collection. Il choisit l'appartement de Pie IV, et il en fit la galerie étrusque. Depuis quelques années on a extrait de la terre tant d'objets funéraires, de vases, de statues et d'ustensiles, à Albano, à Tivoli, à Bomarzo, à Corneto, que la péninsule semble une mine inépuisable de reliques de tous les siècles. Sous l'Italie des empereurs et des consuls, que recouvrait celle du moyen âge, gisait enfouie l'Italie étrusque. Elle est maintenant au Musée grégorien, le plus riche du monde en documents sur cette civilisation que la barbarie conquérante des Romains a détruite. Les vases peints se comptent par centaines. Il est à remarquer que les plus grands et les plus beaux, ceux auxquels les Étrusques attachaient évidemment le plus de prix, représentent des scènes de l'Iliade, ce qui prouve combien la légende poétique du siége de Troie a ému profondément le monde et pénétré dans l'esprit des peuples anciens. Voici les plus parfaits de ces ouvrages grécotoscans : *Patrocle* venant demander à Achille ses armes pour aller combattre. Achille est assis, dans une attitude qui exprime à merveille sa tristesse et son hésitation. *Portrait d'Achille*, en jaune sur fond noir, fait avec un soin minutieux. Le guerrier est couvert de sa cuirasse; il tient à la main sa lance. *Achille mort*. Près de lui, sa mère debout s'arrache les cheveux. Les armes du héros sont suspendues à un arbre. De l'autre côté du vase on voit Briséis enlevée par les soldats d'Agamemnon. *Ajax emportant le corps d'Achille;* les noms des deux personnages sont écrits en grec sur le contour supérieur; une autre inscription grecque engage le possesseur du vase à s'en servir pour bien boire. *Vénus et l'Amour* s'interposant entre Ménélas et Hélène. L'époux furieux laisse tomber son épée au moment où il allait en percer son infidèle. Ce vase est de la forme des hydries, c'est-à-dire de ceux destinés à contenir de l'eau. *L'Enfance de Bacchus*. Ce morceau, d'une espèce toute particulière et inconnue jusqu'à ce jour, est une des choses les plus précieuses qui soient à Rome. De la forme dite de *Canthare* (nom d'un sculpteur grec), il est peint à plusieurs couleurs avec les lumières et les ombres, et sur fond blanc, ce qu'on n'avait pas encore vu. Mercure porte Bacchus enfant et le confie à Silène. Trois jeunes nymphes s'approchent pour offrir leurs seins au nouveau-né. *Atlas et Prométhée*. Ce vase est couvert du vernis auquel on reconnaît les ouvrages que les Étrusques regardaient comme les meilleurs et les plus soignés. On voit Atlas courbé sous le poids de son fardeau. En face de lui est Prométhée déchiré par le vautour. — *Le Roi Midas* : Un barbier, coiffé du bonnet phrygien, s'avance le rasoir à la main pour faire la barbe au monarque, et s'arrête étonné de lui voir des oreilles d'âne. Cette fable populaire, citée par Perse dans sa première satire, ne passait pas pour très-ancienne. Ce vase étrusque indique qu'elle a pu remonter à la plus haute antiquité. *L'Intempérant* : si l'un des artistes a invité par une inscription l'acquéreur de ses vases à bien boire, un autre, plus sobre, a représenté les inconvénients de l'intempérance. On voit un homme robuste et d'un âge mûr, avec une barbe de bouc, indice de ses appétits grossiers, étendu sur un lit, la tête penchée au-dessus d'un vase. Près de lui, une femme debout lui tient le front à deux mains.

Après les salons consacrés à l'énorme collection des vases, vient la salle des bronzes étrusques. Ce qu'elle renferme en armes, ustensiles de ménage, de toilette, etc., est incalculable. Nous citerons seulement, parmi les bronzes les plus remarquables, un coffre ciselé d'un travail admirable, un trépied de luxe, un char auquel il ne manque pas une pièce, une statue de guerrier qui n'a le caractère ni de l'art grec ni du romain, et qui porte une inscription dans une langue inconnue; de sorte qu'en pensant perpétuer le souvenir du personnage, ses contemporains n'ont réussi qu'à transmettre à la postérité une image sans nom. Au milieu de la salle, sur une grande table ronde, sont les bijoux et objets de parure. On y remarque les insignes de dignités ignorées aujourd'hui, des couronnes, des décorations accordées probablement pour des traits de courage ou de vertu, de nombreux colliers, bracelets, bagues et agrafes.

Du salon des bronzes on arrive par un corridor à une grande salle dont les murs sont couverts de peintures fidèlement copiées sur celles qui ornaient l'intérieur des parois souterraines. Mais ce qu'il y a de plus intéressant dans tout le Musée grégorien, c'est le spécimen complet d'un tombeau étrusque. On a choisi pour modèle un des plus remarquables et des plus riches. Deux lions découverts à Vulci montent la garde aux deux côtés de la porte. Dans l'intérieur sont rangés symétriquement les lits funèbres entourés de vases. Des armes et des ustensiles, suspendus aux murailles, occupent la place où ils furent trouvés, dans le même ordre et la même position. Il n'y manque que les morts ; si bien que le visiteur, enfermé dans ce réduit, peut se croire transporté de trois mille ans en arrière.

Afin de réserver à mes compagnons le meilleur morceau pour le dernier, je les avais fait passer devant la porte de la chapelle Sixtine. Nous y revînmes en voulant sortir du Vatican par le vestibule du Bernin. Au mot magique de *buona-mano*, appuyé d'une pièce de monnaie, un des battants s'ouvrit, et nous entrâmes dans ce sanctuaire. Puisque tous les corps de logis et appartements du Vatican sont devenus des musées, la chapelle Sixtine, si ce n'était sa destination religieuse, pourrait s'appeler le musée Buonarotti. Cette chapelle, plus grande que bien des églises, renferme l'œuvre de Michel-Ange peintre, car il le devint à cette occasion. Il avait trente-trois ans lorsque Jules II voulut lui imposer cette tâche effrayante. Ce ne fut pas à cause des difficultés qu'il la refusa d'abord, mais par un scrupule d'honnête homme : « Je suis sculpteur et non peintre, répondit-il ; donnez ce travail à Raphaël. » Le Saint-Père revint à la charge et pria Michel-Ange de dessiner au moins les cartons ; il y consentit et se laissa entraîner par ce commencement d'exécution. Quand vint le moment de prendre les pinceaux, il appela plusieurs artistes de ses amis et leur dit de peindre à fresque ce qu'ils voudraient sur ces murailles nues, puis il les regarda faire ; au bout de quelques jours, comme il en savait autant qu'eux, il les renvoya et s'enferma pour cinq ans dans la chapelle Sixtine. Michel-Ange travaillait lentement, malgré son extrême application. Souvent mécontent de son ouvrage, toujours à la poursuite d'une perfection idéale dont il n'approchait pas assez à son gré, il effaçait le travail de la veille et le recommençait avec ardeur. Pendant ces combats contre ce qu'il appelait son impuissance, les interruptions et les visites le mettaient au supplice. Un jour que Jules II arriva mal à propos, il jeta du haut de son échafaud une planche qui tomba au milieu des cardinaux et les mit en déroute. Sans se fâcher, le pape sortit et ne revint plus qu'avec la permission du maître.

Comme tous les ouvrages sérieux et profonds, les peintures de la chapelle Sixtine demanderaient au moins un peu d'attention. Cependant la plupart des curieux vont tout droit au Jugement dernier, lui jettent un regard ébahi et s'en retournent sans oser dire qu'ils n'ont éprouvé aucun plaisir. Je ne saurais mieux comparer la première sensation produite par cette page mystique, qu'à la première audition d'une de ces symphonies de Beethoven, où la pensée du compositeur est indiquée vaguement par un titre. On consacre volontiers deux heures à la symphonie, une soirée entière à l'Opéra; on y revient ramené par la mode. Il n'en faudrait pas tant pour arriver à jouir des peintures de la chapelle Sixtine; mais le bon ton ne vous oblige point à les aimer, et l'on s'en dispense. Courir d'abord au Jugement dernier, c'est vouloir déchiffrer le chœur final avant l'ouverture. La partition s'ouvre à la création du monde. Le dieu de Michel-Ange semble traverser l'immensité; le globe terrestre est tombé de ses mains. Il s'arrête un moment pour créer l'homme à son image. Adam s'étonne de sentir en lui les premiers effets de la vie. Dans la peinture suivante, l'homme s'est endormi, et Dieu vient de lui créer une compagne. Ève est d'une beauté parfaite, vigoureuse, pleine de séve, comme il sied à la première femme. Elle paraît émue; son regard est timide; le Créateur, qui lui sourit, étend la main vers elle, comme pour lui toucher le visage; et, dans ce geste paternel mêlé d'un peu de malice, on sent la pensée de l'avenir, des fautes d'Ève et de la chute de l'homme. L'époque biblique est passée rapidement en revue dans les peintures qui suivent, toujours avec cette profondeur de vue, cette vigueur et cette science d'exécution qui maintiennent constamment l'artiste à la hauteur du philosophe. Les prophètes, par exemple, ont un caractère saisissant de puissance et d'inspiration. Ils se distinguent des autres parce que l'esprit de Dieu les anime. En suivant cette histoire religieuse de l'homme, on arrive au but final, heureux dénoûment pour les bons, catastrophe pour les méchants. Sur un geste impérieux du Christ, la terre s'entr'ouvre, les morts sortent du tombeau et reprennent leur forme humaine. Avec une soudaineté prodigieuse, les élus s'envolent soulevés par une force inconnue, et leurs visages rayonnent déjà de la joie des bienheureux, tandis que d'autres tombent pesamment dans le fond des abîmes. L'impression qu'on emporte de ce spectacle est celle de la terreur, et il devait en être ainsi : l'imagination conçoit plus facilement les peines de l'enfer que les joies du paradis. Quelque dévot qu'on soit, connaissant la faiblesse humaine, la triste condition de l'homme condamné à pécher au moins sept fois par jour, par pensée ou par omission ; pénétré de cette vérité accablante qu'une seule faute efface une vie entière de piété, qui pourrait avoir assez de confiance en lui-même pour se croire assuré de monter dans la partie supérieure de la fresque, le jour où le Christ fera de son bras droit le geste solennel deviné par Michel-Ange? C'est pourquoi le Jugement dernier doit inspirer bien plus de crainte que d'espérance.

La décoration de la chapelle Sixtine est l'œuvre capitale de la renaissance, celle qui représente le mieux Rome chrétienne, car Michel-Ange était éminemment Romain, quoiqu'il fût né citoyen de Florence. Architecte, ingénieur, sculpteur et peintre, il avait des aptitudes universelles, comme Léonard de Vinci. Tous les souverains du monde, jusqu'au sultan Soliman, le voulurent avoir à leur cour ; mais il se sentit à Rome dans le milieu qui convenait à son génie. Dès sa petite enfance, son père le surprit dessinant comme Giotto. Sa nourrice était la femme d'un ouvrier ; lorsqu'on le menait chez elle, il causait de la coupe des pierres. Le Ghirlandaio lui donna les premières leçons. Dévoré d'une noble ambition, et curieux de connaître la mesure de ses forces, il sculpta secrètement un Cupidon, qu'il enfouit dans la terre. On ne manqua pas de s'y tromper et de prendre cette statuette pour un morceau antique. L'auteur eut de la peine à revendiquer son ouvrage.

Michel-Ange était robuste, taillé en lutteur, musculeux comme ses personnages, et d'un visage désagréable; une balafre, qu'il reçut en se battant avec un de ses compagnons d'atelier, le rendit tout à fait laid, et cette disgrâce l'éloigna du commerce des femmes. La vie chaste et sobre lui procura une santé de fer. Il disait dans son langage pittoresque : « La sculpture est ma femme et la peinture ma maîtresse. Elles m'ont donné toutes deux d'assez beaux enfants. » Il avait en effet pour ces deux arts la tendresse d'un époux et d'un amant, et celle d'un père pour ses ouvrages. Son poëte de prédilection était le Dante, et il y avait entre ces deux génies plus d'une affinité. Dans un sonnet adressé à l'auteur de la *Divine Comédie*, il assure qu'il lui envie jusqu'à ses malheurs et à son exil. Lorsqu'on ouvrit la chapelle Sixtine, au bout de cinq ans, l'émotion fut grande à Rome. Le public d'alors, qui savait non-seulement juger, mais exprimer son jugement, surnomma Michel-Ange le Dante de la peinture. Aucun surnom ne pouvait lui plaire davantage.

Léon X n'aimait et ne voulut employer que Raphaël. Buonarotti se reposa d'autant plus volontiers que ses travaux de la chapelle Sixtine lui avaient fatigué la vue. Dans ses vieux jours, après le siége de Rome, il reprit enfin ses crayons, non pour ajouter à son œuvre qu'il considérait comme achevée, mais pour réveiller les arts, qui déclinaient visiblement. Parmi les jeunes gens heureusement doués, il en choisit plusieurs qu'il aida de ses conseils et de sa collaboration. Sébastien del Piombo et Daniel de Volterre entreprirent de grands ouvrages sous sa direction. Il mourut au milieu de ses élèves, pleuré par un très-petit nombre d'amis, mais vivement regretté du public de Rome, dont les applaudissements ne lui avaient jamais fait défaut.

On ne peut nier que le génie de ce grand homme a quelque chose de rude et de farouche. Il toucherait davantage s'il eût moins dédaigné les faiblesses humaines et s'il leur eût payé un léger tribut. Dante lui-même, que Michel-Ange admirait tant, avait pleuré Béatrix par amour de l'art, et les soupirs de Françoise de Rimini sont les notes d'une corde plaintive que le poëte jugeait indispensable sur sa lyre. Cette corde manque au peintre de la chapelle Sixtine. Il est regrettable que son amitié pour Victoire Colonna ne se soit pas emportée jusqu'à un sentiment plus tendre. La dame le méritait par son esprit, sa beauté, son noble caractère. Elle était marquise de Pescaire; elle adorait son mari : condition excellente pour donner du tourment à son adorateur; et puis elle devint veuve étant fort jeune encore, ce qui pouvait ranimer l'espérance d'un amant, et peut-être amener un dénoûment heureux pour le grand artiste. Cette supposition blesse si peu la vraisemblance que les contemporains, cherchant à s'expliquer le long veuvage de la marquise, ont cru découvrir la cause de son obstination dans l'amitié exaltée qu'elle portait à Michel-Ange. Il existait entre elle et lui un commerce de lettres. Dans une pièce de vers, Buonarotti dit à Victoire Colonna qu'il doit à sa beauté, à ses grâces et à ses vertus le sentiment de la perfection qui le guide. Peu de femmes ont reçu un compliment aussi flatteur. Cette amitié, fondée sur une admiration réciproque, et dont la pureté ne peut pas être suspectée, a duré jusqu'à la mort de la marquise. Michel-Ange était à Rome, lorsque Vittoria tomba malade, en 1547, dans un de ses châteaux. Il arriva trop tard pour la voir mourir. Ce fut le plus grand chagrin de sa vie ; mais, pour un homme organisé comme lui, le travail était un consolateur plus puissant encore que le temps. Il l'avait dit : la peinture était sa maîtresse et la sculpture sa femme. Entre ces deux amies, il vécut sans trouble et mourut presque octogénaire. Dans ses derniers jours, ayant perdu la vue, il se faisait conduire au belvédère du Vatican pour tâter encore de ses mains tremblantes les formes du torse d'Hercule. *Sa femme* eut ses dernières caresses.

La description de l'église de Saint-Pierre ne serait pas moins longue que celle du Vatican. Pour ne point fatiguer le lecteur, nous ferons rapidement le tour de cette immense basilique. Un jour de grande fête, si l'on s'arrête un moment sous les arcades à regarder la foule qui se rend à l'office, on s'attend à trouver au dedans un encombrement. Lorsqu'on y entre à son tour, l'église paraît presque déserte, tant il faudrait de monde pour l'emplir. Le tableau de Panini, qu'on peut voir au Louvre, donne une juste idée des proportions de cet édifice. Les fondations en furent commencées du temps de Nicolas V. Jules II fit pousser les travaux avec vigueur. Bramante voulait élever une coupole qui surpassât en hauteur toutes celles connues. Léon X, dont les prodigalités auraient pu nuire aux travaux publics, imagina un expédient plus ingénieux que moral de subvenir à tant de dépenses. Il vendit les indulgences à bureaux ouverts. Les péchés et les crimes se rachetaient pour de l'argent; en sorte que le riche pouvait tout faire impunément, en contribuant de ses deniers à l'érection de la basilique. Une pareille mesure porte en elle-même sa condamnation. Il n'est pas besoin de rappeler le coup profond que reçut l'Église le jour où Luther brûla en place publique les bulles pontificales. Le plus riche des monuments chrétiens n'était pas achevé que déjà l'hérésie avait infecté la moitié du monde et fait couler des rivières de sang. Tandis que la contagion se répandait en Allemagne, en Danemark, en Suède, les architectes, que ces malheurs ne regardaient point, menaient vivement leurs travaux. Michel-Ange, succédant à Sangallo et à Raphaël, proposa d'élever, non la plus haute coupole, mais la plus belle. Il en montra le dessin, et l'on reconnut si bien dans la courbe tracée par sa main savante la perfection de l'élégance et de la grâce, que Vignola et Jacques della Porta, qui vinrent après lui, reçurent l'ordre de se conformer à ses plans pour la coupole. Ils changèrent seulement la croix grecque du vaisseau en croix latine.

Ce qui attire d'abord les regards en entrant dans ce vaste monument, c'est la *Confession*, sépulcre de saint Pierre, où brûlent, nuit et jour, cent douze lampes. Au-dessous est la chapelle souterraine, qui contient le tombeau de Pie VI, l'un des chefs-d'œuvre de Canova. Près de la *Confession* se trouve la fameuse statue colossale de Jupiter Stator convertie en image de saint Pierre, et dont le pied a reçu tant de baisers que les lèvres des fidèles en ont usé presque entièrement le pouce, quoiqu'il soit du bronze noir le plus dur. Allons maintenant à la chapelle de la *Pietà*. Michel-Ange n'avait que vingt-quatre ans lorsqu'il entreprit le beau groupe de la Vierge en pleurs, tenant sur ses genoux le cadavre du Christ. Jamais, depuis la Niobé antique, le marbre n'avait exprimé une douleur si poignante. Les entrailles maternelles sont déchirées, et le cri de la nature l'emporte sur la résignation de la servante du Seigneur. Par une bizarrerie raisonnée, Michel-Ange a fait une Vierge si jeune que la vraisemblance paraît sacrifiée à l'envie de charmer les yeux. La scène représentée détermine précisément l'âge des personnages. Lorsqu'on interrogea l'auteur sur cette espèce d'anachronisme, il se tira d'affaire en répondant que la Sainte Vierge n'était pas une femme ordinaire. Que la physiologie s'arrange comme elle pourra de cette réponse ; il est certain que le contraste entre le grand corps du Christ affaissé par la mort et la jeunesse de sa mère donne à ce groupe admirable le cachet mystique dont le maître aimait à marquer tous ses ouvrages. Pour l'école romaine, la Vierge n'a pas eu de vieillesse. Ce privilége, sans être un dogme, s'accorde assez bien avec les deux conceptions immaculées.

Au centre de l'église s'élève le maître autel, soutenu par des colonnes torses dans le style du Bernin. Le pape seul officie sur cet autel, les jours de grandes solennités. C'est de là qu'on admire le coup d'œil de l'intérieur de la coupole, ses trente-deux pilastres corinthiens, ses mosaïques gigantesques et ses corniches d'or. Une niche, pratiquée dans un des quatre piliers qui la supportent, renferme le saint-suaire, le bois de la vraie croix et la lance qui perça le flanc du Sauveur des hommes. On expose ces reliques aux regards du peuple le jeudi et le vendredi de la semaine sainte. Mais c'est surtout le jour de Pâques ou celui de Noël qu'il faut voir le chœur dans toute sa parure, la *tribune* et ses festons, la *gloire* de saint Pierre avec ses cristaux et ses jeux de lumière.

Il faut voir, le soir du *Natale*, le grand pénitencier dans son fauteuil, assis au milieu de la *Confession* et distribuant l'absolution aux pénitents prosternés qui se pressent autour de lui. De sa baguette blanche il touche de loin et une à une ces têtes chargées de péchés que le repentir amène, et qui s'en retournent soulagées de leur fardeau. La grandeur et la simplicité de ce spectacle, la foi qui respire dans tous ces êtres si divers, dont un sentiment unanime fait plier les genoux, laissent une impression profonde. Et le jour de Pâques, lorsque le Saint-Père, du haut de la fenêtre du Vatican, donne la double bénédiction *urbi et orbi*, à la ville d'abord, et ensuite au reste du monde, quand la foule qui encombre la place de Saint-Pierre et les abords du palais répond à ce salut pontifical par ses acclamations, on se croirait encore au siècle de Grégoire le Grand. Mais on se croirait au pontificat de Marcel II ou de Pie IV, lorsqu'on entend la messe en musique de Palestrina, qui se chante à la chapelle Sixtine une seule fois par an, et dont la partition, gardée avec un soin jaloux, ne se communique à personne. Un jour, un enfant de quatorze ans, ayant assisté à cette messe de Pâques, avec bien d'autres, en nota les motifs, les tons, l'harmonie tout entière dans sa petite cervelle, et le lendemain, jouant du clavecin devant la cour du Saint-Père, il exécuta de mémoire tout le chef-d'œuvre de Palestrina. On lui pardonna d'avoir volé ce fruit défendu, et le pontife, qui était le philosophe Clément XIV, baisa le petit musicien sur les deux joues. Cet enfant-là était Mozart, le Raphaël de la musique.

Le jour de la Fête-Dieu, il faut voir la procession de tous les ordres défiler sous les portiques et faire le tour de la place : les franciscains ceints de la corde, les capucins, les carmélites chaussés de sandales, les dominicains moitié noirs et moitié blancs, puis les gardes suisses vêtus en archers du moyen âge, les gardes nobles en riche uniforme, les cardinaux avec le chapeau, l'immense litière du pape, soutenue par vingt personnes, et sur laquelle Sa Sainteté, en longue robe blanche, paraît à genoux devant un prie-Dieu, au moyen d'un artifice de draperie, tandis qu'elle est réellement assise, à cause de la durée de la cérémonie, qui ne lui permettrait pas de supporter une attitude fatigante. Partout, sur le passage de la litière, la foule se prosterne ; l'Anglais seul, debout dans un coin, constate que, malgré Henri VIII et Guillaume III, il est encore des papistes sur la terre. Le 29 juin, au moment où l'horloge de Saint-Pierre sonne lentement neuf heures du soir, trois cents ouvriers, grimpés sur l'église, allument des torches et mettent le feu à quatre mille cinq cents lampions et fanaux. Des serpents de flammes courent dans tous les sens, du haut en bas de l'édifice ; la lumière, croissant de seconde en seconde, se répand aux environs ; enfin, au neuvième coup de l'horloge, les trois coupoles sont entièrement illuminées. A dix lieues de distance, les habitants de la campagne montent sur les collines pour assister de loin au prodige. Le soir de Pâques, on ajoute à ce spectacle le divertissement de la *girandola*, feu d'artifice tiré du haut du château Saint-Ange, et qu'on peut voir des hauteurs d'Albano.

En Italie, la religion nous sourit et nous invite à la bonne humeur ; elle réjouit les yeux par la splendeur de ses pompes ; ses pratiques sont des parties de plaisir, des spectacles où le dilettantisme n'offusque point la piété. Les cloches mêmes, en vous appelant au *salut* le jeudi soir, jouent des morceaux à cinq notes qui vous font remarquer en passant l'instinct musical du sonneur. N'est-ce pas Henri Heine qui a dit : « La religion catholique est une bonne religion d'été ? » Il aurait dû dire une bonne religion méridionale, la seule qui puisse convenir à des imaginations vives, la seule qui donne un aliment aux âmes exaltées, qui ait le pouvoir de consoler les gens au désespoir, les amants malheureux, et de faire d'une femme abandonnée une sœur de Bon-Secours ou de Charité, c'est-à-dire un être angélique.

Le peuple de Rome est dévot ; mais sa piété a des accommodements avec ses passions ; il ne faudrait pas gratter longtemps l'écorce chrétienne pour retrouver le païen. Il déteste et méprise le juif qui a crucifié Notre-Seigneur ; c'est pourquoi, si on lui proposait de livrer aux bêtes les descendants de ceux qui ont fait du chagrin à la madone, il courrait au cirque avec une joie aussi féroce que dans le siècle de Néron. Du reste, les juifs n'ont guère plus souffert à Rome que dans les autres États de l'Europe ; au moyen âge, la réprobation qui pesait sur eux était générale. Le négoce, qu'ils pratiquaient avec une supériorité incontestable, était pour eux un état de guerre en tous pays. Cent fois dépouillés, ils revenaient toujours et refaisaient promptement leur fortune ; mais aujourd'hui que les nazaréens entendent le commerce aussi bien que les enfants d'Israël, le génie du juif en est réduit à s'exercer dans le trafic du bric-à-brac, ou dans l'industrie infime des lorgnettes et des parapluies.

Comme dans toutes les grandes villes d'Italie, les juifs avaient à Rome leur quartier particulier. Encore à présent, l'excursion dans le *ghetto* est une promenade intéressante que je recommande aux voyageurs courageux. Ils y verront, au milieu de ruelles tortueuses, des maisons jadis riches, crénelées, hérissées de grilles en fer et construites en prévision de l'incendie et de l'assaut à main armée. Le ghetto de Venise n'a point ce caractère de précaution et de défiance. On sent que le juif s'y croyait en sûreté sous la protection d'un gouvernement négociant et de bonne foi, sur la parole duquel on pouvait compter. Dans le ghetto de Rome, au contraire, tout indique la crainte du pillage et l'intention d'une résistance désespérée. Hélas ! il n'y a plus rien à piller au ghetto, et le touriste n'a plus à observer que la poésie du délabrement et de l'abandon. Shylock ne prête plus à intérêt usuraire ; c'est lui qui offrirait une livre de sa chair en garantie d'une somme d'argent. Le ghetto est situé dans un coin de Rome qui ne mène à rien, sur la rive gauche du Tibre. Enfoncez-vous hardiment dans ce labyrinthe, et si vous y rencontrez quelque pauvre fille à l'air maladif, au visage hàve, pudiquement voilée, errant comme un fantôme en guenilles, et belle encore dans sa misère, ses regards tristes vous laisseront une impression qui ne s'effacera pas de huit jours; et si cette fille ose vous tendre la main, je vous défie de lui refuser l'aumône. Eussiez-vous un cœur de fer, vous apprendrez à goûter le plaisir de la charité.

XI

ROME

Le carnaval à Rome. — Masques et personnages. — Le Corso. — Guerre des *confetti* et des *moccoli*. — Autres divertissements. — La foire aux jambons. — La contrebande. — Les processions. — L'instinct poétique. — Musique, danse et peinture. — Le *Saltarello*. — Les *villas* Borghèse, Panfili, Médicis, Albani, Farnèse, Aldobrandini, d'Este, etc. — Frascati et Tivoli. — Le petit temple de Vesta. — Les cascades. — Grotte dite d'Égérie. — Dénoûment de l'aventure du *cicerone* amateur.

Depuis l'amour jusqu'à la contrebande, le Romain fait bien tout ce qu'il fait. Dévot à l'église, sensuel à table, enthousiaste au théâtre, majestueux dans la rue, sobre comme un Arabe quand la nécessité l'exige, buveur intrépide dans l'occasion, il peut avoir des vices et de grandes qualités, mais en général point de défauts mesquins, comme l'ostentation, la vanité, l'hypocrisie, le respect humain. Il va droit où le pousse sa passion, avec une naïveté qui double ses forces. Il ne connait point cette fausse honte qui arrête l'expression d'un désir. S'il est amoureux, il court se jeter aux pieds de sa maîtresse, et la parole n'expire jamais sur ses lèvres. Dans la colère, il verse des torrents d'invectives et de malédictions effroyables. La jeune fille trahie par son amant veut mourir ou s'enfermer dans un cloître. Elle perd le sommeil et dépérit à inquiéter ses amis. Un beau garçon lui offre-t-il de l'eau bénite à la porte d'une église en la regardant d'une certaine façon, elle rentre au logis moins malade. Le jour où sa passion change d'objet, elle se console en cinq minutes; la joie, les chansons, les amours reviennent *au colombier*, et le lendemain la santé colore son visage. Mais si quelque incident ne vient pas l'arracher à son chagrin, elle en peut fort bien mourir. Le Romain se livre tout entier au sentiment qui le domine. Quand il se divertit, ce n'est point à demi. En aucun pays du monde le carnaval n'est aussi gai que dans cette ville, où l'on entend à l'ordinaire si peu de bruit.

C'est le jeudi, le samedi et le mardi gras qu'il fait bon voir le peuple de Rome dans l'ivresse du plaisir. Le déguisement qu'il préfère est le costume de *contaccio*, qui ressemble assez à notre marquis ridicule, mais plus caricature. Le *grand conte* porte l'habit brodé, la veste de soie, la culotte courte, la perruque. Il se fait des breloques de montre avec des oignons et des carottes, une chaîne d'or en cœurs de salade, une canne avec un manche à balai. Suivi d'un domestique en livrée, qui porte à la main une lanterne, il sort le visage non masqué, mais fardé de jaune ou de rouge, et se promène dans les rues, le nez au vent, plein d'une arrogance comique, en criant: « Place au seigneur conte! » Profondément pénétré de son rôle, il s'oublie lui-même et devient réellement un *contaccio*. Qu'on l'observe ou non, il joue son personnage, récite des monologues et s'amuse pour son compte. S'il rencontre son pareil, il le heurte d'un coup d'épaule, apostrophe l'insolent, et engage une querelle de quolibets où l'attaque et la riposte volent avec une pétulance, une faconde et des roulements de prononciation d'un pittoresque excellent. Les curieux se rassemblent, se posent en juges et discernent immédiatement celui qui a le plus de verve, d'esprit et d'originalité, l'appuient par des rires, et le vaincu, accablé de huées et de sifflets, s'enfuit pour aller chercher ailleurs un champion moins redoutable. D'autres se déguisent en médecins de Molière: grande perruque, robe noire, lunettes énormes. Comme le domestique de Vadius, ils se promènent gravement, le visage penché au-dessus d'un in-folio ouvert. Ils vont marmottant du latin de cuisine, et proposant aux passants des consultations gratuites, jusqu'à ce qu'ils rencontrent une personne de bonne volonté. Le *dottore* s'arrête alors, tâte le pouls au malade, hoche la tête, décrit la maladie, ses causes, périodes et accidents, lui donne un nom et fabrique l'ordonnance qui la doit guérir; et puis, au dernier ingrédient de la recette, la mémoire lui manque; il consulte son in-folio, dont les pages sont remplies de farine, et referme brusquement le livre au nez de sa dupe, qui se trouve enveloppée d'un nuage. Souvent le malade a lui-même de la farine dans ses poches, et rend avec usure au médecin ce qu'il en a reçu.

D'autres encore se déguisent en avocats, et plaident en public avec une éloquence bouffonne et des allusions satiriques dignes du siècle de Pasquin. D'autres se costument en *bravi*, en spadassins, portant rapière de bois, le manteau en loque, les moustaches retroussées, les doigts surchargés de bagues, les boucles d'or aux oreilles, les pistolets à la ceinture, les bottes à la Louis XIII, si évasées qu'ils ne peuvent marcher qu'en écartant les jambes. Ils provoquent les passants, débitent des rodomontades, et racontent leurs duels. S'ils rencontrent des matamores de leur espèce, ils les défient et les appellent au combat. On croise les épées en criant : A la garde! au secours! On feint de se blesser; on tombe les uns sur les autres; on essuie le sang des épées; on se réconcilie; on se fécilite réciproquement d'avoir montré tant de valeur; enfin on joue des scènes improvisées.

Les femmes choisissent volontiers les costumes de matrones, de nourrices avec leurs poupons, de comtesses avec leurs paniers, le petit chien sous le bras, l'éventail à la main. Elles ne craignent point les quolibets, et se tirent des escarmouches au moins aussi bien que les hommes. Il est par-dessus tout défendu de se fâcher. On doit répondre de son mieux, ou s'esquiver. Celui qui aurait l'imprudence de prendre mal la plaisanterie verrait tout le monde se tourner contre lui. Le mardi gras arrivé, ces préludes ayant échauffé les têtes, le délire devient général. La bonne compagnie s'en mêle, et descend dans la rue pour se livrer au bruyant plaisir de la guerre des *confetti* : on appelle ainsi de petites dragées blanches, très-légères, mêlées de farine, et qu'on peut se jeter au visage sans danger. Au milieu de la journée, les calèches découvertes, où se tiennent les jeunes gens, s'accumulent dans le *Corso*. On puise dans les corbeilles à pleines mains, et on lance les *confetti* en haut, en bas, à gauche, à droite sur tout ce qui se présente. De leurs balcons, les dames ripostent et versent des paniers entiers de *confetti* sur les calèches où elles voient des visages de leur connaissance. En moins d'une heure, les passants, les chevaux, les voitures et le pavé de la rue sont blanchis par la grêle. La nuit seule met fin au combat.

Alors commence une autre guerre plus comique, celle des *moccoli*. Chacun allume une petite bougie qu'il tient à la main, et tâche de souffler celle de son voisin. On court, on se poursuit ; on défend comme on peut son *moccolo;* toujours quelqu'un finit par l'éteindre. Les balcons, les voitures sont éclairés par des milliers de lumières, qui vont sans cesse mourant et se rallumant. Lorsque votre *moccolo* est éteint, vous demandez du feu à qui en a, et puis vous vous sauvez de tous les souffles qui vous pourchassent. Le comble du bonheur est d'allumer son lumignon et de souffler celui-là même auquel on a pris du feu. Quelques personnes, au moyen de longs bâtons creux ou garnis d'un petit drapeau, réussissent à éteindre les lumières des fenêtres et des voitures. Ce tumulte dure deux ou trois heures, pendant lesquelles le *Corso* présente un coup d'œil étrange. On croirait qu'un essaim de lucioles aussi nombreux que les sauterelles d'Égypte s'est abattu sur la ville, ou plutôt l'étranger prendrait les Romains pour des fous échappés de leur hôpital, si son calendrier ne lui donnait le mot de l'énigme. Cette dernière soirée du carnaval se termine par des soupers homériques et des libations. Plus d'un homme du peuple, ordinairement sobre, rentre chez lui en battant les murs, et le lendemain il ne reste de toutes ces extravagances que les traces blanches des *confetti* écrasés par les pieds des passants. En été, lorsqu'il tombe de la grêle, le peuple, dans son dialecte, fait allusion aux plaisirs du mardi gras, en disant que le ciel jette des *confetti*.

Beaucoup d'occasions de divertissement se présentent à jour fixe. Quelques-unes produisent des mélanges et des contradictions baroques. Le matin de l'Annonciation, par exemple, on se porte hors de la ville à une petite église de l'Annonciade, qui a le privilége, ce jour-là, de procurer des indulgences aux visiteurs. On s'y confesse, on communie dévotement, et puis, persuadé qu'on a mérité, outre l'absolution, la rémission de quelques péchés à venir, on se réunit sous les tentes; on danse, on se grise et on fait cent folies.

Sur la route d'Albano est une église appelée *Sainte-Marie-du-Divin-Amour*. Le second jour après la Pentecôte, une foule énorme encombre, dès le matin, la voie Appia. Un service extraordinaire d'omnibus, des chariots traînés par des bœufs, des carrosses de place et toutes sortes de véhicules transportent la population des quartiers du Borgo, du Transtevère et de la Regola. En arrivant à Sainte-Marie-du-Divin-Amour, on fait ses dévotions. On se rend ensuite à Albano, où les guinguettes attendent les consommateurs. Le spectacle des noces de Gamache avec leurs cuisines en plein vent, leurs chapelets de rôtis et leurs tonneaux défoncés, se prolonge jusqu'au soir, en même temps que les danses et les jeux. Les querelles, suivies de coups et blessures, varient les plaisirs. Plus d'un buveur, privé de ses jambes et de sa raison, passe la nuit dans quelque fossé; plus d'un revient à Rome sur le dos pour entrer à l'hôpital de la *Consolation*, dont le chirurgien et les sœurs, au courant des anniversaires, sont à leur poste et ont préparé de la charpie. Ceux qui n'ont reçu ni contusion ni blessure reviennent dans leurs chariots, chantant à plein gosier des refrains de table peu décents, mais avec une image de la Madone à leur chapeau.

Le jour de la Saint-Matthieu, il faut aller à Grotta-Ferrata, près de Frascati, pour assister à la foire des poteries et de la viande de porc. Quand on a fait ses emplettes de jambon, mortadelle, saucissons, il s'agit de rentrer dans la ville, sans payer les droits sur la charcuterie. Les commis de l'octroi, sur leurs gardes, visitent les voitures et surveillent les passants. Ils ne trouvent jamais rien de sujet aux droits. Pas un simple cervelas ne paye un centime au fisc, et tout ce qui s'est vendu à Grotta-Ferrata finit pourtant par pénétrer dans Rome. Si la contrebande n'existait pas, les Italiens l'inventeraient, tant ils en ont le génie. Il y avait, à Milan, un directeur général portant le même nom qu'une cantatrice célèbre, et qui jouissait d'un traitement de cinquante mille swanzics. Il se livrait à la fraude avec d'autant plus de facilité qu'il était chargé de la réprimer. On découvrit ses infidélités, et il passa en un jour de la plus brillante position à l'état de contumace. L'instinct de la contrebande avait été plus fort que lui.

Tout le peuple de Rome, et particulièrement celui du Transtevère, professe une grande dévotion pour les trépassés. La plus terrible injure qui se puisse imaginer est celle-ci : *Mannaggia li mortacci tui!* (malédiction sur tes morts!) Si quelque passant désintéressé entend une imprécation de ce genre, il répond d'une voix solennelle : « Laissez-en paix les morts des autres, afin que les vôtres ne soient point troublés. » Souvent cette remontrance apaise la querelle; on fait le signe de la croix et l'on se sépare en se gardant rancune. Chacun espère quelque faveur de ses morts; la plus désirée est la révélation par les songes d'un terne pour la loterie. On va, dans ce but, prier au cimetière et brûler des cierges aux églises.

En fait de solennité religieuse, le peuple aime surtout la pompe des processions. Le jour de celle du *Corpus Domini*, le pape sort de la chapelle Sixtine et fait le tour de la place de Saint-Pierre, sur sa litière à baldaquin; mais à l'octave suivante, il parcourt le même chemin à pied, une torche à la main. A *Santa-Maria-sopra-Minerva*, les dominicains font une autre procession, avec exhibition d'une châsse magnifique portée par trente-deux *facchini*. Le 8 décembre et les dimanches de l'octave de Pâques et de l'Épiphanie, même spectacle à l'église d'*Ara-Cœli*, au Capitole. En septembre, procession en l'honneur de la Madone des Sept-Douleurs, avec châsse, aux églises de Sainte-Marie-*in-via* et de Saint-Marcel. A la Saint-Antoine, procession sortant de l'église des Santi-Apostoli. Le 25 juillet, jour de Saint-Jacques-le-Majeur, procession avec *machine* et grande cérémonie à la porte Angelica, toujours au milieu d'un grand concours de peuple. Dans la nuit de Vigile qui précède Noël, c'est à Sainte-Marie-Majeure qu'il faut aller; car celui qui aura le bonheur d'entrer le premier à l'ouverture des portes aura gagné une indulgence plénière de longue durée, d'une influence considérable sur le reste de sa vie. On se presse à s'étouffer, on se heurte, on se bat. La porte s'ouvre enfin; dix individus à la fois prétendent avoir passé le seuil les premiers. Souvent ils roulent sur les dalles, poussés par ceux qui les suivent; on leur marche sur le corps. Ils se relèvent meurtris, mais heureux d'avoir gagné la grande indulgence.

Chaque église, outre sa fête paroissiale, a encore ses jours de vogue. Le soir du jeudi-saint, après *vingt-quatre heures*, la foule se rend à la chapelle Pauline du Vatican et à Saint-Antonin-des-Portugais pour assister à *Ténèbres*, le Saint-Sépulcre étant plus orné, plus illuminé en ces deux endroits que partout ailleurs, et la musique meilleure. Le samedi-saint, à l'heure où les cloches sont *déliées*, c'est un vacarme effroyable dans les rues. On tire des pétards, des coups de pistolet et de fusil. Même sabbat le 9 décembre, à minuit, dans la rue des *Coronari*, devant l'église de San-Salvatore-in-Lauro. A Saint-Jean-de-Latran, le jour de la fête patronale, dès l'aurore, il est nécessaire d'aller acheter des rameaux bénis, préservatifs certains de la fièvre d'été. Comme il y a presque autant de paroisses à Rome que de jours dans l'année, les occasions de chômer ne manquent pas. Ajoutez encore les missions et les fêtes religieuses aux frais des particuliers, et vous comprendrez qu'on peut passer sa vie entière entre les prières et les plaisirs. Souvent, sur une petite place, dans quelque faubourg, vous rencontrez un attroupement de gens qui boivent et se divertissent autour d'une image de la Madone; la musique sonne; on tire des fusées. Vous demandez ce que c'est et à quel propos. On vous répond que trois ou quatre voisins, dont on vous dit les noms, se sont amusés à *festeggiare,* sans raison, pour varier l'existence. Cependant la fête a commencé par une prière à l'église paroissiale, où l'on a récité ensemble les litanies. Les libations n'arrivent qu'après. Il faut de la méthode, et Dieu passe avant tout.

Malgré tant de fêtes, Rome est si grande, que si vous ne tombez pas au bon endroit, vous croiriez la plupart du temps que la ville a fait vœu de silence. En été surtout, pendant le *riposo,* de midi à quatre heures, le soleil darde ses rayons sur des rues désertes, où, selon le proverbe, il ne circule que des chiens ou des étrangers. Le Romain dort étendu sur son lit. La grande ardeur du jour une fois apaisée, on voit les persiennes s'ouvrir, les grisettes rajuster leurs bandeaux de cheveux, et ceux qui usent de l'eau à l'extérieur se laver le visage. Mais vers onze heures du soir, dans la belle saison, une grande partie de la population sort de la ville par compagnies ou par familles, pour aller respirer hors des barrières. De la porte du Peuple jusqu'au *Ponte-Molle,* les guinguettes s'emplissent. On s'installe sous quelque treille, ou même en plein champ, lorsqu'on a son panier de vivres; on mange, on boit, on chante, on récite des vers, on raconte des histoires, et quand la tête s'échauffe, soit aux fumées du vin d'Orvietto, soit par le seul effet de la causerie et le sentiment du plaisir, on improvise des couplets, des poëmes entiers, lyriques, badins ou satiriques, selon le goût du parleur et l'inspiration du moment. Combien de fois, par des nuits splendides et après avoir tablé un peu tard avec des amis à la *trattoria* de *Papa Giulio,* me suis-je arrêté devant ces groupes de viveurs nocturnes à écouter leurs rires, leurs propos ou leurs chants! Combien de tableaux tout faits ai-je vus là dont un Decamps aurait pris note dans sa mémoire! Voici, par exemple, une aquarelle qui se présente sans cesse aux regards du passant dans les tavernes de la porte du Peuple : sous un berceau de vigne, une table couverte des débris d'un souper modeste; une jeune fille aux grands yeux rêvant appuyée du coude sur la table; un garçon robuste, la veste pliée sur l'épaule, debout contre un arbre, le poing sur la hanche; un enfant endormi sur les genoux de sa mère; trois ou quatre gaillards couleur de réglisse assis autour d'une autre figure de leur espèce, enflammée par la fièvre poétique. Les strophes se succèdent rapidement, mêlant ensemble le profane et le sacré, le genre héroïque avec le pastoral. Bonnes ou mauvaises, les idées arrivent et se formulent en octaves, sans hésitation, sans lenteur. Où ces hommes incultes puisent-ils tant d'inventions? Si ce n'est pas là le don inné de poésie, quel nom donner à ce besoin d'arranger les mots, et de parler en cadence dans un autre style que celui de tous les jours?

L'instinct de la musique est aussi puissant que celui de la poésie, non-seulement à Rome, mais d'un bout à l'autre de la péninsule, et surtout à Naples, où nous aurons des occasions de l'apprécier. Lorsqu'un Romain entend quelque part une voix mélodieuse sortant d'une treille ou d'une fenêtre, il s'arrête pour écouter jusqu'à la fin. D'un signe de tête, il approuve en silence la fioriture bien exécutée. Le pauvre pifferaro lui-même, soufflant dans sa flûte ou dans sa cornemuse, voit se réunir autour de lui des dilettanti peu blasés qui se régalent de sa musique primitive. Souvent au milieu de la nuit, en rentrant des guinguettes, une bande joyeuse fait une station devant quelque image de la Madone, et se recueille un moment pour chanter à la bonne Vierge un bout de cantique à deux ou trois voix; et puis on poursuit son chemin après cette pieuse politesse.

Il semblerait que les Italiens, avec cette passion pour la musique, étant tous *orecchianti* et favorisés d'une voix plus ou moins belle, devraient se connaître mieux que les autres à juger un opéra. C'est pourtant un droit dont ils n'usent pas toujours, parce qu'ils ont bien plus envie de jouir que de critiquer. De là leurs engouements pour des ouvrages médiocres et leur inconstance cruelle envers les grands maîtres. Quelquefois aussi la routine, les préventions, une veine capricieuse d'enthousiasme exclusif les égare et leur brouille les idées. Ils commettent des erreurs énormes. Ils sifflent le *Barbier de Séville* aux trois premières représentations; le jeune Rossini conduisant lui-même son orchestre, suivant l'usage, reçoit des oranges sur la tête. Peu s'en faut qu'il ne déserte la ville. Mais à la quatrième représentation, la pièce va aux nues, et le maëstro, conspué la veille, est porté en triomphe.

Partout ailleurs que sur le théâtre, la danse est plutôt un exercice qu'un art. Cependant le *saltarello* populaire, quoiqu'on l'exécute avec trop de vivacité, offre encore des poses agréables et des groupes dignes d'un ballet. Ce n'est que l'expression de la joie et de l'entrain; mais cette joie est celle de gens dont les habitudes de corps restent nobles par nature, en dépit d'un accès de folie passager. Un soir d'été, à Grotta-Ferrata, des paysans se mirent à danser sur la place du village. Une famille passa, dans laquelle étaient deux grosses matrones au nez aquilins, d'un embonpoint tel que leur menton se reposait sur leur poitrine et leurs boucles d'oreilles sur leurs épaules. Accablées par la chaleur et par le poids de leur personne, elles se mouvaient lentement comme des bœufs traînant une machine de guerre. Elles s'arrêtèrent pour regarder les danseurs. Il y avait là quatre couples jeunes et dégourdis qui bondissaient à se briser les reins. Peu à peu les yeux des deux matrones s'animèrent; leurs gros corps commencèrent à marquer la mesure par des oscillations régulières. Tout à coup, comme des scarabées qui s'envolent après bien des manœuvres préparatoires, elles se jetèrent à corps perdu au milieu des danseurs en exécutant le pas du saltarello, et elles déployèrent une vigueur et une légèreté à faire envie à une *ballerina* de profession.

Cherchons maintenant l'instinct de la peinture : dans la patrie de Raphaël, dans ce pays où la vie n'est qu'une série de tableaux, on ne cite pas un seul peintre qui mérite le nom de maître. Est-ce par épuisement, pour en avoir eu le génie à un degré trop élevé que l'Italie semble avoir perdu le sentiment d'un art dont les premières et les plus belles fleurs appartiennent à son sol et à son climat? La question mérite d'être examinée. Dans une langue aussi souple que l'italien, celui qui a l'oreille musicienne apprend à faire des vers en apprenant à parler. On peut chanter sans savoir une note de musique, et pour danser le saltarello il n'est pas besoin de leçons. Mais le goût de la peinture ne se développe pas aussi naturellement sans le secours de l'éducation. L'homme du peuple, livré à lui-même, témoigne comme les enfants sa préférence pour les tons éclatants; son instinct ne va pas plus loin : un rouge ardent, un bleu bien cru, sont tout ce qui le frappe dans un tableau. Peut-on lui reprocher de n'en pas savoir davantage, lorsqu'on voit tant d'étrangers qui ont fait leurs études et obtenu des prix à leur collège, traverser les musées de Rome comme si c'étaient des bazars, passer devant cent chefs-d'œuvre et rentrer chez eux vierges d'impressions et vides de souvenirs? Qu'on enseigne à un *facchino* de la rue Ripetta la moitié seulement de ce que sait un gentleman touriste, et qu'on les mène tous deux sous la galerie des *loges*. On verra bien lequel sera le plus sensible à la beauté des fresques de Raphaël.

Remarquez aussi que la peinture est un art dispendieux qui ne peut subsister dans un pays ruiné. On entend un opéra pour trente sous au théâtre *Valle*; on écoute gratis réciter des vers; on danse partout sans payer. Mais pour acheter un tableau, pour commander des fresques, il faut une grande fortune. L'Italie est pauvre; elle regorge d'anciens chefs-d'œuvre; qu'a-t-elle besoin d'ouvrages nouveaux? On ne saurait où les mettre. La peinture a dû suivre le luxe et la civilisation d'étape en étape, comme une vivandière suit l'armée. Depuis le dix-septième siècle, le quartier-général est en France; mais pour trouver de beaux modèles, combien de fois s'est-elle vue obligée de les venir chercher parmi les pêcheurs de l'Adriatique ou les moissonneurs de la campagne de Rome? Si l'Italie ne produit plus, du moins elle continue à poser, et fait, sans y songer, des tableaux vivants. Elle n'est donc pas morte pour la peinture.

Demandons pardon au lecteur de m'être laissé entraîner à cette digression, et proposons-lui une tournée de paysagiste dans les *villas* de Rome et de ses environs. La promenade favorite du beau monde romain est, comme on sait, la villa Borghèse, que nous avons aperçue de loin en arrivant à la porte du Peuple. Ni les *Cascine*, ni les Champs-Élysées ne peuvent donner une idée de ce jardin, dont la circonférence est de trois milles. Dès l'entrée, il offre une perspective d'une magnificence éminemment italienne. On voit en face de soi un lac alimenté par une cascatelle. Deux avenues se présentent; celle de gauche conduit à un arc de triomphe, celle de droite à un monument égyptien flanqué de deux obélisques. Au milieu du lac se trouve le petit temple d'Esculape. Sur le bord des allées, au détour des bosquets, sont épars des fragments antiques, des statues, des bas-reliefs provenant des fouilles. La villa Borghèse, achetée par le neveu de Paul V, avait été commencée par Jean Vasanzio, dit le Flamand. Tous les Borghèse l'ont successivement enrichie. On y travailla sans cesse jusqu'à nos jours. Le chef-d'œuvre le plus moderne qu'on y rencontre est la Vénus *Victrix* de Canova, portrait fidèle de la princesse Pauline. Le nom de Vénus Victorieuse qu'on donne à certaines statues antiques est un titre de convention. Il paraît prouvé aujourd'hui que la Vénus de Milo, par exemple, était une image allégorique élevée en commémoration de quelque victoire. La pose du corps indique que la statue tenait de la main gauche un bouclier appuyé sur son genou, et de la droite un stylet dont la pointe marquait le nom de la bataille gagnée.

La statue couchée de Pauline Borghèse est placée dans le rez-de-chaussée du Casino, entre le David et la Daphné du Bernin. Elle est entièrement nue, comme il convient à la divinité dont la princesse acceptait le nom. Les petites boucles de cheveux réunies sur le front et les tempes sont le seul indice, mais caractéristique, de l'époque impériale. La tête, quoique d'une beauté régulière, se reconnaît pour un portrait et non pour un visage idéal. Tout le monde sait le mot que la chronique vraie ou fausse a prêté au modèle, à qui une dame, un peu effrayée de la légèreté du costume, demandait si réellement il avait fallu poser devant le sculpteur en cet état : « Oh ! répondit naïvement la princesse, il y avait du feu dans l'atelier de Canova. »

Près d'une statue si belle, on n'a voulu placer en manière de pendants que deux ouvrages choisis du Bernin. A droite est le jeune David armé de sa fronde et s'apprêtant à lancer la pierre avec une expression de courage qui se retrouve dans la physionomie du David de Jules Romain. Le Bernin l'a prise et transportée sur le marbre. A gauche de la Vénus est le groupe de Daphné poursuivie par Apollon. Le dieu leste, à qui le désir donne de bonnes jambes, va saisir la nymphe éperdue de crainte. Celle-ci fait un suprême effort pour échapper aux mains qui vont l'atteindre. Jupiter a entendu sa prière : la métamorphose commence ; les doigts de Daphné se changent déjà en rameaux de laurier. Apollon, malgré son agilité, ne pressera sur sa poitrine qu'un tronc d'arbre encore palpitant. Ce groupe en marbre, transparent comme la chair, est d'une grâce parfaite. L'Apollon ressemble un peu à un dieu de cour ou à Louis XIV poursuivant Mlle de Fontange ; mais plût au ciel que le Bernin ne se fût jamais plus écarté des bonnes règles de l'art que dans cet ouvrage !

En sortant de Rome par la porte Saint-Pancrace, on aperçoit, à un demi-mille des remparts, — car ce côté de la ville est fortifié, — un grand bois de pins centenaires, en forme de parasols, donnant une ombre épaisse comme celle d'une voûte de pierres. Ce parc, digne d'un roi, est celui de la villa Panfili, appelée aussi *Bel-Respiro;* il occupe un espace de cinq milles en circonférence sur l'emplacement des jardins de Galba. En beaucoup d'endroits, on se croirait au milieu de la nature agreste, tant la main de l'artiste s'est habilement dissimulée. Une fraîcheur presque dangereuse règne dans la grotte des trois jets d'eau ; mais si vous avez besoin de soleil, vous montez sur la terrasse du Casino, ornée de soixante vases, et d'où la vue s'étend jusqu'à la Méditerranée. La villa Panfili a été construite en 1644, sur les dessins d'Algardi, l'artiste chéri de notre ami le seigneur Tito, qui ne manqua pas de m'en avertir avec autant d'orgueil que s'il eût tracé lui-même le plan de ces *délices*. On dit, et sans douleur je ne puis le redire, que pendant le dernier siége de Rome, l'artillerie a fort endommagé l'œuvre d'Algardi et les ombrages du parc. C'est, en effet, du côté de la porte Saint-Pancrace que l'attaque a été dirigée. Non loin de là, sous un bastion dont Urbain VIII a fait une des *villas* Barberini, le connétable de Bourbon se laissa tuer, en 1527, d'un coup de mousquet que Benvenuto Cellini prétend avoir tiré.

Dans l'enceinte de Rome sont d'autres maisons de plaisance : la villa Miollis, autrefois Aldobrandini, qui contient une collection de statues antiques ; la villa Pia, qui fait partie des jardins du Vatican, modèle d'élégance et qu'on appelle Casino du Pape ; la villa Mattei, sur le mont Celio, ouvrage d'un architecte sicilien, et dont l'esplanade, ornée d'un obélisque, était autrefois le réfectoire où les oratoriens donnaient un repas au peuple le jeudi gras de chaque année, après avoir fait leurs stations aux sept églises principales de Rome; enfin la villa Médicis, aujourd'hui propriété de la France.

Des hauteurs du mont Pincio, la villa Médicis domine Rome et fait face de loin au palais du Vatican, dans une position admirable. Commencée par Annibal Lippi, sous le pontificat de Jules III, et enrichie par Ferdinand de Médicis, qui devint grand-duc en 1587, elle appartint aux souverains de la Toscane jusqu'en 1802. Le gouvernement français l'acheta pour y transférer son école des beaux-arts. Malheureusement, les deux grands-ducs de la maison d'Autriche en avaient enlevé et envoyé à Florence les plus beaux ornements, ceux qui sont aujourd'hui au musée du Palais-Vieux : la Vénus de Médicis, le groupe de la Niobé, les bustes, les vases antiques, le Mercure en bronze de Jean de Bologne, c'est-à-dire les chefs-d'œuvre de l'esprit humain. Depuis, on s'est efforcé de réparer ces pertes, et la villa Médicis, une des plus riches de Rome, représente dignement le palais des beaux-arts français.

Hors de la porte Salaria se trouve la fameuse villa Albani, dont le corps de logis, le pavillon du *café*, la salle de billard et les jardins composent un immense musée. Les fouilles pratiquées à Ostie, vers l'année 1750, par l'ordre du cardinal Albani, et dont Winckelmann en personne classa les trouvailles, ont fourni tant de morceaux précieux qu'à chaque pas on s'arrête étonné. Le grand bas-relief étrusque de la salle de billard représente un sujet difficile à comprendre. On y voit un jeune prince ou magistrat assis dans un fauteuil sous lequel se blottit un lapin, emblème de la douceur ou de la fécondité. Devant ce personnage, une femme debout, la main étendue au-dessus d'un trépied, semble prononcer un serment. Peut-être cette cérémonie est-elle un mariage contracté sans témoin. L'exécution indique un ouvrage de la plus haute antiquité. Un autre bas-relief grec, bien autrement beau que l'étrusque, représente deux personnages qui s'embrassent avant de se séparer, car leur tristesse est évidemment celle de l'adieu.

On arrive à la salle de billard par une tonnelle garnie de feuillages si épais que le soleil n'y pénètre jamais. J'en appréciai d'autant mieux l'ombrage qu'il faisait une température caniculaire le jour où je visitai la villa Albani. L'Italie serait le pays le plus confortable de la terre si l'on y prenait d'aussi bonnes précautions contre le froid et l'humidité de l'hiver que contre les chaleurs de l'été. Il est vrai qu'une villa étant faite pour la belle saison, le cardinal Albani quittait cette résidence au premier souffle de la bise, qu'on appelle à Rome le vent *grec*. Près de l'avenue en tonnelle, des fontaines répandent sous les arbres une fraîcheur délicieuse. D'autres grottes et bosquets offrent des abris retirés où l'on passerait volontiers des journées entières, si les innombrables sculptures qu'on aperçoit de tous côtés ne vous invitaient à les venir voir. Parmi tant d'objets d'art d'un intérêt extrême, celui qui me charma le plus est la statuette en marbre du Casino, représentant une petite *Sylvaine* ou satyre femelle, qui joue de la flûte avec un sérieux unique et une grande envie de bien exécuter son morceau. Dominée par l'instinct précoce de la musique, elle souffle en conscience dans sa flûte et se délecte aux sons qu'elle en tire.

Si la villa Farnèse, située sur le mont Palatin, eût été achevée, ce serait la plus belle du monde. Le cardinal Alexandre Farnèse avait eu le projet d'élever sur le terrain du palais des Césars une habitation splendide. Il y eut un commencement d'exécution. Michel-Ange avait donné des dessins dont on ne prit que la fontaine. Vignola fit provisoirement élever le grand escalier qui conduit du pied de la colline au point où devrait être la façade, plus une porte ouvrant sur le Campo-Vaccino. On lit sur cette porte l'inscription : *Farnesiorum horti*. C'est, en effet, l'entrée des jardins Farnèse et non celle d'une villa; mais on prendrait cette entrée pour celle d'un palais des *Mille et une Nuits*. Par une succession d'escaliers et de terrasses, on arrive à deux pavillons encadrés dans des groupes d'arbres et qu'on appelle les *Volières*. Il semble impossible qu'un si beau chemin ne conduise à rien. Quelque magicien des contes arabes aura mis le palais dans sa poche, et sans doute il le rapportera un de ces jours. En attendant, le sorcier a laissé la grotte, les fontaines, les bas-reliefs et les statues de ce vaste jardin. La maison seule est absente. Après la rupture des ducs de Parme avec le saint-siége, la villa Farnèse inachevée passa dans les mains de la maison régnante de Naples, ce qui explique pourquoi l'Hercule Farnèse et le Taureau, qui ornaient cette villa, figurent aujourd'hui au musée Borbonico, quoi qu'on les ait découverts à Rome dans les bains de Caracalla.

Prenons maintenant une calèche de place et traversons l'immense fondrière appelée campagne de Rome pour aller à Frascati.

Comme du temps de Cicéron, la colline de *Tusculum*, située à douze milles de la capitale, est toujours fraîche et verdoyante. Au-dessus du village se trouve la villa Aldobrandini, où l'on arrive par une rotonde à quatre fontaines, surmontée d'un escalier droit. Cet escalier mène à la terrasse, au milieu de laquelle est le palais, dessiné par Giacomo della Porta, qui eut le bon goût, au commencement du dix-septième siècle, de garder les traditions du seizième. La loge à trois arcades, qu'on voit sur la terrasse, passerait aisément pour un ouvrage du temps de Léon X. Les peintures de l'intérieur sont du cavalier d'Arpino, qui refusa de se battre avec Caravage en prétextant sa noblesse. Pour jouir du panorama de la campagne et respirer l'air pur si goûté de Cicéron, il faut monter au faîte de la colline, jusqu'à la jolie villa où Lucien Bonaparte a demeuré.

Comme tous les propriétaires, Cicéron ne voyait rien à comparer à sa maison de campagne; mais il est certain que, pour la beauté des sites, Tivoli l'emporte de beaucoup sur Frascati. Les cascatelles et la chute du Teverone sont des accidents pittoresques dont on ne trouve d'équivalents qu'à Terni ou Acqua-Pendente; et quant aux vues, celle qu'on découvre de la porte *Santa-Croce* ne le cède en rien aux perspectives de *Tusculum*. L'historien Salluste, qui habitait Tivoli, aurait pu soutenir une controverse à ce sujet, car il avait une plume aussi dorée que la langue de Cicéron. A mon gré, le lieu le plus délicieux du monde est une petite terrasse de la villa d'Este, d'où l'on voit de profil le temple de Vesta, situé sur la montagne de Tivoli, et la grande cascade qui se précipite à travers des masses de verdure. Au printemps, les rossignols, en sûreté dans les bouquets d'arbres inaccessibles, marient leurs chants au bruit de la cascade. C'est là qu'on regrette de n'avoir pas une vie de loisirs et qu'on oublie tout, excepté les gens qu'on aime. On arrive à la villa d'Este par un escalier droit à quatre stations et quatre portiques d'un effet splendide. Commencée au milieu du seizième siècle par le cardinal d'Albuquerque, évêque de Cordoue, cette villa fut acquise et terminée par le cardinal Hippolyte de Ferrare, le protecteur de l'Arioste. Ce prélat y dépensa plus d'un million d'écus romains en embellissements. Ce devait être une des plus riches maisons de plaisance d'Italie, jusqu'au moment où Benoit XIV en fit transporter les statues, les objets d'art et les antiquités au musée du Vatican. La grande fontaine dite d'Aréthuse se composait d'un bassin entouré d'une galerie circulaire en arcades, surmontée de rochers formant trois grottes ornées de statues.

Le petit temple de Vesta est un bijou antique placé au sommet de la colline, afin qu'on le puisse voir de tous les points de la vallée. Il n'a que douze pieds de diamètre à l'intérieur. Dix colonnes cannelées d'ordre corinthien composent le portique. On l'appelle temple de Vesta, parce qu'il représente en miniature le modèle de celui de Rome. Pour varier les jouissances, on peut se donner le passe-temps d'une impression terrible en descendant aux grottes de Neptune ou des Sirènes, d'où l'on voit de près les rivières, l'Aniene et le Teverone, bouillonner au milieu des écueils et lutter avec fureur contre les rochers. De là, pour courir après les contrastes, on peut aller chercher les souvenirs de l'heureux Mécène sur les terrains où s'élevait sa maison de campagne, dont il reste encore quelques colonnes doriques et un fragment de portique à proximité d'une cascatelle.

Les excursions à Frascati, Albano, Tivoli, sont de véritables voyages, à chacun desquels il faut consacrer une journée entière. On n'arrive à ces vertes collines qu'en traversant le désert, qui, pendant un espace de quinze milles, ne contient pas un arbre, pas un brin d'herbe. Partout des fondations d'édifices renversés, des débris d'aqueducs et de tombeaux, des pans de murailles. Un soir, au coucher du soleil, notre ami le seigneur Tito fit arrêter la voiture et nous conduisit à travers des ravins jusqu'à une petite vallée garnie de bouquets d'arbres. Dans cette oasis, nous trouvâmes une grotte couverte d'une couche de terre végétale. Trois chênes verts embrassaient de leurs racines la voûte de la grotte et leur feuillage se dessinait sur un ciel du bleu le plus pur. Un buffle se désaltérait à la fontaine. Au bruit de nos pas, il tourna la tête, nous regarda d'un air maussade et se remit à boire. Comme un Romain du Transtevère, ignorant la politesse, il ne se serait pas dérangé pour des Français. Lorsque don Tito l'eût apostrophé en patois, il nous céda la place et monta le sentier qui menait sous les arbres. Nous entrâmes alors dans la grotte, où l'instinct du peuple s'entête à placer la retraite d'Égérie, malgré l'autorité de Juvénal et l'opinion de tous les savants. Ce lieu désert sied bien mieux à la légende amoureuse de Numa que le voisinage du Capitole. Si la distance parait un peu grande, ne peut-on croire que le successeur de Romulus possédait un cheval dans son écurie? Mais il y a moyen d'accommoder la tradition avec les paroles de Juvénal. En effet, le poëte satirique place aux environs de la porte Capena le lieu où Numa venait pendant la nuit s'entretenir avec Égérie. Cette *amie nocturne,* comme il l'appelle, se rapprochait alors de son royal amant; mais elle pouvait habiter à l'ordinaire une grotte plus éloignée des murailles de Rome. Après la mort de Numa, lorsque Diane, touchée de la douleur d'Égérie, la changea en fontaine, ce fut dans sa grotte solitaire que la nymphe voulut verser ses pleurs éternels. Cette source qui coule encore, c'est Égérie elle-même, et l'endroit de ses rendez-vous avec Numa est un lieu différent. Juvénal ne dit rien qui prouve le contraire.

Notre guide et ami, le seigneur Tito, adopta sur-le-champ cette explication, qui mettait un heureux accord entre la science et le sentiment populaire. Il se promit d'écrire un discours sur ce sujet et d'en faire une lecture publique, dans la grotte d'Égérie, aux bonnes gens qui viennent tous les ans, le premier dimanche de mai, boire à cette fontaine dont l'eau passe pour avoir des propriétés salutaires.

Lorsque nous rentrâmes à Rome, il était plus de neuf heures. Nous mourrions de faim, et comme les tables d'hôte étaient desservies depuis longtemps, il fallut aller chez le traiteur. Devant la porte de la *Minerva*, mes deux compatriotes insistèrent pour retenir à dîner notre excellent ami. Après quinze jours de cette intimité que les voyages font naître si promptement, un refus semblait impossible. Le seigneur Tito refusa pourtant. Je lui demandai la raison de cette réserve exagérée.

— C'est dans mon patois que je vous la dirai, me répondit-il. Si j'acceptais votre invitation, mon devoir serait de remplir l'office du *sette-panelle*.

Notre homme salua jusqu'à terre et partit en courant. Nous entrâmes à la *trattoria* avec l'intention de nous faire traduire en toscan cette locution romaine; mais le dîner absorba toutes nos facultés. Des voyageurs ont toujours *une Babylone dans la tête;* nous pensions à autre chose. Mes deux compatriotes devaient aller le lendemain à la villa Médicis, pour faire leur visite au directeur de l'académie. De mon côté, je voulais commencer seul une excursion de plusieurs jours dans les galeries de tableaux des palais de Rome. Nos rendez-vous avec don Tito étaient ajournés indéfiniment, ce qui rendait son refus d'autant plus inexplicable. Au bout d'une heure, le dîner tirant à sa fin, on nous apporta une lettre sur papier ministre, adressée collectivement aux trois seigneurs français. Le préambule contenait ce qui suit :

« *Pregiatissimi signori*, lorsqu'*elles* m'ont fait l'honneur d'agréer mes services pour diriger leurs pas dans les monuments tant appréciés des étrangers, et dans les environs de cette incomparable cité de Rome, j'eus le plaisir de leur dire, dès le premier jour, comment mon très-honoré père Domenico Cruccoli s'était livré, contre l'avis de sa famille, au négoce de droguerie, non sans talent, mais, hélas ! avec peu de succès. La fortune virile, bannie de Rome et de son temple, n'encouragea point les efforts de ce bon père de famille. Si bien donc qu'à la mort du susnommé Dominique, son fils, le soussigné Tito, se trouva non-seulement privé du patrimoine qu'il devait naturellement espérer, mais encore chargé de dettes et obligé de pourvoir par lui-même à la subsistance de sa vie éphémère. Dans ces fatales conditions, il opposa au malheur la constance d'un philosophe et le courage d'un lion, dont il a le cœur. Au lieu de s'abandonner à la faiblesse et de pleurer comme une femme, il fortifia son âme contre la douleur, et remercia encore le ciel de lui avoir donné les avantages d'une bonne éducation. Mais, fils de Dieu ! il fallait bien vivre. Connaissant mieux la ville de Rome, tous ses trésors, beautés et merveilles qu'un marchand d'eau la fontaine où son existence est clouée (*inchiodata*), je sortis donc, un matin, de chez moi, demandant au destin la faveur d'une heureuse rencontre. Je me rendis à Saint-Augustin, et, par la volonté expresse de la Madone, j'y trouvai vos très-excellentes, très-savantes et très-gracieuses seigneuries. Dès le premier regard, je me sentis entraîné vers elles par une sympathie toute particulière. Quelle joie pour moi, lorsque je les vis y répondre avec une bonté tant aimable ! *Elles* m'ont fait l'honneur de leur compagnie pendant quatorze jours et demi, et m'ont traité en ami, bien que je fusse un pauvre diable cherchant fortune. J'ose espérer qu'elles daigneront m'accorder la juste rémunération de mes petits services, et approuver le mémoire discret ci-inclus, les assurant que je leur en garderai une reconnaissance éternelle, dont je fais ici le serment par tous les morts de mon nom qui reposent les uns à Viterbe, les autres à Rome, où je n'attends qu'un peu d'argent pour faire dire une messe à leur intention, avant même de manger un seul brin de *macchabée* (macaroni). Avec ces sentiments chrétiens, je prie très-humblement vos seigneuries d'agréer, etc. »

A la page suivante se trouvait le *Mémoire discret*, fixant à deux écus romains par jour la juste rémunération des services ci-dessus mentionnés. La première journée seulement était taxée à un écu, ce qui portait le total à vingt-neuf écus romains (environ cent soixante-quinze francs). Notre ami était un *cicerone* de profession, mais si supérieur aux guides ordinaires, que la proposition de payer son mémoire sans marchander fut votée à l'unanimité des voix. Cette résolution prise, je demandai au garçon de la *trattoria* ce que l'on entendait en dialecte romain par *sette-panelle*.

— Excellence, me répondit-il en rougissant, je suis de Sienne, et dans mon pays, on ne donne point de sobriquets à un serviteur qui fait honnêtement son métier. Je suis un *cameriere*, et non un *sette-panelle*.

— Ne vous fâchez pas, Gaulois sénonais, repris-je; il ne s'agit point de vous. Je désire seulement m'instruire.

— Eh bien, je n'en sais guère plus que Votre Excellence; mais j'ai entendu qu'on appelait *sette-panelle* le valet qui, pendant les fêtes du carnaval, marche derrière le personnage du *contaccio*. Ce surnom fait allusion à ses dents longues et à son robuste appétit.

XII

ROME

Un touriste américain. — Promesse d'une historiette. — Musée du Capitole. — Le jeu du disque. — Les empereurs et les philosophes. — Les dieux en déroute. — Le Gladiateur mourant. — Zénon. — La Vénus capitoline. — Originaux et copies. — La louve de bronze et le buste de Junius Brutus. — Le palais Doria. — Le portrait de Machiavel. — Le Christ de Michel-Ange. — Palais Sciarra. — Le joueur de violon Tibaldéo. — Palais Barberini. — La véritable Fornarina. — Béatrix Cenci. — Madame Putiphar. — Le cardinal Chigi. — Palais Borghèse. — César Borgia. — Le portrait de M. Bertin par M. Ingres. — Palais Rospigliosi. — L'Aurore du Guide et le Samson de Carrache. — Palais Corsini. — Prométhée. — La Vie militaire par Jacques Callot. — La Farnésine. — Galatée. — La tête de géant. — Adieu à Michel-Ange. — La troupe comique du *Finno*.

C'est faire acte d'indépendance que de voyager ; mais il est souvent difficile d'échapper aux importuns et de défendre sa liberté. Il y avait à Rome, en même temps que moi, un citoyen de New-York, républicain par principes, et dans la pratique le despote le plus têtu du monde. Je lui avais dit imprudemment mon intention de faire, pour la seconde fois, une tournée d'exploration dans les galeries de tableaux ; il décida que je lui servirais de *cicerone*. Par complaisance, je l'emmenai avec moi le premier jour. Il avait acheté à Paris un album de six francs, sur lequel il inscrivait tous les ouvrages remarquables. Son but était d'en constater l'existence, et non d'en jouir. Le voisinage de cet homme me glaçait. Lorsqu'il eut noirci quatre pages de son album, je l'avertis qu'au train dont il allait, trois livrets semblables ne lui suffiraient point. Il me demanda combien Rome entière pouvait contenir de morceaux dignes d'être enregistrés.

— Le nombre en est impossible à déterminer, répondis-je; mais, puisqu'il vous faut absolument des chiffres, prenez que ce soit quinze ou vingt mille.

— Oh! s'écria l'Américain, c'est intolérable.

Scandalisé de cette indiscrète profusion, le Yankee remit son carnet dans sa poche et demanda son passe-port. Le lendemain, il était parti pour Naples. En prenant une glace au *Café grec,* je racontai cette boutade anglo-saxone à un ingénieur français établi depuis dix ans à Rome. Dans la rue des *Condotti* passa un homme de trente à trente-cinq ans, assez laid, mal bâti, et qui marchait en frottant ses genoux l'un contre l'autre; il tenait par la main une petite fille, jolie comme un ange. Arrivée devant le *Café grec,* l'enfant déclara d'un air mutin qu'elle n'irait pas plus loin et qu'il fallait la porter. Elle fut obéie à l'instant même.

— Voilà, dis-je à mon voisin, un papa d'une docilité exemplaire.

— Vous confondez, répondit l'ingénieur, le menin avec le père. Don Ciccio n'aura jamais d'enfant que par adoption.

— Qu'est-ce que don Ciccio? demandai-je.

— Un personnage dont le type ne périra jamais, quoique le nom s'efface du dictionnaire de la conversation : un *patito.* L'histoire de ses amours est un épisode tragi-comique de la vie italienne.

Je suppliai l'ingénieur de me raconter cette histoire.

— Volontiers, me répondit-il; mais à une condition : vous me prendrez pour compagnon aux lieu et place du seigneur Yankee; nous visiterons ensemble les galeries, et je vous servirai ensuite mon récit à titre d'honoraires.

Le marché fut conclu. Pressé d'arriver au jour du payement, je proposai une visite au musée du Capitole. Le catalogue de ce musée indique près de onze cents morceaux; mais c'est pour choisir et non pour enregistrer que j'ai voulu tout voir. Comme les inspecteurs aux revues, nous passerons rapidement devant des bataillons entiers de héros et de demi-dieux ; et d'abord nous laisserons de côté les statues colossales, pour lesquelles les Romains avaient un goût que je ne partage point. Citons pourtant celle de l'Océan, qui se présente une des premières dans la cour du musée et qui a porté le nom de *Marforio*. Du temps où le public fit du père des eaux le collaborateur de Pasquin, cette statue était dans un chemin, près de l'arc de Septime-Sévère. Traversons le vestibule et la salle de *Canope*, ainsi nommée parce qu'elle renferme les sculptures égyptiennes, pour arriver à celle dite *Lapidaria*, qui contient en bas-reliefs les douze travaux d'Hercule. Cet ouvrage, dû à un ciseau grec, a été découvert à Albano, en 1743. La seconde salle, celle de l'*Urne*, est illustrée par les faits d'armes d'Achille, comme la première par ceux d'Hercule. Dans la salle du *Vase* est un bas-relief curieux, représentant le triomphe du Bacchus Indien. Le dieu, sur un char traîné par des tigres, est suivi de bacchantes et de satyres, qui conduisent un éléphant portant sur son dos des rois vaincus. Derrière le cortége, Hercule, complétement ivre, s'appuie en chancelant sur des satyres et des nymphes. Un petit amour s'amuse avec la massue du héros aviné, dont la dignité paraît fort compromise. Le vase qui donne son nom à la salle vient du tombeau de Cécilia Métella ; on l'a posé sur un piédestal rond, que les catalogues appellent un autel, mais où je n'ai vu que la margelle d'un puits. Le morceau le plus beau de cette galerie est une grande urne cinéraire, dont les bas-reliefs, de style grec, déroulent, dans une série de tableaux, toute la fable de Prométhée, depuis le moment où il conçoit l'idée de fabriquer un homme, jusqu'à l'arrivée d'Hercule, qui met fin à son supplice en tuant le vautour.

La galerie suivante contient un des exemplaires du Discobole. Le jeu du disque est encore en usage à Rome. Plus d'un homme du peuple, en se livrant à cet exercice, prend sans y songer l'attitude classique de la statue du Capitole. En 1831, une des femmes les plus aimables de notre temps, et dont la mort a causé autant de regrets que celle de la fille du Tintoret, Mme Delaroche, qui était alors Mlle Vernet, faillit être tuée au détour d'une allée de la villa Médicis par des joueurs au disque. L'énorme palet lancé à tour de bras par un jeune homme rasa le corps de Mlle Vernet et toucha sa robe. Le discobole, qui était un Français, fut si épouvanté du malheur qu'il aurait pu faire, qu'il renonça pour toujours à cet exercice dangereux.

Saluons en passant le buste authentique de Scipion l'Africain. Si l'artiste n'eût pas gravé sur le marbre le nom du modèle, on le reconnaîtrait encore à la cicatrice honorable qu'il avait gagnée à la déroute du Tésin, en sauvant la vie à son père. Dans la salle suivante, on voit les figures des empereurs, de leurs mères et de leurs femmes : Messaline, Poppée, les trois Faustine, Néron jeune à côté de Néron devenu homme et fou de méchanceté. Un exemplaire précieux de l'horrible tête de Vitellius a échappé à la destruction des images de ce monstre, ordonnée par le sénat après sa mort. Jamais figure humaine ne montra plus clairement les vices et les appétits grossiers enfermés dans son enveloppe. Le buste de Faustina, femme de Marc-Aurèle, a été découvert à la villa d'Adrien, près de Tivoli. Julia, mère de Caracalla et seconde femme de Septime-Sévère, portait évidemment perruque. Le buste d'Annia-Faustina, la troisième femme d'Héliogabale, passe pour un exemplaire unique. La statue d'Agrippine assise occupe une place d'honneur au centre de la salle.

Après la collection des empereurs vient celle des philosophes. On y a ajouté quelques figures de poëtes et de femmes. Alcibiade est à côté de Socrate. Aspasie, Sapho, Cléopâtre, qui ne se piquaient pas de philosophie, ont pour voisins Homère, Isocrate et l'orateur Lysias. Le gracieux visage de Platon demandait pour pendant la tête maigre d'Aristote; mais je n'ai pas vu le précepteur d'Alexandre dans le Capitole. La galerie appelée le *Salon* contient un grand nombre de statues, entre autres le Centaure de la villa Adriana et le Jupiter Tonnant, tous deux en noir antique. Au-dessous d'un Hercule en basalte, on remarque de beaux bas-reliefs représentant l'histoire de Jupiter depuis sa naissance jusqu'à son élévation au trône. En voyant avec quel soin les arts et la poésie ont recueilli les faits et gestes du roi des dieux, je m'étonne que personne n'ait transmis à la postérité la relation de sa chute. De tous les monarques détrônés, Jupiter est le seul dont la fuite et l'exil soient restés inconnus. Probablement la nouvelle de la conversion de l'empereur Constantin aura causé autant de surprise là-haut que si on apprenait aujourd'hui qu'un czar s'est fait socialiste. L'empire romain étant livré au christianisme, il n'y avait plus de sûreté pour les immortels. Le mont Olympe, comme on sait, touchait alors le ciel; on avait négligé de le fortifier. Dans un accès de terreur panique, Jupiter partit sans doute à la hâte avec sa famille, et, plus heureux que Louis XVI, il ne fut pas arrêté à Varennes. On ne pensait plus à lui. Point de journée du 10 août. Les dieux s'en allèrent si loin que, quand Julien l'Apostat entreprit une restauration, ils avaient oublié le chemin du ciel. Plus abandonnés que les Stuarts eux-mêmes, ils ne trouvèrent pas un ami dévoué, un courtisan fidèle, pour écrire le journal de leur émigration.

Mais il faut arriver à la salle du *Gladiateur mourant*. Sur la porte de sortie est gravé le nom de Pie VII, qui a donné au musée Capitolin la belle collection contenue dans cette galerie. Allons tout droit au morceau principal. Est-ce un gladiateur blessé à mort? est-ce un soldat expirant sur un champ de bataille? A quelle nation appartient cet homme? est-il Romain, Gaulois ou Germain? Les opinions sont partagées. Le sentiment populaire, dont il faut tenir compte à Rome, veut que ce soit un gladiateur. Lord Byron, adoptant cette version, fait de ce gladiateur un prisonnier dace qu'on a forcé de combattre, et qu'un adversaire, habile à l'escrime, est venu à bout de coucher sur la poussière du cirque. M. Ampère, excellent juge dans les questions d'art, homme de goût et d'une science profonde sans aridité, veut que cette statue soit un chef gaulois expirant sur un champ de bataille. Mettons-nous d'abord au point de vue de lord Byron :

« Je vois, s'écrie Childe-Harold, je vois le gladiateur étendu sur l'arène. Appuyé sur sa main, il consent à mourir; mais son mâle visage dissimule son agonie. Sa tête s'incline; il s'affaisse par degrés. Les gouttes épaisses de son sang coulent lentement de sa blessure et tombent une à une de son flanc, comme les premières gouttes d'une pluie d'orage. Déjà l'arène tournoie autour de lui. Avant qu'on ait fini d'applaudir son misérable vainqueur, il aura succombé.

« Il a entendu les acclamations et ne s'en est point ému; car ses yeux et son cœur étaient loin du cirque. Pourquoi regretterait-il une vie perdue sans gloire? — Mais, sur les bords du Danube où s'élève sa cabane sauvage, c'est là que sa pensée l'emporte. Là ses petits enfants barbares se livrent aux jeux de leur âge, près de leur mère, du pays des Daces. — Et lui, leur père, il est égorgé pour l'amusement de Rome! — Toutes ces pensées se précipitent avec son sang. — Sa mort ne sera-t-elle pas vengée? — Levez-vous, peuples du Nord, et venez assouvir votre implacable fureur! »

Trois cents ans plus tard, les peuples du Nord s'étaient levés en masse, et le gladiateur était vengé. Prenons maintenant le point de vue de M. Ampère; sa pensée est si belle, qu'il la faut citer textuellement. La scène est un des champs de bataille de cette guerre des Gaules, où, selon l'expression de Plutarque dans la vie de Jules César, la grande armée de Vercingétorix s'évanouit comme un fantôme.

« Mortellement blessé, dit M. Ampère, le chef gaulois va expirer. Seul et tête à tête avec la mort, il s'appuie encore sur sa main, attendant, sans lutte inutile, sans lâche abattement, le moment où il va tomber tout à fait. On n'a jamais mieux montré un homme absorbé dans l'opération de mourir; on ne saurait mieux donner le sentiment de la vie qui s'en va avec le sang. Ici rien de tumultueux, rien de dramatique : un Romain ne finirait pas autrement que ce Gaulois; c'est la mort sans témoins, derrière un rocher ou un buisson, qui est si souvent la mort du soldat. »

Si je n'avais de mon côté l'autorité de lord Byron, je n'oserais hasarder une opinion contraire à celle de M. Ampère; mais il y a, ce me semble, des raisons à faire valoir pour laisser la scène à Rome. D'abord, où veut-on que l'artiste grec ait étudié l'expression de la mort, si ce n'est à l'amphithéâtre? C'est là que tous les jours on pouvait aller voir des hommes absorbés dans l'opération de mourir. Seul peut-être, au milieu des cent mille spectateurs du Colysée, le maître inconnu avait accordé un regard sympathique au gladiateur mourant. Poursuivi par le souvenir de cette scène terrible, il aura conçu le désir de la tailler dans le marbre, et il se sera dit en rentrant dans son atelier : « Les Romains en penseront ce qu'ils voudront. Je ne suis point de ce pays; je suis d'Athènes, où, pour amuser le peuple, il faut les vers d'Euripide ou de Sophocle, et non des flots de sang humain. Ce Gaulois, qu'ils ont vu mourir avec tant de joie, ce sera mon héros. Qu'un artiste romain fasse l'image de son brutal vainqueur. Moi, j'immortaliserai les traits de la victime, et j'aurai bien du malheur si l'indignation et la pitié ne m'inspirent pas un chef-d'œuvre. »

L'opinion de lord Byron est celle de la poésie, l'avis de M. Ampère est celui de la science. Leur discordance n'éclate que dans ces deux phrases : « Appuyé sur sa main, il dissimule son agonie, » dit le poëte. — Le savant dit : « Il s'appuie encore sur sa main, attendant, sans lutte inutile, sans lâche abattement, le moment où il va tomber tout à fait. » Entre ces deux sentiments opposés, je préfère celui du poëte. Ce bras soutenant le corps qui s'affaisse, tandis que la tête s'incline sur la poitrine, n'est-ce pas l'indice d'un effort pour mourir en faisant bonne contenance? Derrière un buisson ou un rocher, le Gaulois expirant se coucherait pour rendre à son aise le dernier soupir. Quel besoin aurait-il de se soulever encore? Mais il est à propos de rappeler un détail oublié : ce bras, sur lequel s'appuie le moribond, manquait à la statue quand on la tira de la terre. Les barbares, en venant venger leur frère égorgé, avaient brisé son image sans la reconnaître. Michel-Ange seul était capable de combler ce vide. Il ajouta le bras détruit, et se pénétra si bien du génie du maître grec, qu'on ne voit point de disparate. En taillant ce fragment de marbre, l'auteur du Moïse a mis la scène au Colysée. L'opinion du plus grand sculpteur de l'Italie se rencontre donc avec celle du premier poëte de l'Angleterre, et quand le peuple dit le *Gladiateur mourant*, il ne fait que répéter les paroles de Michel-Ange.

Dans la même salle que le Gladiateur se trouvent deux exemplaires du bel Antinoüs, l'un en simple mortel, l'autre déguisé en divinité égyptienne; le premier est une magnifique statue de grandeur naturelle, avec tous les signes d'un portrait exact. Non loin de cette image des temps de corruption est la figure la plus austère du monde antique, la statue de Zénon, le seul précepteur de la jeunesse dont la doctrine mérite le nom de philosophie. Zénon vivait trois cent cinquante ans avant Jésus-Christ, et cette statue, trouvée à Lavinium, dans la villa d'Antonin, a sans doute été faite pour cet empereur, qui était stoïcien. Il paraît donc impossible d'y voir autre chose qu'une figure de fantaisie. Mais les traits qu'on lui a prêtés conviennent bien au personnage. Ce corps d'athlète à demi-nu, cette tête carrée et cette physionomie énergique, représentent à merveille le chef de la secte qui professait le mépris de tous les maux et de la mort. En Grèce, l'occasion se rencontra souvent de pratiquer cette philosophie; mais à Rome et sous l'empire, il aurait fallu l'inventer si Zénon ne l'eût pas imaginée depuis longtemps. Quand la rancune d'Auguste condamnait à l'exil quatre-vingt mille chefs de famille, quand Tibère ou Néron invitait les gens à mourir, il faisait bon d'être stoïcien. Antonin le Pieux, pensant que tous les empereurs ne mouraient pas dans leur lit, se prépara peut-être à perdre le trône et la vie sans s'émouvoir; mais on l'aimait, et son stoïcisme ne lui servit qu'à endurer patiemment des chagrins domestiques. La statue de

Zénon aurait bien plus de prix si quelque historien disait qu'Antonin l'avait fait apporter de Grèce; malheureusement elle a tout l'air d'un ouvrage du même siècle que l'Antinoüs.

Seule dans une petite pièce éclairée d'en haut, la Vénus capitoline attend les visiteurs au fond de son boudoir. Son attitude est celle des Vénus pudiques, dont la tribune de Florence possède le plus bel exemplaire connu. Celle-ci est une gaillarde, née d'une mère grecque aux formes délicates, et d'un père romain. Avant de partir pour Florence, la Vénus de Médicis se sera mariée secrètement avec un soldat, et elle aura mis au monde une fille plus forte et plus grande qu'elle. Le croisement des deux races a produit la Vénus capitoline. Sans vouloir désenchanter le lecteur, il faut lui avouer ici que de tous les marbres réunis dans l'énorme collection du Capitole, le Gladiateur mourant, l'Antinoüs et les statues et les bustes de personnages romains sont les seuls morceaux vraiment originaux. Les Faunes, les Diane, les Minerve, les Apollon, les Hercule, les Vénus, les héros grecs, sont des copies des chefs-d'œuvre d'Athènes. Ces copies, faites pour des empereurs et des grands seigneurs de Rome, approchent sans doute des modèles autant que possible; mais lorsqu'on retrouve encore une de ces statues sur le territoire grec, on mesure alors la distance qui sépare un original de la meilleure copie. Les musées de Rome et de Florence, avec leurs immenses trésors où s'étalent les noms de Phidias, de Praxitèle, de Myron, de Lysippe, comptent à peine cinq ou six ouvrages sortis directement des mains de ces grands maîtres, et transportés d'Athènes à Rome. Maître Cicéron, qui était friand de ces morceaux-là, en fit venir plusieurs. La fureur des barbares ne les épargna pas plus que le reste, et comme ils étaient peu nombreux à Rome, on découvrit dans les fouilles mille copies pour un original. Le marbre mutilé que M. de Rivière eut le bonheur de rapporter de Grèce, il y a trente ans, ferait le tour de l'Italie sans y rien rencontrer qui pût l'effacer.

Le palais des Conservateurs est le complément du Musée capitolin. Passons tout droit devant le bronze colossal de l'infâme Commode, et rendons-nous à la *salle de la Louve*. Cet animal, dont la bête du Gévaudan descendait peut-être, semble plutôt fait pour manger les enfants que pour les allaiter. Sur les pattes de derrière on voit des marques dont la cause est attribuée à l'action de la foudre ; de là vint une guerre d'écritures qui embrasa le monde des antiquaires.

Il s'agissait de déterminer si cette louve était celle dont parle Denis d'Halicarnasse ou celle décrite par Cicéron. La première, conservée dans le temple de Romulus, aurait dû se trouver au mont Palatin ; la seconde était encore au Forum lors de l'arrivée d'Alaric. Les savants en *us* se divisèrent en deux camps. — Il y en aurait eu trois si quelqu'un eût parlé d'une troisième louve. — La marque imprimée sur les pattes de derrière paraissait donner gain de cause à ceux qui combattaient pour l'exemplaire du Forum ; car on sait que la foudre y tomba deux fois : le jour de la mort de César et celui de l'entrée des Visigoths. Malheureusement il n'est pas certain que ces blessures soient un effet de l'électricité. Il s'écoula du temps pendant la controverse. Quand on alla aux renseignements sur le lieu de la découverte, on ne put savoir en quel endroit la louve était sortie de terre. Personne n'a songé qu'il devait exister à Rome beaucoup d'exemplaires de cette image allégorique de la fondation de la ville, et que celui-ci pourrait bien n'être ni l'un ni l'autre de ceux qu'on cherchait. Puisqu'il fallait deux louves, que n'a-t-on pris celle de Sienne pour se mettre d'accord ? Alaric aurait pu l'emporter sur son dos et la jeter à terre, l'ayant trouvée trop lourde. Mais si l'on vient à découvrir un jour plusieurs autres images de la nourrice de Romulus, les exemplaires de Cicéron et de Denis continueront à se dérober aux embrassements des antiquaires, comme le petit Joas, confondu parmi les enfants du temple, a échappé aux poursuites d'Athalie. Vu l'obscurité où les illustres du siècle dernier ont laissé la matière, le champ reste ouvert aux conjectures.

Dans la même salle, Junius Brutus, l'Hamlet de l'antiquité, semble ruminer le plan d'une conspiration. C'est bien l'homme de bronze qui a sacrifié la vie de ses fils à cette république naissante qu'il avait si longtemps rêvée. Le malheureux ne pouvait deviner qu'elle lui coûterait si cher; et pourtant il n'hésita pas. Quel sourire de pitié ferait cette bouche, dont les lèvres sont dessinées comme par le tranchant d'un scalpel, si Brutus entendait louer George Washington d'avoir refusé le pouvoir que les institutions lui défendaient d'accepter ! Combien il trouverait les hommes dégénérés, et leur admiration facile à obtenir dans ces temps de faiblesse où le respect de la loi et la simple probité vous sont comptés comme de grandes vertus, l'accomplissement d'un devoir comme une action sublime ! En regardant le front chargé de nuages du vengeur de Lucrèce, ses yeux profonds, ses traits où respire une force d'âme effrayante, je me demandais comment il avait pu tromper les gens et jouer son rôle d'*imbécile*. La tête de Brutus magistrat ne donne point l'idée de Brutus échappant aux soupçons de Tarquin sous le masque d'un idiot bouffon. Ce buste et l'image de la louve ne seraient-ils pas du même siècle? N'ont-ils pas le même caractère de rudesse, la même exagération? C'est à Brutus que la louve aurait voulu prêter ses mamelles; il était digne d'en sucer le lait, et l'artiste qui a fait l'allégorie de la fondation de Rome a dû penser ensuite à mouler la figure du fondateur de la république. La grandeur hors nature des premiers Romains, leurs mœurs farouches, leurs guerres acharnées et leur génie conquérant s'expliquent par ces deux bronzes. Il fallait pour législateur à un peuple de loups cet homme terrible, qui, après avoir expulsé les Tarquins et étouffé le cri de ses entrailles dans l'intérêt de la patrie, se fit tuer à la première bataille, en se jetant sur Aruns avec un emportement que les assistants ont pris pour un accès de rage, mais qui était peut-être le suicide d'un père au désespoir.

Ce que la salle d'audience du palais des Conservateurs renferme de plus intéressant est le buste de Michel-Ange, fait par lui-même.

La tête est en bronze et le haut du corps en marbre noir. On l'aurait pu glisser dans la salle des philosophes, et le placer, avec un nom antique, à côté de quelque stoïcien. On l'a mis près de Tibère, d'Appius Claudius et de deux canards en airain. Les catalogues, toujours disposés à anoblir les objets d'art, appellent ces canards les oies du Capitole. La galerie de tableaux contient deux cent cinquante ouvrages, dus pour la plupart aux artistes de la recrudescence : les Annibal Carrache et les Pietre de Cortone sont en majorité. J'y ai surtout admiré la Cléopâtre en présence d'Auguste, par le Guerchin, et la Sibylle aux yeux rouges, qui se fatigue à veiller pour faire du grimoire. Le Guerchin aura pris pour modèle quelque jolie tireuse de cartes. L'Enlèvement d'Europe, attribué à Paul Véronèse, n'est qu'une très-bonne copie du tableau original qui se trouve dans l'antichambre du *Collége* au Palais-Ducal à Venise.

Du Capitole, si nous descendons dans le Corso, nous arrivons tout de suite au palais Doria, l'un des plus riches et des plus grands de Rome. La galerie de tableaux en est immense. Ne nous arrêtons pas aux deux premiers salons, consacrés aux paysages. Plus loin, nous trouvons le portrait de Machiavel, par André del Sarto. Quand on a vu cet excellent portrait, on connaît l'auteur du *Prince* comme si on eût vécu à la cour de Florence. Le voilà bien, l'homme infatigable, à qui les gonfaloniers écrivaient des lettres commençant toujours par ces mots : « Nicolas, au reçu de la présente épître, tu monteras à cheval et tu feras diligence pour te rendre à..... » Jamais Machiavel n'était si content qu'en arrivant bien harassé chez quelque souverain avec une mission et un bon bagage de mensonges diplomatiques. André del Sarto, le plus fidèle des peintres, n'a pas eu sous les yeux l'auteur plein de verve de la *Mandragola*. Le modèle, en posant, rêvait à la politique; il était alors en faveur, très-occupé, et de là vient son air taciturne et sa physionomie d'inquisiteur d'État. Les scènes plaisantes de la *Mandragore* étaient une production de ses loisirs forcés. Passons devant trois tableaux de Rubens, deux jolies Madones de Sasso-Ferrato, dont une pourrait presque se donner pour un ouvrage de Raphaël, et arrivons à l'*Ecce homo* de Michel-Ange. Ce sujet si rebattu a été diversement traité, selon les écoles. Les maîtres italiens, toujours amoureux de la beauté, ont créé un type de Christ mourant, dont les copies ont rempli l'Europe. En Espagne, on cherchait la réalité. Moralès, qui jouissait d'une grande réputation dans son pays, n'a fait que des cadavres. Michel-Ange a su rendre l'angoisse du supplice sur la figure d'un Dieu. Une fable absurde a couru le monde, au sujet de cet ouvrage. Pour étudier les souffrances du crucifiement, le vieux maître romain aurait fabriqué en cachette une croix et cloué de ses propres mains un beau jeune homme à ce gibet. On ne réfute pas de pareilles calomnies; on les cite comme des exemples curieux de l'effet produit sur les sots et les envieux par un grand succès.

Les peintures de Léonard de Vinci sont si rares qu'on n'en rencontre point sans s'y arrêter. Le palais Doria en possède une : le portrait de Jeanne de Naples. C'est une figure de ce modelé admirable qui n'appartient qu'à l'auteur de la Joconde; mais la physionomie n'exprime rien. Un rapprochement de dates explique ce défaut inévitable. Le portrait fut sans doute commandé par la famille de la princesse. Jeanne de Naples était morte depuis seize ans, quand Léonard vint au monde. N'ayant point le modèle sous les yeux, et travaillant à tâtons sur des renseignements, il aura fait de son mieux pour rendre les traits avec exactitude; mais la nature vivante lui manquant, il n'a pu éviter la froideur.

Sans sortir du Corso, nous arrivons au palais Sciarra. Parmi trente chefs-d'œuvre, choisissons une seule toile : le Joueur de violon de Raphaël. Du temps de Léon X, on distribuait à Rome des prix de musique. Un jeune homme de vingt ans, nommé Tibaldeo, qui apparemment jouait fort bien du violon, gagna le prix et fit tant de plaisir, soit au saint-père, soit à Raphaël lui-même, que le maître voulut faire son portrait. On ne saurait imaginer de visage plus charmant que celui de ce jeune musicien. On ne se lasse pas d'admirer son air doux, intelligent et modeste; mais si le modèle était beau, la peinture surpasse en perfection tout ce qu'on connaît. Tibaldeo tient dans une main son archet, de la forme d'un arc allongé. Par parenthèse, la courbe du bois devait rendre très-difficile l'exécution sur l'instrument des *tenues* et des sons filés, à cause du tremblement de l'archet, lorsqu'on l'appuyait sur la corde. C'est au dix-huitième siècle seulement que Tartini changea la coupe des archets, ce qui produisit une révolution dans la musique instrumentale.

Comme nous l'avons déjà remarqué à Florence, le faux portrait de la Fornarina, dans la salle de la Tribune, et le Tibaldeo du palais Sciarra, appartiennent à une époque de transition dans les diverses manières de Raphaël. On peut regretter qu'il ne se soit pas arrêté à ce point, où il n'a fait que passer. Rien de plus exquis n'est jamais sorti de ses habiles mains; malgré l'originalité de ces deux ouvrages et la difficulté de les classer dans l'œuvre du maître, leur perfection même est ce qui empêche de leur chercher un autre père. Une enquête sur la date de leur naissance ne serait pas inutile. Si l'on pouvait seulement découvrir en quelle année Tibaldeo obtint un prix de musique, on saurait ainsi dans quel moment Raphaël a fait le portrait de ce jeune homme et celui de la femme inconnue, faussement désignée sous le nom de Fornarina.

C'est au palais Barberini, dans la rue Mercède, que nous trouverons le portrait authentique de cette boulangère trop célèbre. Lorsque Raphaël peignit sa maîtresse en déshabillé, je doute que l'amour la lui ait montrée plus belle qu'elle ne l'était véritablement. Dans cette figure brune, ce front bas, ces yeux démesurés, cette bouche grande, qui sourit méchamment, on sent je ne sais quoi de voluptueux et de féroce, comme dans certaines Vénus non pudiques, auxquelles les Grecs ont donné à dessein un caractère évident d'orgueil et d'égoïsme. La beauté sans le cœur est dangereuse. Raphaël a subi le charme de cette Vénus implacable dont l'amour était aussi funeste que la malédiction, et l'on dirait, en voyant l'expression de louve, l'air sensuel et peu intelligent de la Fornarina, que le peintre a compris un moment dans quel abîme il était tombé. Depuis quelque temps on s'amuse à nier toutes les traditions et à mettre en doute les renseignements des contemporains sur les peintres italiens. On ne veut plus que le Corrége soit mort pauvre ni Raphaël par imprudence. C'est une mode qui passera. Entrez au palais Barberini et regardez la Vénus boulangère; cette peinture en dit plus que toutes les dissertations du monde. Les yeux et la bouche parlent éloquemment : Vasari ne s'est point trompé.

Dans le même salon que la Fornarina se trouve un autre portrait fort curieux : celui que le Guide a fait de Béatrix Cenci, lorsqu'elle était en prison et déjà condamnée à mort. Ce visage, d'une pâleur extrême, sied plutôt à une vierge martyre qu'à une fille accusée de meurtre. Comment de ses petites mains a-t-elle pu, même assistée d'une autre femme, enfoncer un long clou de fer dans la tête d'un homme robuste? C'est pourtant là le fait jugé vrai par le tribunal, et pour lequel on a condamné et exécuté une jeune fille de dix-sept ans. Il est certain que l'homme était mort avec son clou bien avant dans la cervelle; mais le crime des Cenci n'en reste pas moins accompagné de circonstances mystérieuses qu'il devient impossible d'éclaircir aujourd'hui. Lorsque la sentence fut prononcée, beaucoup de personnages puissants demandèrent la grâce de Béatrix. Le saint-père, inébranlable, mais touché de la jeunesse et des grâces de la coupable, consentit à lui épargner les peines éternelles, en usant de son pouvoir pontifical pour l'absoudre chrétiennement à l'instant même du supplice. Il se mit en prière dans sa chapelle particulière. Un coup de canon l'avertit que la hache du bourreau était levée; l'absolution partit avec le coup mortel, et la pauvre âme monta en paradis, ce qui fut une grande consolation pour les parents et amis de Béatrix Cenci. Pendant les deux ou trois jours précédents, Guido Reni avait été conduit dans la prison de la jeune fille, et il avait fait à la hâte le charmant portrait dont la pâleur et l'air triste ne sont que trop bien expliqués. Cette peinture fut sans doute donnée au pape Urbain VIII, qui était Barberini.

Le même salon contient encore deux grands tableaux admirables : Adam et Ève chassé du paradis et Joseph échappant à Mme Putiphar. Le premier est cet ouvrage du Dominiquin que la gravure a fait connaître, et dans lequel l'auteur a exprimé avec son énergie habituelle les sentiments de la honte, de la douleur et du repentir. Le second, bien moins connu, aurait la même célébrité si le sujet ne lui eût un peu nui. C'est une des rares et belles toiles du Florentin Jean Biliverti, compagnon d'atelier de Christophe Allori. L'entreprise de Mme Putiphar devient un acte supportable ou révoltant, selon que la personne est belle ou laide. Le fait blesse l'imagination, par conséquent le devoir du peintre est d'éviter avec soin ce qui pourrait blesser les yeux. Quelques Flamands, et surtout les faiseurs d'eaux-fortes, ont donné à la dame des appâts capables de mettre en fuite un homme moins vertueux que Joseph, sans songer qu'ils détruisaient ainsi tout le mérite de la résistance. On ne commet point de ces fautes-là en Italie, et surtout dans l'école florentine. La Putiphar de Biliverti est jeune et séduisante. Ses bras sont trop faibles pour donner autre chose que des caresses, et son visage gracieux n'exprime qu'une tendre vivacité. Rien de violent n'inspire la moindre crainte pour le jeune fils de Jacob, qui, de son côté, se défend sans horreur et sans brusquerie. Il faut se rappeler que la courtoisie française n'était pas inventée du temps de Pharaon, pour ne pas s'intéresser à la belle Égyptienne. Le même petit salon du palais Barberini contient encore une admirable figure de femme par le Titien et représentant une esclave ; ce sera quelque pauvre fille candiote, enlevée à sa famille par des officiers de la marine vénitienne.

Revenons au Corso, que nous avons quitté pour courir après la Fornarina. Nous y trouvons, près de la colonne Antonine, le palais

Chigi,' où demeurait le prélat de ce nom, que le cardinal de Retz prit en amitié durant son exil à Rome. Je ne doute point que le héros de la Fronde, exercé aux cabales dans le parlement de Paris, n'ait contribué autant qu'il le dit dans ses mémoires à l'élection d'Alexandre VII. Voici une anecdote qu'il rapporte sur ce personnage important. La veille du jour où M. de Retz avait assuré au cardinal Chigi la majorité des voix dans le conclave, ils regardaient ensemble, dans la cour du palais Chigi, une statue que le futur pontife venait d'acheter. Sans faire attention à l'exécution, à l'air de la tête, à la pose du corps, le cardinal se mit à considérer une bordure de draperie, et s'attacha si fort à ce détail, qu'il ne voulut pas voir autre chose. M. de Retz, un peu prompt à juger les hommes, en conclut tout de suite qu'il s'était trompé sur le compte de ce prélat, et qu'il allait donner à l'Italie un pontife à petites idées, incapable de rien de grand. Il crut trouver la confirmation de ce jugement dans le refus d'Alexandre VII de se compromettre en sa faveur vis-à-vis de la cour de France. On ne fut pas de son avis à Rome, et les jansénistes, dont le saint-père prépara la ruine, reprochèrent à Alexandre VII d'autres défauts que la petitesse et l'inertie. L'historiette rapportée par le coadjuteur prouve du moins que le cardinal Chigi achetait des ouvrages d'art. Nous allons voir s'il avait bon goût.

Parmi les nombreux tableaux dont les galeries de ce palais sont ornées, je remarquai d'abord un Christ d'Annibal Carrache, étude savante du raccourci et du grand style de Michel-Ange. Cet ouvrage, fait pour plaire aux artistes bien plus qu'aux gens du monde, annonce de la part de l'acquéreur des connaissances que le vulgaire n'a point. Une Madeleine singulièrement colorée de Ribera, et un Saint Jean-Baptiste dans la manière exagérée de Caravage, donneraient à penser que le cardinal aimait le bizarre, si l'on ne voyait plus loin des tableaux fort différents; entre autres, la Sainte Cécile du Guide, ouvrage du meilleur temps de ce maître inégal; — une très-belle toile de Piètre de Cortone, représentant un Ange gardien; — un Saint Pierre du Dominiquin; — trois tableaux de Barocci, où des enfants et des fleurs sont groupés avec une grâce infinie; — une Vénus accompagnée de l'Amour, attribuée à Léonard de Vinci, mais qui me paraît plutôt sortie de l'école romaine. Enfin, ce qui établit le plus sûrement le goût sincère du cardinal Chigi pour les œuvres d'art, c'est le cabinet de travail, dans lequel il avait réunis, pour les avoir sans cesse devant les yeux, quantité de dessins au crayon de Jules Romain, d'André Sacchi et de plusieurs maîtres du seizième siècle. Devenu pape, il fut d'ailleurs le protecteur et l'ami de Piètre de Cortone.

De l'immense galerie du palais Borghèse, qui contient près de dix-huit cents tableaux de premier ordre, nous choisirons un seul ouvrage. Il y a là une figure devant laquelle on s'arrêterait un jour entier : le portrait de César Borgia par Raphaël. Cette tête blonde, ce visage noble, aux traits fins, au regard audacieux, n'aurait dans le repos que le caractère de courage et de fierté qui sied à un jeune prince. Raphaël, voulant donner de meilleurs renseignements sur le moral du personnage, aura prié le modèle de prendre une de ses attitudes familières. César Borgia n'a point vu le piége. Il s'est laissé peindre tenant dans sa main droite la poignée de sa dague, comme s'il se mettait en mesure d'assassiner quelqu'un. Ce geste menaçant, peu usité dans la conversation, change entièrement la physionomie du portrait : l'air courageux et fier devient l'insolence et la morgue d'un méchant tyranneau, toujours prêt à poignarder le premier qui s'aviserait de le contredire. Si Malatesta eût connu cette peinture, au lieu de tomber dans les embûches d'un pareil brigand, il serait venu le trouver avec cinq cents lances et autant d'arquebuses, et il l'aurait pendu à la porte d'Imola, ce qui aurait sauvé la vie à tous les convives qui, selon les termes de Machiavel, eurent la *simplicité* d'aller s'asseoir à sa table. Raphaël, sans offenser son modèle, sans rien ajouter à la nature, ayant devant les yeux un visage jeune et beau, a su montrer clairement l'humeur scélérate des Borgia. Ces traits de génie sont rares. De notre temps, M. Ingres en eut un semblable, le jour où, en faisant le portrait de M. Bertin, il saisit à la volée ce beau geste des mains, dans lequel se révèlent le caractère, l'intelligence, la vie de discussion et l'honorable carrière du publiciste éminent.

Sur le mont Quirinal est un palais Rospigliosi construit pour le cardinal Scipion Borghèse. Lorsque le Sicilien Jules Mazarin eut fait fortune en France et qu'il eut distribué de l'argent et des dignités à sa famille, les Mazarini achetèrent ce palais. Ils n'ont rien ajouté à ses embellissements, et ne l'ont pas gardé longtemps. Dans la cour d'entrée à gauche est un casino où le Guide a exécuté sa plus grande et sa meilleure fresque, celle de l'Aurore entourée des Heures. Ce groupe de femmes, toutes belles, fraîches et souriantes, est d'une ordonnance parfaite, et laisse dans l'esprit l'impression la plus douce. La peinture monumentale a des lois particulières. Il ne faut point sur une muraille ou un plafond de ces espaces vides qu'on peut admettre dans un tableau. La première condition, c'est de décorer. Quelques maîtres des écoles romaine et florentine épargnent trop les ornements; leurs fresques sont un peu maigres. Certains Bolonais et Vénitiens surchargent, au contraire, avec abus. L'Aurore du Guide me paraît un modèle de goût et de mesure en matière de décoration. Le Samson d'Annibal Carrache fait ressortir les qualités du plafond de l'Aurore. Ce géant, qui ébranle les colonnes du temple pour anéantir les Philistins, occupe tant de place, le nombre des personnages est si grand et l'espace si rempli de couleurs sombres, que le regard, fatigué de cette confusion, revient avec plaisir à la suave peinture du Guide. La galerie du palais Rospigliosi contient encore une Femme au bain attribuée à Léonard de Vinci, deux tableaux du Poussin, une Vierge de Raphaël, et une charmante toile du Dominiquin représentant David ramené en triomphe par des femmes après son duel avec Goliath.

Au pied du mont Janicule, sur la rive gauche du Tibre,

est le palais Corsini, où Christine de Suède vint demeurer jusqu'à sa mort, après avoir taché du sang de Monaldeschi le plancher de Fontainebleau. Les appartements de ce vaste palais renferment des morceaux rares : une collection de portraits, embrassant un espace d'un siècle et demi, depuis Albert Dürer jusqu'à Rubens, et une autre collection complète d'ouvrages des peintres italiens modernes, depuis le temps de l'école bolonaise jusqu'à nos jours, document curieux de la décadence. La galerie ancienne est une des plus riches de Rome et des plus intéressantes par la variété des tableaux. A côté du dévot frère Bartholomée se trouve le Bohémien Jacques Callot. Les madones d'André del Sarto baissent les yeux pour ne point voir les scènes ténébreuses de Ghérard-de-la-Nuit. La Méditation du Guide regarde le ciel et s'absorbe dans ses pensées, tandis que les lions de Rubens, attaqués par des chasseurs, écument de rage. La Sainte Apolline de Carlo Dolci penche son doux visage, qui avait déjà représenté bien d'autres saintes, des Vierges, des Nymphes, des Grâces, et même la figure allégorique de la Poésie. C'était la fille chérie du peintre; son père n'eut point d'autre idéal. Dix ou douze paysages du Poussin, de Claude Lorrain et de Salvator Rosa, semblent concourir pour un prix difficile à décerner, mais que j'adjugerais à maître Claude. La Judith de Ghérard-de-la-Nuit est une page fantastique de ce peintre original si aimé de Hoffmann. L'énergique figure de Jules II, par Jules Romain, prépare un projet de ligue incendiaire, à deux pas du Christ mourant pour la paix du monde. Afin de se reposer des sujets de piété, le Dominiquin, ayant sous la main quelque joli modèle de femme, en a fait une Suzanne au bain surprise par les vieillards. Salvator Rosa s'est représenté lui-même sous la figure de Prométhée, déchiré par le vautour de l'envie. Ses entrailles sont à nu. Deux ruisseaux de sang coulent sur son corps enchaîné. Les convulsions de la douleur bouleversent les traits de son visage, et sa bouche ouverte laisse échapper un gémissement profond.

La réunion d'objets si divers suffirait à faire de la galerie Corsini un musée des plus agréables ; mais elle renferme, en outre, une série unique au monde, de douze petits tableaux par Jacques Callot, où se déroule toute l'histoire du soldat, depuis son enrôlement jusqu'à la mort violente. Les épisodes de la marche forcée, du bivouac, du combat, du pillage, de la maraude, sont des chefs-d'œuvre d'invention pittoresque. Comme correctif aux excès du sac de la ville conquise, le peintre a mis tout de suite après la pendaison du pillard. Callot, doué d'une verve et d'une facilité prodigieuses, toujours emporté par les caprices de son génie, savait mieux dessiner que peindre, et il avait plus vite fait une eau-forte qu'un tableau. Cette suite de peintures est donc une partie précieuse de son œuvre.

A Bologne, nous avons parlé des travaux d'Annibal Carrache au palais Farnèse et du misérable prix qu'il en reçut; mais le casino appelé la Farnésine, qui se trouve dans la rue dite *Lungara*, en face du palais Corsini, contient des fresques célèbres, derniers ouvrages de Raphaël. Sur le plafond de la première salle, les élèves ont exécuté la fable de l'Amour et Psyché, dont le maître avait fait les dessins. La Galatée, précédée d'une Néréide et suivie de Tritons, est entièrement de sa main. Un jour Michel-Ange vint à la Farnésine pour voir ces peintures nouvelles. Raphaël était sorti. En l'attendant, le vieux Buonarotti examina longtemps la Galatée. Tout à coup il prit un fusin et se mit à dessiner à grands traits une tête de géant sur la muraille, dans un coin de la salle. Quand il eut achevé ce dessin, il sortit sans donner son avis sur les fresques de Raphaël ; mais on a su depuis que la composition, les groupes, les personnages, l'exécution, tout lui avait paru petit. Son géant au charbon était une protestation contre une façon qui n'était pas la sienne de comprendre la peinture murale. Peu de temps après Raphaël était mort. Daniel de Volterre, Sébastien del Piombo et Peruzzi continuèrent les décorations de la Farnésine ; mais ils n'osèrent toucher au dessin de Michel-Ange, et cette boutade conservée soigneusement, se voit encore près de la Galatée, à laquelle, en somme, elle ne fait pas grand tort.

Disons adieu au vieux maître romain. Une fois sur la route de Naples, il n'y a plus d'apparence que nous le retrouvions. Les délices de la Campanie, l'air enivrant de la Sicile, auraient pu amollir la trempe de son génie et lui donner une heure d'indolence. Il n'a point voulu connaître la province où règnent la paresse et la sensualité. Cet article sur Rome étant déjà fort long, je me borne à recommander au lecteur les palais Colonna, Spada, Braschi et Massimi, qui contiennent des galeries de tableaux aussi riches que les précédentes. Je néglige à regret les bibliothèques, les salles de spectacles, les académies, même celle de Saint-Luc; quant aux hôpitaux, je ne les fréquente en aucun pays. Lorsqu'on pense avoir tout vu, il faut encore, si l'on a du temps de reste, errer au hasard et sans guide. Mille objets piquent la curiosité, mille problèmes se présentent; car le pied ne heurte pas une pierre, un éclat de marbre, un bloc sans nom qui ne renferme quelque grand souvenir; tournez autour, lorgnez, frappez au bon endroit, et l'étincelle sortira. C'était ce que mon ami le seigneur ingénieur me proposait de faire, quand nous eûmes achevé ensemble l'inspection des galeries; mais je n'oubliais point l'histoire qui m'était promise. Je fis valoir mes droits, un soir, en revenant du théâtre *Fiano*, où nous avions écouté une comédie très-ancienne.

La compagnie comique du *Fiano* est la plus parfaite du monde entier dans son genre, la seule peut-être dont les mœurs pures, la discipline, le zèle, l'absence de toute jalousie entre les acteurs, se puissent citer comme exemple aux artistes dramatiques. Jamais une prima donna n'y a fait parler d'elle; jamais le jeune premier, abusant de la faveur publique, n'a rançonné le directeur; jamais de relâche par caprice ni par indisposition, et lorsqu'en sortant le spectateur voit écrit sur la pancarte *domani recita*, il peut être certain que la représentation aura lieu. On ne connaît dans ce théâtre ni les rhumes, ni les querelles, ni les rivalités, encore moins les enlèvements. Cette troupe incomparable est celle des *Burattini*, les marionnettes les plus belles qui aient jamais diverti les enfants petits et grands. Après avoir applaudi ces excellents acteurs, j'entrai avec mon compagnon dans un café du Corso; au fond d'une salle où nous étions seuls, le seigneur ingénieur me paya, comme on le verra au chapitre suivant, les honoraires qu'il me devait.

XIII

ROME

Histoire du Patito.

Au mois de février 1842, il tomba de la neige à Rome, et la vue des toits et des dômes blanchis par l'hiver fut un sujet d'amusement pour les Romains, moins blasés que les étrangers sur la beauté de ce spectacle. Tandis que le vent de *tramontana* faisait frissonner les citronniers délicats et gémir les pins majestueux de la villa Panfili, deux vieilles dames étaient assises près du feu dans un appartement mal clos de la place de Trevi. Elles causaient ensemble en surveillant une bouilloire dont le murmure se mariait au bruit de la grande fontaine de Neptune. On ne voyait sur leurs visages sillonnés de rides profondes ni la régularité de traits, ni l'embonpoint classique des matrones romaines. Un œil exercé aurait pu reconnaître le type napolitain à leurs pommettes osseuses et à leurs nez saillants formant avec le front un angle presque droit. La sévérité de leurs physionomies inspirait une crainte doucement tempérée par l'envie de rire. L'une était la veuve et l'autre la belle-sœur du feu docteur Pizzicoro, qui avait été, dans son temps, un praticien habile plutôt qu'un médecin savant. Depuis vingt ans qu'elles avaient quitté Naples pour suivre la fortune de leur époux et beau-frère, leur prononciation ne s'était point corrigée du vice originel, et dès qu'elles se trouvaient en tête-à-tête, elles s'empressaient d'oublier la langue du Tasse pour revenir à leur dialecte natal.

— Susanna, dit une des vénérables dames, mon neveu tarde bien à rentrer.

— Ne vous inquiétez point, Barbara, répondit l'autre vieille; je sais où est mon fils, et je vous affirme que c'est en un lieu bon et honorable.

— Encore chez cette comtesse Corvini, où se réunissent des jeunes gens dissipateurs et désœuvrés !

— Ne dites point de mal d'un monde que vous ne connaissez pas, ma sœur, reprit donna Susanna. La comtesse Elena est une des plus riches et des plus considérables personnes de cette ville. Elle aime les beaux esprits, et c'est à ce titre que notre Francesco reçoit d'elle un accueil gracieux.

— Mais, répondit Barbara, les églises ont déjà sonné minuit, et, par ce froid ultramontain, l'enfant pourrait bien revenir avec une fluxion. Que ce soit pour faire de l'esprit ou pour jouer au macao, c'est se déranger que de rentrer à pareille heure.

— Francesco n'est plus un enfant, ma sœur. Vous oubliez qu'il aura vingt-huit ans à la Saint-Philippe. S'il a vécu jusqu'à cet âge sans amour, il est temps de lâcher un peu la bride à la fougue du jeune homme.

— Par saint Janvier ! s'écria dame Barbara, est-ce qu'il serait amoureux ? Vous avez l'air de le penser. Contez-moi ce que vous savez, je vous en prie, *sore mia*.

— Eh bien ! oui, ma sœur, je le crois amoureux, et s'il faut tout vous dire, j'ai sujet de penser que la comtesse Elena ne le regarde pas avec indifférence; car il est beau comme Apollon, mon Francesco. Son esprit, sa jeunesse et ses assiduités auront touché le cœur de la signorina. N'en parlez pas, au moins; c'est un secret.

— Ne craignez rien; mais la comtesse a un mari.

— Oui, un vieux *mezzo-matto* sous la tutelle d'un conseil de famille.

— C'est assez pour qu'elle ne puisse convoler en secondes noces. On m'a dit aussi que parmi ses adorateurs, un certain *cavaliere*...

— Joseph San-Caio! interrompit Susanna, un don Limon, une cervelle légère. Et d'ailleurs, comme dit la chanson, « l'amour est une fleur... »

— *Già,* « qui naît, croît et meurt. » Voilà une grosse affaire, ma sœur, et je trouve que vous en parlez bien tranquillement.

— Eh! voulez-vous que j'en prenne le deuil! Il est échappé, mon jeune lion; tant pis pour les brebis qui tomberont sous sa griffe!... J'entends frapper à la porte. C'est lui, ma sœur. Préparez la potion chaude, et ne faites point semblant de savoir l'heure qu'il est.

Un jeune homme de taille moyenne, fluet, imberbe et pâle de visage, entra dans la chambre. Il posa son manteau sur une chaise et s'assit entre les deux vieilles dames en grelottant : — Bonne mère, et vous, *cara zia,* dit-il d'une voix flûtée, ne me grondez pas si je rentre tard. La comtesse m'a dicté des lettres que j'ai portées moi-même à la poste, et j'ai dû prendre le chemin le plus long pour revenir à la maison.

— Mon fils, répondit donna Susanna, on ne gronde plus un homme de votre âge, et on ne le chicane pas sur les heures. Rentrez à la maison quand cela vous convient. Je vous prie seulement d'être prudent et de prendre garde à votre santé.

Francesco regarda sa mère avec étonnement, comme si ce langage indulgent eût été nouveau pour lui. — Vous trouvez peut-être, dit-il ensuite, que je porte sur moi une odeur de tabagie. La comtesse a permis aux jeunes gens de fumer dans son petit salon; mais je n'ai pas touché un cigare.

— Fumez, si telle est votre envie, mon fils. Don Francesco Pizzicoro jouit d'une liberté absolue dans ses actions, pas et démarches. Qui avez-vous vu au *palazzo* Corvini?

— Deux membres correspondants de l'Académie de la *Crusca,* le marquis Horace Pareti, qu'on appelle, je ne sais pourquoi, l'Adonis romain, car je ne le trouve point beau, et quatre ou cinq autres jeunes gens qui ne méritent point d'être nommés.

— D'où vient, demanda la tante Barbara, que la comtesse ne leur donne pas de lettres à porter?

— Elle m'honore d'une confiance particulière.

— Que devient donc le *cavaliere* San-Caio? dit la signora Susanna.

— On ne l'a point vu depuis trois jours au palais Corvini.

Les deux vieilles échangèrent un coup d'œil significatif.

— Soyez discret, reprit la mère, et ne vous vantez pas de la haute faveur que vous accorde la comtesse.

— Je ne vois pas, répondit Francesco, pourquoi j'en ferais plus de mystère qu'elle-même.

— Le mauvais sujet! murmura la tante. Allons, mon neveu, buvez ce *zambaion* au sucre candi. Votre père l'ordonnait comme un préservatif de toutes les *influences* d'hiver. Couchez-vous par là-dessus, et soyez au lit dans un quart d'heure. La nourrice ira border vos couvertures.

Don Francesco but à petites gorgées la mousse brûlante du cordial milanais. Il embrassa ensuite les deux vieilles dames et monta dans sa chambre. Lorsqu'on n'entendit plus résonner ses talons sur les carreaux de faïence, la *zia* tira le cordon de la sonnette, et une paysanne à large taille, au visage cuivré, le *panno* sur la tête et les oreilles ornées de grosses boucles d'or, entra en se frottant les yeux.

— Gennariella, lui dit la tante, vous pouvez monter chez mon neveu.

— Enfin! répondit la nourrice, don Cicillo est rentré; nous allons dormir. Quel besoin a-t-il de veiller tous les jours plus tard, ce bambin?

— Silence! s'écria la mère en faisant des yeux flamboyants. Je vous intime l'ordre de parler de votre jeune patron avec plus de respect, et de supprimer les sobriquets familiers.

— Quels sobriquets? répéta la nourrice, quel patron? quel respect? Le pauvre petit, je l'ai nourri de bon lait, entendez-vous?

d'un lait à élever des mâles, et ce n'est pas ma faute s'il n'a point de barbe au menton. Quant au surnom, ne sait-on pas que, dans notre pays de la *terre de Labour*, Francesco se dit Ciccio, et que Ciccio devient, si l'on veut, Cicillo ?

Pour couper court aux remontrances, Gennariella sortit en haussant les épaules, et monta dans la chambre de son nourrisson. — Il vous sied bien, dit-elle à Francesco, de faire le mauvais sujet et de nous tenir sur pied jusqu'à minuit ! Mettez vos couvertures sur votre nez, car jamais une belle épousée ne viendra réchauffer votre frileuse personne. Dormez, don Cicillo, et demain rentrez de bonne heure.

— Ne te fâche pas, Gennari, répondit le jeune homme d'un ton enfantin ; c'est la comtesse Elena qui m'a retenu chez elle.

— N'allez-vous pas jouer aussi le rôle d'amoureux ! reprit la nourrice. La belle attrape que ce serait pour votre Elena ! Si vous continuez ainsi, je vous remettrai le bourrelet et les lisières, afin que tout le monde sache bien qui vous êtes.

Parmi les contrastes dont l'Italie foisonne, le plus facile à observer est celui de la laideur et de la beauté. A côté des modèles les plus parfaits que la statuaire puisse souhaiter, on rencontre un petit nombre d'êtres rachitiques ou affligés de difformités bizarres, comme si la nature, ennuyée de toujours bien faire, eût voulu travailler de caprice pour se reposer. Plus elle a dépensé de séve et de richesses en suivant la règle générale, plus elle traite l'exception avec parcimonie. Comme une mère fantasque, elle accable de ses dons les enfants de sa prédilection, et refuse tout aux autres. De là vient que les nains sont plus grotesques, les bossus plus contrefaits en Italie que dans le Nord. Ce n'était pas dans une de ces boutades d'avarice et de mauvaise humeur que la mystérieuse nature avait créé Francesco, mais plutôt dans un moment de négligence. Peut-être, en modelant cet être fragile, l'artiste divin avait-il rêvé à autre chose, fatalement distrait de son ouvrage par quelque circonstance puérile, comme celle dont Tristram Shandy se plaignait avec tant de raison. Le docteur Pizzicoro était un Napolitain robuste, mais sujet à de fâcheuses aberrations, dominé par des idées fixes et rarement à ce qu'il faisait, hormis lorsqu'il tâtait le pouls d'un malade. Il avait longtemps désiré un héritier, et quand sa femme, après dix ans de mariage, donna enfin le jour à un enfant chétif, il se contenta en philosophe de ce que le ciel lui envoyait.

Ainsi que Gennariella se plaisait à le dire, ce n'était point sa faute si son nourrisson n'avait pas mieux profité d'un lait généreux. Le petit Cicillo, dans sa plus tendre enfance, n'eut jamais les grâces, la fraîcheur et la vivacité de cet âge. Sa mère et sa tante, en l'accablant de soins et de précautions, l'élevèrent comme dans une serre chaude, ce qui retarda son développement. Le défaut d'exercice le rendit maladroit. Il tombait et se heurtait sans cesse. Les autres enfants, habitués à lui voir le visage enveloppé de compresses, l'appelaient Ciccio *bendella*. Son père, en venant s'établir à Rome, le mit au collège des Jésuites. Francesco fut le souffre-douleur de ses camarades. Il passait le temps des récréations à se chauffer au soleil. Son apathie lui valut un prix de bonne conduite, dont ses parents le félicitèrent beaucoup ; mais Gennariella secouait la tête en disant qu'elle le souhaiterait plus dégourdi, et que cette sagesse-là était celle d'une fille. Enfin, lorsqu'il eut vingt ans, la première dame qui daigna faire attention à lui laissa tomber ces mots : « Il est jeune et laid. » On ne lui adressa jamais d'autre compliment, excepté dans sa maison, où sa mère et sa tante passaient le temps à l'admirer.

La dame inconnue avait raison ; Francesco était laid, et sa laideur n'était rachetée ni par le charme de la physionomie, ni par le feu des passions, en sorte que, tous les moyens de plaire lui manquant à la fois, l'envie seule avait le pouvoir d'animer son visage et d'aiguillonner son esprit. Dans le choix d'un état, il ne fut guidé par aucune vocation. Rebuté par l'aridité du droit et par le dégoût des études anatomiques, il ne put devenir ni avocat, ni médecin. L'honnête aisance que lui laissa son père en mourant lui ôta le souci de chercher une carrière. Il demeura enseveli dans le giron maternel, menant une vie réglée, dans une sorte de végétation semblable à celle de l'enfance, écoutant docilement les leçons de sa mère, et buvant les potions préparées par sa tante. Il ne fréquentait point les jeunes gens de son âge; le théâtre et le salon de la comtesse Elena étaient les seuls endroits où l'attirait l'habitude plutôt que le plaisir. Il avait acheté l'*ingresso* au théâtre Valle, et il y allait pour que son argent ne fût point perdu. Son père ayant donné autrefois des soins à la comtesse pendant une maladie grave, don Cicillo jouissait au palais Corvini des droits et priviléges d'un ami et d'un commensal, c'est-à-dire qu'il entrait et sortait sans qu'on prît garde à lui, et que s'il arrivait à l'heure du dîner, on mettait un couvert de plus.

La comtesse Elena était une des plus belles femmes de Rome. Douée d'une intelligence rare et d'un esprit aimable, elle cachait une organisation de feu sous les dehors de la langueur et de l'indolence. Tout le monde vantait ses vertus chrétiennes, sa charité, sa douceur, ses grâces hospitalières. Dans son indifférence pour les détails vulgaires de la vie, elle regardait le désordre de sa maison sans vouloir prendre la peine de le réparer. S'il plaisait au cuisinier de s'absenter, elle allait dîner en ville; mais pour peu que la jalousie, le dépit ou l'amour eussent accès dans son cœur, Elena eût mis le feu aux quatre coins de Rome. Elle écoutait d'une oreille distraite, avec un sourire bienveillant, les adulations les plus hyperboliques, voire les sonnets à sa louange; mais elle eût fait miner et sauter son palais pour se venger d'une rivale, et parcouru huit cents lieues en poste pour aller soulager son cœur par un mot de tendresse ou de reproche. On disait que la comtesse avait aimé un gentilhomme bolonais compromis dans une échauffourée politique, et qui avait trouvé la mort dans les supplices du *carcere duro*. De là venait sans doute cette mélancolique indifférence que les hommes commençaient à trouver scandaleuse. Un des jeunes gens les plus beaux et les plus à la mode s'était déclaré l'*amoureux-mort* d'Elena, et, après un an d'une cour assidue, il n'avait fait aucun progrès dans le cœur de la comtesse. Orazio Pareti, qu'on appelait l'Adonis romain, n'ayant point réussi à plaire, personne n'osait se flatter d'un meilleur succès. Le découragement de la jeunesse galante tournait à l'aigreur et se manifestait par la bouderie et l'abandon. Deux ou trois savants et quelques beaux esprits tenaient dans le salon du palais Corvini une académie insipide, où la maîtresse de la maison elle-même ne dissimulait point ses bâillements.

Telle était la femme dont le sage Cicillo se glorifiait d'être le favori et le factotum. Il est certain que la comtesse pensait souvent à don Francesco. Parfois le nom de ce jeune homme lui sortait des lèvres précédé de l'adjectif *caro*, et particulièrement lorsqu'elle avait besoin d'un serviteur zélé pour remplir une mission difficile ou une corvée désagréable. Quant aux petits soins qui touchaient à sa personne, comme de lui offrir un coussin, de lui préparer un verre de limonade, ou de chasser les mouches tandis qu'elle se reposait dans son hamac, c'étaient autant de véritables faveurs qui portaient en elles-mêmes leur récompense.

Un soir, on vit arriver un nouveau visage au palais Corvini. Le brillant *cavaliere* Joseph San-Caio revenait d'un long voyage en France, et ses relations aristocratiques l'amenèrent naturellement chez la comtesse. Son air ouvert et franc, son esprit vif, sa gaieté communicative inspirèrent à don Cicillo une sorte de malaise et d'impatience, une antipathie profonde et instinctive. De son côté, San-Caio fronça les sourcils en remarquant le ton familier du factotum. Il s'approcha d'Elena pour lui parler à voix basse, et Francesco entendit son petit nom de Cicillo prononcé alternativement par les deux interlocuteurs; mais probablement la comtesse coupa court aux médisances, car la conversation se termina par des rires. Il était évident que le jeune dandy avait tenté maladroitement de perdre son rival dans l'esprit d'Elena.

Comme tous les êtres incomplets ou maladifs, don Cicillo avait des moments de perception vague et des éclairs de seconde vue, où, dans une confusion étrange des facultés de l'âme, sa mémoire lui rappelait des choses qu'il ne connaissait point, et son imagination lui montrait, sous l'apparence d'illusions fantastiques, d'autres choses qu'un esprit sain et clairvoyant eût devinées depuis longtemps. Le jour de sa première rencontre avec Joseph San-Caio, un de ces phénomènes psychologiques lui représenta, au milieu des ténèbres de l'avenir, le chevalier et la comtesse gracieusement unis dans un embrassement amoureux. Cet odieux tableau l'importuna pendant quelque temps, lorsque personne à Rome ne soupçonnait encore San-Caio d'aimer Elena. Bientôt cet amour naissant donna des signes de son existence et devint le sujet des conversations. Tout le monde plaignit d'abord l'imprudent jeune homme, et puis un beau jour on ne le trouva plus si à plaindre. La vision fatale s'effaçait alors peu à peu dans l'imagination de don Cicillo; elle disparut pour toujours lorsqu'il vit la santé, l'enjouement de la comtesse répandre l'allégresse dans sa maison et parmi ses amis. Elena daignait se moquer de Francesco avec une gaieté charmante. Touchée de la peine qu'il prenait à son service, elle voulut le soulager d'une partie de sa correspondance en écrivant elle-même beaucoup de lettres. Le secrétaire intime pouvait-il douter encore d'une préférence si marquée?

On pardonne aisément à un adversaire vaincu. Don Cicillo, guéri de sa haine aveugle, faisait amitié avec San-Caio. Il aurait même trouvé que la comtesse ne rendait pas justice aux qualités aimables de ce nouvel ami, si une circonstance fortuite ne lui eût prouvé qu'elle savait gouverner équitablement et faire à chacun sa part. Souvent Elena envoyait son factotum chez les orfévres à la recherche de bijoux rares et précieux. Un matin, Francesco découvrit dans une boutique du Corso une belle pierre dure montée en épingle et d'un élève de Dominique *degli Camei*. Il s'empressa de l'acheter conditionnellement et de la présenter à Elena, qui parut charmée de la trouvaille. Le marchand demandait cent écus romains (plus de cinq cents livres de France). La comtesse n'hésita pas à donner cette grosse somme, et, de peur de laisser échapper l'occasion, elle envoya aussitôt l'argent au joaillier. Le soir, au thé académique, on remarqua le précieux camée sur la cravate de San-Caio.

— Je me trompais, pensa don Cicillo ; la comtesse rend justice au chevalier. Je dirais même qu'elle va jusqu'à la partialité, si je n'étais son favori.

Au rebours des Françaises, qui maintiennent parmi leurs courtisans l'apparence trompeuse de l'égalité, Elena conservait l'ordre et la paix en donnant à chacun des attributions diverses. Francesco, malgré sa jalousie, supporta patiemment le voisinage d'un cavalier servant, dont les priviléges extérieurs étaient moins sérieux et moins beaux que les siens. Le marquis Orazio lui-même acceptait son rôle de soupirant avec une résignation qui ne manquait pas de grâce. Trois mois s'écoulèrent ainsi, pendant lesquels aucun nuage ne vint troubler la félicité parfaite qu'on goûtait au palais Corvini. Tout à coup San-Caio interrompit ses visites, sans que personne pût dire ce qu'il était devenu. La comtesse parut inquiète et contrariée de son absence. Elle écrivit plusieurs billets que Francesco porta et qui demeurèrent sans réponse. San-Caio ne rentrait point chez lui. De son côté, le marquis se livrait à des perquisitions. Il découvrit enfin le réfractaire dans les coulisses du théâtre Valle, pendant une représentation de la *Norma*.

— Insensé, lui dit-il, veux-tu faire mourir d'inquiétude une personne devant laquelle tu devrais te prosterner?

— Cher Orazio, répondit le chevalier, un charme invincible me retient dans cette forêt de carton. Je suis amoureux de la Teresina.

— Comment! d'une chanteuse sans talent, d'une *seconda donna!*

— Hélas! oui. Charge-toi d'annoncer ce fatal événement. Accable-moi de noms injurieux. Dis que je suis un écervelé, un ingrat. Ne m'épargne pas. Je serai ton obligé, si tu me dispenses d'une explication.

— N'espère pas faire de moi ton complice, répondit Orazio. Je servirais plus volontiers la vengeance et les ressentiments que ta lâche conduite va soulever contre toi.

— Ahimè! s'écria le chevalier. La fuite est le seul parti qui me reste. Dérobons-nous à cette juste vengeance.

— Voyons, reprit le marquis : ne pourrai-je obtenir de toi une parole sensée, un procédé honnête?

— Ni l'un ni l'autre, cher Orazio. Adieu, je vais porter sur la terre étrangère mes péchés et mon bonheur, car je suis à la fois le plus grand criminel et l'homme le plus heureux du monde.

Le marquis s'éloigna sincèrement affligé de l'endurcissement de San-Caio; mais il se renferma dans un silence prudent.

Lorsqu'enfin la nouvelle fut apportée au palais Corvini par les bruits publics, on ne remarqua pas le moindre signe d'émotion sur les traits d'Elena. La conversation eut son cours ordinaire autour de la table à thé. Orazio seul crut voir quelques symptômes précurseurs d'une tempête sur ce noble visage, où la nature avait imprimé le sceau dont elle marque ses chefs-d'œuvre. Quand minuit sonna, il souhaita le bonsoir à la comtesse avec un accent de tendre pitié qui la fit rougir, et pendant ce court moment où il s'oubliait lui-même, il avait pris, sans y songer, une place meilleure dans l'amitié de la dame. Ce soir-là don Cicillo, pour qui ces nuances étaient de l'hébreu, rentrait glorieux dans le sein de sa famille, comme nous l'avons raconté au début de cette histoire. Il s'endormit soigneusement enveloppé dans ses couvertures par Gennariella, et rêva jusqu'au matin à ses vaines prérogatives de factotum et de secrétaire intime.

Le lendemain vers onze heures de France, lorsque le bon Francesco revint au palais Corvini, l'orage avait éclaté. Aux coups répétés de la sonnette, les valets parcouraient les escaliers, et les deux femmes de chambre perdaient la tête. La comtesse avait une attaque de nerfs, le cuisinier profita du désordre pour supprimer le déjeuner, et don Cicillo, mourant de faim, ne trouva que du chocolat de la veille. Il en buvait une tasse à la hâte, quand on vint lui dire que madame le demandait. Il courut fort troublé jusqu'à la chambre à coucher. Elena, en peignoir du matin, se promenait de long en large avec une agitation fiévreuse.

— *Caro* Francesco, dit-elle, j'attends de vous un service important. L'affaire est sérieuse. Il y va de ma vie, entendez-vous ?

— Bonté divine ! s'écria don Cicillo, qu'avez-vous donc, comtesse ?

— J'ai besoin d'un ami dévoué, sûr et discret, non de cette discrétion banale qui consiste à garder fidèlement le dépôt d'une confidence, mais de celle, au contraire, qui n'oblige à révéler aucun secret. Ne m'interrogez donc pas, ne cherchez point de sens caché dans mes paroles. Je veux un serviteur aveugle, une obéissance passive, comme celle du jésuite envers son supérieur. J'avais d'abord pensé au marquis Orazio...

— De grâce, comtesse, interrompit Francesco, employez-moi. Disposez de moi. Ne doutez point de mon zèle. Je vous obéirai.

— Très-bien, mon ami. Vous savez que je suis brouillée avec le chevalier San-Caio.

— J'ai cru remarquer, en effet, que ses visites étaient moins fréquentes.

— On le dit amoureux d'une chanteuse. Je voulais voir cette Teresina ; mais je viens d'apprendre qu'elle ne jouera plus à Rome. Elle a signé un engagement avec un *impresario* de Naples.

— C'est une faible perte pour le public romain.

— Il ne s'agit pas de cela. Teresina ne partira pas seule. J'ai deviné pourquoi mes lettres sont restées sans réponse. Il n'ose se montrer.

— De qui parlez-vous, comtesse ?

— Je me parle à moi-même. A présent recevez mes instructions : pour des raisons que vous n'avez pas besoin de connaître, il m'importe de revoir une fois le chevalier avant son départ pour Naples. Allez chez lui, amenez-le-moi mort ou vif : je ne lui demande que des égards, cinq minutes d'entretien, un bon souvenir, un adieu amical, — et puis il sera libre.

— Comtesse! s'écria Francesco, ce langage m'épouvante. Il semblerait..... on pourrait croire, si l'on vous entendait.....

— Personne ne nous écoute, interrompit Elena, et comme vous avez en moi une confiance aveugle, je ne crains de votre part aucune supposition fâcheuse ou blessante. Faut-il vous rappeler votre serment d'obéissance passive?

— Non, comtesse; je ne l'oublierai plus.

— Vous direz donc au chevalier que s'il persiste dans cette voie du silence, je le poursuivrai jusqu'au fond des enfers, tandis que je lui pardonnerai tout s'il se conduit en galant homme. Saurez-vous le convaincre de cela?

— Je ferai de mon mieux, comtesse.

— Eh bien! allez, volez, et rapportez-moi une réponse favorable.

— J'y cours... Mais si le chevalier refuse de me recevoir?

— Vous forcerez le passage.

— Et si le valet de chambre ne veut pas me laisser passer?

— Vous lui casserez la tête.

— Je vous obéirai, comtesse.

Don Cicillo enfonça son chapeau jusque sur ses yeux, et sortit d'un pas résolu. Il se sentait comme électrisé. L'atome contagieux de la fièvre s'était glissé dans ses veines.

— Saint François, protégez-moi! se disait-il. Voici le plus grand danger que j'aie couru de ma vie. Je ne reculerai point, je pousserai l'aventure jusqu'au bout. Oui, Elena, je vous servirai, dussé-je me colleter avec un laquais.

En parlant ainsi, don Cicillo descendait rapidement la colline de Monte-Cavallo, où était situé le palais Corvini. Arrivé sur la place d'Espagne, le terrain devenant plat, il ralentit un peu sa marche.

— Ouais! pensa-t-il, une lutte corps à corps est chose grave, et je n'ai pas même une canne pour me défendre. Essayons d'abord de la douceur et de la persuasion. Il sera temps, plus tard, d'en venir aux moyens violents.

San-Caio demeurait à la place du Peuple. La porte de la maison était ouverte. Don Cicillo, craignant de se refroidir, monta les degrés quatre à quatre, et tira vivement le cordon de la sonnette. Le valet de chambre lui ouvrit, et demanda ce que souhaitait son excellence.

— Je veux parler au chevalier, dit Francesco en regardant d'un air sombre la haute stature, les larges épaules et la mine énergique du domestique romain.

— Monsieur le chevalier est dans le bain, répondit le valet de chambre.

— Demandez-lui à quelle heure il pourra recevoir don Francisco Pizzicoro.

Le laquais entra chez son maître, et revint dire que le seigneur chevalier ne pourrait donner de rendez-vous pour aujourd'hui.

— Il faut pourtant que je le voie, répondit Francesco. Dites-lui que je serai ici dans une heure, et que je le prie instamment de m'accorder une entrevue.

Cette heure de délai fut un siècle d'angoisses pour le pauvre Cicillo. Il sentait approcher le moment d'une catastrophe; mais, tout en frémissant, il obéissait à l'impulsion donnée par Elena. Il rentra chez lui pour s'armer d'une canne, et se livrait dans sa chambre à l'exercice préparatoire du moulinet, lorsque Gennariella vint l'interrompre.

— Jésus-Maria! dit la vieille nourrice, que faites-vous donc là, *si* Cicillo? Est-ce que vous allez jouer le rôle du *guapo* dans une comédie de société?

— Non, Gennari, répondit le jeune homme avec fierté. Il n'y a pas de fanfaron. Dans une heure, je serai sérieusement obligé de me battre à coups de bâton avec un laquais.

— Sainte Vierge! qu'est-il donc arrivé? Contez-moi cela, mon enfant.

Francesco fit un récit diffus et embrouillé des événements de la matinée; mais l'intelligente nourrice comprit tout de suite la vérité.

— Si bien donc, dit-elle dans son patois, que le chevalier *fa l'ammore co na comica?*

— Mon Dieu! oui, Gennari. Cet enragé est amoureux d'une comédienne.

— Ah! si vous étiez un autre homme! reprit Gennariella; mais il faut remplir vos engagements, et mener à bonne fin votre ambassade.

— Sans doute il le faut, et voilà pourquoi je suis venu chercher ma canne.

— Prenez une canne si vous voulez; pour plus de sûreté, nous irons ensemble, et si quelqu'un lève la main sur vous, je lui arracherai les deux yeux; mais, bah! il n'arrivera rien. Tous les laquais sont des poltrons. Le chevalier doit être sorti du bain. Marchons, mon enfant, et fiez-vous à moi.

Chemin faisant, la nourrice ne cessa de répéter : — Ah! don Cicillo, si vous étiez un autre homme!...

Le valet de chambre du chevalier commençait à réciter une phrase d'excuse et de politesse qu'il avait apprise par cœur, lorsque Gennariella l'interrompit : — C'est toi, lui dit-elle, qui as empêché mon patron de parler au tien?

— Oui, répondit le valet, et j'ai bien fait, puisque j'en avais reçu l'ordre.

— Tu as mal fait, au contraire, dit la vieille, et je vais te le prouver en annonçant moi-même don Francesco Pizzicoro.

— Sang du Christ! vous ne passerez pas, s'écria le valet de chambre.

Gennariella n'avait point oublié le vocabulaire injurieux des commères de Naples, qui ont la langue mieux pendue que celles d'aucune autre ville du monde. Un torrent d'invectives sortit de sa large bouche. Le valet, qui était du Transtevère, cria du haut de sa tête. On entendit un effroyable duo de menaces et d'imprécations en dialectes différents. Le Romain souhaitait à son ennemie toute sorte d'accidents, et la Napolitaine appelait sur son adversaire toute sorte de maladies et d'infirmités. Le bruit retentissant d'un soufflet appliqué à tour de bras sur la joue du laquais termina le concert; Gennariella profita de l'étourdissement causé par cette apostrophe peu parlementaire pour ouvrir la porte de la chambre à coucher, en criant à haute voix : Don Francesco Pizzicoro !

La victoire restait au parti napolitain, et Cicillo passa, non en triomphateur, mais avec la contenance d'un ambassadeur intimidé.

— D'où vient donc ce vacarme? demanda le chevalier, nonchalamment étendu sur un canapé.

— Ce n'est rien, excellence, répondit Gennariella. Vous avez un serviteur impertinent, et je l'ai mis à la raison; voilà tout.

La nourrice referma la porte et se retira en murmurant une dernière kyrielle d'injures contre ce coquin maudit, ce *cancer* de domestique, *chisto birbo maledetto, chisto cancaro di domestico*[1].

— Seigneur Francesco, dit le chevalier, il paraît que vous avez pris des auxiliaires pour forcer ma porte. Asseyez-vous donc, et causons. J'ai dix minutes à vous donner, le temps d'achever mon cigare. Vous pouvez abréger vos préliminaires; je sais d'avance le but de votre visite; il s'agit de cette bonne Elena, n'est-ce pas?

— Chevalier, répondit Francesco en s'asseyant, parlez mieux d'une personne que je respecte. Je viens, en effet, chargé par elle d'une mission importante. Sans entrer dans les détails d'une affaire qu'il m'est interdit de connaître, permettez-moi de vous rappeler qu'après trois mois de relations agréables et suivies, la plus simple courtoisie vous fait un devoir de ne point partir de Rome sans prendre congé de la comtesse.

— Tout peut s'arranger, interrompit San-Caio. Je vois avec plaisir que l'on m'envoie un garçon de sang-froid et non un énergumène.

[1] *Cancaro* est une malédiction populaire si usitée à Naples, que les gens du monde eux-mêmes la laissent échapper fort souvent.

Écoutez-moi donc. Il y a deux sortes de gens : ceux qui se dispensent d'agir en bavardant, et ceux qui parlent peu et qui font ce que les autres se contentent de dire. La comtesse et moi nous appartenons tous deux à la seconde catégorie : elle doit donc savoir que les phrases les plus arrondies ne servent à rien, pas plus à la fin qu'au début d'une affaire. Je conviens qu'il n'est pas d'usage de s'éloigner sans prendre congé : la politesse paraît un peu sacrifiée ; mais, avec du temps, je suis homme à me mettre en règle. Dites donc à Elena qu'en revenant de Naples ma première visite sera certainement pour elle. Vous ajouterez qu'au moment d'un départ, accablé d'affaires, et tout à mes amours nouvelles, je la prie, je la supplie de m'excuser, de me pardonner et de me tenir pour son serviteur bien dévoué.

Comme tous les gens faibles, don Cicillo était enclin à donner raison à la dernière personne qui lui parlait. La promesse d'une visite au retour de Naples lui sembla un accommodement, un moyen-terme excellent.

— Combien je me réjouis, dit-il, de vous trouver dans ces bons sentiments ! Vos paroles seront fidèlement rapportées à la comtesse, et je ne doute pas que le différend ne soit terminé à la satisfaction générale.

— *Amen !* répondit San-Caio. C'est mon désir le plus ardent. Voulez-vous un cigare ?

— Merci ; je ne fume pas, et il me tarde d'en finir avec cette mission délicate.

— Au revoir donc, cher plénipotentiaire.

Aussitôt que don Cicillo parut au palais Corvini, on l'introduisit dans le boudoir de madame. Il s'apprêtait à raconter les terribles préliminaires de son entrevue.

— Allons au fait, lui dit la comtesse. Avez-vous vu le chevalier, et viendra-t-il ?

— Je l'ai vu, répondit Francesco. A son retour de Naples il viendra.

— A son retour de Naples! s'écria Elena, et vous avez pensé que je me contenterais d'une pareille échappatoire! quel pauvre sire êtes-vous donc?

— Je croyais... j'espérais, madame, que cet arrangement...

— Il appelle cela un arrangement! *misera me!* faut-il que j'aie accepté les services d'un automate! suis-je donc sans amis sur la terre? Oh! non, je saurai trouver un défenseur. Orazio a deviné mes peines; je lui en ferai la confidence entière.

Nous l'avons déjà dit : l'envie était l'unique passion capable d'émouvoir don Cicillo. A l'idée qu'un autre pourrait usurper les fonctions dont il était si vain, il éprouva une sorte de commotion ; une légère teinte de carmin se répandit sur ses joues blêmes, et ses yeux éteints se ranimèrent.

— Comtesse, s'écria-t-il avec une vivacité approchant de la chaleur, le chagrin vous rend injuste. Ni Orazio ni personne au monde ne peut mettre à vous servir un zèle plus désintéressé que le mien. Ces jeunes gens, attirés par votre beauté, ne songeraient qu'à tirer profit pour eux-mêmes de votre confiance. Si je n'ai pas su faire ce que vous attendiez de moi, je suis prêt à recevoir de nouvelles instructions. Commandez, et cette fois je vous obéirai entièrement, passivement, comme le poignard dans la main qui le dirige.

— Eh bien! dit la comtesse, retournez chez le chevalier. Jetez-vous à ses pieds.

— Je m'y jetterai, madame.

— Suppliez-le de venir me voir et m'entendre, et s'il refuse, arrachez-lui le cœur.

— Je le lui arracherai, comme dans l'opéra de *Gabrielle de Vergi;* mais, pour cela, il me faudrait un couteau.

— Non, reprit la comtesse, je n'ai pas le courage de souhaiter sa mort. Dites-lui seulement que je descends par ma mère de ces Cenci qui ont assassiné le chef de leur famille, et que le sang de Béatrix coule dans mes veines.

— Il le saura.

Don Cicillo ne fit que trois bonds de Monte-Cavallo à la place du Peuple. En se retrouvant en face du laquais aux larges épaules, il regretta vivement l'assistance de Gennariella. Le Transtevère, les deux poings fermés, s'appuya contre la porte de la chambre à coucher.

— Vous ne passerez pas, dit-il. Le seigneur chevalier n'a plus rien à vous dire.

— Ne pourrais-tu au moins lui remettre un billet?

— Sous aucun prétexte...

— Si je t'offrais une pièce de deux *paoli?*

— Au fait, le patron n'a point parlé de billet. Que votre excellence daigne me confier les deux paoli.

— Je vais d'abord écrire le billet.

Sur une feuille de son agenda de poche, don Cicillo traça ces mots au crayon : « Quand vous seriez cardinal-neveu, je m'estimerais encore aussi grand seigneur que vous. Croyez-moi, quittez ces airs de pacha. L'affaire dont je viens vous entretenir ne souffre aucun délai, et je vous avertis que vous donnez de graves sujets de colère à une personne capable de se venger. »

Le Transtevère empocha la pièce de monnaie blanche et partit avec le billet. Au bout de cinq minutes, il rapporta la réponse suivante : « Seigneur Francesco, je ne reçois jamais de leçons; mais si vous souhaitez que je vous en donne une, je suis à vos ordres. Dans le cas où il vous conviendrait de vous couper la gorge avec moi demain matin, dépêchez-vous de me le faire savoir. »

Cette réponse sans ambages eut la vertu que les médecins attribuent à la douche d'eau froide. Cicillo en lut la première phrase dans l'antichambre, la seconde sur les marches de l'escalier, et la troisième dans la rue.

— Un duel! se dit-il doucement. Je n'ai pas envie de me faire exiler, emprisonner, ou, pis encore, estropier par mon adversaire. Le chevalier s'est trompé : je l'ai menacé du courroux de la comtesse et non du mien. Sa réponse est une provocation, et je la repousse avec horreur. Les peines les plus sévères frappent le duel dans les États de notre saint-père. Si l'amour d'Elena peut m'entraîner jusqu'au crime, du moins je ne commettrai pas celui-là. Mais à présent que dirai-je à la comtesse? Comprendra-t-elle la prudence de ma retraite et la sagesse de mes motifs? Elle va m'accabler de son mépris. Sainte Vierge, inspirez-moi quelque stratagème dans l'intérêt de la justice et de la religion!

La nuit commençait à tomber; les lueurs du soleil couchant teignaient de pourpre les dômes des églises, et la cloche de la Trinité-du-Mont sonnait l'*Ave Maria*. L'haleine tiède du sirocco avait déjà expulsé l'hiver, et la neige fondante faisait pleurer les toits. Avant d'arriver à la place d'Espagne, don Cicillo s'arrêta devant la Madone de la *via del Babbuino*. Il lui sembla que cette douce image, au milieu de ses oripeaux et de ses fleurs fanées, lui souriait avec une tristesse compatissante. Don Cicillo répéta un *Ave Maria*, et sentit le calme rentrer dans son âme. Deux *pifferari* en guenilles, les jambes entourées de bandelettes, le manteau troué sur l'épaule, s'installèrent au pied de la niche pour donner une sérénade à la mère du Sauveur. Les sons criards de leurs cornemuses s'accouplèrent dans un chant simple et large. L'harmonie des accords, triomphant de la rudesse des instruments, donnait à ce concert sauvage un caractère singulier de dévotion et de naïveté. Don Cicillo s'éloigna lentement, le menton incliné sur sa poitrine, pénétré de confiance dans les bonnes dispositions de la Madone, et, pour en attendre l'effet, il se rendit au grand café du Corso. Il y prenait sa seconde tasse de café, en lisant le *Diario*, sans que la sainte Vierge lui eût encore envoyé aucune inspiration, lorsqu'une chaise de poste vint à passer. Attiré par le bruit des grelots, il descendit jusque dans la rue et reconnut dans la voiture San-Caio et la Teresina. Un carrosse arrivait par la *via dei Condotti*; don Cicillo s'y élança et donna l'ordre au cocher de suivre la chaise de poste. Les voyageurs passèrent devant Saint-Jean-de-Latran, et prirent la direction d'Albano. Évidemment ils allaient à Naples par la voie *Appia*. Muni de ce renseignement, Francesco pouvait retourner chez la comtesse en toute assurance; il remercia la Madone et se fit conduire au palais Corvini. Pour donner à sa découverte l'apparence d'un trait de génie et d'une expédition brillante, il traversa la cour, le vestibule et l'antichambre en courant de toutes ses jambes, et se jeta dans un fauteuil, les bras pendants, la bouche ouverte, la poitrine haletante.

— Qu'avez-vous? lui dit Elena.

— Le ciel, répondit Cicillo, le ciel m'en est témoin : je l'aurais traîné jusqu'à cette place, mort ou vif, s'il eût osé m'attendre, le poltron! mais il a fui. Je l'ai poursuivi sur la route d'Albano avec un carrosse de louage, et j'ai failli le rejoindre à Torre-di-Mezza-Via, où il a changé de chevaux. Je suis arrivé une minute trop tard. O rage! il m'a échappé.

La comtesse gardait le silence; mais on voyait à la fixité de son regard, au sourire amer de ses lèvres, qu'un grand combat se livrait dans son âme. Elle fit le tour du salon, et revint s'asseoir près du feu, le coude appuyé sur le bras de sa chaise longue.

— Cher Francesco, dit-elle d'une voix douce et calme, j'ai depuis longtemps le désir d'aller à Naples. Je veux louer une villa pour l'été prochain à Sorrento ou à Capri. J'aurai besoin de vous. Nous partirons ensemble demain.

— Un voyage! s'écria Cicillo. Un départ si précipité! Que penseront vos amis?

— Je ne m'en soucie point. Si vous hésitez, j'aurai bientôt trouvé un autre compagnon.

— Non, comtesse, je n'hésite pas. Je suis fier de la préférence.

— Eh bien! ne perdez pas le temps à faire des objections, et soyez prêt demain à midi.

— Je serai prêt, comtesse.

Le soir, les habitués du palais Corvini poussèrent de grands hélas! en apprenant que leur académie serait fermée pour cause de départ. Le marquis Orazio se récria sur les dangers d'un voyage en hiver, par une route où les actes de brigandage étaient encore fréquents. Il voulait accompagner Elena jusqu'à Terracine avec de bonnes armes ; mais elle s'y opposa en disant qu'un garde du corps aussi courageux serait compromettant.

— Et si l'on vous attaque? reprit le marquis.

— Je me laisserai dévaliser. Il me plairait assez de voir des brigands une fois en ma vie.

— Femme que vous êtes! dit Orazio en soupirant. Je vous souhaiterais volontiers une mauvaise rencontre.

Entre tous les membres de la famille Pizzicoro, il y eut un grand conseil pour décider si l'on devait laisser partir l'enfant chéri. Gennariella elle-même prit part à la délibération. La tante Barbara se prononça énergiquement contre un projet qu'elle appela téméraire et scandaleux. C'était exposer follement la vie et la réputation de Francesco : après une telle équipée, les mères pourraient-elles encore proposer ce jeune homme pour modèle à leurs enfants, et ne serait-il pas à l'avenir considéré comme un séducteur sans principes? Fallait-il perdre en un jour le fruit d'une éducation admirable, de soins tendres et constants? La pauvre *zia* s'éleva jusqu'au pathétique, et la larme lui vint à l'œil lorsqu'elle parla de ses tourments, de son inquiétude et de ses boissons chaudes; mais dame Susanna ne voyait que la gloire et les succès de son Francesco. Quel plus beau tribut l'enfant pouvait-il payer à l'ardeur du jeune âge que de se laisser enlever publiquement, en plein jour, par une grande dame éperdument amoureuse de lui? Quelle mère n'envierait un pareil honneur et ne le souhaiterait à son fils? Voyager en poste, en équipage de prince, côte à côte avec une belle imprudente, pouvait-on refuser une telle bonne fortune? C'eût été se vouer au mépris du monde, manquer à tous les devoirs de la galanterie et se rendre indigne des faveurs du destin. Les passions, il est vrai, offraient bien des écueils; mais la prudence devait céder le pas à un amour fondé sur l'estime, et qui pourtant se manifestait avec tant de violence. Dame Susanna, dans un transport d'enthousiasme, s'échauffa jusqu'à dire que le danger faisait la gloire, et qu'elle aimerait mieux exposer son fils à toutes sortes d'aventures périlleuses que de lui conseiller une lâcheté; elle ajouta aussitôt après que s'il revenait un jour abandonné, triste et malheureux, elle lui gardait assez de tendresse pour espérer de le consoler.

Gennariella, interrogée à son tour, exprima son opinion dans son style : — Par Bacchus! dit-elle, que de grands mots! Calmez-vous, mes bonnes dames, je vous jure bien qu'il n'y a pas matière à faire des phrases d'une aune. Selon toute apparence, elle n'est point sotte, la belle Elena : elle a tout simplement besoin d'un cavalier pour lui donner le bras en voyage, pour payer les aubergistes, gronder les domestiques, commander les repas et porter le châle et l'ombrelle. Elle ne mènera don Cicillo ni en paradis ni en enfer, et quand elle aura vu du pays ce qu'elle en veut voir, elle vous ramènera l'enfant bien portant, et vous le rendra sans opposition ni regret. Quant à des écueils, comme vous dites, je n'en vois pas sur la route de Naples. A moins que la dame ne s'amuse à vouloir passer, par un temps d'orage, le détroit de Messine, il n'y a nulle raison de craindre un naufrage. L'enfant est timide, il n'aime pas l'eau froide, et ne s'est jamais jeté dans un bassin. Il peut partir, et s'il rentre au logis éclopé de cœur et malade d'amour, je tiens son Elena pour une magicienne, une enchanteresse capable de réveiller un mort ou d'apprivoiser une écrevisse.

— Mon fils, dit avec solennité donna Susanna, bien que l'opinion de votre nourrice ne soit qu'un tissu d'impertinences, vous partirez demain, parce que je vous y autorise. Voici vingt-cinq écus pour vos menus plaisirs; ménagez-les. Laissez la comtesse payer les frais et généralement toute espèce de dépenses. Embrassez votre mère et votre tante, et allez vous mettre au lit.

— Mon neveu, mon enfant, mon Francesco, dit la tante en

pleurant, va donc où t'appelle la gloire, puisque tout le monde le veut. Comme on ne sait ce qui peut arriver en voyage, accepte ces dix écus, c'est tout ce que j'ai en argent comptant, et prends encore cette boîte; serre-la précieusement : elle contient tous les bijoux que j'aie possédés en ma vie.

La bonne *zia* remit à son neveu une boîte à mèches en carton dans laquelle étaient trois petits anneaux d'or, une épingle ornée d'une turquoise, et une paire de boucles d'oreilles en filigrane, le tout représentant une valeur de quinze à vingt francs. Elle embrassa ensuite Francesco, et fondit en larmes, tandis qu'il se retirait dans sa chambre, non pas remué par les caresses de ces pauvres vieilles qui l'adoraient, mais fier comme Achille et vain comme Artaban de l'émoi dont il se voyait la cause. Le lendemain de grand matin, il arpentait les rues, rasant la terre comme une hirondelle, pour se procurer un passe-port et pour retenir des chevaux de poste. On jasait déjà dans les cafés sur son voyage, et l'on se demandait pourquoi la comtesse avait choisi ce cavalier parmi tant d'autres. L'antique reine du monde, qui avait souri des inquiétudes et des harangues de Cicéron, du triomphe de Jules César, qui s'était à peine émue des intrigues de Catilina et des proscriptions d'Auguste, s'agitait pour une affaire d'une importance moindre, il faut bien l'avouer : le départ d'Elena et de don Cicillo !

A midi, la voiture se trouva prête et attelée de trois chevaux dans la cour du palais Corvini. C'était une excellente berline à quatre places et à deux siéges. La comtesse descendit le perron appuyée sur le bras de Francesco, dont la mine pâle semblait radieuse et presque bouffie de plaisir. Les deux femmes de chambre s'installèrent en riant sur le siège de derrière. On baissa le marchepied; la signora monta dans la berline, et don Cicillo s'apprêtait à la suivre, lorsqu'elle lui présenta un sac plein d'écus, en lui disant d'une voix caressante :

— Cher Francesco, prenez ceci. Vous payerez les postillons.

Donnez-leur doubles guides afin qu'ils nous mènent bien, et montez sur le siége de devant pour les surveiller. Le temps est beau, et vous pourrez fumer.

— Comtesse, dit Francesco en balbutiant, je préférerais vous tenir compagnie.

— Je désire être seule, mon ami, répondit Elena. Vous le savez, je suis préoccupée. Montez sur le siége.

En ce moment Gennariella entra tout essoufflée dans la cour. Elle apportait à son jeune maître un bonnet de soie noire pour la nuit.

— *Uh!* s'écria-t-elle dans son patois, qu'allez-vous donc faire là-haut, mon enfant? Est-ce que vous conduirez le carrosse?

— Je surveille les postillons, je paye les guides, répondit Francesco. C'est moi qui suis chargé de la direction et de l'emploi des finances.

— *Uh! bè! bonora! aggio capito.* A la bonne heure, j'ai compris; mais, à votre place, j'aimerais mieux une position moins élevée.

— *Avanti!* cria don Cicillo d'un ton de commandement.

A ce signal, le postillon fouetta ses chevaux; la berline partit au grand trot, et se dirigea vers la voie *Appia* par Sainte-Marie-Majeure. Devant la villa Strozzi, un groupe de jeunes gens reconnut et salua les voyageurs. Cinq minutes après, le carrosse sortait de Rome et roulait sur le chemin qu'avaient pris Emilius et Varron pour aller se faire battre par Annibal. Pendant ce temps-là, Gennariella rapportait à la place de Trevi des nouvelles de son jeune maitre.

— Sur le siége! comme un cocher! s'écria la tante Barbara. Mais il va s'enrhumer. Cette comtesse n'a donc ni cœur ni âme? Sur le siége, *Gesu mio!*

— Oui, pour traverser la ville, répondit Susanna d'un air fin. C'est une mesure de convenance que j'approuve fort : factotum en public, sigisbée dans le particulier! La comtesse est une adroite personne.

—- Ah! ma sœur, reprit la tante, que vous avez la tête romanesque!

— Vogue le voyageur! dit la mère en déclamant. Vogue la barque de ses amours! Que les jaloux en chuchotent d'un bout de Rome à l'autre. Il est enlevé, mon Renaud, enlevé par son Armide. Un ange le protége et le ramènera. Prions, ma sœur, pour que son bonheur dure; brûlons un cierge à Saint-Pierre-aux-Liens.

— Moi, dit Gennariella si bas qu'on ne l'entendit point, je sais bien à quoi m'en tenir : il ne manque plus à don Cicillo que d'être amoureux de son Elena pour devenir un *patito*.

Francesco suivait tout pensif le chemin d'Albano, en cherchant le moyen d'accommoder sa vanité avec son rôle subalterne. Les voix des femmes de chambre, qui babillaient derrière lui sur leur banquette, ne pouvaient le tirer de sa rêverie. Il ne donna pas un regard aux ruines fantastiques des aqueducs, aux tombeaux des Horaces, à tout ce grand cimetière qu'on appelle campagne de Rome, et il ne remarqua point le passage du Champ-de-la-Mort à la colline verdoyante où est assise l'Albe antique. La berline laissa sur la gauche les riches vignobles de Velletri pour se diriger vers les marais pontins. L'eau bourbeuse, rafraîchie par les pluies d'hiver, n'avait rien de malsain en cette saison; mais l'air était humide. Don Cicillo pensait au coin du feu maternel et aux *zambaions* préparés par sa tante. Il se pencha sur le siége pour demander timidement à le comtesse une place dans l'intérieur.

— Mon ami, répondit Elena, ce serait une imprudence. Vous pourriez vous endormir, et vous savez que pendant le sommeil l'action de la *malaria* est pernicieuse. Si vous avez froid, prenez cette pelisse.

Don Cicillo s'enveloppa douillettement dans une *sortie de bal;* mais le brouillard s'épaississait à mesure qu'on avançait dans les *paludi;* le jour baissait, et la lueur blafarde de la lune succédait aux derniers feux du crépuscule, lorsque la voiture s'arrêta. Trois buffles sauvages tenaient un conciliabule sur la chaussée sans s'étonner des claquements du fouet et du bruit des chevaux. Le postillon descendit pour les chasser en leur jetant des pierres. Cette opération heureusement terminée, l'équipage partit au galop, afin de regagner le temps perdu. La comtesse, absorbée dans un monologue, regardait d'un œil distrait l'ombre du carrosse projetée par la lune. Tout à coup elle s'aperçut que le siége du cocher était vide. Comme elle ne pouvait soupçonner un bon sujet du saint-père de s'être mis avec le diable dans les fatales conditions de Pierre Schlemil, elle craignit d'avoir égaré son factotum. En ce moment, elle entendit sur le banc de l'arrière des rires étouffés.

— Êtes-vous là, *caro* Francesco? dit Elena.

— Comtesse, répondit une voix piteuse, j'ai trouvé un peu de chaleur; par charité, laissez-moi où je suis.

Comme les bengalis frileux, qui dans les cages des oiseleurs se perchent pour dormir entre deux serines, don Cicillo s'était glissé entre les deux femmes de chambre. Il arriva ainsi dans une douce moiteur à Terracine. Le meilleur, pour ne pas dire le seul hôtel de la ville, est l'*Albergo Reale,* qui n'a de royal que son titre. On y servit aux voyageurs deux poules d'eau desséchées et de la *pasta-frolla.* L'hôtelier s'excusa d'offrir à leurs excellences un souper si maigre, en faisant une pompeuse énumération de tout ce qu'il aurait pu leur servir si elles fussent arrivées deux heures plus tôt. Par malheur, trois jeunes gens romains qui allaient à Gaëte avaient absorbé les provisions à leur dîner. Don Cicillo mangea de bon appétit le repas mesquin éclairé par les beaux yeux d'Elena. Son orgueil chatouillé jouissait enfin des priviléges du voyage en tête à tête, et son cœur se gonfla de plaisir quand le patron demanda combien de chambres il fallait préparer pour le comte et la comtesse; mais la joie de Francesco ne dura pas plus longtemps que la méprise de l'hôtelier.

— Il ne faut pas de chambre du tout, dit Elena. Ce gentilhomme est mon secrétaire, et nous partirons dans une heure.

— Quoi! s'écria don Cicillo, nous allons nous aventurer de nuit dans les défilés infestés de brigands?

— Je ne crois pas aux brigands, répondit la comtesse. Si vous avez peur, restez à l'auberge.

Il était dix heures de France quand la voiture sortit de Terracine. Don Cicillo, plus occupé du danger que du froid, reprit sa place au siége du cocher, pour observer le pays de plus loin. Il demanda au postillon s'il existait encore des voleurs de grands chemins.

— Sang de la madone! répondit le postillon scandalisé, croyez-vous donc que la justice a tout pendu? De Terracine à Torre-dei-Confini, la population ne se compose que de pauvres voleurs découragés. Qu'on nous délivre seulement de ces carabiniers maudits, et l'on verra ce que l'on verra.

— Le drôle, pensa don Cicillo, était affilié à quelque bande de malfaiteurs.

Bientôt la silhouette d'un énorme rocher se dessina sur l'azur du ciel.

— Excellence, dit le postillon, voici le lieu de la scène. Que de fois la *brava gente* m'a donné le temps de faire souffler mes chevaux au détour de cette pierre!

— Et vous aviez votre part du butin, n'est-il pas vrai?

— Qui le sait? Cela regarde mon confesseur. Mes fautes d'aujourd'hui ne sont plus péchés de jeunesse.

La berline touchait au passage périlleux. Tout à coup une ombre apparut au milieu de la route; une voix terrible et caverneuse cria : *Ferma!* Le postillon s'arrêta court devant un canon de fusil qui le couchait en joue.

— Minute! seigneur brigand, dit-il sans se troubler. Ne tirez pas; je connais la manœuvre, et vous serez content de moi.

En parlant ainsi, le postillon s'était jeté le ventre à terre. Deux autres figures masquées s'approchèrent de la voiture. Don Cicillo se trouva face à face avec l'orifice béant d'un tromblon. Il voulut prier aussi le seigneur voleur de ne point tirer; mais son gosier ne rendit qu'un son rauque. Le chef de la bande lui commanda impérieusement de se coucher comme le postillon, et s'adressant aux femmes de chambre :

— Ne craignez rien, jeunes filles, leur dit-il, restez sur votre siége, et taisez-vous.

Un autre voleur avait ouvert la portière et baissé le marchepied.

— Madame, dit le chef, faites-moi l'honneur de me donner la main pour descendre de votre carrosse. Votre seigneurie n'aura pas à se plaindre de nous. Pour la galanterie et la *gentillezza*, nous pouvons rendre des points à des cardinaux.

— Messieurs, répondit la comtesse, le respect de ma personne est tout ce que je vous demande. Quant à l'argent et aux bagages, prenez-les; faites votre métier.

— Acceptez mon bras, madame, et promenons-nous un moment dans ces rochers tandis que mes gens visiteront le carrosse.

Le chef et la comtesse s'éloignèrent ensemble; mais sans doute la politesse de ces bandits n'était qu'une ruse infâme, car au bout d'un moment Elena poussa des cris plaintifs en appelant à son secours Francesco, qui ne bougea point. On entendit encore le hennissement d'un cheval, le bruit d'une petite voiture qui roulait sur les rochers d'un chemin de traverse, et puis plus rien! Le silence et la nuit régnaient seuls dans ce lieu sinistre.

— Ils sont partis, dit le postillon en se relevant.

Don Cicillo sortit lentement son visage de l'herbe mouillée. Il s'aperçut alors que les coffres fermés et le sac d'écus étaient sur le siége.

— Oh! s'écria le postillon, voilà des brigands d'une espèce nouvelle, qui enlèvent les dames et ne touchent pas à l'argent. Je ne m'étonne plus si leurs voix et leurs mines me sont inconnues. Ce n'est pas ainsi qu'on travaille à Terracine. Ces gens-là ne sont pas du pays.

— Il faudrait aller au secours de madame, dit une femme de chambre.

— Bah! répondit le postillon. Elle est bien loin à cette heure. Rentrons à la ville, et dormons puisque nous avons la vie sauve. Il fera jour demain pour chercher la signora. Si c'était une montre ou une épingle de diamants, je vous conseillerais de n'y plus songer; mais une femme se retrouve toujours.

Ce langage, d'un bon sens évident, obtint l'assentiment général. L'équipage tourna bride et reprit le chemin de Terracine. Don Cicillo demanda un lit à l'*Albergo Reale* et s'endormit, rompu par les secousses de cette mémorable soirée. Le lendemain, à l'ouverture du bureau de police, il courut faire sa déposition; tandis qu'il s'étendait complaisamment sur les détails, le commissaire l'écoutait avec un sourire d'incrédulité.

— Quelle apparence, dit le magistrat, que des bandits aient oublié le butin pour s'emparer de la dame? Il y a là-dessous quelque mystère, mais je ne vois pas trace d'un vol. Si votre seigneurie veut m'en croire, elle prendra patience.

— Le rapt, répondit Cicillo, le rapt à main armée est un crime tout comme le vol, et votre devoir est de le poursuivre.

— On peut choisir entre deux partis, reprit le commissaire : se tenir tranquille et s'en rapporter au temps, qui est galant homme, comme on dit, et de plus grand sorcier, grand devineur d'énigmes; ou bien faire beaucoup de bruit et d'écritures, et mener les affaires à son de trompe. Le premier parti est le plus facile et le plus économique. Si votre seigneurie préfère le second, je suis prêt à l'adopter. Qu'elle me donne seulement trois sequins pour ma peine, deux écus pour mon secrétaire et six écus à distribuer à la maréchaussée. Je lui rendrai bon compte de cette somme, et dans quatre jours ou une semaine au plus, elle entendra parler de moi.

Sur les deniers de la comtesse, don Cicillo paya ce qu'on lui demandait.

— Voilà qui est bien différent, poursuivit le magistrat. La situation change du blanc au noir en un tour de main. Ah! messieurs les voleurs, vous enlevez les dames à présent, et peut-être pour les vendre aux pourvoyeurs de harems du Grand-Turc ou de ses pachas! Mais je vous montrerai que nous sommes en pays chrétien. Je verbaliserai, j'interrogerai, j'appréhenderai au corps, et si je ne vous découvre pas, j'ai là de quoi faire mettre en prison dix ou douze personnes plus ou moins suspectes et même innocentes. Seigneur Pizzicoro, retournez à Rome et attendez-y les effets de mon zèle. Bientôt la police centrale recevra un des rapports les plus beaux que j'aie jamais rédigés.

Un peu rassuré par ces bonnes promesses et plein de confiance dans la justice de son pays, don Cicillo se reposa un jour à Terracine. Il reprit ensuite le chemin de Rome avec les deux femmes de chambre. Cette fois il s'assit dans la berline à la place d'honneur, et voyagea sans se presser, en s'arrêtant la nuit, de peur d'un nouvel accident. Par mesure de prudence, il dormit à Albano, et ne rentra au palais Corvini que le troisième jour après-midi. Au bruit du carrosse, les domestiques arrivèrent dans la cour pour porter les bagages.

— Ah! mes amis, leur dit Francesco, que de larmes vous allez verser! *Quante lagrime! quanti sospiri!* O maison désolée!

— Madame la comtesse vous attendait hier, interrompit un laquais.

— Hein? madame la comtesse...

— Elle est là-haut, dans le petit salon. Ses femmes de chambre lui ont bien manqué.

Don Cicillo courut tout palpitant jusqu'au petit salon. Il en poussa la porte et s'arrêta sur le seuil, comme pétrifié d'étonnement. Un tableau gracieux s'offrit à ses regards effarés. Mollement étendue dans un hamac, la tête posée sur sa main droite, comme la Cléopâtre, les yeux à demi fermés, Elena semblait sommeiller. Près d'elle, Orazio, assis dans un fauteuil, les jambes croisées, une main sur le bord du filet, tenant un petit livre de l'autre main, récitait en cadence un sonnet de Monti et balançait doucement le hamac comme le berceau d'un enfant. Don Cicillo contemplait cette image du *far niente*.

— C'est vous, mon ami? lui dit Elena d'une voix langoureuse. Vous êtes resté bien longtemps en route.

— Je vous cherchais, comtesse. Après l'effroyable événement....

— Ah! la rencontre de Terracine. Eh bien! dites-moi un peu ce que vous avez fait depuis.

— Comtesse, racontez-moi plutôt par quel miracle vous avez échappé à vos infâmes ravisseurs.

— Rien de plus simple, mon ami, dit Elena : j'ai payé au chef des brigands la rançon qu'il a exigée.

— Et comment se fait-il que je vous retrouve ici?

— L'envie d'aller à Naples m'est sortie de la tête.

— Qui donc vous a ramenée à Rome?

— Les brigands eux-mêmes. Je ne puis nier que pour des ennemis de la société, ils se sont conduits galamment.

— Fort bien. J'ai donné de l'argent au commissaire de police de Terracine pour faire des perquisitions, et j'espère que ces galants gentilshommes sont au cachot à cette heure.

— Oh! que non. Le commissaire aura pris l'argent, je n'en doute pas; mais il ne se fatiguera pas à chercher des gens qui se cachent. Je suis charmée de vous voir, cher Francesco, parce que j'avais besoin de mes caméristes, de Marietta surtout, qui est une fille intelligente. Elle aura eu grand'peur sans doute.

— Madame, rien ne pourrait vous donner l'idée de notre désespoir, quand nous avons reconnu que ces misérables vous avaient enlevée.

— Pauvre Marietta! C'est fini. Me voici à la maison, fort contente, en bonne santé, parfaitement guérie de mon humeur vagabonde... A propos, cher Francesco, j'ai oublié d'avertir mes amis de mon retour. Faites-moi le plaisir d'aller leur dire qu'ils trouveront ce soir le thé servi comme à l'ordinaire. Ne leur parlez pas de nos aventures. Je déteste les bavardages. Je suis revenue parce qu'il me convenait de revenir. Et vous, marquis, recommencez la lecture de ce joli sonnet.

Don Cicillo employa le reste du jour à courir toute la ville pour convoquer les habitués du palais Corvini. A la nuit close, il se rendit au logis maternel. Dame Barbara le saisit par le cou en pleurant de joie, et l'accabla de questions et de caresses.

— Ne m'interrogez point, ma tante, répondit le jeune homme. Sachez seulement que je vous suis rendu sain et sauf après des aventures que le roman rejetterait comme invraisemblables.

— Mon fils, dit la vieille Susanna, il y a dans votre roman une chose plus belle et plus étonnante que les aventures : c'est l'admirable caractère du héros. Ne craignez pas les questions indiscrètes. Vous avez une mère et une tante dignes de vous.

Don Cicillo demanda plusieurs fois dans les bureaux de la police centrale si l'on avait reçu le fameux rapport du commissaire de Terracine; mais on ne sut point ce qu'il voulait dire. La comtesse avait deviné juste. Aussitôt après le départ du plaignant, le magistrat vigilant avait serré dans un tiroir écus et sequins, et il n'avait pas plus songé à la dame enlevée qu'à l'autre Hélène, si méchamment ravie par Pâris au feu roi Ménélas.

Les habitués du palais Corvini, un moment dispersés par l'orage, retrouvèrent au thé académique les plaisirs calmes de l'habitude. La comtesse, égayée par Orazio, reprit sa bonne humeur. Francesco, rentré dans son emploi de factotum, vivait heureux de priviléges qu'on n'eût point osé lui disputer; cependant son bonheur fut troublé par un jeu cruel du hasard. Le carnaval était près de finir; Elena voulut assister au dernier bal masqué du théâtre Apollo : elle envoya retenir une loge et s'y rendit accompagnée de quelques amis. Pendant la première moitié de la soirée, selon l'usage italien, les dames en toilette et le visage découvert

attendaient les visites des personnes masquées. Les hommes, sous toutes sortes de déguisements, couraient de loge en loge. Dans celle de la comtesse, on vit paraître un brigand de Salvator Rosa, imitant le langage des Abruzzes et qui présenta l'orifice d'une espingole de bois à Francesco, en lui criant d'un ton tragi-comique :
— Seigneur voyageur, le ventre à terre, ou vous êtes mort !

Au geste, à l'accent et au son de la voix, don Cicillo reconnut l'infâme ravisseur d'Elena. Il conçut aussitôt la pensée de s'attacher aux pas du brigand et de le livrer à la justice. Dans ce dessein, il sortit de la loge et prit à la hâte un domino. Il vit le voleur se donner des airs de gentilhomme, parler aux dames, se mêler de les intriguer, puis enfin se reposer dans un coin de la salle et ôter son masque pour s'essuyer le visage avec son mouchoir. Don Cicillo eut un sursaut d'étonnement. Le marquis Orazio et le brigand ne faisaient qu'une seule et même personne! Bouleversé par cette étrange découverte, Francesco reporta son déguisement au vestiaire et quitta le bal pour se plonger dans les réflexions les plus sombres. L'aventure de Terracine lui apparut sous un jour nouveau. N'était-ce pas une entreprise amoureuse, et ne pouvait-on croire qu'elle avait fini par la connivence de la dame avec son ravisseur? Tout s'expliquait ainsi : le désintéressement des bandits, le tableau gracieux du petit salon, le silence et l'immobilité du commissaire. Pour la première fois, don Cicillo osait faire des conjectures et juger les choses par lui-même, situation entièrement neuve et toujours accablante pour un homme d'un caractère faible; il lui sembla que le piédestal élevé jusqu'aux nues à la divine Elena s'écroulait avec un épouvantable fracas. L'infortuné succombait écrasé sous les débris de son idole. Blessé comme Achille en un point vulnérable, il rentra chez lui avec un accès de fièvre.

L'envie est un mauvais chemin pour atteindre à l'amour, et pourtant elle y peut conduire. En pensant au bonheur du marquis, don Cicillo éprouva une sorte d'exaltation, un désir vague de parler aussi à son Elena un autre langage que celui de tous les jours. Une révolution complète s'était opérée en quelques heures dans ses sentiments. Il résolut d'ouvrir son cœur, dût-il expier son audace par une disgrâce. L'occasion s'offrit dès le lendemain du bal. La comtesse, dans le petit salon, se plaignit du froid et pria Francesco de mettre une bûche au feu.

— Une bûche! s'écria-t-il; ô Elena! pour vous, je me mettrais au feu moi-même.

— Êtes-vous fou? demanda la comtesse.

— Peut-on, répondit Cicillo en s'animant davantage, peut-on conserver sa raison près de vous, ô Elena?

— Faites-moi le plaisir de vous taire, interrompit la dame. Vous êtes mon ami, mon secrétaire, mon factotum; mais si vous vous échappez jusqu'à vouloir jouer l'amoureux, je vous mettrai à la porte. Brisons là, cher Francesco; revenez à vous, et soyez tel que je vous ai toujours connu : un garçon raisonnable. A cette condition, je vous pardonne votre équipée.

Enivré par la hardiesse de ses débuts, don Cicillo conçut une haute opinion de lui-même, et tout en promettant d'être plus sage à l'avenir, il crut sentir l'amour germer et se développer dans son cœur. Depuis le grand jour où une bûche avait servi de prétexte à l'explosion de ses sentiments, la vanité ne fut plus le seul mobile de sa servitude volontaire. Dans les mille détails de sa charge, il trouva le moyen de témoigner une ardeur, un zèle qui prenaient les apparences de la passion et du reproche. Il attendit ainsi l'heureux effet du temps et de ses aveux téméraires. Dame Susanna et la vieille tante admiraient la discrétion et l'amour chevaleresque de leur fils et neveu. Gennariella, moins enthousiaste, demandait au ciel que le cœur d'Elena restât toujours de bon et solide marbre, et quand elle voyait le *patito* se glorifier de ses priviléges, elle soupirait en répétant : — Ah! don Cicillo, si vous étiez un autre homme!

Une lettre, cachetée de noir, vint annoncer un matin que le vieux comte Corvini était mort à Florence dans une maison de santé. La comtesse fit appeler aussitôt Francesco.

— Mon ami, lui dit-elle, vous m'êtes attaché depuis trop longtemps pour que je vous laisse ignorer mon état et mes projets. Je suis veuve, et je vais prendre un nouvel époux.

— Dieu juste! pensa don Cicillo; la récompense s'est fait attendre, mais elle arrive enfin.

— Et ce nouvel époux, reprit la comtesse, est le marquis Orazio.

Pour la seconde fois, Phaéton foudroyé roulait du haut de son char dans la poussière : il ne s'en releva plus. A l'expiration du délai exigé par la loi, Elena épousa Orazio. En trois ans, elle devint mère de deux jolies petites filles. On ne saurait s'imaginer en France jusqu'où peut aller l'esclavage d'un *patito;* celui de Francesco ne s'éteindra qu'avec sa vie. Dame Susanna persiste seule à croire que des considérations de famille et de fortune ont obligé la belle Elena à contracter un second mariage contre son gré.

Douze ans se sont écoulés depuis ces événements. Si le lecteur désire connaître don Cicillo, il pourra le rencontrer, tous les jours, vers deux heures, dans les allées de la villa Borghèse, accompagnant les deux petites filles de la marquise, et remplissant avec une intelligente sollicitude les fonctions de bonne d'enfants.

XIV

DE ROME A NAPLES

Fondi. — Julia Colonna. — Hariadan Barberousse. — Mola. — Les Lestrigons. — Effets de lumière. — Les aveugles. — Route des Abruzzes. — San-Germano. — L'abbaye du mont Cassin. — Capoue et ses délices. — Aversa. — Capo-di-Chino. Entrée à Naples. — L'émeute du débarquement. — Beaucoup de bruit pour vingt-sept sous. — Comment on se délivre des Grecs.

Les deux routes de Rome à Naples, l'une par Terracine et l'autre par San-Germano, ne se ressemblent point. La première traverse les marais pontins, côtoie ensuite le rivage de la mer et vient aboutir à Capoue par un pays plat. La seconde, tracée sur le penchant des Abruzzes, offre la perspective de quelques sites sauvages, et s'écarte ensuite des montagnes, pour rejoindre la première route près des bords du Vulturne. Parcourons rapidement ces deux voies. Nous n'y serons pas retardés par les grandes villes. Dans le pays des Volsques et dans cette partie de la Campanie qu'on appelle *terre de labour*, point de cités opulentes, point de palais, de statues, de peintures, ni d'objets d'art. Reposons-nous des courbatures gagnées dans les musées de Rome. Il nous faut maintenant regarder la nature, observer les visages, les mœurs des habitants, et faire comme eux : respirer le bien-être avec l'air, nous sentir vivre, goûter les douceurs du printemps, chercher l'ombre et le frais à l'heure du *riposo*, boire à la glace, errer la nuit, nous coucher tard, enivrer nos oreilles de musique et nos yeux de cette poussière d'or et d'azur que le ciel répand sur la campagne, être heureux enfin sans savoir pourquoi. Il nous faudra aussi manger mal et lutter contre les aubergistes, les voleurs, les fourbes, les insectes et la malpropreté.

Si nous reprenons le chemin de Naples au point où don Cicillo fut arrêté dans sa course par l'orifice béant d'une espingole, nous trouvons, après les rochers malencontreux de Terracine, la frontière du royaume des Deux-Siciles. La première ville qui se présente est Fondi, renommé par la beauté de ses femmes. En 1534, Julie Colonna, qui avait un château à Fondi, pleurait dans son fief la mort de son mari, Vespasien Colonna. On ne sait comment le corsaire Hariadan Barberousse entendit parler de cette belle veuve. Il se mit dans l'esprit de l'enlever. De l'île de Zerbi, que le Grand-Turc lui avait donnée, Hariadan partit avec toutes ses galères pleines de mécréants armés ; il aborda de nuit sur le rivage et vint attaquer le château ; mais la princesse, avertie à temps de l'approche des corsaires, s'était enfuie au galop sur sa blanche haquenée. Furieux d'avoir manqué sa proie, le brigand se jeta dans la ville, mit tout à feu et à sang, et fit main basse sur les jeunes filles, qu'il emmena en esclavage. On dit qu'étant embarrassé du choix, tant le nombre des jolis visages était grand, il en prit au hasard cent vingt pour faire un compte rond. Il en vendit les trois quarts aux beys et aux pachas, et se promit de revenir bientôt se pourvoir d'une cargaison plus considérable ; mais André Doria et Charles-Quint lui donnèrent tant d'occupation qu'ils changèrent le cours de ses idées.

Après avoir traversé le village d'Itri, nous arrivons à Mola-di-Gaeta, d'où le regard, en suivant la rive de la Méditerranée, découvre à l'horizon les îles d'Ischia et de Procida, sentinelles avancées qui gardent l'entrée de la baie de Naples. L'auberge de Mola est une ancienne maison de plaisance que des princes ont habitée. Le jardin, planté d'arbres à fruits, descend jusqu'au bord de la mer. A droite, on voit, au bout d'un promontoire, Gaëte, dont les fortifications se dessinent sur un ciel de l'indigo le plus pur. Nous sommes dans les plaines de la Campanie. La lumière devient plus vive, l'air plus léger, les contours des objets plus fortement accusés; point de vapeurs à l'horizon, point de ces formes vagues qu'en style de paysagiste on appelle *harmonies*. C'est apparemment la *mélodie* qui domine. Vous ne savez plus mesurer les distances. Aucun détail ne vous échappe, et, si l'on vous montre un édifice éloigné de deux milles, vous en distinguez les portes et fenêtres aussi nettement que si vous en étiez à cent pas, ce qui semblerait, dans un tableau, une faute de perspective. Les myopes s'étonnent de l'excellence de leurs yeux, et ce n'est pas à l'excès de lumière qu'il faut attribuer le grand nombre d'aveugles qu'on trouve en Campanie, mais à l'imprudence des gens qui se donnent des ophthalmies en dormant à la belle étoile.

Homère, dont l'autorité n'est pas incontestable en matière d'histoire, a dit que les premiers habitants de la Sicile étaient des géants anthropophages et fort laids. Cependant une colonie de ces Lestrigons fonda les villes de Gaëte et de Mola, et l'on ne voit dans ce pays ni cyclopes ni mangeurs de chair humaine. La population, au contraire, est belle et très-civilisée. Le type des Siciliens d'aujourd'hui s'y reconnaît encore, d'où je conclus que le divin Homère était mal informé. Près de Mola, sur la droite de la route, est une tour décorée du titre de tombeau de Cicéron, à peu de distance de l'endroit où ce grand homme présenta sa tête vénérable au sabre du sicaire d'Antoine. Plus loin, l'aqueduc de Minturnes rappelle un épisode du siècle des proscriptions et des guerres civiles. Dans les herbes qui bordent le chemin, Marius, traqué comme une bête fauve, s'est laissé prendre par les partisans de Sylla. Il a dû se croire perdu, et pourtant, l'année suivante, il rentrait à Rome aussi orgueilleux et aussi cruel qu'avant ses revers de fortune. De l'antique Minturnes, il ne reste aujourd'hui que le fragment d'aqueduc, les traces d'un amphithéâtre et le hameau de Sainte-Agathe, où les insectes se jettent avec ardeur

sur l'étranger dont le sang frais leur semble une bonne boisson d'été. La puce de Campanie ne mord l'habitant du pays qu'à défaut d'autre nourriture. Peut-être Marius, qui avait pu passer à Sainte-Agathe pour s'enfoncer dans les marais, aura-t-il remué les roseaux et révélé le lieu de sa cachette en cédant à quelque démangeaison. Le premier relais de la poste ou la première traite du voiturin nous conduit à l'illustre cité de Capoue; mais avant d'en savourer les délices, disons un mot de la route de Naples par San-Germano.

C'est par la porte *Maggiore* qu'on sort de Rome pour se diriger vers les Abruzzes. Au delà de Frascati, on entre dans une plaine fertile bornée à droite et à gauche par deux chaînes de collines. Traversons le domaine des princes Colonna, dont la limite était à Valmentone. La première ville que nous rencontrons est Anagni, séjour aimé des papes au moyen âge. Les Apennins montrent leurs cimes tantôt nues, tantôt couronnées de forêts. On touche la base des montagnes à Ferrentino; on en gravit un étage avant d'arriver à Ceprano; un torrent coupe la route. Bientôt après nous rasons les frontières du fief de Ponte-Corvo, donné par Napoléon à l'ingrat Bernadotte, et nous entrons à San-Germano, petite ville de cinq mille âmes, située au pied du mont Cassin, sur la rive droite d'un torrent qu'on appelle le *Rapido*. Je ne sais si les murs d'enceinte et la citadelle sont de bonnes défenses, mais l'effet en est pittoresque. Des sources d'eau minérale et la beauté des Abruzzes attirent dans ce pays beaucoup de personnes riches pendant la saison des bains.

Trois portes seulement donnent accès dans les murs de San-Germano : la porte *Romana,* celle du *Rapido* et celle des *Abruzzes.* Les Bénédictins du mont Cassin, dont l'abbaye est située dans la montagne, ont à la ville un hospice où demeure le prieur général. Un bâtiment particulier, destiné à recevoir les voyageurs, ouvre ses portes à quelque heure qu'on y vienne demander l'hospitalité. On y trouve des chambres, du linge blanc, toutes les douceurs dont on a besoin en descendant d'une voiture poudreuse. Ce n'est pas pour la petite ville de San-Germano que nous avons parcouru cette route plus longue et moins facile que celle de Terracine ; mais pour la célèbre abbaye du mont Cassin.

Lorsque vous témoignez le désir de faire l'ascension à *monte Cassino*, des chevaux et des mules se présentent à l'instant sellés et bridés. Vous montez pendant deux heures par un chemin sinueux. Les mulets, connaissant chaque pierre, marchent paisiblement à la suite les uns des autres, sans jamais faire un faux pas. Vous pouvez leur mettre la bride sur le cou et jouir du paysage. Aux deux tiers du mont Cassin se trouve l'immense monastère qui porte son nom. L'entrée, gardée par la tour Saint-Benoît, ressemble à la porte d'un château féodal. Une fois que vous en avez passé le seuil, vous pouvez mesurer le vaste rectangle que forme l'intérieur de l'abbaye. Comme tous les monastères, le cloître ou promenoir est entouré de galeries couvertes en arceaux festonnés. Les colonnes sont de granit et de porphyre, et les voûtes ornées de peintures. Les statues n'ôtent pas au monument son caractère claustral. Au fond de la troisième cour, qu'on appelle le Paradis, un large escalier de marbre conduit à l'église, dont l'intérieur n'a qu'un défaut, l'excès des richesses et des ornements. On remarque au milieu des dorures quelques traces de coups de foudre antérieurs à la précieuse découverte de Franklin. Aujourd'hui de bons paratonnerres préservent tout le monument de nouveaux dégâts ; cette précaution était nécessaire à cause des orages que la position élevée du monastère rend fort dangereux.

Beaucoup d'historiens ont attribué aux moines du mont Cassin l'honneur d'avoir sauvé la plupart des chefs-d'œuvre écrits du monde antique. D'autres, au contraire, ont accusé les moines d'avoir détruit et non pas conservé les ouvrages anciens. On leur a demandé ce qu'ils avaient fait de tant de poëmes, de tant de livres introuvables ; qu'étaient devenus les trois quarts de l'œuvre de

Cicéron? pourquoi des *Annales* de Tacite n'avait-on qu'un fragment, et de l'*Histoire des empereurs* un seul règne? Les louanges et les reproches étaient mérités ; c'est-à-dire qu'au mont Cassin et dans tous les couvents d'Italie et d'Allemagne, on a recueilli le plus qu'on a pu de manuscrits, et puis le zèle s'étant ralenti, on en a laissé perdre ou même détruit un grand nombre. Pendant les invasions et les désastres, les bons moines, comme des vestales au fond de leurs retraites, avaient empêché le feu de s'éteindre. Mais bientôt le drap funèbre dont la barbarie avait couvert le monde finit par étouffer les dernières flammes. Il y eut un moment où l'ignorance fut ordonnée comme un devoir, en toute autre matière que celle de religion, puisque le pape Grégoire Ier réprimanda sévèrement les évêques qui enseignaient la grammaire et communiquaient à leurs élèves des manuscrits profanes ; c'était, disait le pontife, célébrer de la même bouche Jupiter et le Christ. Non-seulement il interdit ces lectures, mais il ordonna la destruction des ouvrages et monuments païens. Peu de temps après, un homme qui voulut faire traduire un ouvrage du grec en latin ne put trouver personne en état d'exécuter ce travail.

Pendant le treizième siècle, lorsque les lettres commencèrent à renaître par les efforts des laïques, les moines, tombés dans l'ignorance, grattaient les manuscrits pour en avoir le parchemin. Cependant les Bénédictins du mont Cassin repoussent cette accusation comme une calomnie : « Notre bibliothèque, disent-ils, n'existait pas du temps de Grégoire le Grand, et qui peut savoir ce que renfermait notre abbaye lorsqu'elle fut pillée par les Sarrasins? Après ce désastre, nous avons recommencé nos collections, et, au lieu de nous demander compte des ouvrages perdus, on devrait plutôt s'étonner de tout ce que nous avons retrouvé ; si les *Annales* de Tacite sont devenues un livre d'heures, ce n'est pas à nos grattoirs qu'il faut s'en prendre. » — Par malheur, Boccace lui-même a surpris les moines du mont Cassin en flagrant délit de grattage, leur bibliothèque dans un état déplorable, reléguée dans un grenier sans clôture et les manuscrits abandonnés aux vers et à l'humidité.

Au delà de San-Germano, la route s'élargit. Bientôt on perd de vue les Abruzzes, et l'on retombe sur la route de Terracine, un peu avant d'entrer à Capoue. L'antique cité, dont les délices ont amolli les soldats d'Annibal, n'est point la Capoue d'aujourd'hui, mais un village misérable, situé à deux milles de là. On y voit encore les vestiges d'un amphithéâtre et ceux d'un arc de triomphe qui avait été élevé sur la voie Appia. Il est certain que dans le temps des guerres puniques Capoue était plus riche et plus civilisée que Rome; mais ce qu'on a pris pour une faute d'Annibal est, au contraire, une mesure d'habileté. Malgré la victoire de Cannes et peut-être même à cause de ce grand succès, le parti des Barca perdit la majorité dans le sénat de Carthage. Les subsides n'arrivant pas, le général craignait d'être abandonné. En menant son armée à Capoue, il la conserva. L'année suivante, lorsqu'Annibal eut fait une tentative inutile contre Rome, le sénat reconnut sa faute, et envoya des renforts considérables sous la conduite d'Asdrubal. Ces renforts, détruits par Claudius Néron, auraient achevé la ruine de Rome s'ils fussent arrivés un an plus tôt. On ne voit pas, d'ailleurs, que le gouvernement romain ait su gré aux habitants de Capoue d'avoir endormi le courage et l'activité d'Annibal. Ces pauvres gens, hors d'état de résister au vainqueur de Cannes, se virent ensuite assiégés par le vaincu. La moitié de la population fut vendue à l'enchère, et les chefs eurent la tête tranchée, après avoir été battus de verges.

La Capoue d'aujourd'hui est une petite place de guerre très-bien fortifiée par le célèbre Vauban, que le roi Philippe V avait appelé à Naples en 1718. Les rues, assez laides, étroites et mal entretenues, m'ont offert par hasard un tableau agréable : toutes les femmes, assises devant les portes, babillaient en écossant des pois, comme si la ville eût voulu régaler de légumes frais une armée entière. Plus prudent qu'un Carthaginois, je résistai aux délices

des petits pois au sucre, et je ne pris que le temps de jeter un coup d'œil sur la cathédrale. Ce monument, d'un beau style gothique, est supporté par des colonnes en granit, extraites des anciens temples de Junon et d'Hercule. On reconnaît à la variété de forme et de grosseur de ces colonnes qu'elles ont appartenu à des édifices différents. Le palais public est aussi orné de sculptures tirées des ruines de l'antique Capoue. Hors des fortifications, sur la rive droite de la rivière, s'étend un faubourg presque aussi grand que la ville même.

Averse, qu'on rencontre après Capoue, n'est recommandable que par son hôpital d'aliénés. Ceux qui ne craignent point le spectacle de la plus triste des infirmités humaines peuvent se donner le passe-temps de visiter ce bel établissement. En arrivant au village de Capo-di-Chino, considéré comme un faubourg de Naples, on sent les approches de la turbulente cité. Par-dessus le bruit que fait votre voiture en roulant sur les dalles, vous entendez des voix perçantes et comme des bruits de querelles ; c'est le ton ordinaire de la conversation dans la *Campania-Felice*, heureux pays, en effet, où l'on n'a d'autre envie que de se duper les uns les autres, mais gaiement et sans méchanceté. Déjà des *facchini*, aux yeux de lynx, reconnaissant un visage étranger, vous adressent des signes pour vous offrir leurs services au débarquer. Leur pantomime est expressive ; ils font le geste d'un homme qui porte un fardeau sur ses épaules. N'allez pas accepter la proposition. En général, il faut toujours commencer par un refus, de peur de malentendu. Pour cela, vous levez l'index en l'air et vous l'agitez vivement, ce qui constitue un *non* télégraphique bien articulé. Vous voilà en règle. Sur ce, le *facchino* fait comme si vous l'eussiez accepté de préférence à tous les autres. Il a pris votre refus pour des arrhes. Il grimpe derrière la voiture et se cramponne à vous. Tout à l'heure, une opération sera nécessaire pour extirper ce polype.

Ne souffrez pas que votre cocher ou votre postillon vous fasse entrer dans Naples par la porte Capuane, où vit une population crapuleuse. La misère n'est rien dans ce pays-là; on la supporte avec une philosophique insouciance, et on ne s'en porte que mieux; mais quand la corruption s'y mêle, cet accouplement produit des ravages hideux. Il faut vous faire mener par la voie Foria, la place *delle Pigne* et la rue de Tolède. Vous traversez les quartiers marchands et populeux, au milieu d'un vacarme assourdissant. Après Toledo, le bruit diminue. Vous sortez des lignes de maisons à cinq étages, pour retrouver de l'espace et de la lumière sur la place du Palais-Royal. Poursuivez tout droit, et, du quai du *Géant,* vous découvrirez tout à coup la baie de Naples, le Vésuve, la côte de Sorrente et l'île de Capri. C'est dans ce quartier que sont la plupart des hôtels et des maisons meublées. Sur le quai de Sainte-Lucie, la place de la Victoire, la rive de Chiaia, comme à Constantinople le quartier de *Péra,* se logent tous les étrangers, pour qui Naples, sans la vue du golfe, n'aurait aucun charme.

Pendant le long trajet que vous venez de parcourir, des *facchini* ont encore pris place à côté du premier, derrière votre voiture; des gamins précèdent les chevaux en manière de courriers; d'autres crient comme des aigles aux portières de droite et de gauche. La boule de neige va grossissant; et, lorsqu'enfin vous vous arrêtez devant la porte d'un hôtel, vous mettez pied à terre au milieu d'une émeute. Quinze ou vingt pillards se jettent sur votre bagage, se précipitent dans les escaliers et vous suivent jusque dans la chambre que vous choisissez. Le groupe de vos serviteurs obstrue la porte, se forme en demi-cercle, et chacun attend son salaire dans un silence respectueux. Ne leur demandez jamais ce que vous leur devez; ils vous répondraient sans hésiter : cent piastres, ou davantage. Tirez de votre poche ce que vous voulez donner; par exemple, trois carlins (vingt-sept sous de France), et avant de les déposer dans une des quinze mains qui se présentent, faites bien entendre que c'est pour tout le monde. L'orateur de la troupe ne manquera pas de répondre que Votre Excellence veut plaisanter, qu'elle confond les carlins avec les ducats, et que pour sa part, à lui, une piastre ne serait pas trop. Vous vous adressez à celui qui a pris la parole; vous lui dites bien résolûment qu'il n'aura pas un *grano* de plus, et quand il s'est décidé à mettre l'argent dans sa poche, vous commandez à toute la bande de sortir. Ne vous étonnez pas si personne ne bouge. A la troisième sommation, vous levez votre canne en l'air et vous avancez d'un pas. Le bataillon recule et se plonge dans l'escalier. Deux ou trois coquins, plus têtus que les autres, restent sur le seuil de la porte et cherchent à renouer la conversation. « Ils ont de la famille. — La femme de l'un est enceinte; celle de son voisin a deux jumeaux à nourrir. — Un brin de macaroni ne tient pas longtemps dans l'estomac, et un carlin de plus coûterait si peu à Votre Excellence. » Vous donnez le carlin de supplément, à condition que ce sera fini.

Au bout de cinq minutes, quand vous croyez être seul, vous apercevez un grand gaillard appuyé contre le chambranle, son bonnet à la main. C'est le premier *facchino* qui a grimpé derrière votre voiture. Il attendait que Votre Excellence eût le loisir de l'écouter. Il vous parle comme à un ami. Assurément, votre seigneurie ne l'a pas fait venir de si loin sans intention. Sa journée est précieuse. Pour vous il a tout laissé. Un négociant l'appelait pour lui donner quantité de commissions; mais votre seigneurie a paru sur la route, et rien au monde n'aurait pu le retenir. Il s'est dit : « Voilà un seigneur français qui a l'air généreux; avec quel zèle je vais le servir, sinon pendant tout le temps de son séjour à Naples, au moins jusqu'à ce soir ! » Et combien il admirait votre patience, tandis que les autres vous importunaient! On voit bien que vous avez un bon cœur. Bénie soit la mère qui vous a porté ! Ce devait être une dame belle et douce!

En écoutant cet enjôleur, vous pensez que vous allez le mettre à la porte à grands coups de canne; point du tout : il vous attendrit, et le cinquième carlin sort de votre poche avec une aisance qui vous surprend. Le drôle vous remercie à peine, et se retire consterné d'une si faible récompense; mais si vous le regardez passer dans la rue, en soulevant un coin de rideau, vous le voyez montrant sa pièce de monnaie à ses compagnons d'un air de triomphe.

Quelle différence dans le ton, le langage, l'humeur, les types des visages entre cette race gaie, alerte, comédienne des Napolitains et le peuple de Rome, qui ne connaît que deux états, le calme et la violence! La transition ne s'opère pas graduellement d'une ville à l'autre; elle est brusque et subite. A Albano, point de changement : le sang de l'Albe antique ne diffère pas de celui de Rome. Comme dans la rue Ripetta, on ne voit que des nez aquilins, des mines graves et solennelles; jeunes filles ou matrones, les femmes vont à pas comptés, comme des impératrices qui auraient quitté de la veille le manteau et la robe à queue. A Terracine, même dignité. A Fondi, les femmes, connaissant leur réputation de beauté, posent comme des modèles, en attendant qu'on les admire. A Capoue, c'est tout autre chose : la pétulance et l'instinct comique se révèlent. Les offres de service, les requêtes, les propositions de marché vous assiégent. Les langues se délient. Le bruit redouble à Capo-di-Chino, et quand vous entrez dans Naples, vous n'avez pas besoin de chercher l'origine incertaine de l'antique Parthénope. Vous êtes évidemment entouré de Grecs, de cette engeance achéenne, si spirituelle, si vivace et si apte à tout art et à tout métier, dont l'intelligence, la souplesse et l'entregent mettaient Juvénal en fureur.

XV

NAPLES

La sirène Parthénope.— Le roi Robert. — Pétrarque à Naples. — Jean Boccace. — Le *Décaméron*. — Une émeute de femmes. — Les vice-rois. — Origine des lazzaroni. — Masaniello. — La place du *Carmine*. — Gennaro Annese. — La compagnie de la mort. — Henri de Lorraine. — Le dilettantisme de la misère. — Événements de 1799 et de 1820. — Beau mot du général Foy. — La signora Vittoria.

Les fables imaginées par les poëtes sur l'origine de Naples ont fait de son golfe enchanté un écueil plus dangereux pour la vertu que pour la vie des navigateurs. Héros ou négociant, celui qui passait le détroit de Caprée tombait dans les filets de Parthénope, et oubliait, au milieu des plaisirs, la gloire ou les affaires. Ulysse eut le bonheur d'échapper à ce péril en se faisant lier au mât de son navire et en bouchant les oreilles de ses compagnons avec de la cire, pour les empêcher d'entendre les chants des sirènes. Cette précaution était fort sage, dit sérieusement un commentateur d'Homère. — Il est probable, dit un autre commentateur, que ces sirènes étaient tout simplement de belles courtisanes qui retenaient les voyageurs et faisaient manquer aux guerriers leurs expéditions, aux négociants leurs entreprises. — Strabon, qui prenait ses renseignements sur les lieux, assure que des émigrants, partis de l'île d'Eubée (aujourd'hui Négrepont), vinrent s'établir sur la côte de Parthénope, et fondèrent en peu de temps une ville considérable, qu'ils appelèrent *Neapolis*. Les allégories poétiques, sous lesquelles se déguise souvent la vérité, prouvent que le rivage de ce beau golfe a toujours été un pays privilégié, où la nature s'est plu à réunir tout ce qui rend la vie douce, et dont les habitants, professant la même philosophie que ceux de Sybaris, ont pour principales occupations les plaisirs, l'amour et la musique.

Cependant l'histoire de Naples ne ressemble guère à la fiction des sirènes et de Parthénope. Tandis que toutes les républiques italiennes se donnaient des institutions conformes à leurs divers génies, le midi de la péninsule devenait la proie des étrangers. On ne sait plus à qui s'intéresser lorsqu'on voit des aventuriers normands s'emparer de Naples, la maison de Souabe leur succéder, un pape disposer de la couronne en faveur d'un prince français, la maison d'Aragon expulser celle d'Anjou, le drapeau de la France et celui de l'Espagne flotter tour à tour sur le château Saint-Elme, et des vice-rois gouverner au nom de S. M. catholique. Dans cette confusion d'événements, choisissons seulement trois époques à des intervalles fort éloignés.

Vers l'année 1330, Robert d'Anjou, petit-neveu de saint Louis, ayant fait la paix avec Frédéric, roi de Sicile, maria son fils Charles à une princesse française de la maison de Valois. Il y eut à cette occasion des fêtes magnifiques et qui durèrent longtemps. Les Napolitains s'accoutument volontiers au plaisir. Le prince était époux et même déjà père, et l'on continuait à se divertir. Pétrarque vint alors à Naples; il y reçut du roi l'accueil le plus flatteur, et, sous le prétexte de subir un examen, il prononça publiquement l'éloge de la poésie. Un jeune homme, confondu dans la foule des spectateurs, écoutait, avec des transports d'admiration, le beau langage de l'orateur. Sans oser prétendre à l'amitié d'un homme si célèbre, il lui vouait au fond de son cœur le culte du disciple au maître. Ce jeune homme s'appelait Jean Boccace. Témoin des succès du poëte et des applaudissements que lui prodiguaient la cour et le peuple, il voulut mériter les mêmes honneurs. Avant de connaître la mesure de ses forces, il lut et relut cent fois la *Divine Comédie* de Dante, et, en se promenant à Pausilippe, il jura sur le tombeau de Virgile de rester fidèle aux Muses.

Le père de Boccace était un négociant florentin qui faisait le commerce avec la France. Ce marchand vint à Paris en 1313. Il eut une liaison avec une femme dont on ignore le nom et qui lui donna un fils. Jean Boccace, né à Paris d'une mère Française et d'un père Italien, appartient donc autant à la France qu'à l'Italie. Dès l'âge de dix ans il écrivait de petites fables en vers. Son père, voyant cela, l'envoya en France chez un correspondant, pour y apprendre la tenue des livres et l'arithmétique. Le négociant de Paris, ennuyé d'un si mauvais commis, pria le père de rappeler son fils. Après bien des réprimandes, Jean obtint enfin la permission d'étudier le latin et de voyager. Il vint suivre à Naples le cours d'un grammairien fameux. C'est dans ces circonstances qu'il vit sans jalousie, mais avec des mouvements d'ambition, les honneurs rendus à Pétrarque, dont il n'avait pas encore lu les ouvrages. Il se procura les poésies de cet homme célèbre, et il fut si frappé de la supériorité de l'auteur des *Rimes*, qu'il brûla tous les petits poëmes qu'il avait déjà composés, bornant ses souhaits à devenir en prose aussi bon écrivain que Pétrarque l'était en vers.

D'un caractère plus heureux que Dante, plus homme de plaisir que Pétrarque, Boccace, doué d'une figure charmante et d'une excellente santé, prenait part aux fêtes et aux amusements de Naples. Dans cette ville, où la licence des mœurs n'avait pas de bornes, il eut des aventures qui lui devaient servir plus tard à faire des récits piquants et des nouvelles comiques. Un jour, la veille de Pâques de l'année 1341, il vit, à la porte d'une église, la princesse Marie, fille naturelle du roi Robert, et il s'enflamma, pour cette belle et jeune princesse, d'un amour subit. Ayant renoncé à la poésie, il voulut aimer et célébrer son idole en bonne prose; et d'abord, il chercha les moyens de connaître cette grande dame. Son professeur de belles-lettres, le grammairien Paolo di

Perugia, était en même temps bibliothécaire du roi. En s'attachant aux pas de son maître, Boccace pénétra dans le palais royal, et se glissa enfin à la cour. Son esprit et sa bonne mine firent le reste. L'auteur du *Décaméron* ne pouvait aimer comme celui des *Rimes*. On voit, dans ses ouvrages, que sa passion pour la princesse Marie était moins pure, mais plus heureuse que celle de Pétrarque pour Laure. Boccace raconte ses amours sans autre précaution que le changement du nom de Marie en celui de Fiammetta. Plus de prudence eût été sans doute inutile, puisque la princesse ne lui en demanda pas davantage, et qu'il n'en résulta rien de fâcheux pour les deux amants. Cette liaison sans mystère dura pendant neuf ans. Après la mort du roi Robert, Boccace obtint les bonnes grâces de la reine Jeanne, et se maintint dans son heureuse position malgré les troubles du royaume. Cependant la mort de son père et des affaires de succession le rappelèrent à Florence. Il quitta cette cour de Naples où tout le monde l'aimait, en se proposant d'y revenir bientôt; mais soit que l'âge eût refroidi son cœur, soit que les sentiments de la princesse Marie eussent perdu de leur vivacité, d'autres succès, d'autres liens et des occupations plus sérieuses le retinrent à Florence. Il y reçut Pétrarque dans sa maison, et se lia avec lui d'une étroite amitié. Ces deux esprits si différents s'apprécièrent, et la mort seule interrompit leur commerce épistolaire et leur intimité.

Devenu maître d'une petite fortune, Boccace la consacra au service des lettres. Il créa une chaire de langue grecque, et poussa le zèle jusqu'à faire le voyage de Venise pour en ramener un professeur. Quand il se fut ruiné entièrement à chercher des manuscrits et à les sauver des mains des moines, tous ses amis l'abandonnèrent, à l'exception de Pétrarque, qui lui écrivit une lettre charmante pour lui offrir sa maison et sa table. Boccace n'accepta point, mais son affection pour Pétrarque en devint plus tendre. Un jour, un chartreux de Sienne lui demande une entrevue, et lui révèle dans le tête-à-tête un secret que Boccace ne croyait connu de personne. Après cette communication, le chartreux, prenant un ton plus solennel, déclare qu'il est député près de l'auteur du *Décaméron*, pour l'engager à rompre avec l'enfer et à songer au ciel qui s'irrite de la licence de ses écrits. Le moine ajoute qu'il a d'autres missions semblables à remplir près de divers écrivains et artistes, et il se retire en disant qu'il reviendra bientôt pour savoir si son ambassade a porté quelque fruit. Boccace écrivit à Pétrarque la relation de cette conférence en homme dont l'imagination était troublée. La réponse de son ami est pleine de sens et de gaieté : « Avant de prendre aucune résolution, lui écrit Pétrarque, attendez que j'aie vu ce religieux. J'ai publié assez d'ouvrages profanes pour qu'il me doive aussi une visite. Il aura sans doute quelque chose à me dire. Je saurai bien juger le personnage, et nous connaîtrons s'il faut ajouter foi à ses paroles. Son âge, ses regards, sa contenance, sa démarche, sa manière de s'asseoir, son langage, et surtout la conclusion et le but de ses discours m'éclaireront assez. » Malgré ces conseils d'un ami ferme et sensé, Boccace eut peur, et, craignant de manquer de temps pour faire son salut, il prit l'habit ecclésiastique, et voulut étudier la théologie; mais il s'endormait sur les livres de dévotion, et il revint aux lettres profanes, quand il se fut remis de sa frayeur.

On n'avait point oublié à Naples le beau temps du *Décaméron*. La reine Jeanne invita Boccace à revenir voir ses anciens amis. Il se rendit à la cour; mais il ne tarda pas à s'en repentir. Soit distraction ou caprice, la reine l'accueille avec indifférence. M. le sénéchal, le croyant en disgrâce, lui donne une chambre de domestique et l'envoie manger à la table des marmitons et des muletiers. Sans prendre congé, Boccace quitte précipitamment ce palais inhospitalier. Il s'enfuit de Naples, triste, humilié, le cœur saignant, et se réfugie dans sa petite maison de Certaldo, berceau de sa famille et dernier débris de son patrimoine. Le gouvernement de Florence l'arrache à ses études pour lui donner des missions politiques. En revenant d'Avignon, il s'arrête chez Pétrarque, qui était alors à Pavie, et la compagnie d'un ami si bon lui fait oublier ses déceptions et ses ennuis. Cependant le prieur d'une abbaye de Calabre, dont il avait été le compagnon d'études, lui écrit des lettres pressantes pour l'engager à venir causer de littérature dans le calme du couvent. Boccace a l'imprudence de céder à ces prières. Il quitte son meilleur ami, malgré les caresses des enfants de Pétrarque, dont il s'était fait adorer, et entreprend à cinquante-cinq ans un voyage long, dispendieux et pénible. Arrivé en Calabre, il remarque un air de trouble et d'embarras sur le visage du prieur des Chartreux. C'était par pure vanité que cet abbé l'avait prié de venir, pensant que la grande distance serait un obstacle au voyage. Toute la chartreuse de San-Stefano se croit compromise par la présence d'un auteur de contes libertins, qui a mal parlé des moines. Le prieur s'enferme dans son appartement, évite son hôte et le traite comme un pestiféré. Pour comble de malheur, le pauvre Jean avait épuisé ses dernières ressources; il eut bien de la peine à emprunter quelque argent pour se rendre à Naples, où l'on disait déjà qu'il avait pris l'habit de chartreux. Cette fois, la reine Jeanne fit tout au monde pour le retenir à la cour; mais deux leçons cruelles lui avaient appris à bien connaître les protections illusoires et la fausse amitié. Il partit pour Florence, où il tomba malade par suite des dégoûts et des chagrins dont on l'avait abreuvé.

Depuis ce moment, la santé de Boccace ne fit plus que décliner. A sa prière, on avait ouvert un cours de littérature à Florence, pour expliquer et commenter publiquement le poëme de Dante. La chaire était créée; on ne trouva que lui qui pût la remplir. Il y monta quoique malade; mais la nouvelle de la mort de Pétrarque vint lui porter le dernier coup. Il se retira dans sa maisonnette de Certaldo, où il s'éteignit au bout de deux années, pendant lesquelles il ne cessa de travailler, malgré son état de langueur. Le gouvernement de Florence délibéra aussitôt sur l'opportunité d'élever trois magnifiques mausolées à Dante, Pétrarque et Boccace. Ce beau feu s'éteignit dans un flux de paroles, et le projet tomba dans l'eau. Jean Boccace, enterré provisoirement à Castro-Certaldo, sous le pavé de l'église de Saints-Michel-et-Jacques, y reposa jusqu'au jour où une émeute de femmes dévotes et de prêtres intolérants viola son tombeau et en brisa la modeste pierre.

Les trois grands écrivains que le quatorzième siècle a vu mourir et dont il a vu naître les deux derniers, ont exercé une égale influence sur le goût public. En consacrant au progrès des lumières sa fortune, son esprit, son éloquence, sa plume et sa parole, Boccace a fait une propagande immense, car son amour pour les lettres fut peut-être plus ardent encore que sa passion pour les femmes. Toujours occupé à rompre des lances en faveur de Dante et de Pétrarque, il a fini par se trouver assis à côté de ces deux grands hommes. La poésie est un don si extraordinaire, qu'il peut arriver à un jeune poëte de débuter par un chef-d'œuvre. La prose, précisément parce qu'elle s'écarte moins du langage vulgaire, demande plus de préparation et de maturité. Le premier ouvrage de Boccace, écrit pour la cour de Naples, est un de ces romans pleins d'aventures compliquées, de surprises et de pérégrinations, où l'intervention des corsaires et la captivité du héros étaient choses obligées. Ce début, qui fut très-applaudi, ne doit être considéré que comme un péché de jeunesse. Le second roman, celui de *Fiammetta*, est déjà d'un style plus agréable et moins enflé. L'auteur s'y peint lui-même sous le nom de Pamphile, et raconte ses amours avec la princesse Marie.

C'est dans le *Décaméron* que le génie de Jean Boccace prend enfin son essor. Sans autre but que celui d'amuser une princesse jeune et gaie, l'auteur a fait un livre immortel : on n'y sent point l'art, et pourtant il y en a beaucoup dans la fable qui sert d'introduction, dans l'arrangement des récits, où les pages les plus touchantes sont semées au milieu de contes légers et de conversations frivoles. Ces anecdotes, que Boccace recueillait sans avoir l'air de les choisir, ont tout le charme de l'invention, à cause des ressources d'esprit, des plaisanteries excellentes, et de la grâce originale du conteur. On peut sans doute regretter qu'il n'ait pas rejetées, comme indignes de sa plume, quelques historiettes graveleuses, qui font suspecter la délicatesse de goût de la princesse Marie. Ce n'est pas sa faute cependant si les mauvaises mœurs des moines ont fourni trop de documents à la chronique scandaleuse de son temps. Le public savait bien que Boccace restait encore au-dessous de la vérité; de là cette haine des faux dévots et des bigotes qui le poursuivit jusque dans la tombe. La belle description de la peste de Florence et les autres passages sérieux ou dramatiques du *Décaméron* prouvent que ce conteur léger avait à sa disposition beaucoup d'éloquence et de rhétorique; mais, au lieu de s'y livrer, il en usait avec modération, et à mesure qu'il vieillissait, son style devenait plus simple. Entre son premier roman et son dernier conte, il y a une différence énorme. Il me semble que Boccace s'est donné de la peine pour acquérir une qualité trop rare en tous pays, et dont la plupart des critiques ne parlent jamais, comme s'ils n'en soupçonnaient pas même l'existence : le naturel. — Sans le naturel, l'éloquence n'est que de l'enflure, l'esprit de la prétention, l'érudition du pédantisme, et rien ne peut suppléer cet ingrédient si nécessaire; car la pire des affectations est la fausse simplicité.

Avec une petite fortune, mais beaucoup de zèle, d'intelligence et de dévouement, Boccace a fait plus pour les lettres que bien des souverains. Avant lui, peu de gens avaient des bibliothèques; après sa mort, tout le monde s'occupa de réunir des manuscrits, et cette mode, adoptée par les princes et les pontifes, décida le grand mouvement de la renaissance. La maison d'Aragon, qui succéda bientôt à celle d'Anjou sur le trône de Naples, suivit l'exemple des Médicis et des Visconti. Le premier roi de cette famille est cet Alphonse qui fit la paix avec les Florentins pour un exemplaire de Tite Live, et le second ce Ferdinand qui ne voulut pas se laisser vaincre en générosité par Laurent le Magnifique. Pendant ces deux règnes,

Naples se reposa de la guerre civile; mais bientôt Charles VIII eut la folle prétention de réclamer l'héritage de René d'Anjou, et la guerre étrangère désola l'Italie. Les Français, expulsés par Gonzalve de Cordoue, repassèrent les monts, et Ferdinand le Catholique resta maître du royaume de Naples. Louis XII le reprit et le perdit comme Charles VIII. Enfin, après la bataille de Pavie, l'empereur Charles-Quint ajouta définitivement ce beau fleuron à sa couronne Alors commença le déplorable gouvernement de ces cinquante-deux vice-rois, qui vinrent successivement s'enrichir à Naples, en accablant le pays d'impôts et en réprimant avec la dernière cruauté les révoltes que leur tyrannie et leur rapacité faisaient naître.

Comme il arrive aux gens favorisés de la nature et maltraités de la fortune, le peuple napolitain n'opposa bientôt à ses maux que l'insouciance et la gaieté. Renonçant à secouer le joug qui l'accablait, il prit son parti de la misère et de l'abaissement comme d'une maladie incurable, en y ajoutant la fainéantise. Cinquante mille individus, sans asile et presque nus, se mirent à vivre en plein air, dormant sur les quais, nourris pauvrement par les moines et par les âmes charitables, mais pleins de pétulance et de santé, protégés par un ciel clément, occupés de poésie et de musique comme des grands seigneurs, ignorants de ce qu'on faisait dans le reste du monde, peu soucieux d'un gouvernement établi à quatre cents lieues de leur pays, et dont ils pouvaient défier l'avarice, puisqu'ils ne possédaient plus rien. Les vice-rois furent d'abord effrayés en voyant cette multitude grossir de jour en jour par l'effet de leur détestable administration; mais, rassurés bientôt par les mœurs paisibles et le bon naturel de ces sybarites en guenilles, ils leur donnèrent le sobriquet ironique de *lazares*, sans songer que ce surnom rappelait aussi la parabole du mauvais riche. Comme pour faire honte à leurs oppresseurs, les lazares acceptèrent leur titre et le portèrent la tête haute. Ils formèrent une immense confrérie, se choisirent des chefs, obéirent à certaines règles et se donnèrent des jours de fêtes et d'assemblées. Cette organisation fit des lazares une puissance à laquelle il ne fallait plus qu'une occasion pour attirer l'attention du monde et obliger l'Espagne à compter avec elle.

Ce fut en 1647, sous le règne de Philippe IV, que l'occasion se présenta. L'Espagne, en guerre avec la France, était affaiblie par les victoires du duc d'Enghien. Les impôts les plus vexatoires pleuvaient à Naples et en Sicile. Le duc d'Arcos, qui venait de prendre possession de la vice-royauté, apportait avec lui des ordonnances établissant de nouvelles gabelles, qui mirent le comble à la misère publique. Des symptômes d'irritation se manifestèrent. Une flotte française, qui vint battre celle d'Espagne jusque dans la baie de Naples, attira la population sur les côtes, et quand on vit sauter le vaisseau amiral, les lazares applaudirent, tandis que les contribuables rentraient chez eux au désespoir en pensant que ce désastre serait le prétexte de quelque taxe de guerre. En effet, le duc d'Arcos eut l'imprudence de frapper d'un impôt la vente des fruits, principale nourriture du peuple. Un jeune lazare, nommé Thomas Aniello, fils d'un pêcheur d'Amalfi, réunit sur le môle une centaine de ses compagnons et leur raconta que les percepteurs venaient de confisquer à sa femme une demi-mesure de farine. Ce récit échauffa les têtes. Aniello demanda aux lazares s'ils voulaient attendre pour se révolter que la faim leur eût enlevé les forces. Tous tombèrent d'accord sur la nécessité d'en finir avec l'Espagne. On choisit pour le jour du soulèvement général la fête annuelle de la place du Carmine, qui devait avoir lieu le dimanche suivant, et l'attroupement se dissipa. En quelques heures, le mot d'ordre fut donné à toute la confrérie lazariste. L'impatience était si grande qu'on ne put arriver jusqu'au jour fixé. Un paysan qui apportait des cerises à la ville, ayant été battu par les agents du fisc, un groupe de lazares prit sa défense, poignarda les agents et se promena dans les rues en poussant des cris de mort. Thomas Aniello accourut au bruit et prit le commandement de l'émeute. Avant la nuit, il se trouvait à la tête de cent cinquante mille hommes, tant la boule de neige avait grossi!

le palais royal était pris d'assaut, la garnison en fuite, et le vice-roi réfugié dans le couvent de Saint-Louis, où le respect d'un asile religieux empêchait la rage populaire de le poursuivre. Les chefs de la sédition, tout illettrés qu'ils étaient, rédigèrent une capitulation en vingt-huit articles. L'observation de ce traité fut jurée solennellement dans l'église de Sainte-Marie-del-Carmine, le 13 juillet 1647, par le vice-roi et par Mas' Aniello, qui s'intitula chef du peuple très-fidèle [1].

La place du Marché, qu'on appelle pour abréger le *Carmine*, a été le théâtre de grands événements dans l'histoire de Naples. C'est là que Conradin fut décapité par l'ordre de Charles d'Anjou. Les lazares en ayant fait leur quartier général, tous les épisodes de leur histoire ont eu pour théâtre cette grande place, située à l'extrémité méridionale du port. Qu'il s'agisse d'une émeute ou d'un *Te Deum*, le lieu est favorable au déploiement d'une belle mise en scène, puisque les acteurs y sont en vue de la ville haute et basse. Au mouvement perpétuel qui règne sur le Carmine, à l'agitation sans but des passants, au vacarme des cris, des discussions, des apostrophes, accompagnées de gestes et de contorsions forcenés, il pourrait sembler qu'une révolution est toujours sur le point d'y éclater, si les rires, les chants et les intonations comiques ne dominaient par-dessus tous ces bruits confus. Encore aujourd'hui le lazzarone a plus d'audace et de fierté, non dans l'âme, mais dans la physionomie, sur la place du *Carmine* qu'en aucun autre lieu de la ville. Lorsqu'il regarde la vieille tour, convertie en forteresse, il se rengorge et se dit avec orgueil : « Je suis donc un être dangereux et terrible, puisqu'on se met en garde contre ma vaillance? » Les drames judiciaires et politiques se dénouent sur cette place. Jusqu'au règne de Murat, le gibet y demeura en permanence. A présent, les jours d'exécution capi-

---

[1] Quelques écrivains ont fait du prénom *Mas* l'abréviation du mot *mastro* (maître). C'est une erreur. *Mas* n'est que la dernière syllabe de Tommaso, dont on supprime l'*o* par élision.

tale, on y dresse la guillotine, qui reste à l'ordinaire sous la remise, dans une ruelle, poétiquement nommée la rue des Soupirs. Mais revenons à Masaniello, traitant de puissance à puissance avec le duc d'Arcos dans l'église consacrée aux vicissitudes politiques.

On vit à cette cérémonie le tribun, vêtu d'habits dorés et drapé dans un manteau à franges, se donner des airs de grand seigneur, faire l'aimable avec la duchesse d'Arcos, et promener ensuite dans les rues ses oripeaux et sa vanité. Masaniello avait la tête trop faible pour supporter un coup de fortune si étrange. Pendant les dix jours qui suivirent son triomphe, l'ivresse du pouvoir le rendit absolument fou; mais comme sa folie, d'une espèce dangereuse, ne rêvait que massacres, on se débarrassa de cet enragé, en le faisant assassiner, pour de l'argent, par son escorte. Avec la versatilité qui les distinguent, les lazares plantèrent au bout d'une pique la tête de leur chef, et prodiguèrent toutes sortes d'outrages au cadavre de celui qu'ils encensaient la veille. La noblesse crut la révolution terminée, et se rendit chez le vice-roi. Cette démarche inconsidérée provoqua une nouvelle explosion. Le peuple reprit les armes, s'empara des portes de la ville, établit des bivouacs et des corps de garde, et demanda la reddition des trois citadelles. Le duc d'Arcos, retiré dans le Château-Neuf, entendit la proclamation de la république et le bruit des funérailles de Masaniello, qui était redevenu l'idole, le sauveur, le libérateur de sa patrie.

Parmi les figures originales qui sortirent de la foule pendant ce second orage, on remarque le brigand Paolo, un tanneur nommé Michel Santis, un apothicaire beau parleur et un soldat obscur, appelé Gennaro Annèse. Ce dernier remplaça le chef que le flot révolutionnaire avait apporté et submergé au bout de dix jours. Craignant une fin semblable à celle de Masaniello, Gennaro Annèse se retira dans la tour du Carmine avec une garde de lazares. L'insurrection se répandit dans la province. Il ne restait plus à l'Espagne que Capoue, Gaëte, Averse et quelques citadelles. Si le peuple napolitain eût sincèrement aimé l'indépendance, un peu de raison et de persévérance lui aurait suffi pour conserver sa conquête; mais son caractère inconstant et frivole lui faisait déjà de la liberté un embarras. Sous le prétexte de surveiller la noblesse, on créa une garde composée d'artistes et de jeunes gens enthousiastes. Cette compagnie, commandée par le célèbre peintre de batailles Aniello Falcone, et dans laquelle Salvator Rosa fut enrôlé avec un grade, prit le titre emphatique et ridicule de compagnie de la Mort, qui n'était pas fait pour rassurer les esprits timides. Au lieu d'apprivoiser les lazares et de réprimer leurs excès, les compagnons de la Mort semèrent l'épouvante. La tyrannie des piques et des couteaux était plus insupportable que celle de l'Espagne. Gennaro Annèse pilla sans opposition plusieurs palais, et l'on vit sa femme se parer des robes et des diamants de la duchesse de Matalone, pour faire la cuisine des lazzaroni dans la tour du Carmine. La noblesse émigra en masse; la bourgeoisie n'osa se montrer; le commerce ferma boutique, et le paysan n'apportant plus de vivres au marché, la disette fut affreuse. Au bout de quatre mois de ce triste régime, don Juan d'Autriche n'avait plus qu'à se présenter pour reprendre possession de la ville. Il arriva bientôt. Déjà sa flotte était en croisière à l'île d'Ischia, et les lazares eux-mêmes n'auraient pas été les derniers à lui rendre hommage, si un incident nouveau n'eût tout remis en question; tant il fallait peu de chose pour enlever le royaume de Naples à l'Espagne!

Henri de Lorraine, duc de Guise, qui se trouvait alors à Rome, envoya un de ses gentilshommes faire des ouvertures aux Napolitains et leur proposer ce qui leur manquait, un général, un défenseur courageux, un chef capable de rétablir l'ordre et l'autorité. On tint conseil, et cette fois les notables de la bourgeoisie sortirent de leurs retraites. A l'exception de Gennaro Annèse et des pillards, tout le monde vota en faveur de M. de Guise. Une députation, conduite par un jeune homme de bonne famille, Nicolo Mannara, partit par mer sur trois bateaux de pêche, débarqua sans encombre à Fiumicino, et porta au prince les soumissions du peuple, les compliments de la noblesse et le titre de duc de la république. Le 11 novembre 1647, Henri de Lorraine sortit de Rome avec une vingtaine de Français, tous gens de cœur, quelques domestiques, des armes, peu de bagages et un coffre contenant quatre mille écus d'or. Arrivé à Fiumicino, il s'embarqua, et, passant au milieu de la flotte de don Juan d'Autriche, il aborda au bruit de la mousqueterie et des canons de l'Espagne, qui semblaient plutôt lui rendre les honneurs militaires que lui donner la chasse. Une foule immense l'attendait. On lui présenta un cheval richement harnaché. Les maisons étaient pavoisées; les rues tapissées de feuillage; les femmes agitaient leurs mouchoirs du haut des balcons; on s'embrassait en public, et don Juan, malade de la fièvre à bord du vaisseau amiral, put entendre les acclamations qui saluaient le nouveau duc de Naples. M. de Guise avait passé toute son enfance à Rome, pendant l'exil de son père, et la langue italienne lui était familière. Il connaissait les mœurs du pays. En outre, Nicolo Mannara l'avait mis au fait des difficultés contre lesquelles il allait avoir à lutter.

Dès le lendemain de son entrée triomphale, le prince confia les portes de la ville à ses gentilshommes, et quand les chefs des lazares se plaignirent à lui de cette mesure, il leur commanda de se taire. Michel Santis ayant fait mine de vouloir brandir son coutelas, M. de Guise, qui était bon cavalier, poussa son cheval sur lui et l'envoya rouler à dix pas. L'apothicaire sortit des rangs et voulut prendre la parole. Un coup de canne sur la tête l'interrompit. Le drôle se mit à genoux et demanda grâce. Six autres coquins, signalés comme des pillards incorrigibles, furent arrêtés et condamnés à être pendus. La garde de la porte d'Albe refusait d'obéir à M. de Cerisantes, excellent officier français. M. de Guise y courut. Il brisa sa canne sur la tête du chef des mutins, tua d'un coup de pistolet un soldat qui le menaçait, et le reste de la bande vint lui baiser les pieds. Les gardes d'honneur du prince, choisis dans la noblesse, la foule des bourgeois et du peuple, qui observaient cette scène avec curiosité, applaudirent leur nouveau duc, et se félicitèrent d'avoir un maître. Le retour au palais royal fut un second triomphe. Chemin faisant, Nicolo Mannara dit à Son Altesse qu'elle avait couru de grands dangers dans cette promenade.

— Point du tout, répondit M. de Guise; les gens de ma famille et de ma qualité ont quelque chose entre les deux yeux que des canailles de cette espèce ne peuvent point supporter.

Cette conduite énergique eut bientôt rétabli l'ordre. Plusieurs des familles qui avaient fui l'émeute rentrèrent dans la ville. On vit accourir les paysans aux marchés. M. de Guise donna des audiences publiques. A cinq heures du matin, les solliciteurs le trouvaient debout. On l'abordait dans la rue, à l'église. Il signait les pétitions sur le pommeau de sa selle. M. de Saint-Yon, son secrétaire, qui le suivait, l'écritoire à la main, ne se reposait pas plus que lui. En peu de jours tous les périls de l'intérieur furent conjurés, et Naples serait redevenue une ville de plaisir, si l'ennemi n'eût été aux portes. Le prince résolut de risquer une sortie. Dans la nuit du 5 janvier 1648, il partit avec une troupe peu nombreuse, parce que les lazares en étaient exclus, mais dont les détachements étaient commandés par des Français. Une division espagnole, campée à Capo-di-Chino, fut surprise et taillée en pièces; un second quartier, culbuté avant d'avoir pu former ses rangs, s'enfuit sur la route d'Averse. On entra dans la ville pêle-mêle avec les fuyards, et Averse se trouva prise. M. de Guise y laissa le baron de Mallet avec cinq cents hommes, et poussa plus loin. Les Espagnols, saisis d'une frayeur panique, se retirèrent vers Nola, persuadés qu'une armée française avait pénétré dans Naples. A neuf heures du soir, Son Altesse revint de cette brillante expédition avec trois cents mulets chargés de vivres et de poudre de guerre; le lendemain on chanta le *Te Deum* dans toutes les églises, et le prince reçut des témoignages d'amour approchant de l'adoration. Peu de jours après, Nola était enlevée par surprise comme Averse, les abords de la ville purgés d'Espagnols, et les communications rétablies avec la province.

Des courriers expédiés en France apportèrent ces nouvelles au Louvre. Malheureusement le cardinal Mazarin ne voulut jamais prendre au sérieux les succès de M. de Guise en Italie. On eut beau lui représenter qu'il serait honteux de laisser reprendre à l'Espagne le royaume de Naples; le ministre ne répondait rien, ou bien il disait que M. de Guise était un *chimérique*. On n'en put tirer autre chose. Au bout de six semaines, Henri de Lorraine sut que le gouvernement français l'abandonnait; mais il ne perdit point courage. Nous ne rapporterons pas ici les exploits prodigieux par lesquels il apprit aux Napolitains ce que c'est que l'héroïsme, l'intrépidité, la grandeur d'âme, le mépris du danger et de la mort, toutes choses qu'ils connaissaient de nom seulement. Pendant plus de cinq mois qu'il les gouverna, ce jeune prince leur en donna tous les jours des exemples dignes du temps de la chevalerie. Ils ne voulurent pas profiter de ses leçons. Un jour que Son Altesse assiégeait la forteresse de Nisita, Gennaro Annese ouvrit aux Espagnols la porte d'Albe, qu'il était chargé de défendre. Don Juan d'Autriche entra dans Naples sans y trouver de résistance, et les lazzaroni livrèrent à l'ennemi leur généreux défenseur. M. de Guise, prisonnier de guerre, fut envoyé à Gaëte, puis à Madrid, d'où il réussit à s'échapper, après deux ans de captivité. C'est ainsi que les Napolitains firent volontairement le sacrifice d'une liberté dont ils ne savaient point le prix. Don Juan, nommé vice-roi par la cour d'Espagne, reçut les mêmes témoignages d'amour, les mêmes adorations et baisements de pied que Henri de Lorraine, et il récompensa Gennaro Annese de sa lâche trahison en le faisant pendre. Depuis que le pillage leur était défendu, les lazares ne se souciaient plus de la révolution. Ils déposèrent comme un fardeau ennuyeux leur qualité de citoyens de la république, remirent leurs couteaux dans leurs poches, et rentrèrent avec empressement dans leurs habitudes de fainéantise et d'insouciance.

On conçoit sans peine que les gouvernements n'aient point invité le bas peuple napolitain à se créer un autre bonheur que le dilettantisme de la misère. Naples est la ville la plus peuplée de l'Europe après Londres et Paris. Le nombre des habitants dépasse cinq cent mille, sur lesquels cinquante mille gaillards bien bâtis, lestes, rusés et intelligents, mettraient l'État en péril tous les matins, et le renverseraient d'un coup d'épaule, s'ils se levaient de ces corbeilles d'osier dans lesquelles ils dorment, et s'ils avaient cinq minutes d'accord unanime et de mauvaise humeur [1]. Que ferez-vous d'eux le jour où, comprenant leur abjection, ils s'aviseront de rêver d'honneur et de dignité? Ce serait là un beau problème à résoudre.

Depuis la révolution de 1647, dont la taxe des fruits a été la véritable cause, les descendants de Masaniello n'ont pris qu'une seule fois une part active aux événements politiques : ce fut à l'arrivée des Français en 1799, sous la conduite du général Championnet. Le bruit habilement semé dans Naples que les troupes de la république venaient avec le dessein de renverser la religion fit soulever le peuple. Les lazzaroni, sans autres armes que des bâtons et des couteaux, affrontèrent la mitraille dans la rue de Tolède avec une opiniâtreté admirable. Peu s'en fallut qu'ils ne réussissent à poignarder les artilleurs français sur leurs pièces. Persuadés qu'en mourant pour la Madone ils s'en iraient en paradis, ils se battaient comme des lions. Mettez-les en face du canon pour une autre cause, ils s'enfuiront comme des lièvres. C'est ce que l'Europe n'a pas compris en 1820, et ce qui a été le sujet d'une immense méprise. Jamais nation n'a joué au monde attentif, aux gouvernements alarmés, de mystification plus complète. La gravité de l'histoire n'y

[1] Le nombre des lazzaroni est difficile à déterminer; les uns l'évaluent à 60,000, les autres à 40,000.

résisterait pas si le lendemain de tels événements n'ajoutait toujours un chapitre lamentable au martyrologe de l'Italie.

Nous ne retracerons pas au lecteur le tableau connu de la cour de Naples, en 1820. Ferdinand VII, à Madrid, venait de jurer fidélité à la constitution de 1812. Cette nouvelle produisit une fermentation extraordinaire en Italie. Le carbonarisme, qu'il suffit de nommer, agita la population. Le 2 juillet, deux membres de cette société, l'un officier de cavalerie et l'autre abbé, causaient en public des événements de Madrid, sur la place de la petite ville de Nola, chef-lieu d'un *circondario*. Un groupe se forma autour d'eux. Les têtes s'échauffèrent. On proclama la constitution de 1812, et on marcha sur Avellino, chef-lieu du *distretto*. Les habitants et la garnison firent chorus en criant : Vive la constitution! Le général Pepe fut chargé de réprimer le mouvement. Il était carbonaro, et travailla si bien, que l'insurrection grandit en quatre jours, au point de réduire la cour, ou à céder comme celle d'Espagne, ou à retourner pour la troisième fois en Sicile. Le roi prit le parti le plus sage; il accepta la constitution de 1812. La bourgeoisie, les jeunes gens, les carbonari, les classes éclairées avaient imprimé le mouvement. Le peuple avait suivi sans savoir ce qu'on demandait, et quand on lui apprit qu'il jouissait d'une constitution, ce fut comme si on lui eût parlé de la pragmatique-sanction ou de la bulle *Unigenitus;* mais il ne laissa pas de crier : *Viva!* et de témoigner beaucoup de joie.

Cette révolution, opérée en huit jours, sans opposition, sans désordre, sans effusion de sang, indiquait de la part de la nation une volonté ferme et unanime qu'il n'était pas facile de combattre, même à une grande puissance. Le nœud de la sainte-alliance, à peine formé depuis cinq ans, allait-il déjà se relâcher? La grande question de l'intervention fut agitée entre les divers cabinets et dans les chambres de France et d'Angleterre. Le ministère de Vienne, résolu à intervenir, envoya les ordres nécessaires pour l'entrée en Italie d'un corps de 52,000 hommes, détaché de l'armée de Lombardie. Il y eut un congrès des souverains du Nord à Laybach, où Ferdinand fut invité à se rendre. On le laissa partir de Naples, quand il eut promis de plaider à ce congrès la cause de son peuple. A peine arrivé, il implora le secours des puissances étrangères contre ses sujets rebelles, se réservant de les châtier quand il serait le plus fort. Les soldats de la sainte-alliance passèrent par les États du pape, et s'engagèrent dans les montagnes. A la tribune de la Chambre des députés, le général Foy s'écria : « Les Autrichiens sont dans les défilés des Abruzzes ; ils n'en sor« tiront plus ! » Et lord Byron, à Ravenne, chanta la déconfiture prochaine des barbares.

Arrivé à ce moment dramatique, interrompons notre récit, et, pour qu'on ne m'accuse point d'exagération, cédons la parole à M. Vaulabelle. L'historien véridique et consciencieux des *Deux Restaurations* a raconté le dénoûment de la révolution de 1820 dans les termes suivants :

« Les Napolitains s'étaient préparés à la défense. Le gouver« nement, dirigé par le fils aîné du roi comme régent, avait
« augmenté l'armée et organisé de nombreux corps de milice. Le
« prince semblait d'accord avec les chefs de la révolution pour
« résister à outrance ; prodigue de déclarations patriotiques, il
« soulevait l'enthousiasme par son attitude, et, chaque matin, à
« son exemple, les députés à la tribune du parlement, les écri« vains dans leurs journaux, jetaient au public les plus énergiques
« exhortations. Partout on n'entendait que ces cris : *Vive la*
« *liberté ! Mort aux envahisseurs !* Troupes de ligne et milices,
« généraux, officiers et soldats, tous juraient de vivre libres ou de
« mourir. Sons frivoles ! démonstrations vaines ! La marche d'une
« simple avant-garde autrichienne et le bruit de quelques coups
« de fusil suffirent pour faire abandonner aux Napolitains les
« formidables positions occupées par eux sur la double ligne de
« l'Apennin et des Abruzzes ; nulle part leurs nombreux bataillons
« ne voulurent même attendre l'ennemi ; cette armée, si bruyante

« et si résolue quelques jours auparavant, se mit à la débandade,
« et les soldats, jetant leurs armes sur les chemins, regagnaient,
« en chantant, leurs villages, ou bien s'empressaient de faire cor-
« tége aux envahisseurs; en quelques heures l'armée entière se
« trouva dissoute et comme évanouie; depuis la frontière jusqu'à
« Naples, les Autrichiens n'aperçurent pas un détachement, ne
« brûlèrent pas une amorce. Entrés dans le royaume le 7 mars,
« ils franchissaient les portes de la capitale le 23, et renversaient
« le régime constitutionnel avec la même facilité que les corbonari
« avaient eue à l'établir [1]. »

Quant à la révolution de 1848, je n'en rapporterai qu'un petit incident à ma connaissance. Un jeune homme à tête chaude, officier sans soldats de cette révolution, et qui risquait à ce jeu dangereux sa fortune et sa vie, m'a raconté lui-même le fait suivant : Naples était dans l'agitation causée par l'arrivée des nouvelles de France. Le jeune comte *** va chez son banquier, prend une somme d'argent considérable, et parcourt le môle, les quais, le Carmine, en distribuant aux lazzaroni des pièces blanches à la condition de crier : Vive la constitution! La partie s'organise admirablement. Crier est le fort du lazzarone. Au bout d'une heure, le tumulte règne dans la ville. Le lendemain, un des chefs de bande vient demander au comte le nouveau mot d'ordre. — A présent, dit le jeune homme, criez *victoire!* Il y aura deux carlins par tête, si l'on fait bien du bruit.

— Que Votre Excellence soit tranquille, répond le lazzarone; elle n'a qu'à se mettre à la fenêtre.

En effet, les cris parviennent aux oreilles du jeune carbonaro. Cependant il lui semble entendre autre chose que le mot convenu de *vittoria!* Il descend précipitamment dans la rue et s'aperçoit

---

[1] Les événements de la Péninsule, en 1820, se trouvent au complet dans l'*Histoire des deux Restaurations*. M. Vaulabelle est l'historien contemporain qui mérite le plus de confiance. C'est toujours à son ouvrage qu'il faut recourir lorsqu'on a besoin de renseignements certains.

que tout le monde crie à tue-tête : *Vive victoire !* Même clameur sur la place du Palais-Royal et dans la rue de Tolède. Le jeune homme saisit par sa chemise un des tapageurs et le secoue vigoureusement : — Quel diable de cri fais-tu là? lui dit-il en colère.

— Excellence, répond le lazzarone, je ne connais pas cette signora Victoire; mais ce doit être la maîtresse du généreux seigneur qui nous a fait promettre deux carlins pour la proclamer la plus belle.

Et le lazare s'enfuit au galop en criant de toutes ses forces : *Viva vittoria !* Mon jeune conspirateur eut beau se démener; il ne put arrêter le torrent révolutionnaire auquel son imprudence avait ouvert les écluses. Le nom de la signora Victoire, porté aux nues et fêté dans toute la ville, eut les honneurs de la guerre. Ce fut une rude journée pour les ministres.

Un fait d'une date si récente donne la mesure de l'éducation du peuple napolitain, de ses justes notions des droits de citoyen, et du besoin d'institutions libérales qui le tourmente. Mais c'est assez parler de sa vie politique. Puisqu'il méprise l'histoire et qu'il ne veut rien avoir à démêler avec elle, il faut l'observer au point de vue qui lui convient, c'est-à-dire en temps de paix, vivant au jour le jour, chantant comme l'oiseau sur la branche, et heureux dans sa misère comme le poisson dans l'eau.

XVI

NAPLES

Naples vu du fort Saint-Elme. — La Villa-Reale. — La haute société. — Les petits abbés. — La bourgeoisie. — Les lazzaroni sur leur terrain. — Les chanteurs, conteurs d'histoires et loustics. — La partie de *Bazzica*. — Les *Rinaldi*. — Offres de services. — *Eccellenza!* — Faites l'aumône au lazzarone. — Le choix d'un logement. — Le domestique et le cocher de fiacre. — Un Anglais volé et mis au violon. — Une tarentelle. — Un honnête homme. — Usage nouveau d'une brosse à dents.

Je conçois que peu de gens se soucient de monter les trois cents marches d'une cathédrale pour jouir du panorama d'une grande ville; mais l'ascension au fort Saint-Elme est une promenade moins pénible qu'on peut proposer à des dames. On la divise en deux parties en s'arrêtant à mi-côte, pour visiter la belle chartreuse de Saint-Martin. Du haut de ce rocher, il n'y a presque pas de carrefour ni de rue de Naples où le regard ne pénètre. A vos pieds s'agite la population la plus turbulente de la terre. Le matin surtout, l'activité est si grande qu'on croirait assister à la récréation d'un immense collége, tant on voit de petits bonshommes courir et se démener comme s'ils jouaient aux barres. Les carrosses luttent de vitesse; les charrettes elles-mêmes vont au galop. Un bon tiers des habitants crie de tous ses poumons, un autre tiers chante, et le reste parle, mais non à voix basse. Aux marchés du Carmine et de Santa-Brigida, vous croiriez qu'une bataille est toujours sur le point de s'engager. Que peuvent faire ces énergumènes courant d'un groupe

à l'autre? Évidemment on se querelle là-bas; on va se prendre à la gorge et tirer les couteaux. Ne vous effrayez pas. Il s'agit de transactions d'une haute importance en matière de provisions de bouche : une salade d'un demi-sou n'est pas une petite affaire. Le vendeur hurle sur le pont pour attirer le chaland; l'acheteur vocifère pour sauver la moitié de sa pièce de cuivre. Ce grand bruit n'a pas d'autre cause.

Détournez vos regards de cette fourmilière : à votre gauche s'élève la colline de *Capo-di-Monte* avec son château royal; plus loin, les ombrages de Portici, les laves refroidies d'Herculanum, et le Vésuve avec ses deux mamelons, l'un couvert des vignes robustes qui produisent le *lacryma-christi,* l'autre surmonté de son panache de fumée, qui change incessamment de couleur et de forme. En suivant le demi-cercle décrit par le rivage de la mer, vous découvrez Castellamare, dominé par de hautes collines; puis en face de vous, de l'autre côté de la baie, Sorrente et ses bois d'orangers; puis Massa et le détroit de la Campanella, où passent les bateaux qui s'en vont en Sicile, rasant le pied des rochers de Capri. Sur ces rochers, dans le plus beau site du monde, le vieux Tibère a cherché un moment de répit à la tristesse noire engendrée par ses crimes et ses débauches. La nature jette un charmant voile de gaze bleue sur cette île célèbre par ses souillures. A votre droite, la ligne blanche des palais de Chiaia se perd dans la verdure des jardins. Plus loin, le Pausilippe, avec son prétendu tombeau de Virgile, vous dérobe la vue du cap Misène; au-dessus apparaît au milieu de la mer un cône semblable aux mornes de Saint-Domingue : c'est l'île fortunée d'Ischia. A vos pieds sont le palais du roi, le théâtre San-Carlo, l'enceinte carrée de la Darsène, le quai de Sainte-Lucie et le château de l'OEuf, au bout d'une jetée qui s'avance dans la baie.

Descendons à présent de notre belvédère. Comme toutes les capitales, Naples se divise en trois parties d'aspects fort différents : la ville fashionable, qui s'étend de la place du palais à l'extrémité de Chiaia; la ville bourgeoise et marchande, comprenant la rue de Tolède et le quartier situé à gauche de cette grande artère; enfin le vieux Naples, ou la ville du peuple, resserré entre Tolède et le quai du port. En adoptant le boulevard de Gand, la fashion de Paris n'a eu d'autre motif que son caprice; elle pouvait aussi bien rester à la place Royale et au Marais, comme du temps de Louis XIII. Mais à Naples, elle ne saurait se priver de la vue de la mer, du Vésuve et de Capri, ni s'éloigner du jardin public dont la Méditerranée baigne la terrasse dans toute sa longueur.

La Villa-Reale est le rendez-vous d'un monde élégant qui se préoccupe beaucoup du *comme il faut*. Les jeunes gens y font de la toilette, et si un étranger vient à passer avec un habit d'une coupe nouvelle, les lorgnons rôdent à l'entour et décrivent des cercles de plus en plus étroits, pour l'examiner de plus près. La forme d'un chapeau peut produire une sensation, et les chaussures même n'échappent pas à l'analyse des dandies. Ceux qui ont des chevaux sont bien aises de les faire voir, et afin que les promeneurs piétons en aient le spectacle, on a pratiqué à l'extérieur, le long de la grille, un sentier en terre battue, sur lequel galopent les cavaliers et les amazones. C'est comme si le trottoir de la rue de Rivoli, qui touche à la terrasse des Feuillants, était réservé aux chevaux de selle.

J'avais une pacotille de lettres de recommandation pour des habitants de Naples; une seule lettre m'aurait suffi. Dès le lendemain de mon arrivée, les invitations pleuvaient pour les bals du lundi au cercle de l'*Académie*, pour des comédies de société, pour des soirées hebdomadaires. Il fallut devenir mondain malgré que j'en eusse, et comme les mêmes personnes se réunissaient chaque soir, il me semblait aller toujours dans la même maison. Ces rapports suivis ont l'avantage de supprimer de la vie mondaine tout ce qu'en France nous appelons des corvées. La haute société napolitaine se compose d'éléments aussi hétérogènes que celle de Florence. Je me souviens d'avoir assisté à la représentation d'un proverbe de Carmontel, dont tous les acteurs avaient des accents fort peu parisiens. La marquise était Anglaise, la comtesse Allemande, la baronne Espagnole. C'était la troupe du théâtre de Babel. Un seul personnage prononçait le français très-purement : il arrivait de Saint-Pétersbourg.

Comme les jeunes *monsignors* de Rome, les petits abbés de Naples contribuent fort à rompre l'uniformité des costumes. Malgré le thé, les glaces, le service d'un dîner à la russe, on ne peut pas se croire dans un salon de Paris ou de Londres, lorsqu'on voit papillonner près des dames ces galantins à moustaches naissantes, qui n'appartiennent à l'Église que par l'habit. Il y a plaisir à les regarder dans la rue, à la promenade, au théâtre, ou dans les cafés, le tricorne sur l'oreille, le jonc à la main, chaussés de bottes molles à l'écuyère, se donnant des airs conquérants et aristocratiques. Le nombre en est grand à cause des priviléges suivants : le respect du peuple, car en étant une moitié de prêtre, on devient un demi-saint ; l'estime des dévots, gens puissants, et des dévotes, qui ont encore plus de crédit ; les caresses, les sucreries, les bons dîners et autres douceurs réservées aux gens d'Église, sans les devoirs et privations du métier ; enfin les préférences du beau sexe napolitain, comme dans le siècle poudré de l'Œil-de-Bœuf et des soupers fins. Le hasard m'a procuré l'honneur de connaître un de ces heureux petits mortels. C'était un gentil garçon, naïvement épris de sa personne, gourmand, coquet, emphatique, plein d'amour-propre, mais bon diable, prenant bien la plaisanterie, et diseur de riens. Il avait la faculté de parler sans une idée dans la tête, sans avancer, comme ces chevaux de manége qui exécutent leurs courbettes sur place pour l'instruction des élèves. Souvent je l'arrêtais en lui faisant remarquer que depuis dix minutes il galopait sous lui. Il en convenait gaiement, et reprenait son discours sans aller plus vite. Les femmes lui lançaient force œillades ; mais il avait de l'ambition et voulait sincèrement se donner à l'Église.

Les petits abbés étant du pays fréquentent les salons de la bourgeoisie plutôt que ceux de la noblesse et des étrangers. Par leur entremise, on peut pénétrer dans cette seconde classe, dédaignée de la fashion, mais bien plus originale, plus purement italienne et qui sent le terroir. On y trouve peu de tables de whist; le thé y passe encore pour un médicament. Les règles du bon ton n'y sont pas de rigueur. Les femmes ont le verbe haut, le geste brusque et pétulant, les attitudes du corps désordonnées; elles rient souvent à gorge déployée, et ne surveillent pas les plis de leur robe; mais leur parler est piquant, leur geste expressif et leur rire harmonieux. On sait se divertir dans ce monde-là. On y fait de la musique, beaucoup de parties de campagne, de dîners sur l'herbe, d'excursions aux fêtes populaires. On engloutit des montagnes de macaroni; on loue des loges aux petits théâtres, et on applaudit les lazzi du Pancrace biscéliais. Les mœurs de cette société paraissent libres et ne le sont pas. Ce n'est point dans cette classe qu'on trouve la galanterie. J'ai vu des étrangers, qui se vantaient avec une mystérieuse fatuité de leurs succès près des Napolitaines, finir par avouer qu'elles étaient d'une constance insupportable, les unes à leurs maris, les autres à leurs sigisbées. A qui prétend leur plaire, il faut beaucoup de patience et d'assiduité; il faut se fixer dans le pays pour longtemps, et parler non-seulement l'italien, mais le dialecte, qui est difficile à apprendre. Avec de l'élégance, de la fortune, d'excellentes manières, de l'esprit, le ton du monde et la langue française, on réussit parfaitement à ennuyer une bourgeoise napolitaine. Mais qu'importe au touriste qui ne fait que passer? Assez d'autres plaisirs viendront au devant de lui.

Comme le fashionable et l'étranger, le lazzarone veut jouir du splendide coup d'œil de la baie. Respirer l'air malsain d'un entresol ou d'une boutique, cela est bon pour des bourgeois. Le Carmine, le port, la jetée du môle, sont un vaste divan où les sybarites aux jambes nues viennent se coucher sur la dalle, au soleil en hiver, à l'ombre des murs en été. Heureux celui qui dès le matin a gagné un carlin; sa journée est faite. Il entre chez le *macaronaro*, et s'approche du chaudron qui contient la pâte succulente. Sur un bâton sont suspendus par le milieu les longs brins déjà cuits; pour un *grano* le consommateur en obtient jusqu'à trois, qu'il enlève avec son index. On lui présente une assiette contenant la précieuse poudre de parmesan; il y tourne et retourne ses trois brins de macaroni, penche la tête en arrière, ouvre une bouche plus grande que celle de Saturne, et engloutit son festin, à bras tendu, comme les charlatans avalent des épées. Par là-dessus un verre d'eau bien froide, bien pure, venant d'une citerne à lui connue ou d'une fontaine renommée, — car il y a plus de mauvaise eau que de bonne à Naples, — et le lazzarone, satisfait et repu, peut voir passer le roi sans lui envier la couronne. Le nécessaire étant assuré, il s'agit de chercher le superflu.

D'autres épicuriens étendus sur la pierre, le dos appuyé sur leur corbeille d'osier, sont déjà rangés le long du quai, faisant la sieste, comme des lézards, ou fumant leur pipe composée d'un bout de jonc et d'une cheminée en terre grise représentant le masque du polichinelle au long nez. Parmi les divers groupes, il y a celui où l'on chante des ariettes populaires, celui des conteurs d'histoires et de voyages, celui des dormeurs qui digèrent, celui des loustics faisant assaut d'esprit; — quand on a bien dîné, on aime assez à railler le prochain. — Selon son âge ou son humeur, le dernier arrivé choisit sa compagnie. Dans le groupe des chanteurs, on répète l'air à la mode, dont l'auteur est presque toujours inconnu. Quelquefois le succès d'une ariette populaire finit par devenir une persécution. Vous n'entendez plus autre chose : le pêcheur dans sa barque, le maçon sur son échafaud, le cocher sur son siége, le cuisinier devant son fourneau, répètent à la fois le même refrain. Heureusement, pour un *carlin*, pêcheur, cocher, maçon, servante et marmiton sont prêts à vous chanter tout le répertoire des années précédentes. A mon premier voyage en

Italie, la fameuse chansonnette *Ti voglio bene assai* venait de paraître à Naples. De là elle se répandit dans toute la péninsule, et je l'ai bien entendu chanter un million de fois; au second voyage, en la retrouvant en possession de la vogue, je commençai à m'en lasser; au troisième, j'aurais volontiers payé pour ne plus l'entendre.

On radote aussi dans le groupe des narrateurs, quand la parole est aux vieux marins, aux anciens muletiers destitués par le chemin de fer de Castellamare, par les omnibus des environs et les nouvelles messageries; mais, à force de répéter la même aventure de brigands, les mêmes amours ou le même exemple lamentable des fureurs de la jalousie, on brode et on embellit. L'auditoire, plein d'attention et de zèle, soufflerait le conteur dont la mémoire viendrait à faillir. Le Napolitain qui écoute un récit devient à l'instant même un enfant de quatre ans; mais si vous lui parlez en vers, il se montre plus difficile et plus connaisseur. Déclamer annonce une prétention : il faut donc le bien faire ou ne pas s'en mêler.

Dans le groupe des loustics, c'est un feu roulant d'apostrophes comiques, d'attaques, de ripostes, de gravelures inintelligibles pour l'étranger qui n'a pas eu le temps de se familiariser avec le dialecte. Ce patois populaire, d'une souplesse remarquable, semble inventé exprès pour la raillerie et l'équivoque. Si quelque jolie fille passe devant le front du bataillon lazariste, cent quolibets lui viennent aux oreilles; on la voit presser le pas et détourner les yeux; mais il ne faut pas lui barrer le chemin ni l'approcher de trop près : elle a le geste prompt comme l'éclair, et un soufflet ne lui coûte rien; quant à la commère dont l'âge et l'expérience bravent les insolents, on ne se hasarde pas à la taquiner. Cent adversaires à la fois ne lui feraient pas peur. Elle leur dirait de dures vérités sur leur paresse et leur lâcheté; en les criblant d'injures, elle finirait par se griser de colère et ne s'en irait plus sans avoir égratigné quelqu'un. Au plus fort des querelles et du vacarme, s'il apparaît au loin un *jettatore,* c'est-à-dire un homme vêtu de noir, râpé, ridé, portant lunettes, on se tait, on montre les cornes au sorcier malfaisant, et quand le *jettatore* a disparu, souvent on ne sait plus pourquoi on se querellait. Pendant ce temps-là le soleil a monté, l'ombre des monuments s'est raccourcie, la mer brille comme un miroir ardent, les passants deviennent rares, la conversation se ralentit, la langue s'épaissit, on baisse les paupières et on s'endort. Les joueurs seuls, échauffés par l'appât du gain, ont les yeux grands ouverts, le sang aux oreilles et les nerfs excités.

La première condition pour jouer, c'est d'avoir de l'argent à mettre sur table. Huit ou dix favoris de la madone des lazares ont fait d'assez bonnes rencontres pour pouvoir tenter la fortune au jeu national de la *bazzica.* De la poche de son caleçon, ou d'un pli de sa chemise, le possesseur d'un jeu de cartes tire les instruments du combat, usés par l'exercice, et plus gras que la manche d'un moine ou le collet d'habit d'un professeur de grec. On joue un *grano* par partie. On s'installe sur un banc de pierre, où l'enjeu doit être déposé. Au coup décisif, lorsqu'on relève les cartes, chacun jette un regard rapide sur son enjeu et cherche dans la physionomie de son adversaire la lueur imperceptible de la joie ou le nuage du désappointement. Déjà la dame des *bâtons* est prise par le roi; le dix des *épées* a rencontré le valet ; le roi des *monnaies* aura sans doute un meilleur sort; mais non : il est coupé par un atout. Un des joueurs saisit l'enjeu, le met dans sa poche et montre ensuite la carte qui le fait gagner [1].

Quand le jour baisse et que la brise rafraîchit l'air, quelques lazzaroni, sensibles aux jouissances de l'esprit, se rendent sur la jetée pour entendre les rinaldi. Ce nom vient du chevalier Renaud, dont ces récitateurs de carrefour redisent sans cesse les exploits et les amours. Trois ou quatre déclamateurs, à trente pas les uns des autres, grimpés sur des pierres, font ronfler les vers du Tasse,

---

[1] Dans les cartes napolitaines, les quatre *couleurs* sont les bâtons, les épées, les monnaies et les coupes.

afin d'attirer le monde. Le lazzarone s'approche; il écoute une strophe, et si la prononciation lui paraît vicieuse, le débit monotone ou trop chantant, il secoue la tête et va chercher un artiste meilleur. J'ai vu un pauvre boiteux, appuyé sur sa béquille, captiver pendant une heure l'attention de cinquante personnes en récitant avec feu le seizième chant de la *Jérusalem*, et les auditeurs, transportés d'aise, gratter le fond de leur poche pour jeter leur dernier *grano*. Dans cet heureux instant, le lazare attendri croit sentir dans son cœur les vertus d'un héros; mais, en revenant du môle sur la terre ferme, il a déjà repris son naturel et s'enquiert des moyens de rattraper le sou que la poésie lui coûte. Je suppose que vous passiez par là. C'est le chemin de la poste aux lettres. Mon homme vous toise d'un regard et suit votre piste comme un bon limier. Si vous levez la tête pour regarder en l'air, il s'approche et vous demande ce que cherche Votre Excellence. Est-ce la poste, une église, une boutique, le numéro d'une maison? Faut-il faire avancer un carrosse pour votre seigneurie? A-t-elle besoin d'une barque à deux rames? d'un guide pour aller au Vésuve, à la Solfatare, au lac Fusaro, à la grotte de Cumes?... Je vois ce que c'est: elle a perdu son chemin, votre seigneurie; Naples est si grand; faut-il la mener à Tolède?

A chacune de ces questions, il est inutile de répondre non. Les yeux braqués sur vos yeux, le lazzarone a lu dans votre physionomie que vous ne cherchiez rien de tout cela; mais en attendant, il vous a suivi. En quelque lieu que vous alliez, ne vous y aura-t-il pas conduit? *Dunque*, il sollicite la bonne main, un *piccolo regalio*. L'abandonnerez-vous, le pauvret? lui refuserez-vous un *mezzo carlino* pour acheter de quoi souper, de quoi mettre un brin de pâte là-dedans?

Et il fait avec son pouce le geste comique d'un homme qui engloutit le macaroni. Pour vous toucher le cœur, sa voix parcourt le clavier des supplications, du ton pathétique au pleurard, du passionné au piteux. Ce n'est plus assez de vous appeler *eccellenza;*

il estropie le mot, et il en fait *ccellenza, llenza, sciullenza,* comme si en prononçant de travers il prouvait mieux son zèle et son humilité. Vous ne résistez pas à ses prières. Le demi-carlin n'est-il pas bien gagné par tant de frais? Vous déposez la grosse pièce de cuivre dans la main du lazzarone, pour avoir le plaisir d'entendre sortir de cette bouche si plaintive une litanie de remerciments et de bénédictions. Jamais un Français n'atteindrait à ce degré de souplesse et de talent; il ne saurait point observer le *crescendo,* et jamais l'idée ne lui viendrait de vous appeler excellence, *cellence, choullence.*

J'aime à penser, lecteur charitable, que vous avez, en tous pays, une somme d'argent à consacrer aux aumônes. Ne vous mettez pas dans l'esprit que donner au lazzarone c'est encourager l'oisiveté. Cette oisiveté chronique est une tradition entretenue comme l'ignorance, un effet calculé de l'éducation, et dont la responsabilité ne retombe pas seulement sur l'oisif et l'ignorant. Entreprenez d'instruire et d'éclairer ce pauvre diable, ou faites-lui l'aumône. Depuis le règne de Murat, il y a un mieux sensible dans la condition des lazzaroni. L'accroissement de la fortune publique et du numéraire dans toute l'Europe devait finir par réagir sur le sort d'une classe d'hommes dont les besoins sont très-bornés. On ne voit plus, comme autrefois, au Carmine, des gens nus d'un aspect repoussant. Le lazzarone d'aujourd'hui porte une chemise propre, un caleçon de grosse toile, un bonnet de laine rouge, qui sied à son visage mâle et régulier. Une image de la Madone est suspendue à son cou. Ses bas et ses chaussures n'ont pas varié depuis le temps de Masaniello; ils sont restés couleur de chair, et l'on n'y fait jamais de reprise, en sorte que le peintre, à la recherche d'une belle jambe, n'a pas besoin de déshabiller son modèle.

Les lazzaroni se contentent de si peu de chose, qu'assurément leurs importunités et leurs manéges ne rompront pas l'équilibre de votre budget de voyage. C'est à d'autres envahissements qu'il faudra résister avec énergie. Si vous ne savez pas vous débattre contre les aubergistes, les fournisseurs, les marchands, les domestiques et les voleurs, le séjour de Naples deviendra ruineux et impossible. Une conspiration générale et permanente existe contre l'étranger. Combien ai-je vu de gens bienveillants et point irascibles sourire à la première tromperie, froncer le sourcil à la seconde, perdre patience à la troisième, se fâcher à la quatrième, finir, à la vingtième, par écumer de fureur et donner au diable l'Italie entière? Un peu de réflexion leur aurait épargné plusieurs attaques de nerfs. Les Napolitains vivent bien à Naples; pourquoi donc un étranger ne ferait-il pas comme eux? Regardez attentivement le premier passant venu dans la rue de Tolède. Considérez son visage, sa démarche, son air, où s'épanouissent à la fois la sensualité, la confiance en soi, la bonhomie et l'égoïsme, la ruse et la crédulité. Demandez-vous ce que ferait ce gaillard-là, s'il était à votre place, et la solution de la difficulté se présentera, qu'il s'agisse d'une envie à satisfaire ou d'un ennui à éviter.

Ne disions-nous pas l'autre jour que le Romain ne résiste pas à ses passions? Le Napolitain est le serviteur de tous ses appétits; il met à ses moindres désirs une vivacité extrême. Suivez-le pendant une heure seulement, et vous verrez comme il se promène dans la vie, cueillant le fruit à portée de son bras, maraudant sur les terres des autres, gardant les siennes avec vigilance. Empruntez-lui les qualités dont vous avez besoin pour vous tirer d'affaire. Par exemple, vous remarquerez tout de suite qu'il éprouve autant de répugnance à se défaire de son argent que de plaisir à acquérir l'objet souhaité. Partagé entre ces deux sentiments contraires, il offre avec audace une bagatelle d'une chose qu'il convoite avec ardeur. Imitez-le, sinon vous serez victime, battu à plates coutures dans une ville où le laisser-aller est impossible, même à un nabab.

Bien déterminé à me loger sur le quai de Santa-Lucia, je me présentai chez le bonhomme Santi-Combi, patron d'un hôtel garni. Lorsqu'il m'eut fait parcourir son immense maison, je commençai à douter que je dusse jamais devenir son hôte. Il n'y avait pas une mansarde dont il ne voulût douze francs par jour. Voyant que les appartements du quatrième étage étaient inabordables, je descendis au second. Je choisis deux chambres, dont une fort belle avec un large balcon, et j'en offris à tous risques une demi-piastre. Le patron, scandalisé, me répond d'un air dédaigneux qu'une comtesse, partie le matin même pour Rome, lui avait donné de ce logement cinq ducats par jour.

— Voilà qui est différent, dis-je. Que ne m'avez-vous appris cela tout de suite. Puisque la comtesse a été si généreuse, je vous offre une demi-piastre.

— Mettez-vous donc à cette fenêtre, reprit le patron. Regardez le Vésuve, la mer, les cornes de Capri, la terrasse de l'hôtel de Rome.

— La vue est admirable, répondis-je. Cette chambre me plaît beaucoup ; je vous en donnerai une demi-piastre.

Après m'avoir prouvé qu'à ce prix-là il perdrait au marché, Santi-Combi envoie chercher mon bagage, appelle ses filles et ses nièces, et préside à mon installation. Cette opération terminée, je vois entrer un grand garçon d'une mine intelligente et astucieuse, fort marqué de la petite vérole, parce qu'on se défie du vaccin comme d'un piége des deux côtés du détroit de Messine. Ce garçon décline ses noms et qualités : il s'appelle Giacinto ; il se constitue mon domestique et vient prendre mes ordres. Pour l'occuper, je lui commande de m'acheter une douzaine d'oranges. Au bout de cinq minutes, il m'apporte son emplette et me réclame quatre carlins. J'allais me fâcher, lorsqu'il me fait observer que je ne lui avais point fixé de prix, et que par conséquent il avait le droit d'exiger les quatre carlins. Trois jours après, j'appelle Hyacinthe et je lui dis : — Allez acheter douze oranges de Sorrente, beaucoup plus belles que les dernières, et ne les payez qu'un carlin ; telle est ma volonté.

Cet ordre fut exécuté ponctuellement. Il n'y avait donc qu'à s'expliquer. La première fois que je voulus prendre une calèche de place pour aller à Capo-di-Monte, le cocher me demanda sans hésiter une piastre (six francs). Je lui offris trente-six sous avec le même air résolu ; il s'empressa de m'ouvrir la portière, et fit bien, car trois autres cochers me tiraient déjà par les basques de mon habit. J'ai connu à Naples un Anglais riche et très-grand seigneur, qui avait horreur des débats d'intérêt. Il agissait avec les marchands comme s'il eût été dans la cité de Londres, et il ne tarda pas à s'apercevoir qu'on le trompait sans cesse. Lorsqu'il savait le prix d'une chose et qu'on lui en demandait le triple, il éprouvait une satisfaction toute britannique à déposer l'argent sur le comptoir, en disant au marchand : *Mi avete rubato* (vous m'avez volé). Ces reproches produisaient peu d'effet.

Un jour, j'engageai ce gentleman à mieux se défendre, et je lui en indiquai les moyens. Il me promit d'essayer. Le lendemain il voulait aller à Castellamare ; il demande sa voiture à une heure où d'ordinaire il ne sortait pas. Son cocher courait la ville en contrebande au service d'autres étrangers. Craignant de manquer le chemin de fer, l'Anglais monte dans l'omnibus ; en arrivant à l'embarcadère, le conducteur lui réclame deux carlins. Docile à mes leçons, le gentleman, avant de payer, veut savoir ce qu'il doit ; en prenant son billet pour Castellamare, il met la tête au guichet et interroge le buraliste. Au lieu de répondre catégoriquement, l'employé se penche à droite et à gauche pour regarder les signes que lui fait le conducteur, et finit par dire que le prix de la course en omnibus est de deux carlins. Cette pantomime et cette connivence exaspèrent l'Anglais ; il entre dans une colère épouvantable, et refuse absolument de payer. Le commissaire de police accourt au bruit de la querelle. On arrête le voyageur récalcitrant et on l'entraîne au violon, où il demeure jusqu'au soir ; sa promenade à Castellamare fut remise à un autre jour et le prix de son billet perdu ; mais il eut la satisfaction d'avoir fait tort une fois en sa vie à un voleur. Ce brillant succès suffit à son amour-propre. Depuis ce moment, il reprit ses habitudes et paya sans marchander, en répétant dix fois par jour : *Mi avete rubato.*

Quatre mois plus tard, en revenant d'une excursion en Sicile, je retrouvai ce bon gentleman fidèle à sa règle de conduite, toujours charmé de Naples et du climat, mais plein d'un mépris amer pour le caractère des habitants. Un dimanche soir, du haut de son balcon à l'hôtel de la Victoire, nous regardions ensemble des gens du peuple danser la tarentelle aux sons joyeux du tambour de basque. Quatre pêcheurs jambes et bras nus, quatre jeunes filles brunes comme des grenades, les cheveux en désordre, les jupons troués et la chemise en charpie, frétillaient de tout leur corps et bondissaient, les bras en l'air, le nez au vent, montrant leurs dents de nacre, comme des gens qui trouvent la vie bonne.

— Que pensez-vous de ce tableau ? dis-je à mon voisin. N'a-t-il pas une couleur bien méridionale ?

— J'aime beaucoup le paysage, me répondit le gentleman ; l'île de Capri surtout a des teintes bleues et roses que j'observe pendant des heures entières sans jamais m'en lasser.

— Et les personnages, n'ont-ils pas aussi leur charme ? Regardez ces visages cuivrés, ces yeux pétillants de malice et de gaieté ; reconnaissez que ces hommes sont des chefs-d'œuvre de la nature, comme les sites admirables où elle les a semés. Quelle vigueur ! quel entrain ! quel feu ! La lave coule dans leurs veines.

— Oui, répondit l'Anglais en poussant la fumée de son cigare : c'est de la canaille volcanique, et vous n'en ferez jamais autre chose, parce que la nature a oublié de leur donner l'honnêteté qu'il faut avoir en naissant.

Ici je m'embarquai dans une discussion avec le seigneur anglais, pour lui prouver qu'on ne pouvait rien avoir sans un peu d'éducation. Il me soutint que l'éducation ne donnait point les qualités dont on n'apportait pas avec soi le germe. Cette conversation, commencée à l'hôtel de la Victoire, s'acheva au café de l'Europe, où nous allâmes prendre des glaces.

— Tenez, me dit le gentleman, pour vous montrer que l'honnêteté est rare dans ce pays, je vais laisser mon porte-monnaie sur cette table, et quand nous aurons fait dix pas dans la rue, je reviendrai le chercher. Vous verrez que le porte-monnaie aura disparu.

— Cela prouverait tout au plus, répondis-je, que parmi les gens qui nous entourent, il y a un voleur.

Nous sortons du café en laissant, comme par mégarde, le porte-monnaie sur la table. L'Anglais, exact comme une horloge, compte ses pas sur la place du Palais-Royal; en achevant le dixième, il se retourne et se trouve face à face avec un jeune homme d'une figure des plus agréables, en veste de toile fort simple, son chapeau de paille à la main. Le jeune homme salue l'étranger d'un air gracieux, lui remet le porte-monnaie en souriant et s'enfuit par la rue de Tolède.

— Oh! s'écria l'Anglais en serrant son argent dans sa poche, celui-là n'est pas un Napolitain.

— Prenez garde, dis-je, vous allez devenir injuste par obstination. Avant d'exprimer une pensée aussi cruelle, il faudrait au moins vérifier le fait.

— Eh bien, j'y consens : vérifions.

Nous rentrons au café. Nous interrogeons les gens de l'établissement, et nous apprenons que ce jeune homme est un pauvre Napolitain, employé de la compagnie du gaz hydrogène, et qui nourrit deux sœurs et une vieille mère avec cent cinquante ducats par an d'appointement. Je regarde fixement le gentleman; il avait deux petites larmes sur le bord des paupières.

— Croyez-vous, me dit-il, que je puisse offrir un cadeau à ce jeune homme?

— N'en faites rien, répondis-je. L'honnêteté est un fruit délicat comme la pêche; n'allez pas en ternir le velouté. Cherchez un autre prétexte de rendre service à ce gentil garçon.

— Vous avez raison, reprit l'Anglais : cela aurait l'air d'une récompense. Mais, à présent, toutes mes idées sont bouleversées.

— Essayons de les remettre en ordre. Il existe à Naples un proverbe populaire qui dit : *Pesce puzza prim' a capo* (le poisson se gâte d'abord par la tête). On entend par là que la corruption descend des hautes classes de la société dans le peuple. Ce proverbe est faux, ou au moins incomplet. Si le poisson se gâte par la tête, il est depuis longtemps corrompu par la queue; mais le milieu est pur, et voilà pourquoi notre jeune employé mérite que vous vous occupiez de lui faire du bien.

— Je lui en ferai certainement, dit le gentleman avec émotion. La leçon que je viens de recevoir ne sera pas perdue. Je ne me plaindrai plus des Napolitains quand ils me dépouilleraient jusqu'à la chemise.

— Et vous passerez d'un extrême à l'autre, par excès de conscience.

— Précisément.

— La conscience, repris-je, c'est là le côté faible de l'homme du peuple à Naples; s'il pouvait connaître le remords d'une première faute, il serait arrêté par le scrupule au moment d'en commettre une seconde.

En parlant ainsi, je m'aperçus que je n'avais point sur moi la clef de mon nécessaire de toilette. Persuadé que les gens de la maison auraient profité de cet oubli pour fourrager dans mes ustensiles, je fis part de mon inquiétude au seigneur anglais.

— Bah! me dit-il, je gage qu'on n'aura touché à rien.

Les rôles étaient changés; l'accusateur plaidait maintenant la défense. Nous montons ensemble à mon appartement. La porte était ouverte; je la pousse doucement, et je fais signe au gentleman de s'approcher. Une servante, debout devant un miroir, tenait d'une main un pot de pommade et de l'autre une brosse à dents dont elle se servait pour lisser ses bandeaux de cheveux. N'ayant pas compris l'usage de cette petite brosse, elle l'appliquait à la coiffure.

— Voilà, dis-je au seigneur anglais, ce que j'appelle manquer de conscience.

XVII

NAPLES

Paresse et dextérité. — Les gouttières. — La Poste aux lettres. — Ne dites pas de mal des scorpions. — L'heure du dîner. — L'amateur de gargotes. — Les *lasagne* et l'*umido*. — La musique italienne. — Scarlatti, Porpora, Pergolèse et Cimarosa. — Paganini à Paris et à Naples. — Son mariage manqué. — Un bossu enlevé comme une *prima donna*. — Les dilettanti. — Madame Frezzolini.

Naples deviendrait en huit jours la plus belle ville du monde, une perle, une merveille, si les choses s'y faisaient avec autant de soin que de vivacité. En aucun pays les services publics ou particuliers ne s'exécutent si rapidement. Avant que vous ayez tourné la tête, le *facchino* à qui vous donnez une lettre à porter est déjà revenu et demande le prix de sa course. Le cocher fouette ses chevaux à tour de bras et vous mène au triple galop, pour se débarrasser de vous, empocher son argent et offrir son carrosse à quelque autre passant. Jusque-là tout va bien, parce que l'intérêt du *facchino* ou du cocher s'accorde avec le vôtre. Il n'en est plus de même en beaucoup d'occasions. L'usage à Naples est de bâcler toute espèce de besogne et d'aller faire ensuite cent mensonges pour en obtenir un salaire double de celui auquel on a droit. Si la besogne à faire est rétribuée d'avance, on ne s'en soucie plus, on la chasse de sa mémoire comme une idée insupportable. La blanchisseuse trempe son linge dans une eau sablonneuse, ménage le savon, frotte mollement, repasse avec un fer froid, et se dépêche de vous apporter sa corbeille et sa note. Le jardinier n'attend pas que ses fruits et ses légumes soient mûrs pour les porter au marché. Que lui importe s'ils ne sont pas mangeables, puisque ce n'est pas lui qui les mange? Balayer, arroser le devant des maisons, à quoi bon prendre cette peine? Cela ne rapporte rien. D'ailleurs, il n'y a point de fontaines comme à Rome. L'eau est rare à Naples ; on en boit beaucoup ; on l'épargne pour tout autre usage. Combien de fois ai-je vu la vermine courir sur les dalles brûlantes et la paille séjourner sur la place publique jusqu'à ce que les pieds des passans l'eussent réduite en poussière! En revanche, lorsqu'arrivent les pluies torrentielles du mois de mars, un nombre infini de larges gouttières verse du haut des toits des cascatelles d'eau qu'il est impossible d'éviter.

Combien de fois, à la poste restante, après avoir jeté un regard rapide et distrait dans les cases, m'a-t-on répondu le fatal *niente!* Je revenais à la charge le lendemain, et l'on me remettait deux ou trois lettres arrivées depuis huit jours. Souvent on me confiait tout le paquet de lettres à mon initiale, en me disant de chercher moi-même ; en sorte que j'aurais pu intercepter la correspondance d'une autre personne, pourvu que j'en eusse payé le port. Dans les petites pièces du théâtre San-Carlino, lorsque don Pancrace Cocozziello envoie Polichinelle à la poste, celui-ci ne manque jamais de rapporter à son patron une lettre adressée à un inconnu, dont le nom commence par un C. Pancrace Cocozziello brise le cachet et lit l'épître sans y rien comprendre, ce qui divertit toujours le public et prouve en même temps que les négligences de la poste sont consacrées par l'habitude. Chacun irait chercher à un quart de lieue le verre d'eau qu'il veut boire ; mais celui que doit boire un autre, on le prendrait volontiers dans le ruisseau. Et ne vous avisez pas de murmurer ; vous seriez honni par tout le monde. Le Napolitain se croit profondément blessé dans son amour-propre lorsqu'on se plaint de quoi que ce soit, même des inconvénients du climat. Il prendrait fait et cause pour les insectes. Ne vous exprimez qu'avec réserve sur le compte des punaises et des scorpions, si vous voulez vivre en paix avec les habitants. Quant aux puces, le nombre en est si prodigieux, qu'on ne peut nier leur existence, mais on se moque beaucoup des gens qu'elles incommodent. Pour en parler avec liberté, attendez que vous soyez revenu dans votre pays; encore n'y serez-vous pas à l'abri des récriminations. Il y a quatre ans, un Napolitain m'écrivit une lettre sévère pour me reprocher d'avoir dit que j'avais trouvé des têtards dans une carafe de restaurateur. J'aurais pu lui répondre comme Galilée aux inquisiteurs : *E pure si move!* Et pourtant ils se mouvaient bien dans la carafe, ces têtards !

Nous avons dit qu'il fallait se résigner à faire souvent mauvaise chère à Naples; j'entends par là que les gens délicats et les gourmets doivent se donner la peine de choisir et de chercher. Les petits pois abondent au mois de février; les fraises arrivent dès le mois d'avril. La nature est prodigue; ce sont les cuisiniers qui travaillent mal. J'ai souvent regretté les diners de Florence, cette cocagne de la péninsule. Un jour, après avoir couru les *trattorie*, les tables à prix fixe, les marchands de *pizze* et d'huitres du *Castello,* je découvris dans une rue voisine de Tolède *l'hôtel du Commerce,* tenu par un Français. Le patron de l'établissement, M. Martin, était un Lyonnais, au bras de fer, à la voix de stentor; il dirigeait les manœuvres de ses gens du haut d'un escalier, comme un capitaine de vaisseau monté sur sa dunette. En passant devant lui, je remarquai dans sa main une espèce de bâton de commandement. Je lui demande ce qu'il fait de cela.

— Vous n'avez peut-être jamais vu de nerf de bœuf, me dit-il; en voici un véritable.

Je croyais, en effet, que le nerf de bœuf n'existait plus depuis le temps où l'*Intimé* s'était vanté des coups qu'avait reçus son père.

— Il n'y a guère de jour, ajouta M. Martin, que je n'emploie cet instrument. Sans cela, on ne pourrait point se faire obéir à Naples.

Le dîner à la française me parut exquis. Pour la première fois depuis trois mois, je mangeais avec plaisir. Cependant mon voisin de droite, qui était un jeune homme, goûtait chaque morceau du bout des dents, et rendait son assiette pleine, en murmurant dans sa barbe avec dépit : — Hôtel du Commerce !... M. Martin !... si jamais l'on m'y rattrape !...

— *Signor,* lui dis-je, si vous connaissez quelque part, à Naples, une table meilleure que celle-ci, faites-moi part de votre découverte.

— *Altro !...* répondit le jeune homme ; fiez-vous à moi ; je suis du pays ; je vous mènerai demain dans un endroit où vous verrez une cuisine des dieux.

Je m'empressai de donner rendez-vous pour le lendemain à cet homme si bien informé. Il vint à l'heure dite, et me conduisit au centre du vieux Naples, en répétant avec une grimace dédaigneuse : M. Martin !... hôtel du Commerce !... trois francs par tête !...

Au fond d'un *vico* (ruelle) bien sombre et tortueux, mon guide s'arrêta devant une boutique surmontée d'une enseigne : — Voyez, me dit-il, cette petite *trattoria ;* nous y dînerons comme des princes et à des prix *discrets.*

Nous entrons dans une salle basse, voûtée comme une cave, où quinze ou vingt consommateurs de robuste appétit étaient déjà attablés. Nous nous installons dans un coin. Sur une nappe tachée de vin, on nous sert deux pyramides de *lasagne,* hautes comme le Vésuve. Mon compagnon, méprisant la fourchette, baisse la tête et dévide avec ses doigts les longs rubans de pâte. En un moment, tout l'écheveau est absorbé. J'aime assez les *lasagne ;* mais, arrivé au quart de ma tâche, je n'en pouvais plus.

— Passons à l'*umido !* s'écrie mon convive.

On apporta l'*humide ;* c'était une tranche de veau filandreuse et coriace, digne de figurer au festin de Boileau ; ce morceau fut suivi d'un ragoût à l'ail, nageant dans un lac d'huile. Mon tour était venu de renvoyer mon assiette pleine. Mon silence trahissait ma mauvaise humeur, lorsqu'un convive en manche de chemise m'aborda poliment et me demanda la permission de chanter au dessert; je n'eus garde de m'y opposer. Aussitôt le méchant cabaret devient une salle de concert. Deux jeunes gens, dont un favorisé d'une voix de ténor, se mettent à chanter une suite d'ariettes à deux parties, de barcaroles de pêcheurs, de siciliennes nouvellement rapportées de Palerme. J'applaudis avec enthousiasme. On me propose de répéter les morceaux que je préfère; on m'offre du vin blanc de Capri; et au bout d'une heure, me voilà devenu le camarade et l'ami de toute la bande. Parmi les ariettes à deux voix, j'avais donné la préférence à une chanson de Procida. Un des jeunes gens me promit de m'envoyer paroles et musique. Finalement je rentrai chez moi, enchanté de ma soirée, en fredonnant comme un méridional, et si bien consolé de mon mauvais dîner que je pris la résolution de revenir souvent à la taverne, car la musique avait répandu sur tout le menu un assaisonnement délicieux que nul *cordon bleu* ne sait faire.

Naples est le véritable berceau de la musique italienne. Rome et Florence ont assez d'autres fleurons à leur couronne, sans lui contester celui-là. Il est à remarquer que dans les quinzième et seizième siècles, les papes et les princes italiens appelaient leurs musiciens à gages de Flandre, d'Espagne et de France. « Les Flamands, écrivait le neveu de l'historien Guicciardini, sont nos maîtres en musique. Ce sont eux qui ont relevé et perfectionné cet art. Ils y ont une telle disposition que tout le monde, en Flandre, sait chanter, et manie quelque instrument avec succès; de là vient la faveur que trouvent les musiciens de ces pays chez tous les princes de l'Europe. » Cela prouve qu'il existait des académies de musique en Flandre avant qu'on en eût créé d'autres en Italie; mais on a toujours chanté à Rome, à Florence et à Naples, sans qu'il y eût besoin d'académies. Ailleurs, on encourageait la musique; en Italie, on la pratiquait de temps immémorial.

Au seizième siècle, toutes les dames chantaient en s'accompagnant du luth. Léonard de Vinci avait inventé une viole d'une forme particulière, dont il jouait à merveille, et il s'amusait à s'intituler *chanteur du duc de Milan*. La célèbre Tarquinia Molza mettait elle-même ses vers en musique et les chantait avec une grâce infinie. Léon X avait de la voix; Benvenuto Cellini était en même temps orfévre et musicien du pape. L'Arétin, ses sœurs et ses filles composaient et exécutaient des morceaux de chant. A Venise, tous les grands peintres s'occupaient de musique; la fille du Tintoret jouait de plusieurs instruments. Lors du concile de Trente, huit chanteurs de Perugia vinrent donner des concerts aux prélats de cette assemblée, sous la direction d'un maëstro nommé Bartolini. A Naples, on a toujours chanté des ariettes populaires; quelques-unes remontent à la plus haute antiquité. Au moyen âge, on appelait ces petits morceaux *villanelle;* en Sicile, *popolane,* nom qu'elles ont conservé. Avec des racines si profondes, un nombre si considérable d'adeptes et un public si avide de plaisirs, la musique a tardé longtemps à donner ses plus beaux fruits en Italie, précisément parce qu'elle y était d'un usage trop vulgaire, trop à la portée de tout le monde. Cependant les artistes italiens ne tardèrent pas à supplanter les étrangers. Quand Palestrina eut paru à Rome, la musique d'église fut renouvelée. Avant la fin du seizième siècle, quatre académies de chant et de composition se trouvèrent fondées à Naples. De l'une d'elles sortit Alexandre Scarlatti, né en 1650, qui devint le restaurateur de la musique moderne, tant vocale qu'instrumentale. Depuis ce moment jusqu'à l'apparition de Rossini, la bonne école italienne, celle qui s'est répandue dans le monde entier, soulevant partout des querelles terribles et gagnant partout la victoire, a été l'école napolitaine. La liste de ses grands maîtres ressemble à l'arbre généalogique d'une maison princière.

Parmi les nombreux élèves de Scarlatti se trouvait Nicolo Porpora, qui prit l'art au point où l'avait laissé son maître, et l'éleva beaucoup plus haut en lui donnant le caractère sérieux qui lui manquait encore. La musique napolitaine, sous sa direction, passa des salons au théâtre, et dès lors elle put lutter avec celles de

Flandre, d'Allemagne et de France. Le savant Haendel était en possession de la faveur du public à Londres. Un jour, il apprit qu'une nouvelle troupe chantante venait d'arriver de fort loin. Un théâtre rival s'ouvrit en face du sien. Lorsqu'on entendit cette musique fraîche et colorée, ces voix souples et légères, ces gosiers de rossignols, ces mélodies tendres et passionnées, ces partitions où la facilité, l'abondance des idées ne s'alliaient à la science que pour la rendre aimable, ce fut comme une révélation. Le théâtre italien eut à l'instant la vogue. On y courut et on délaissa le bon Haendel, qui faillit en mourir de colère et de chagrin.

Porpora laissa deux successeurs capables de soutenir le crédit de l'école italienne. Léo et Durante, tous deux Napolitains, écrivirent des ouvrages classiques sur la musique instrumentale et vocale, qui se répandirent d'un bout à l'autre de l'Europe. La jalousie et l'obstination de Rameau ne purent empêcher les femmes de Paris de répéter à ses oreilles les duos de Durante. Dans les salons, les *idol mio,* les *mio tesoro,* mettaient en fuite l'auteur des *Indes galantes* et de *Castor et Pollux.* Rameau enfonçait son chapeau jusque sur ses yeux, et sortait en frappant les portes; mais ces morceaux, qu'il appelait des fadaises, ne lui auraient pas inspiré tant de dépit, s'il n'en eût senti le charme. Léo et Durante réformèrent les abus de l'instrumentation, en éteignant le bruit qui étouffait les voix, et c'est à eux que l'opéra italien doit la supériorité de son orchestre d'accompagnement. Ils formèrent une armée d'élèves, tous Napolitains, tous gens de mérite et de goût. C'étaient Sarri, Gallo, Vinci, Pasquale Caffaro, Nicolo Sala, et enfin Jean-Baptiste Jesi, surnommé Pergolèse.

Pergolèse ne trouva de rival sérieux que dans un de ses compatriotes, le fécond Duni. Dans leur lutte qui dura longtemps, Duni commença par avoir un avantage si marqué que Pergolèse voulait renoncer à son art, lorsque son rival, avec une générosité inouïe, protesta contre l'arrêt du public, et rendit hommage au jeune maître découragé en le proclamant le premier musicien vivant. Après Pergolèse, l'école napolitaine produisit encore une légion de grands maîtres : Joseph Scarlatti, Rinaldo de Capoue, le violoniste Fiorilli, le savant Jomelli, David Perez, né à Naples d'un père espagnol, Trajetta, Sacchini, Piccini, le célèbre rival de Gluck. La génération suivante se distingue par trois noms immortels : Paesiello, Zingarelli et Cimarosa. Le premier, né à Tarante en 1741, mourut à Naples en 1816, après une longue et brillante carrière. Le second, né à Naples en 1752, a vécu quatre-vingt-cinq ans, toujours aimé de ses compatriotes. Le troisième, Dominique Cimarosa, né à Naples en 1754 et mort à Venise en 1801, est le créateur de l'opéra buffa tel qu'on le connaît aujourd'hui. Depuis l'apparition de ce génie éminemment napolitain, toutes les capitales de l'Europe ont voulu se donner le luxe d'un théâtre italien. Si cette mode n'eût point existé, Rossini l'aurait fait naître. Le long silence de ce grand maître a consacré son œuvre immense comme celle de Cimarosa; elles sont toutes deux jugées et mises à leur place, c'est-à-dire impérissables. Une autre génération s'est déjà évanouie depuis que Rossini s'amuse à faire le mort avec tant d'obstination. Bellini et Donizetti ont disparu. Verdi a pris leur place. Mercadante dirige encore le conservatoire de Naples, et forme de bons élèves. La musique italienne ne périra pas.

Le public napolitain ne réserve pas seulement ses applaudissements aux lauréats de sa brillante école. Compositeurs, chanteurs, musiciens de concerts, tous les artistes de talent, reçoivent à Naples un accueil enthousiaste. On ne leur épargne point les ovations, les fêtes, les sérénades. Rossini à ses débuts, Manuel Garcia et sa fille, Paganini, qui était de Gênes, ont excité tour à tour des émeutes de dilettantisme. Les têtes chaudes de ces pays-là n'étaient pas des amis, des admirateurs, des partisans, mais de véritables fanatiques. Sans doute, il est arrivé au public de Naples de porter aux nues des ouvrages de peu de valeur, et de rappeler vingt-six fois de suite sur la scène un maestro débutant qui retombait ensuite dans l'obscurité; mais il n'a jamais laissé au public de Paris, de Vienne ou de Londres le temps de remarquer avant lui un grand talent. Lorsque Paganini arriva d'Italie, en 1830, sa réputation était européenne. Je me rappelle l'impression que produisit son premier concert dans la salle de l'Opéra. J'étais assis à côté de David d'Angers. Il nous sembla voir un personnage fantastique. Pendant le prélude de l'orchestre, le maestro fantôme resta immobile; mais tout à coup il s'anima; du talon de l'archet il attaqua brusquement le motif du concerto, sur la double corde, et de son instrument sortit un double son qui donna un sursaut à l'assemblée entière. La fin de ce premier morceau fut marquée par un incident qui trahit les allures bizarres du personnage. Pendant un moment très-court l'orchestre ralentit la mesure plus qu'il ne convenait. Entre deux notes, Paganini secoue sa chevelure, étend son long bras jusque sur la tête de Habeneck, frappe du pied sur les planches et poursuit son chant sans interruption; mais le geste avait été d'une incroyable impétuosité, les yeux du fantôme avaient lancé une flamme soudaine; et comme ses souliers étaient fort gros, le coup de pied avait été terrible, de sorte que l'auditoire eut encore une violente secousse. Le concerto terminé, je me souviens qu'avec David d'Angers nous fîmes en paroles un beau rêve : nous imaginions un théâtre sur lequel on représentait une pièce tirée du *Violon de Crémone* de Hoffmann, et dans laquelle Paganini jouait le rôle du docteur Crespel et Maria Malibran celui d'Antonia. C'eût été une représentation à mettre des rois au parterre. Inutile rêverie! et cependant quoi de plus facile que d'écrire ce petit opéra? Paganini et la Malibran étaient là; il ne s'agissait que de les décider à répéter la pièce. Louis XIV aurait bien su les y obliger.

Paganini n'avait pas toujours eu cette figure étrange sous laquelle les Parisiens l'ont connu, et dont le génie faisait le seul agrément. Dans sa jeunesse il avait été très-beau. Ce qu'on a dit de son prétendu emprisonnement pour un crime qu'il ne commit jamais ne mérite pas plus de créance que tous les autres contes fabriqués par le vulgaire. La vérité est que Paganini avait les passions vives et des mœurs originales; en cela il ressemblait à la plupart des grands artistes. Pendant les premières années de la Restauration, étant à Naples en même temps que Rossini, il perdit au jeu une somme considérable. Pour combler cette brèche, il se mit dans l'esprit d'être avare. Il donne congé de son appartement, renvoie ses domestiques, et se retire au quatrième étage d'une maison, où il prépare lui-même sa cuisine. C'était en hiver. Un matin il se rend à Santa-Brigida, et il y achète pour un *tornese* (deux liards) un chou-pommé qu'il cache sous son manteau. En traversant la place du *Palazzo-Reale,* il rencontre un groupe de trois personnes qui se promenaient au soleil : l'une était Rossini, l'autre M. le professeur Carlini, dont on a joué le 1er mai dernier une belle messe en musique dans l'église de Saint-Thomas-d'Aquin; la troisième était Rupp, première clarinette au théâtre San-Carlo. Paganini avait donné un concert peu de jours auparavant. Rupp arrête au passage le prince des violons, et se livre, quoique Allemand, à des démonstrations napolitaines; il accable Paganini de compliments et de témoignages d'admiration; il s'échauffe, s'émeut jusqu'aux larmes, prend le maestro dans ses bras, et le secoue si bien que le chou s'échappe et roule sur le pavé. M. Carlini ramasse l'énorme légume, et le présentant au propriétaire :

— *Caro maestro,* dit-il, reprenez ce bouquet que vous laissez tomber.

— Que diable voulez-vous faire de cela? demanda Rossini.

— Par Dieu! répondit Paganini, j'en ferai mon dîner. On mange ce qu'on peut quand on a tout perdu. Voilà, mes amis, à quelle extrémité m'a réduit la fatale passion du jeu.

— Soyez tranquille, ajouta Rossini, nous sommes des gens trop discrets pour vous aller demander notre part de ce festin [1].

[1] Cette anecdote m'a été communiquée par M. Carlini.

A quelque temps de là, Paganini devint amoureux d'une jeune fille extrèmement belle, fort honnête et sans fortune. Selon l'usage du pays, il lui fallut accepter la position de cavalier servant : devenir attentif, se mettre constamment aux ordres de la demoiselle, offrir des fleurs, être aux petits soins, prendre le violon ou la guitare quand on l'en priait, renoncer aux caprices d'artiste pour obéir à ceux d'une autre personne, ce qui était le renversement de toutes ses habitudes. La bonne compagnie de Naples s'amusait à lui voir jouer ce rôle si nouveau, et la réputation de la jeune fille n'en souffrait pas le moins du monde. A la fin cependant, le père pria tout doucement Paganini de s'expliquer. Le maestro prit une plume, et rédigea une promesse en bonne forme, par laquelle il s'engageait à épouser la demoiselle dans le délai de six mois, ou à payer un dédit de quinze mille ducats. Par ce coup de tête, il espérait vaincre ses irrésolutions. L'échéance fatale arrivée, on s'attendait à un mariage. Paganini, un peu confus, apporte une lettre de change sur son banquier, à l'ordre du père.

— J'ai commis une faute, lui dit-il, et je dois en subir les conséquences. Votre fille est la plus belle et la plus aimable personne du monde ; si je pouvais me résoudre à épouser quelqu'un, ce serait elle ; mais mon pauvre esprit se refuse absolument à franchir ce pas redoutable. Prenez ce billet de quinze mille ducats ; il vous appartient bien légitimement.

— Mon cher maestro, répondit le père, en acceptant votre promesse de mariage, mon intention n'était que de vous obliger à fixer vous-même le terme de vos amourettes. Cette cour assidue dont ma fille était honorée ne pouvait pas durer toujours. Quant à votre argent, gardez-le. Nous ne sommes point riches ; mais je mangerais du pain noir, et je mettrais ma fille au couvent, plutôt que de lui donner une dot mal acquise.

Le père déchira la promesse et rendit le billet. Ce procédé délicat ne pouvait inspirer à Paganini que la tentation de s'allier à de si honnêtes gens. Il y réfléchissait depuis deux ou trois mois, quand il apprit le mariage de la jeune fille avec un inspecteur des douanes. Il en ressentit beaucoup de chagrin; mais les grands artistes savent bien qu'ils ne sont point faits pour mener la vie de tout le monde; ce sont des amoureux charmants et de mauvais maris. Paganini aimait trop cette belle personne pour la vouloir unir à un homme bizarre, maniaque et d'une humeur inégale. Il partit pour Rome et Florence, où les succès, les ovations et les recettes lucratives mirent un baume sur sa blessure.

Jusque sur le pavé de la rue on trouve des virtuoses à Naples. Le plus célèbre a été un pauvre bossu, jeune et d'une physionomie intelligente, qui chantait devant les cafés. La nature avait jeté dans ce corps contrefait une très-belle voix et un talent de mime remarquable. Je ne sais quel était le véritable nom de ce pauvre garçon; mais il se donnait celui de Pasquariello. Toute la ville le connaissait, et il faisait d'assez bonnes recettes en gros sous. Sa difformité lui ayant fermé le théâtre, où l'appelait une véritable vocation, il jouait des scènes entières d'opéra, et retrouvait sur le pavé les applaudissements, les succès, les agréments de la vie d'artiste dégagée de toute servitude. Le public se montra si libéral, que l'illustre bossu acheta un âne, sur lequel il se promena dans la ville. Cet équipage lui attira la considération du menu peuple. Lorsqu'il s'arrêtait devant le café de l'Europe, pour donner une représentation, les gamins qui le suivaient dans un silence respectueux se disputaient l'honneur de garder sa monture, en lui disant : *Ossì Pasquariello, a mme la carrozza, a mme lo ciuccio !* (M. Pasquariello, à moi votre carrosse, à moi votre âne [1] !)

Un jour que Pasquariello chantait, à l'heure du dîner, dans la salle à manger de l'hôtel de Rome, un seigneur américain, assis à

---

[1] *Ossì* est une expression populaire de Naples qui marque le degré le plus bas dans l'échelle des signes de déférence. Le lazzarone donne de l'*excellence* à un noble ou à un étranger, de la *seigneurie* à un bourgeois du pays, de la *demi-seigneurie* à un homme d'une condition un peu plus élevée que la sienne. *Ossì* répond à cette dernière nuance. C'est comme si en français on disait : *quasi monsieur*.

une table, lui fait signe de s'approcher, lui met une piastre dans la main, et lui demande s'il veut aller en Amérique.

— C'est selon les conditions, dit le bossu.

— Je te donnerai, reprit l'étranger, cent *dollars* par mois. — Le dollar vaut à peu près une piastre. — Je te nourrirai, je t'habillerai; tu seras à mon service, et tu chanteras quand il me plaira, soit en public, soit dans le particulier, pour de l'argent ou gratuitement, suivant mon envie et mon bon plaisir.

Un peu étonné de cette proposition, le bossu demanda le temps d'y rêver. L'inconnu lui accorda deux ou trois jours, et le départ fut décidé. Naples perdit un de ses ornements. Le pauvre Pasquariello s'était vendu corps et âme, et sans doute il aura regretté plus d'une fois la liberté de la vie italienne, le temps où il chantait à ses heures, les encouragements et les apostrophes familières des mangeurs de glaces de la rue de Tolède. Il partit avec son cornac, qui l'exploita et le montra comme un lion apprivoisé ou un singe savant. Dieu sait ce qu'il est devenu. Probablement il chante aujourd'hui dans les cafés-concerts de New-York ou de la Nouvelle-Orléans, et l'Américain, spéculant sur son talent, le loue à tant par soirée. Peu de temps avant son départ, dans le restaurant du *Lis* (*trattoria del giglio*), Pasquariello avait chanté, pour deux *carlins*, tout le rôle de Figaro dans le premier acte du *Barbier de Séville*.

La dernière divinité de théâtre qui ait excité un grand enthousiasme à Naples est Mme Frezzolini. Combien elle a dû nous trouver froids, nous autres Parisiens, avec nos salves d'applaudissements à peine redoublées, nos rares bouquets jetés par-ci, par-là, nos rappels à la fin de la pièce, et nos petits bruits de cannes à pommes d'or, frappant timidement le plancher de l'orchestre! Quelle parcimonie! quelle maigre pitance pour une personne enivrée des encens de Naples! Au théâtre San-Carlo, il fallait revenir vingt fois de la coulisse sur la scène à la fin de chaque morceau, et si une voix criait encore *fuori!* un nouveau tonnerre éclatait; si la vingt-unième exhibition n'eût pas été accordée, on aurait détruit la salle, emporté les pierres, et comblé les fondations. Quand on se mêlait de jeter des fleurs, c'était une avalanche. Une pyramide de bouquets s'élevait jusqu'au plafond dans la loge de la prima donna. Des sonnets à sa louange paraissaient chaque matin dans les journaux. D'autres poésies à la main traînaient sur les tables des cafés. Toutes les nuits, des sérénades s'organisaient pour offrir un dernier hommage à la déesse et charmer l'heure qui précède le sommeil. On se querellait sur ces graves questions : La musique de Donizetti lui convient-elle mieux que celle de Bellini? — Quel est son plus beau rôle? — L'un optait pour la *Lucia*, un autre pour la *Sonnambula*. — *Indè iræ*. — Grandes colères, qui finissaient souvent par des coups de poing.

Altavilla, le petit Molière du théâtre San-Carlino, toujours à l'affût des sujets d'à-propos, sentit le besoin d'écrire une comédie sur la fièvre d'admiration de ses compatriotes. Un samedi, on lut à la porte de son théâtre : « Ce soir, première représentation des *Fanatiques de la signora Erminia Frezzolini*. » Le Pancrace Bisceliais avait un rôle : on se demanda quelle satire Altavilla se permettrait sur un sujet si respectable, et les fanatiques irrités s'apprêtèrent à siffler. Le décor de la première scène représentait la façade de Saint-Charles. Six fanatiques, réunis devant un café, se disputaient avec un bruit assourdissant. De temps à autre, une voix criait : Vive la Frezzolini! Aussitôt tout le monde répétait en hurlant : *Viva! viva la Frezzolini!* et puis la discussion continuait de plus belle, jusqu'au moment où un nouveau *vivat* forçait les querelleurs à se remettre d'accord. Un vieux dilettante s'insurgeait et menaçait d'exterminer quiconque oserait nier la prééminence de la Malibran sur toutes les cantatrices présentes et futures. On lui répondait par un torrent d'injures et une grêle de coups.

Pendant cette exposition, les fanatiques de la salle fronçaient le sourcil et préparaient leurs sifflets. Mais don Pancrace vint sauver la pièce. Le bon vieillard, coiffé de sa perruque rousse, arrive de Bisceglia, sa ville natale. Ne connaissant ni le théâtre San-Carlo, ni la Frezzolini, et pas davantage la Malibran, il s'informe des causes de la bataille. Polichinelle, déguisé en marchand de contremarques, le met, tant bien que mal, au courant, et lui propose un billet pour aller entendre cette Frezzolini, qui fait tant de rumeur, dans l'opéra des *Horaces et des Curiaces.* Le seigneur Pancrace marchande longtemps ce billet et finit par l'obtenir pour sept carlins. Or, il se trouve que le fourbe Polichinelle lui a vendu une place au théâtre San-Carlino et non pas à l'opéra de San-Carlo. Afin que la méprise soit plus complète, le marchand de billets raconte à don Pancrace une analyse grotesque de la pièce des *Horaces et des Ignaces,* après quoi il pousse sa dupe à San-Carlino. Le vieux Bisceliais revient enchanté de son spectacle, croyant avoir vu les *Horaces,* et enthousiasmé du talent d'une petite actrice qu'il prend pour la Frezzolini. Il rencontre à la ville cette jeune comédienne, appelée la Fasolini ; il l'aborde, en est bien accueilli, et s'extasie de la simplicité d'une *prima donna* si fêtée, qui gagne deux mille ducats par mois. De là une suite de quiproquo, de situations embrouillées et de malentendus. Don Pangrazio, pensant s'allier à une grande cantatrice, épouse la belle-mère de la petite Fasolini, et repart pour Bisceglia, avec toutes ces belles acquisitions faites en deux jours qu'il a passés à Naples.

Dans cette bluette, en partie improvisée par des comédiens maîtres de leur public, l'auteur a su glisser la critique et le pamphlet de mœurs sous une intrigue bouffonne et inoffensive pour Mme Frezzolini, qui eut le bon goût de ne point s'en fâcher. Mais Altavilla a montré en bien d'autres occasions son esprit et son habileté, comme on le verra au chapitre suivant.

XVIII

NAPLES

La comédie haute et basse. — Celle appelée *dell' arte*. — Personnages à caractère de Bergame, Venise et Bologne. — Les mimes napolitains. — Polichinelle, Pancrace, Tartaglia et donna Petronia. — Pasquale Altavilla. — Le théâtre de San-Carlino. — Grêle de comédies. — Le *Café de l'Europe*. — Don Pancrace et M. Révang. — Les petits pois au sucre. — Une chanson populaire. — Ruses d'amour.

On sait que chez les anciens il a toujours existé deux genres de comédie : l'une sérieuse, et qui prenait rang à côté de la poésie épique et tragique; l'autre, d'un ordre inférieur, sans prétention au style, sans autre but que celui de faire rire. Ménandre, dont l'œuvre a péri, passe pour avoir été le modèle des poëtes comiques, le plus pur comme écrivain, le plus élevé comme philosophe. De ses cent huit comédies, quatre seulement, traduites par la plume froide de Térence, sont parvenues jusqu'à nous. Aristophane, pour avoir insulté Socrate aussi bien que Cléon, mérite d'être rejeté dans la seconde catégorie. La plupart des écrivains de comédies ont fait aussi des excursions sur le terrain de la bouffonnerie. De leur côté, les bouffons avaient des inspirations approchant de la haute comédie. Les deux genres étaient exercés par des acteurs différents; mais la barrière qui les séparait tombait à chaque instant. Lorsque Plaute s'abaissait à des plaisanteries grossières, ne passait-il pas dans le camp des farceurs? lorsque les mimes trouvaient quelque trait ingénieux et profond, ne devait-on pas leur souhaiter un meilleur théâtre? L'invasion des barbares étouffa la tragédie et la haute comédie. Pendant dix siècles, on ne vit que des histrions, à qui un patois incorrect suffisait pour jouer des mystères et débiter des obscénités.

Une nouvelle langue vulgaire ayant été fixée par Dante, Pétrarque et Boccace, la haute comédie ne tarda pas à renaître. La comédie improvisée tenta de sortir de son avilissement, tout en continuant de parler les dialectes. Elle cherchait à se rapprocher de la comédie écrite en préparant ses canevas, et, malgré son désordre, elle eut des éclairs de génie, des interprètes excellents et des succès de bon aloi. Chaque grande ville avait ses masques à caractère, les uns d'origine antique, les autres modernes, empruntés à des types nationaux. A Sienne, une troupe de gens du monde commença par imiter le langage des paysans, et cette compagnie introduisit jusque dans les cours des princes la comédie *dell' arte,* reléguée sur les tréteaux. La ville de Bergame a créé trois personnages originaux : Arlequin, Scapin et Truffaldin. Le premier descendait en ligne directe de ces mimes qui portaient des costumes faits de pièces et de morceaux, et se couvraient le haut du visage d'une couche de suie. Arlequin remplaça ce barbouillage par un demi-masque noir. Scapin représentait le valet fourbe et voleur, agent nécessaire de toutes les intrigues. Le Truffaldin était un bourgeois de Bergame, naïf et rusé, qui jouait au fin et se laissait duper. A Bologne, le docteur Ballanzone était le type ridicule du savantasse bouffi d'orgueil, produit de la pédanterie universitaire. Venise a puisé ses personnages parmi les enfants des lagunes : en première ligne, il faut placer Messer Pantalon, bourgeois, négociant, armateur, ou marchand du Rialto, occupant les emplois d'amiral, de ministre, d'ambassadeur, et déployant son ignorance et sa stupidité. C'était un de ces importants qui venaient se vanter devant le sénat de Venise d'avoir planté le lion de Saint-Marc sur des terres nouvelles. *Pianta-Leone* (plante-lion) est devenu avec un léger changement *Pantalone*.

Brighella, domestique de Pantalon, accompagnait son patron en voyage et faisait naufrage avec lui. Sméraldine représentait la Vénitienne aux cheveux d'or, coquette comme un démon, câline, maligne, comédienne achevée, pleurant à volonté, menant par le nez son père, inégale et fantasque, avec des moments de tendresse et de passion; ce rôle pittoresque était toujours bien joué par des actrices dont c'était le naturel. Autour de ces trois figures principales se groupaient des personnages populaires, tels que les pêcheurs de Chioggia, toujours en querelles et grands diseurs d'injures, les garçons de café, les patrons d'auberges, les commères à langues aiguisées.

Enfin le petit théâtre napolitain, le plus ancien de tous, possède encore ses quatre types particuliers : Polichinelle, Pancrace, Tartaglia et donna Petronia. L'origine du premier se perd dans la nuit des temps. Peut-être a-t-il rendu des services à la sirène Parthénope; ou bien il vint de l'île d'Eubée avec les émigrants, et il trembla de frayeur tout le long de la traversée, comme Panurge. Les traits essentiels de son caractère sont la poltronnerie, la gourmandise, l'astuce, le mensonge, la cupidité. Pour un *grano*, il baiserait le pied d'un vilain; en levant le bâton sur lui, on le ferait passer par une chatière. Jamais un mot de vérité n'a pu sortir de sa bouche; il ment sans nécessité, par amour de l'art; pour un ducat, il vendrait père et mère, s'il avait des parents. Ignorant comme un poisson, Polichinelle parle à tort et à travers, estropie les noms et les mots, embrouille et confond mille choses qui n'ont ensemble aucun rapport, et ne s'étonne de rien de saugrenu ni d'absurde. Mais cet être, pétri d'une pâte vicieuse, a reçu du ciel un seul don : il amuse. Le tour de son esprit est gai, plein de verve bouffonne; avec cette unique ressource, il échappe, non au mépris, mais à la colère, et parfois ce rebut de la nature et de la société rencontre quelque pauvre et humble fille dont il réussit à toucher le cœur. Polichinelle n'a point de bosse, comme celui des marionnettes; il porte la veste blanche à larges plis, le bonnet blanc semblable à une mitre, et le demi-masque noir avec un nez saillant. Ce costume et ce visage lui viennent des mimes grecs, et, si on connaissait sa généalogie, on lui trouverait peut-être pour aïeul le railleur et poltron Thersite.

A côté de Polichinelle, la comédie populaire a placé son extrême opposé, qui est le type de la bonhomie et de la simplicité. Don Pangrazio Cocozziello, dont le nom de famille signifie *cornichon,* représente le vieillard innocent et crédule, ne connaissant que sa petite ville de province, et qui, en arrivant à Naples, s'extasie, ouvre de grands yeux, tombe tête baissée dans les piéges des trompeurs et des femmes, et joue le rôle de gobe-mouches avec une merveilleuse docilité. Pancrace n'entend rien aux usages, aux écueils d'une grande ville, et il y trébuche à chaque pas. La plupart du temps, après un court séjour à Naples, il s'enfuit volé, dépouillé, tantôt au désespoir, tantôt bien aise, lorsqu'il n'est point encore désabusé au moment où la pièce finit. Quelquefois, au milieu de ses méprises et de ses infortunes, Pancrace a des traits de bonté naïve qui le font aimer; la pitié s'émeut et une larme vient se mêler aux rires. Dans ces passages assez fréquents, la comédie de second ordre touche une corde que la haute comédie et les maîtres les plus habiles ne rencontrent pas facilement. Le costume classique de Don Pangrazio Cocozziello est le large habit marron, la culotte courte noire, le gilet veste descendant jusque sur les cuisses, la perruque à bourse sans poudre et le tricorne lampion.

Tartaglia, dont le nom signifie *bègue,* représente un vieillard d'une autre espèce. Maigre et décharné, le nez chaussé de grosses lunettes bleues, affligé d'une ophthalmie chronique et d'un vice de prononciation, le Tartaglia représente le méridional desséché par l'ardeur du climat. Tantôt c'est un père avare et stupide, dont on ne peut vaincre l'entêtement qu'en le trompant; tantôt c'est l'ami de Pancrace, ignorant comme son compère, luttant avec lui de bêtise et tombant dans les mêmes embûches. D'autres fois encore, c'est un commissaire de police qui vient embrouiller l'intrigue sous le prétexte de la dénouer, qui demande des explications auxquelles il ne comprend rien, et met le holà entre gens qui se querellent. Comme le Pantalon de Venise, Tartaglia est parfois grand seigneur ou tyran de sa famille et mystifié, souvent la dupe de Polichinelle, souvent aussi le patron redouté de ce mauvais serviteur.

La Donna Petronia est une grosse matrone, autrefois belle, ayant encore des prétentions, souvent riche, portant bijoux et chaînes d'or, trompée par des aventuriers que ses écus allèchent bien plus que ses appas, bonne femme au fond, qui s'attendrit, et donne son consentement au mariage de sa fille, en finissant par épouser Don Pangrazio, lorsqu'elle n'est pas Mme Pancrace dès le commencement de la pièce. Tels sont à Naples les personnages à caractère de la comédie improvisée. Ce genre national, longtemps en vogue dans toute la péninsule, a disparu peu à peu depuis cent ans. Bergame n'a plus ni Truffaldin ni Arlequin. La dernière troupe de Venise a été celle du célèbre Sacchi, pour laquelle Charles Gozzi a écrit ses pièces féeriques. A Bologne, le docteur Ballanzone n'existe que de nom. Naples seul a conservé son théâtre, et le public l'aime assez pour le soutenir sur deux scènes rivales : la salle de la Fenice et celle de San-Carlino. La Fenice, ayant introduit la musique dans ses petits ouvrages, a dégénéré en opéra-comique ; mais la compagnie de San-Carlino continue à jouer la véritable comédie *dell' arte*. L'auteur-acteur Altavilla fait à lui seul tous les canevas ; depuis vingt ans, chaque semaine il compose le plan d'une pièce nouvelle, répétée à la hâte et qu'on représente le samedi. Pour qu'un de ces ouvrages éphémères passe le terme fatal, il faut un grand succès. Quand la pièce tombe, ce qui est rare, l'auteur prend sa revanche le samedi suivant. Non-seulement sa verve ne s'épuise pas, mais depuis cinq ou six ans, son esprit, fortifié par l'exercice, semble plus vigoureux et plus fécond que jamais.

Pasquale Altavilla joue dans ses pièces les raisonneurs et les premiers rôles. Admirablement secondé par ses camarades, il n'a que la peine d'imaginer un plan et d'indiquer sommairement les scènes. Son idée, comprise à demi-mot, est toujours rendue avec bonheur, développée de répétition en répétition, et ornée d'un dernier agrément le jour où le rideau se lève. Les quatre acteurs chargés des personnages à caractère sont de vieux routiers d'une expérience consommée, pétillants d'esprit et adorés du parterre. Le Polichinelle en possession de la faveur publique peut se permettre les facéties les plus audacieuses. Le Pancrace, qui a perdu un œil je ne sais comment, n'entre pas en scène sans provoquer une explosion de rires avant même d'avoir ouvert la bouche : il imite d'ailleurs l'accent biscéliais qui a le privilége de divertir les Napolitains; aussi est-ce toujours de Bisceglia que Don Pangrazio arrive lorsqu'il débute à Naples. Le Tartaglia, aujourd'hui octogénaire, a encore plus que Don Pancrace le physique de son emploi. Plût au ciel que ses larges lunettes bleues lui fussent bonnes à quelque chose! Ce pauvre homme est aveugle depuis longtemps. On l'amène au bord de la coulisse; il fait quinze ou vingt pas en avant, se tourne vers le public et débite en bégayant les bouffonneries les plus gaies, de l'air le plus sérieux du monde[1]. Donna Petronia, grosse personne, avec un petit nez de perroquet, excelle dans le genre de plaisanterie extravagante que l'actrice Flore du théâtre des *Variétés* avait si bien appris à l'école d'Odry.

Si le théâtre San-Carlino était créé d'hier, la troupe, composée comme nous venons de le dire, serait exposée à de grands embarras dans un pays où il existe une censure attentive et sévère : — Quoi! dirait-on, montrer tous les soirs au public la fourberie incarnée sous la figure de Polichinelle! un misérable bouffon étalant ses vices avec un cynisme insolent; recevant, il est vrai, les étrivières, mais incorrigible, et ne tirant d'autre fruit de la leçon la plus sévère que l'envie de mieux réussir

---

[1] Le Pancrace et le Tartaglia sont morts depuis peu de temps, et la perte de ces chefs d'emploi a compromis l'existence du théâtre; mais il faut espérer que ces vides seront comblés, et que la compagnie comique se relèvera.

une autre fois! Montrer des pères de famille avares, insupportables, et de plus bègues! Des femmes d'un âge mûr vaniteuses et volées par des escrocs! Un honnête homme se trouve jeté au milieu de ces fous et de ces coquins, et quel rôle lui faites-vous jouer? celui d'un pauvre niais perpétuellement mystifié, dont la bonhomie et la simplicité ne servent qu'à développer la malice et la perfidie des autres!

C'est ainsi que s'exprimerait le *réviseur*, non-seulement à Naples, mais dans tous les pays. Don Pancrace et Tartaglia pourraient être tolérés à la condition de se trouver aux prises avec un Polichinelle moins rusé, ce qui détruirait tout l'équilibre de la compagnie comique. La force de l'habitude et la consécration du temps ont sauvé la comédie nationale *dell' arte*. « Nos pères, dit-on, nous valaient bien; ils ont ri des lazzi de Polichinelle et nous en rions. » Et puis, ce dont, à première vue, on ne juge que la surface, finit, au bout de plusieurs siècles, par se découvrir, et l'on reconnaît que le sens moral de la comédie est précisément le contraire de ce qu'on avait pensé, que les quatre personnages à caractère sont choisis selon les bonnes règles de l'art, et que le spectateur sort du théâtre meilleur qu'il n'était en y entrant. Et, en effet, ce Pancrace Cocozziello, dont l'innocence amuse, on l'aime, on rit de ses méprises, mais nul ne voudrait être le drôle qui le trompe. Parmi les rieurs, ceux qui lui ressemblent le plus se croient bien plus fins que lui, et Pancrace devrait leur dire: Prenez garde à vous, bonnes gens qui riez; il vous en arrivera autant demain. Polichinelle a de l'esprit, sans cela on ne l'écouterait pas et on sifflerait la pièce; mais qui pourrait lui envier sa vie d'intrigues et de combats, le mépris attaché à sa condition et la misère à laquelle le pauvre diable est voué pour toujours? Le dernier des lazzaroni se croirait offensé si on l'appelait Pulcinella. Sauf le bégaiement, le monde est plein de Tartaglia despotes, entêtés et durs, auxquels on ne saurait trop souvent montrer leur portrait, et chaque soir Donna Petronia pourrait compter dans la salle plus d'un exemplaire du personnage qu'elle représente. Elle a donné de bons avertissements à plus d'une femme sur le retour. Ces quatre figures de la comédie populaire apprennent au public qu'il ne faut être ni crédule et confiant comme Pancrace, ni opiniâtre et borné comme Tartaglia, ni fourbe comme Polichinelle, ni prompt à s'engouer comme Donna Petronia. Jamais capucinade, dans laquelle l'honnête homme ennuyeux, le trompeur sans esprit, le père sermonneur et la femme raisonnable feraient de longues phrases, n'atteindrait un but aussi utile aux bonnes mœurs et à la morale.

On devine qu'à Naples Pasquale Altavilla jouit d'une liberté aussi grande que celle de Figaro; mais il s'en arrange, n'ayant aucune envie ni de s'occuper de politique, ni d'offenser personne. L'actualité, comme on dit aujourd'hui, n'en reste pas moins un de ses plus sûrs éléments de succès, et il trouve moyen d'y recourir très-souvent. Toute mode nouvelle, tout événement qui a fait parler, se trouve transformé en pièce le samedi suivant, et ces échos périodiques de la vie napolitaine ont un vernis aristophanien qui rappelle en petit le temps d'Athènes. Quand l'à-propos vient à manquer, l'auteur y supplée par l'invention. Pour s'amuser de ce spectacle, il est absolument nécessaire de se familiariser avec le dialecte. C'est à San-Carlino même qu'on peut prendre les meilleures leçons. Pendant huit jours on ne saisit pas le sens complet d'une seule phrase, et puis il arrive un moment où l'on comprend tout ce qui n'est que de l'italien corrompu. Reste ensuite un vocabulaire de mots napolitains qu'on enregistre un à un dans sa mémoire.

Nous avons montré Altavilla tirant parti de la grande vogue de Mme Frezzolini avec autant d'esprit que de tact. Une autre fois, l'arrivée de Talberg, le célèbre pianiste, lui fournit le sujet d'une fantaisie comique. L'opéra de *Parisina* ayant été représenté avec un succès bruyant, on lut aussitôt sur l'affiche de San-Carlino : *L'appassionate de la musica de la Parisina.* Dans la semaine de l'inauguration du petit tronçon de chemin de fer dont Naples se glorifie, fut représenté : *Na juta a Castiellammare pe la strada de fierro* (une course à Castellamare par le chemin de fer). Lorsqu'une troupe équestre eut ouvert le théâtre du cirque, Altavilla fit jouer : *Na vecchia fanateca pe lo circo olimpeco* (une vieille dame fanatique du cirque olympique). Un matin on établit à Naples un petit canon qui marquait l'heure de midi aux gens désireux de régler leur montre; ce canon n'avait pas encore été tiré sept fois, qu'on jouait à San-Carlino : *Lo sparo de lo canoncino a la meridiana* (le coup de canon de midi). Peu de temps après ce grave événement, il y eut une représentation orageuse au théâtre des Fiorentini ; aussitôt la troupe d'Altavilla improvisa sur ce thème : *Na tragedia scombussolata* (une tragédie en déroute). Un restaurateur de Palerme vient s'établir à Naples pour y importer la cuisine de son pays; vite on ébauche à San-Carlino un canevas intitulé : *Na cena a la cantina siciliana* (un souper à la taverne sicilienne). Un barcarol de Nisita sauve deux personnes qui se noyaient; Altavilla veut payer son tribut d'admiration à ce brave homme, et fait exécuter : *Lo coraggio de no bravo marinaro de Nisita.* Et ainsi de suite, de semaine en semaine, de mois en mois et toute la vie, car les esprits méridionaux ne connaissent ni la fatigue, ni la vieillesse, et le comédien de San-Carlino meurt au champ d'honneur en disant une plaisanterie, comme Thomas Morus.

Qui pourrait évaluer tout ce que ces charmants artistes dépensent de verve et de talent dans une année seulement? Il ne faut pas les plaindre : au bout d'un certain temps, ce métier ne leur coûte plus rien, et il y a un attrait puissant dans la difficulté toujours renaissante et toujours vaincue. Quant à l'auteur, je le regarde comme un homme heureux. Sa tâche est énorme, sans doute; mais il ne faut pas non plus s'en exagérer la grandeur. Les quatre figures à caractère ont cet avantage que leur introduction dans un sujet quelconque suffit à donner à la pièce un sens bouffon. Par exemple, M. Philippe, l'escamoteur, vient à Naples pour s'y livrer à ses exercices de magie blanche. On pense bien qu'Altavilla ne laisse pas échapper l'à-propos. Quelle que soit la façon de traiter ce sujet : que Polichinelle usurpe le nom de M. Philippe pour faire des expériences qui ne réussissent point, mais où le Pancrace croit voir des prodiges; ou bien que M. Philippe prenne pour aide ce même Polichinelle, et que celui-ci dérange toutes ses expériences, la situation sera toujours le travestissement de la réalité en farce amusante : « Les heureuses et malheureuses combinaisons des tours de *monsu* Philippe. »

Le théâtre de San-Carlino est situé sur la place du *Castello*, en face de cette grille de sombre apparence, derrière laquelle on voit une batterie d'artillerie. L'entrée ressemble à celle d'un caveau; mais la salle, simplement décorée, est en bon état. Une loge entière de *prima fila* ne coûte qu'une piastre. Le lecteur n'aurait point regretté cette faible somme s'il l'eût donnée pour assister à la première représentation du *Café de l'Europe*, l'un des plus beaux succès d'Altavilla. Essayons de raconter le sujet de cette pochade improvisée. Un jour, il y eut une terrible alerte parmi les cafetiers, limonadiers et traiteurs de Naples. On disait qu'un Français nommé M. Révang allait ouvrir sur la place du Palais-Royal un établissement d'un luxe inouï. On parlait de vastes salons, d'une multitude de miroirs, de tables en marbre blanc et d'un comptoir d'acajou. Connaissant la frivolité des Napolitains, les cafetiers et traiteurs ne doutaient pas que toute leur clientèle ne dût leur être enlevée par ce concurrent français, à qui M. Rothschild lui-même avait peut-être avancé des millions. — Comment lutter avec un tel ennemi? Adieu l'antique malpropreté, les escabeaux de bois, les tables vermoulues, les murs enfumés! Adieu la simplicité modeste de nos aïeux! — Altavilla, qui entendit de loin ces cris d'alarme, ne pouvait se dispenser de dire son mot sur cette importante matière.

Don Pancrace, patron d'une méchante boutique de café située dans un *vico*, partage l'agitation des autres limonadiers et traiteurs de Naples. Le jour baisse. Huit ou dix personnes, assises sur des bancs, jouent aux cartes et ne se font rien servir. D'un œil piteux, Pancrace regarde ses bouilloires, dont le contenu se tarit devant le feu. Il a envoyé son garçon Polichinelle à la recherche des nouvelles, car c'est aujourd'hui, avant la nuit, que doit s'ouvrir le fatal café-restaurant. Le valet accourt bientôt tout essoufflé. A la description pompeuse qu'il fait du *café de l'Europe,* on reconnaît une officine de pharmacie. Polichinelle s'est trompé, comme toujours, et il s'est arrêté devant une boutique d'apothicaire. Tandis que sa bévue se découvre au milieu d'un torrent de calembours et de lazzi, les joueurs de cartes, ayant achevé leur partie, demandent du café, des limonades, du rosolio. Don Pancrace, enchanté, se dépêche de les servir; mais, au moment où les consommateurs portent à leurs lèvres, les uns leur tasse et les autres leur verre, une personne entre subitement, qui se met à crier : « Le café de l'Europe est ouvert! » A ces mots, chacun dépose verre et tasse, se lève et s'enfuit sans payer. Don Pancrace contemple sa boutique déserte, et soupire en pensant à sa fille chérie, la petite Rosalie, qu'il espérait marier bientôt. Enfin, après un transport de fureur, il veut faire comme tout le monde, suivre sa clientèle évanouie, et voir de ses deux yeux cette merveille, ce modèle des restaurants français. Il met de l'argent dans sa poche, prend le bras de Polichinelle et s'en va souper au café de l'Europe.

Au second acte, le décor représente le somptueux café connu de tous les étrangers. M. Révang, la serviette sous le bras, dirige le service avec le sang-froid d'un habile administrateur. Au comptoir est assise Mme Révang, en grande toilette. Joseph Cholin, le premier garçon, répond : *Voilà!* aux appels des consommateurs, et court d'une table à l'autre, sans perdre la tête. Les salons, éclairés au gaz, sont pleins de monde. Un *mylord* prend une *granita;* un homme glouton dévore une quantité de mets recherchés. Des jeunes gens se mirent dans les glaces et lorgnent la dame du comptoir. Une troupe de gamins et de lazzaroni obstrue l'entrée; l'admiration croît de minute en minute, et l'on entend des voix crier au dehors : *Vive le café de l'Europe! vive* **M.** *Révang!*

On voit paraître alors don Pancrace et Polichinelle, qui s'arrêtent à la porte, saisis de respect. M. Révang les invite à entrer. Polichinelle, sans le comprendre, s'incline et lui répond : *Goui, goui!* Parmi les assistants, Pancrace reconnaît tous les déserteurs de son café, qui se donnent des airs d'étrangers et de *fashionables*. Tous parlent un effroyable jargon. L'un salue de la main, en disant : *Bon ce soir !* l'autre demande du *champagne battu*, et croit faire l'homme de qualité en appelant *monsieur* le garçon qui le sert. Un troisième copie le *mylord*, et répète après lui : *Very good !* pensant parler le français le plus pur. Un quatrième avoue tout bas à son voisin qu'il a vendu plusieurs pièces de sa garde-robe pour venir singer un moment les gens à la mode. Deux autres se querellent et se reprochent leur misère. Pendant ce temps-là, Pancrace et Polichinelle se font part de leurs observations.

S'il est difficile de se rappeler et d'analyser cette charade en action, en traduire de mémoire une scène est bien plus difficile encore. Mais je ne résiste pas à l'envie de le tenter. Sans courir après une exactitude impossible, on peut du moins imiter l'allure du dialogue et le genre des lazzi napolitains.

Don Pancrace (bas à Polichinelle). Oh! cela est trop beau! Je suis abasourdi.

Polichinelle. C'est l'effet de cette nouvelle lumière au *gras*. Ah! cher patron, fermez boutique et vendez vos casseroles.

Don Pancrace. A quoi peut servir cette quantité de miroirs?

Polichinelle. A surveiller le monde. On nous voit de tous les côtés. Je n'oserais pas mettre l'argenterie dans ma poche.

Don Pancrace. Regarde donc ces chaises; quelle belle étoffe !

Polichinelle. Je sais comment cela s'appelle : c'est du *tramazzo* (tapage).

Don Pancrace. Tu veux dire *damasco* (damas); mais non, c'est du velours.

POLICHINELLE. Croyez-vous que les clous soient en or?

DON PANCRACE. Sans aucun doute.

POLICHINELLE. Notre voisin paye sa dépense. Bon Dieu! quelle somme! A ce prix-là, on donnerait un festin.

DON PANCRACE. Soyons gentilshommes une fois dans notre vie.

M. RÉVANG (en français). *Messieurs, voulez-vous souper à la fourchette?*

POLICHINELLE. *Goui, goui!*

M. RÉVANG (de même). *Servez ces messieurs.*

DON PANCRACE (bas à Polichinelle). Qu'est-ce qu'il t'a dit?

POLICHINELLE. Je ne sais pas.

DON PANCRACE. Si tout le monde parle suisse, comment allons-nous faire?

POLICHINELLE. Taisons-nous et mangeons. (Mme Révang agite sa sonnette.)

DON PANCRACE. As-tu entendu? Qu'est-ce que ce carillon?

POLICHINELLE. Chut! on dit la messe dans la chambre voisine. (Mme Révang sonne.)

DON PANCRACE. Eh! c'est la belle dame qui a des grelots dans sa parure.

POLICHINELLE. Comme les chevaux de la poste. Ce sera une mode de France.

M. RÉVANG. Messieurs, choisissez : voici la note des articles.

POLICHINELLE. La *notte* (la nuit)! elle s'envolera sans que nous ayons soupé.

DON PANCRACE. Il a voulu dire la liste (Il prend la carte des mets.) Voyons : régalons-nous. Il ne s'agit pas de manger de notre cuisine de tous les jours. (Lisant.) *Tomates au gratin.* Connais-tu cela, Polichinelle?

POLICHINELLE. Non; ce sera quelque invention diabolique.

DON PANCRACE. Cela doit être excellent. (Haut.) *Monsu, tomates au gratin!*

M. RÉVANG. Très-bien.

Un voisin. Garçon ! une *sole* frite.

Polichinelle. Celui-ci parle italien. Mais avez-vous entendu ? Il a demandé un *soleil frit*.

Don Pancrace. Est-ce que vraiment les Français sont capables de mettre le soleil en friture !

Le garçon. Les tomates au gratin. Voilà !

Don Pancrace (désappointé). Eh ! ce sont des *pommes d'or !*... Mangeons-les pourtant et cherchons autre chose. (Lisant la carte.) *Pitipois au sucre !* cela doit être excellent. (Haut.) *Pitipois au sucre !*

Polichinelle (dévorant les tomates). Oui, patron, c'est excellent.

Don Pancrace (voyant entrer sa fille Rosalie en grande toilette). Regarde donc, Polichinelle ; cette jeune dame ressemble à ma fille.

Polichinelle (achevant les tomates). Votre fille a les yeux plus grands, la bouche plus petite, et, d'ailleurs, elle vous appelle *papa*, tandis que cette dame ne fait pas attention à vous, et cause avec le joli monsieur qui l'accompagne.

Le garçon (servant). Les petits pois au sucre. Voilà !

Don Pancrace (avec dépit). Eh ! le diable l'emporte ! ce sont des *piselli !* Je ne suis pas venu en France pour souper avec des pommes d'or et des *piselli*. Je suis volé.

Polichinelle (mangeant les petits pois). Ils sont délicieux.

Don Pancrace. Il se passe ici quelque chose d'extraordinaire. Parmi ces garçons de café, j'en vois un qui ressemble prodigieusement à mon fils Gennarino.

Gennarino (à part). Aïe ! voici mon père !

Don Pancrace. Mon propre fils servirait dans les rangs de mes ennemis ! (Haut, à Gennarino.) Venez ici, garçon. Qui êtes-vous ? comment vous nommez-vous ?

Gennarino (parlant français). *Je m'appelle Stoppel. Que désirez-vous, monsieur ?*

Don Pancrace. Excusez. Je me trompe... (A part.) Mon fils parle une langue étrangère ! Mon fils ne me connait plus... Et moi-même, je suis forcé d'avouer que ce n'est pas pas lui; mais comment a-t-il pu devenir Stoppel? Et ma fille, parée comme une duchesse, en partie fine avec un muscadin! Cela tient du sortilége. Est-ce que tous ces miroirs seraient magiques? — Eh! non; je n'ai point la berlue : les habitués de mon pauvre café ne sont-ils pas là? Voici bien Don Trambellino, qui n'a jamais le sou; je reconnais sa culotte rapiécée sur laquelle il a mis une redingote d'emprunt. Voici son beau-frère Don Anselmo, et là-bas le seigneur Rinaldo. Je ne me trompe pas... Donc, mon fils est aussi mon fils, et ma fille est toujours Rosalie.

Gennarino (bas à Pancrace). Par pitié, mon père, ne vous fâchez pas.

Don Pancrace (haut, en se levant). Ah! je savais bien que celui-là était mon fils.

M. Révang. Quel est ce bruit?

Don Pancrace. Oui, cet établissement n'est qu'une imposture. Tout m'appartient ici. On m'a tout volé : mes habitués jusqu'à Don Trambellino, dont je n'ai jamais vu la monnaie; ma cuisine et mes ragoûts, dont vous avez estropié les noms, pensant que je ne les reconnaîtrais pas; mon fils, enrégimenté parmi vos garçons; ma fille que voici là-bas, changée en grande dame. Mais on ne m'en fait point accroire. Stoppel est Gennarino, comme les *piti-pois* sont des *piselli*. De quel droit appelez-vous les pommes d'or des tomates au *gratté*? Je vous somme de faire cesser les illusions et les sorcelleries, de me rendre mon coquin de fils, et de remettre cette duchesse dans son bon sens et son état naturel, qui est celui de Rosalie, fille de Pangrazio Cocozziello de Bisceglia.

Tous les assistants rient au nez de Don Pancrace.

M. Révang. Je ne vous comprends pas, mon cher.

Rosalie. Vous êtes fou, bonhomme.

Mylord. *Very good! beautiful! beautiful!*

Don Pancrace (à part). J'ai été trop loin. Personne ici n'a l'air ni de me comprendre, ni de me reconnaître. J'ai manqué de prudence... Si tout ce que je vois était réel?... Grand Dieu! si moi-même j'étais aussi Stoppel!... Si je me croyais par erreur natif de Bisceglia et patron de café à Naples! Ah! pauvre Pancrace! ils sont capables de me changer moi-même comme ils ont métamorphosé mes habitués, mon fils et ma fille... Polichinelle, allons-nous-en. Nous sommes chez des mahométans.

Rosalie (faisant une révérence). Bonsoir, papa. Votre servante! (Elle s'enfuit.)

Don Pancrace. La duchesse m'a appelé papa! Il y a un mystère là-dessous. Rentrons à la maison; je suis le maître chez moi; si ma fille y veut faire la grande dame, je lui donnerai le fouet pour briser le charme, et si mon fils persiste dans sa rébellion, je le déshériterai; je lui ôterai tout le bien que ce maudit café, ce *cancer* de restaurant va m'empêcher d'amasser.

Après la sortie de Pancrace, Don Trambellino, qui n'a pas de quoi payer sa dépense, devient la cause d'un scandale, et la toile tombe au milieu du tumulte. Au troisième acte, deux couples d'amoureux, dont nous n'avons pas eu le temps de parler, sont brouillés, parce que les deux amants ont vu leurs maîtresses au café de l'Europe. Don Pancrace a battu sa fille; les habitués de son petit café, mis à sec par leurs dépenses de la veille, reviennent à lui l'oreille basse. Les amoureux se réconcilient en se mariant. Gennarino reste au café de l'Europe, parce qu'il y est entré avec de bons appointements et non pour y porter son argent. Don Pancrace consolé, fait crédit à ses anciennes pratiques, et chacun reprend ses habitudes et son train de vie.

Je n'aurai donné au lecteur qu'une faible idée de cette pièce dont le sujet repose sur la pointe d'une aiguille. Rien ne peut remplacer la verve des acteurs, la pétulance du débit, la rapidité des ripostes et l'accent du dialecte. Les Napolitains, tous comédiens, ne supporteraient pas un Pancrace médiocre ou un Polichinelle qui ne serait pas cent fois meilleur mime qu'eux. Le lazzarone, lorsqu'il fait la cour à une jeune fille, presque toujours revêche, sournoise et difficile à émouvoir, emploie beaucoup de finesse et de ruse. Après avoir parlé avec passion, il change de ton brusquement, tourne au badinage, revient à la tendresse, et finit par quelque raillerie habilement amenée, de sorte que la fillette se pique au jeu; elle voudrait bien martyriser son serviteur, mais elle n'est point assez sûre de le tenir dans ses filets, et, pour peu que le galant soit beau, elle se laisse prendre. Altavilla, qui connaît son monde, a dans son sac un grand nombre de scènes d'amour; mais il a beau faire, les jolis garçons qui viennent à San-Carlino en savent plus long que lui. Dans une chansonnette populaire, je trouve un exemple de ces ruses d'amour pratiquées par les jeunes gens de Naples avec une liberté d'esprit remarquable. La chanson commence par une demi-douzaine de couplets emphatiques dont voici un échantillon :

> Se vuoi ch'io mora,
> Sotto un acciaro,
> Del colpo amaro
> Timor non ho.

(Si tu veux que je meure sous le poignard, du coup *amer* je n'ai pas peur.) — Et après ces belles assurances, l'amoureux ajoute :

> Teresa, io parto;
> Bell' idol mio,
> Se piace a Dio
> Ritornerò.

(Thérèse, je pars; ô mon idole! s'il plaît à Dieu, je reviendrai.)

> Vado a Levante,
> Torno a ponente;
> Se trovo gente,
> Ti scriverò.

(Je vais en Orient; je tourne en Occident. Si je rencontre quelqu'un, je t'écrirai.)

Non pianger bella,
Non pianger no,
Ch' al mio ritorno
Ti sposerò.

(Ne pleure pas, ma belle ; non, ne pleure pas. A mon retour, je t'épouserai.) — Le chanteur devrait ajouter : *peut-être!* — Mais ce garçon, qui parle à sa maîtresse d'un air dégagé, ne s'embarque point ; il ne va ni en Orient ni en Occident. — On ne quitte pas ainsi le sol de Naples ; la colère de la mer est plus redoutable que celle d'une jolie fille. Un jour arrive où le beau chanteur épouse l'héroïne de la chanson. Alors les rôles sont bien changés. Le mari devient jaloux. Pour une œillade, il menace sa femme de *l'acier;* mais elle ne craint pas le coup *amer,* et apaise son Othello en lui donnant une bonne paire de soufflets.

XIX

NAPLES

Joseph Ribera. — Triumvirat de brigands. — La mort du Dominiquin. — Ascension au Vésuve. — Le vin de *lacryma-christi*. — Resina. — La pointe de Coutrel. — L'Empédocle français. — L'eau à la neige. — Les grumeaux. — Cratère du Vésuve. — Éruptions. — La lave et la cendre. — Pompeï. — Rues et maisons romaines. — La boutique du menuisier. — Promenade en l'an soixante-dix-neuf. — Maison de Castor et Pollux. — Un vol avec effraction. — Les cinq squelettes. — Les statues coloriées et les colonnes à mosaïques. — Bons offices du Vésuve.

Si j'oubliais de parler de l'école de peinture napolitaine, ce ne serait pas une grande lacune ; j'en dirai pourtant quelques mots. Le fondateur de cette école est un de ces vagabonds, rebut de l'Espagne, qui s'en allaient chercher fortune à Naples. Joseph Ribera, dit l'Espagnolet, né en 1588, dans un village près de Valence, s'était enfui tout jeune de la maison paternelle, comme le héros d'une *nouvelle* espagnole. Il vivait en mendiant à Rome, lorsqu'un cardinal, étonné de ses dispositions pour la peinture, le tira de la misère et le mit en état d'étudier avec fruit. Entouré des chefs-d'œuvre de l'école romaine, des modèles les plus purs du goût, Ribera ne s'enthousiasma que pour la peinture bizarre de Caravage ; il se pénétra de la manière indépendante et vigoureuse de ce grand novateur, et partit pour Naples, toujours en vagabond et de plus en ingrat, sans prendre congé de son bienfaiteur. Par sa qualité d'Espagnol, il obtint la faveur du vice-roi, le titre de peintre de la cour et le logement au palais du gouvernement. Son incontestable talent lui fit donner des travaux, et, comme il avait une facilité extrême, il devint riche et roula carrosse. Au lieu d'employer son crédit à aider et à protéger ses confrères, Ribera ne tira parti de sa brillante position que pour écarter ses rivaux. Il ne souffrit à côté de lui que deux autres peintres napolitains, Correnzio et Caracciolo, parce qu'il les sentait trop au-dessous de lui pour les craindre. Ces trois hommes formèrent une ligue ensemble dans le but d'accaparer les commandes et d'expulser les peintres étrangers. Quand les menaces et les injures ne suffisaient pas, ils ne reculaient point devant l'emploi d'expédients plus énergiques, tels que le poison et le guet-apens. Correnzio a été accusé par la rumeur publique d'avoir tué un de ses élèves, dont les progrès trop rapides lui donnaient de l'ombrage, et Ribera devint la terreur des gens de talent par son humeur hautaine, sa jalousie et sa méchanceté.

C'était alors le beau temps de l'école bolonaise. Annibal Carrache, appelé à Naples pour orner de fresques l'église du Saint-Esprit, repartit bientôt, ennuyé des tracasseries que lui suscitait le triumvirat des bandits. Le Josépin commença, dans les chapelles de la Chartreuse et de Saint-Janvier, des peintures qu'il n'acheva point. Le Guide, qui vint prendre la place du Josépin, fut averti que Ribera et ses amis se proposaient de l'assassiner en pleine rue; il s'enfuit épouvanté, laissant à Naples son élève Gessi, assisté de deux jeunes gens courageux et résolus à braver les spadassins. Ces deux jeunes gens disparurent, et l'on ne retrouva pas même leurs corps. Cependant le chapitre de Saint-Janvier, qui avait acheté un tableau à l'Espagnolet, croyait avoir le droit d'employer d'autres artistes à l'embellissement de la cathédrale; il appela le Dominiquin, et réclama pour ce grand maître la protection du gouvernement. Le duc de Monterey fit des représentations à Ribera, et lui commanda de vivre en bonne intelligence avec le peintre bolonais. Dominique Zampieri vint à Naples et s'y trouva dans des conditions déplorables pour un homme d'un caractère faible et doux; les craintes et l'inquiétude détruisirent sa santé : il mourut le 15 avril

1641, au moment où il venait d'achever la première partie de ses fresques. Sur la parole de sa veuve, quelques biographes ont affirmé que ses rivaux l'avaient empoisonné. Quand bien même sa mort serait naturelle, le Dominiquin, après une existence toute de persécutions et de déboires, doit être inscrit à côté du Tasse sur la liste des martyrs de l'envie. Malheureusement ce sont toujours de grands esprits, des talents de l'ordre le plus élevé, des cœurs bons et généreux, tous ces hommes dont leurs contemporains éprouvent le besoin de débarrasser la terre le plus tôt possible.

Les moines de la Chartreuse, cédant aux intrigues de Ribera, lui confièrent les travaux de leur église. L'Espagnolet a peint sur leurs murailles une série de tableaux empruntés à la vie de saint Bruno, bien différents de ceux que Lesueur faisait dans le même temps sur le même sujet. Le chapitre de Saint-Janvier, plus opiniâtre que les chartreux, choisit Lanfranc pour achever les fresques du Dominiquin. Lanfranc était jeune, vigoureux, habile à l'escrime; il déclara qu'il couperait volontiers la gorge à tous les peintres napolitains disposés à se mesurer avec lui. Le triumvirat des spadassins vieillissait. Caracciolo, attaqué d'une maladie incurable, devait laisser bientôt une place vacante. Ribera et Correnzio proposèrent à Lanfranc de le remplacer; celui-ci accepta leurs avances, et entra dans la coalition. Cependant d'autres concurrents sortirent de terre qu'il n'était plus possible de mettre sous le boisseau. Mathias Preti, dit le Calabrais, arrivant de son pays, prit quelques leçons de Lanfranc et ouvrit un atelier; Aniello Falcone, élève de Ribera, quitta prudemment son maître et donna des leçons. Il distingua parmi ses écoliers le jeune Salvator Rosa. Enfin Luc Giordano, âgé de dix ans, manifesta un génie si précoce que la cour le prit sous sa protection. Ce fut le plus beau moment de l'école napolitaine; mais cette brillante réunion d'artistes ne tarda pas à se disperser.

Correnzio suivit dans la tombe son ami Caracciolo. Mathias Preti, ayant tué à la façon de Ribera un officier de la garde du vice-roi, prit la fuite. Aniello Falcone et Salvator Rosa, compromis dans les événements de 1647, se réfugièrent l'un en France, l'autre à Rome, après la rentrée de don Juan d'Autriche. Lanfranc était parti dès le commencement de la révolution. Luc Giordano, emmené à Rome par son père, travaillait chez Pietre de Cortone. Il ne restait plus que le vieux Ribera ; en fidèle sujet de l'Espagne, il courut féliciter don Juan. Ribera avait une fille jeune et belle qu'il adorait ; il eut l'imprudence de la conduire à la cour. Les charmes de cette jeune fille attirèrent l'attention du vice-roi, qui réussit à la séduire et à l'enlever de la maison paternelle. Ribera en mourut de chagrin. Mlle de Montpensier parle dans ses *Mémoires* de ce don Juan d'Autriche, qu'il ne faut pas confondre avec son grand-oncle, le vainqueur de Lépante : c'était, dit-elle, un petit homme, point beau, mais qui avait bien la mine d'un prince et beaucoup de fierté dans le regard. — Don Juan maria, plus tard, sa maîtresse avec un gentilhomme.

Sans la révolution de 1647, qui ne servit à rien, l'école napolitaine allait prendre un essor remarquable ; elle fut détruite comme par un coup de vent. Solimène et ses nombreux élèves la relevèrent tout juste assez pour qu'elle eût une époque de décadence. Ce que nous venons de raconter suffit à expliquer pourquoi les églises de Naples contiennent beaucoup de productions de Ribera. Je ne nie point le mérite de ces peintures, qui ont les défauts et les qualités de l'école espagnole ; mais, pour les goûter, il ne faut pas arriver de Rome, où le regard ne rencontre rien de déplaisant. Les têtes jaunes et chauves de l'Espagnolet, ses faces ridées et roussies au soleil, ses vieillards aux mains noires et calleuses, peuvent avoir beaucoup de prix pour les gens du métier ; mais je ne suis qu'un amateur, et j'avoue que ce fatras, où la laideur semble érigée en système, comme par une espèce de gageure paradoxale, ne me captive point. La nature est si belle à Naples, le climat si doux, et le spectacle du golfe si varié ; on y est si bien en plein air, que ce n'est pas la peine de s'enfermer dans un monument pour n'y trouver que des figures d'un aspect repoussant. Ribera n'a pas même le mérite d'avoir jeté la peinture dans la voie du *réalisme*. Caravage l'a fait avant lui avec plus de puissance et d'originalité, le Guerchin avec plus de charme.

Outre les peintures de l'école napolitaine dont toutes les galeries de l'Europe possèdent de nombreux échantillons, le musée Borbonico contient quatre cents tableaux des grands maîtres italiens; mais nous ne sommes point à Naples pour y parler des Raphaël et des Corrége. Ce qui attire au musée Borbonico, c'est l'immense collection des objets découverts dans les fouilles de Pompeï. Le mobilier, les ornements, les sculptures, les joyaux, les ustensiles de ménage d'une ville entière, et d'une ville romaine, se trouvent réunis dans ce vaste palais, après avoir passé dix-huit siècles sous la cendre. Déjà les peintures s'effacent de jour en jour et tombent en poussière. Mais les objets de bronze et de marbre, les bijoux d'or et d'argent, les vases, les meubles ont encore longtemps à vivre. Combien il est regrettable qu'on ne les ait point laissés dans les maisons où ils furent découverts, et qu'on n'ait point fait de Pompeï une ville-musée! Transportés à Naples, ces trépieds, ces coupes, cette vaisselle, ces amphores, ces tables, ces objets de toilette perdent la moitié de leur prix. Les maisons vides de Pompeï intéressent bien davantage. Que serait-ce donc si chaque chose était encore à sa place! Je conçois qu'on ait mis en sûreté les objets d'une grande valeur, comme la belle coupe d'agate ciselée, les colliers, les bracelets, les bagues, la magnifique amphore en pâte de verre; mais les ustensiles simples, les vases de terre, les pots et les flacons trouvés dans les boutiques sont confondus parmi tant d'autres choses plus belles, qu'on leur donne à peine un regard à Naples, tandis que sur le comptoir du marchand ils exciteraient la curiosité au plus haut degré. Faisons comme si on les y voyait encore, et prenons le chemin de Pompeï.

Si j'ai bonne mémoire, c'est le 12 février, par une matinée digne du mois de mai de France, le thermomètre marquant douze ou quinze degrés au-dessus de glace, que j'entrepris l'ascension du Vésuve, avec trois compagnons de voyage. Une voiture de louage nous conduisit, par une suite non interrompue de maisons de plaisance et de jardins, jusqu'au village de Resina, où la voie cesse d'être praticable pour les carrosses. Sans lever les yeux vers le volcan qui fumait au-dessus de nos têtes, nous aurions deviné son voisinage à l'aspect étrange du pays. Tantôt nous marchions sur des terrains d'une fécondité prodigieuse et cultivés avec soin, tantôt sur un désert de laves éteintes. Des vignes géantes et sans feuilles en cette saison se tordaient le long des chemins, entrelacées comme de gros serpents, serrant dans leurs replis des figuiers et des arbres à fruits; là se recueille le vin précieux qui a pour clos le Vésuve. Une dame napolitaine m'avait donné six bouteilles de ce nectar inconnu de l'homme du Nord. Le *lacryma-christi* réunit plusieurs qualités qui semblent s'exclure : il est à la fois capiteux comme le madère, doux à boire comme le malaga et pétillant comme le champagne; mais le gaz qu'il dégage ne s'évapore pas impétueusement. La bouteille entamée qu'on laisse en vidange fermente encore le lendemain comme à l'instant où on l'a ouverte. Le bouquet du *lacryma-christi* et son goût sucré sans fadeur en font ce que les amateurs appellent un grand vin.

Au village de Resina, on nous donna des chevaux habitués à grimper dans la montagne. La végétation se modifiait à mesure que nous avancions. Bientôt le métal sombre sur lequel nous marchions ne produisit plus que des genêts et quelques arbustes rabougris. Après l'ermitage de San-Salvatore, le volcan, qui se dressait devant nous, parut assez semblable à un immense cône de charbon de terre qui aurait pris feu au sommet. Les chevaux, ne pouvant pas aller plus loin, s'arrêtèrent sur la petite esplanade appelée l'*Atrio del cavallo*. Nous avions un guide par personne; ces guides nous donnèrent des bâtons ferrés, et passant sur leurs épaules des lanières de cuir, dont nous tenions un bout de la main gauche, ils commencèrent à monter dans la lave en nous traînant à la remorque. De solides chaussures sont nécessaires pour ce court trajet d'une heure, car en moins de temps les aspérités de la lave, exerçant l'action d'une lime, auraient bientôt pénétré jusqu'à la peau du voyageur.

Pendant l'éruption de 1820, un Français nommé Coutrel, qui se trouvait à Naples, se fit conduire sur un cône qui porte aujourd'hui son nom, pour contempler le spectacle d'aussi près que possible; la lave en fusion coulait à peu de distance. Une crevasse s'ouvrit au-dessous du belvédère où M. Coutrel pouvait rester sans danger; cependant on le vit tout à coup se jeter dans l'abime, et l'on ignore si ce suicide est l'effet d'un vertige ou un dessein prémédité, comme la mort d'Empédocle. Aux trois quarts de l'ascension, qui serait pénible si elle durait longtemps, nous rencontrâmes un beau tapis de neige. Mon guide, saisissant l'occasion de boire frais, tira de sa poche une timbale d'étain qu'il emplit de neige et dans laquelle il versa de l'eau contenue dans une gourde; avec la lame de son couteau il mêla le tout de façon à en faire une espèce de *granita*, qu'il m'offrit poliment. Quand j'eus avalé ce qui était liquide, je vis au fond de la timbale cinq ou six grumeaux durs, ronds et transparents, exactement semblables à de forts grêlons. Sans rien entendre à la météorologie, je conclus de cette observation que la grêle doit se former par la rencontre de deux nuages, l'un composé d'eau et l'autre de neige. Probablement le mélange précipité et incomplet de la neige avec l'eau produit ce que les cuisinières appellent grumeaux, et que nous nommons grêlons quand cela tombe du ciel. Ceux que mon guide me présenta étaient énormes, et j'attribuai leur grosseur au contraste entre le degré de température de la neige et celui de l'eau échauffée dans la gourde par le soleil. Si cette supposition est juste, il en résulte que le volume des grêlons est en raison directe du degré de chaleur du nuage chargé d'eau.

Il était midi lorsque nous arrivâmes au sommet du Vésuve, et par conséquent au bord du cratère, qui, vu de Naples, ressemble

à une plate-forme. Ce mot effrayant de cratère représente à l'imagination un gouffre ténébreux et sans fond où le regard se perd. Rien de sombre ni de terrible dans celui du Vésuve en temps calme. Ce cratère, large à peu près comme la place Vendôme et autour duquel on peut circuler, a la forme d'un entonnoir; on descend sur les parois par une pente assez douce, et tous les points en sont parfaitement éclairés du soleil. Au fond de l'entonnoir, on trouve un petit trou dont le diamètre ne dépasse pas cinq pieds et d'où sort une fumée qui ne permet pas d'y plonger le regard. Cet orifice ne m'a pas semblé plus épouvantable que celui d'une cheminée. Je suis descendu jusqu'au bord, en consultant la direction du vent, de manière à ne pas être incommodé par la fumée. On peut s'amuser à produire des explosions de la force d'un coup de pistolet en jetant dans le trou des pierres que le volcan rejette presque aussitôt, et qui vont retomber à quinze pas du bord. L'intensité de la chaleur, l'odeur de bitume, et la lave brûlante à laquelle mes talons s'attachaient, m'avertirent qu'il ne faisait pas bon demeurer là. Après avoir imprimé dans le terrain en fusion l'effigie d'une pièce de monnaie, nous remontâmes sur la plate-forte; nous y étions depuis cinq minutes lorsqu'une bouffée de chaleur, sortant du fond de l'entonnoir, vint nous suffoquer. S'il eût fait nuit, nous aurions vu l'intérieur du cratère éclairé d'une lumière rouge.

En somme, tout cela n'avait rien de terrible, et restait fort au-dessous des images que le mot de volcan fait naître dans l'esprit. Mais les jours d'éruption, la réalité prend une revanche éclatante, et surpasse tout ce que l'imagination peut inventer. Lorsque la lave commence à s'enfler, comme du lait prêt à bouillir, le large entonnoir déborde. Le métal chauffé à blanc, comme la coulée d'une immense forge, se déverse d'un côté ou de l'autre. Souvent le cratère éclate, se crève et laisse passer des torrents de liqueur de feu dont la largeur varie d'un kilomètre à une demi-lieue. Qu'on se figure ces fleuves descendant la montagne, embrasant tout sur leur passage et engloutissant des villages entiers! La chaleur qu'ils répandent est si intense que les arbres se tordent et s'enflamment à cent pas de distance. Souvent le Vésuve, avant de verser sa lave, commence par se purger violemment de matières diverses, eau bouillante, pierres, masses de cendre. Tout cela jaillit à une hauteur incommensurable. Le ciel en est obscurci. Un immense chapiteau noir couvre la montagne, les vallées voisines, le golfe, et la force d'explosion est si grande, qu'au bout de trois ou quatre heures, les premiers grains de cendre ne retombent pas encore. Plus d'une fois, par les vents de nord-ouest, les habitants de la Sicile, de Malte et même de Tunis, ont appris les accès de fureur du Vésuve en recevant de la cendre sur leurs têtes.

Du haut du cratère, lorsqu'on regarde Naples, dont on est séparé en ligne directe par la mer, on comprend que le volcan n'ait point encore pu l'atteindre. Si loin que s'étende la lave, elle ne coulera jamais jusque-là. Il lui faudrait suivre le rivage circulaire et parcourir un chemin oblique pendant lequel le froid la prendrait. Naples peut donc braver la lave; mais il n'en est pas de même de la cendre et des tremblements de terre. Le Vésuve pourrait vomir de quoi enterrer une ville plus grande encore, et si le vent eût soufflé du midi le jour où Pompeï fut engloutie, ce serait peut-être Parthénope qu'on chercherait aujourd'hui dans le sein de la terre.

Au-dessus d'un endroit appelé le ravin de la *Veterana*, le gouvernement napolitain a fait construire un observatoire météorologique spécialement consacré à l'étude des phénomènes variés que présente le Vésuve en tous temps. L'éruption la plus récente, celle du mois de mai dernier, qui a versé une quantité de laves considérable et comblé des vallées entières, a été l'objet d'explorations bien dirigées par le personnel de cet observatoire. Le quatorzième jour de l'événement, un savant du pays a publié la relation des premiers phénomènes recueillis. Traduisons quelques lignes de ce document curieux, où le lecteur remarquera un détail que j'avais oublié, celui des bruits et sifflements du Vésuve. Le rapport est intitulé : « L'éruption du 1ᵉʳ mai 1855, étudiée de l'observatoire royal vésuvien, par M. le professeur Louis Palmieri. »

« Une quantité extraordinaire de fumée sortait depuis trois jours de la cime du Vésuve, lorsque le 1ᵉʳ mai, à quatre heures du matin, un profond mugissement, répété par l'écho du *Monte-di-Somma*, annonça tout à coup un terrible embrasement. Quatre bouches s'ouvrirent d'abord, qui vomirent de la lave et des pierres au milieu de jets de fumée épaisse et d'une grande impétuosité. Les détonations se renouvelèrent, et le soir du même jour, vers huit heures, nous pûmes distinguer jusqu'à sept ouvertures, puis enfin, dans une nouvelle ascension, nous en comptâmes onze. Toutes ces bouches s'ouvrirent sur le penchant escarpé et sablonneux du cône, dans la direction du nord... La plus élevée est située à peu près aux trois quarts de la hauteur, et la plus basse est à peine de trente mètres au-dessus de l'esplanade appelée l'*Atrio-del-Cavallo*. Leur alignement perpendiculaire semble indiquer une fente immense qui aurait éclaté du sommet à la base du cône...

« L'ouverture supérieure versa une quantité peu considérable de laves, qui s'arrêtèrent en se figeant au pied du mont; mais les orifices inférieurs vomirent des laves si abondantes et si liquides, qu'elles couraient sur la pente avec autant de rapidité que les eaux d'une douche; ces laves formèrent deux fleuves avec des lits distincts et qui arrivèrent, après bien des circuits tortueux, sur l'esplanade de l'*Atrio-del-Cavallo*, où la vivacité de leur course commençant à diminuer, ils s'étendirent comme un vaste marais de feu... Vers sept heures et demie du soir, la lave se jeta dans le ravin de la *Veterana*, en suivant le cours de celle de 1785, que Breislak trouva encore chaude au bout de sept ans. Pour tomber dans ce ravin, la lave se précipitait du haut d'un rocher vertical et formait une cascade merveilleuse, qui fut bientôt arrêtée par l'énorme quantité de scories amassées dans la fosse, en sorte que la configuration du sol en restera entièrement changée. Le 2 mai au matin, vers cinq heures, la matière de feu passait à proximité de l'observatoire royal; à onze heures, elle se jetait plus bas dans la fosse dite de Pharaon, en formant une nouvelle cascade resplendissante comme la première. Le vallon de la *Veterana* a environ un mille de longueur; en s'y accumulant, les laves atteignirent une épaisseur de trois cents palmes, et détruisirent en partie les bois appartenant à la commune de Pollena, plus quelques terres cultivées et des châtaigniers de la commune de Resina...

« Dans la soirée du 7 mai, il y eut une recrudescence. Nous entendîmes pendant la nuit de fréquents mugissements qui nous invitèrent à tenter une nouvelle ascension le matin du 8. Nous trouvâmes une des bouches qui sifflait avec violence, comme la soupape de sûreté d'une immense chaudière à vapeur; une autre qui mugissait par intervalles avec un bruit indéfinissable. Sur un des fleuves de feu décrits plus haut, la lave avait formé avec ses scories un pont d'une seule arche poli et transparent d'un effet admirable...

« Cette éruption, sans tremblements de terre, avec des jets modérés de cendre et de fumée, semblait engager les curieux et les savants à venir étudier ses phénomènes et ses lois; beaucoup de gens la désiraient, car on croit généralement sur les coteaux du Vésuve à l'efficacité des éruptions pour la guérison de la maladie de la vigne... »

Plus loin, l'auteur de cette relation félicite les habitants de deux petits villages et ceux de la commune de Pollena d'avoir échappé à un désastre qui les aurait ruinés si la lave eût fait un pas de plus. On voit, par la dernière phrase que nous avons citée, que l'éruption du 1er mai 1855 a été peu dangereuse, du moins pour les observateurs. Celle de l'an soixante-dix-neuf, qui détruisit deux villes et coûta la vie à Pline le naturaliste, avait été bien plus terrible. Pour en faire connaître au lecteur toute la gravité, nous allons le conduire sur le théâtre de la catastrophe.

En descendant le versant méridional du Vésuve avec mes compagnons, je trouvai, au lieu de lave, une cendre noire dans laquelle nous enfoncions jusqu'aux chevilles, et qui nous marquait le chemin de Pompeï, où nous arrivâmes, en effet, vers trois heures. Deux rangées de tombeaux qui bordaient la route nous annoncèrent l'approche d'une ville romaine. La porte dite d'Herculanum parut enfin. A droite on voyait le corps-de-garde et la guérite dans laquelle fut trouvé le cadavre du factionnaire fidèle à sa consigne. Une rue bordée de maisons s'ouvrit devant nous. Il ne manquait à ces habitations que les portes et les toitures. Sur la chaussée, pavée en larges dalles de diverses formes, on voyait la trace des chars, comme si les roues y eussent passé tout à l'heure. Nous entrâmes dans les maisons, les unes de modeste apparence, les autres plus riches, avec des vestibules en marbre ou des cours entourées de bâtiments spacieux. Dans l'établissement des bains, les conduits d'eau descendaient le long des murailles jusqu'aux baignoires.

Au premier carrefour était une fontaine publique, près d'une manufacture, dans laquelle on a retrouvé les ustensiles propres à la fabrication du savon. Tout auprès est la maison du chirurgien, dont la trousse orne le Musée de Naples. Un des fours où l'on cuisait le pain pourrait presque servir encore. La pharmacie se trouve à l'angle de deux rues, comme celle de la Croix-Rouge à Paris. Plus loin est une belle taverne, suivie de la maison du seigneur Pansa. L'habitation voisine, dite du poëte tragique, est précédée d'une cour dans laquelle la loge du chien, figurée en mosaïque, porte cette inscription : *Cave canem*. On pouvait approcher sans crainte d'être mordu. Nous arrivâmes à une place formée par quatre rues; celle de droite nous conduisit au quartier marchand, occupé par les boutiques, les magasins, les hôtelleries. Sur le comptoir du liquoriste, on voyait les marques des amphores et des vases. C'est là qu'il fallait laisser chaque chose à sa place, dût-on y installer un gardien. Un établissement que je ne puis nommer, divisé en petites cellules dont on comprend facilement l'usage, porte son enseigne cynique sculptée dans la pierre de taille, au-dessus d'une entrée basse. Le cabaret voisin avait une porte de communication avec ce bouge sans nom honnête.

Passons au quartier des édifices publics. Derrière la rue marchande s'élève le temple d'Auguste, dont la façade fait vis-à-vis à celle du temple de Jupiter; plus loin, celui de Mercure s'étend le long du Forum. Si l'on pouvait conserver des doutes sur la forme et la destination d'un forum, celui de Pompéi éclaircirait la question. Les colonnes debout, les portiques défoncés par le poids de la cendre, mais non détruits, l'escalier du fond, la tribune, tout indique le lieu consacré aux marchés et aux affaires politiques et judiciaires. Au bout du Forum se trouve la basilique, où le tribunal pourrait encore tenir ses séances. En traversant deux rues obliques, on arrive au théâtre tragique et à l'Odéon, situés à côté l'un de l'autre, près d'une caserne. Beaucoup plus loin, le long du mur d'enceinte, on trouve l'amphithéâtre. Regardons maintenant les choses de plus près, et arrêtons-nous à quelques détails.

Dans la rue de Mercure, qui commence au Forum, est une boutique placée sur le devant de la troisième maison, et dans laquelle travaillait un menuisier. Pour enseigne, cet ouvrier avait sur la devanture de son atelier deux peintures : l'une représentait simplement deux personnages maniant des scies; sur l'autre, on voyait Dédale ayant achevé de fabriquer sa vache de bois et montrant son ouvrage à Pasiphaé. Ainsi un artisan de la condition la plus modeste, demeurant dans une petite ville du fond de la Campanie, indiquait aux passants sa profession au moyen d'une œuvre d'art remarquable, et dont il empruntait le sujet allégorique à la poésie. Ou ce menuisier-là était un homme de goût et instruit, ou, ce qui paraît plus probable, il avait donné carte blanche à un artiste de mérite, en le priant d'orner l'extérieur de sa boutique. Ce brave ouvrier romain ne se doutait guère qu'un jour une de ses enseignes (celle des Scieurs de bois) serait transportée pompeusement au musée d'une grande capitale.

La seconde maison après la boutique de ce menuisier contient une peinture des plus curieuses, qu'on n'a point osé enlever de peur de la détruire. Cette peinture, exposée sur le mur du fond du péristyle, représente Adonis blessé soutenu par Vénus et par de petits Amours. Les figures, plus grandes que nature et d'un dessin habile quoique peu correct, se conserveront longtemps encore, grâce à la toiture et aux cadres dont on les a enveloppées ; mais il faut se hâter de les aller voir. Dans les trois chambres qui suivent ce vestibule sont des peintures meilleures, exécutées avec plus de soin, mais aussi fragiles ; la plus belle représente la toilette d'un hermaphrodite. Cette seule petite maison a fourni au musée Borbonico soixante-quatre pièces d'argenterie antique, des tasses, des cuillers et des coupes ; plus deux vases de la forme de canthare.

En revenant sur nos pas, nous arrivons à une habitation grande et de riche apparence, dans laquelle demeurait quelque financier. On l'appelle la maison de Castor et Pollux, parce que ces deux personnages étaient peints sur le mur des deux côtés de l'entrée. Un coffre-fort de bois cerclé en fer était scellé dans la pierre de taille ; mais une circonstance singulière donne matière à bien des conjectures : ce coffre avait été ouvert sans l'emploi de la clef, au moyen d'une effraction évidente. En outre, le mur de la maison avait été percé. Quarante-cinq pièces d'or et quelques pièces d'argent jonchaient le sol à l'entour du coffre, ce qui semble indiquer un vol exécuté avec précipitation. Selon toute apparence, le propriétaire de la maison était absent ou en fuite depuis les premiers jours de l'éruption, et des voisins ou des malfaiteurs auront profité du désordre et de l'épouvante générale pour vider la caisse d'une personne riche. Ce crime impuni, sur lequel le Vésuve a jeté peu d'instants après un voile de cendre, s'est découvert au bout de dix-huit siècles. On ne poursuivra pas les coupables, le délai prescrit par les lois romaines étant expiré. Dans cette maison et dans toutes celles qui l'environnent, on a recueilli des peintures murales et des sculptures en grand nombre; les sujets traitent des amours des dieux, et il m'est absolument impossible de les décrire. Au musée Borbonico, où le lecteur les pourra voir, on les cache dans une salle particulière ouverte seulement aux hommes, — encore faut-il en solliciter l'entrée. Lorsqu'on pense que de telles obscénités étaient jadis étalées à tous les regards, qu'elles faisaient l'ornement des vestibules, des salles à manger et des appartements de l'intérieur, on se demande ce qu'était en l'an soixante-dix-neuf de l'ère chrétienne la vie de famille, quelle éducation recevaient les jeunes filles, si le sentiment de la pudeur était évanoui, quel soin les pères et les maris prenaient de la vertu et de la santé de leurs femmes et de leurs enfants, s'il y avait un frein quelconque à la corruption; ou si dans tout l'empire Juvénal était le seul qui s'en aperçût. Quel changement depuis le temps où les dames romaines portaient des vêtements larges, de peur d'éveiller les désirs des hommes et d'attirer les regards des passants!

La rue où se trouve la maison de Castor et Pollux contient une autre habitation dite des Cinq squelettes; ce nom lui vient de cinq cadavres de femmes découverts dans un caveau. Quatre de ces femmes se tenaient au fond de leur cachette; la cinquième était aux aguets, quand une masse de cendre, tombant tout à coup sur la maison, ouvrit violemment la porte, dont le battant écrasa cette femme en la pressant contre le mur. La silhouette de la tête et de la poitrine, marquée par le sang, se voit encore distinctement sur la pierre du caveau. Il faudrait des volumes pour énumérer les curiosités de Pompeï, puisque chaque maison contenait quelque objet intéressant. Citons, pour terminer, deux morceaux d'une espèce inconnue jusqu'à ce jour et découverts dans la maison dite du Faune et des colonnes à mosaïques. Une figure de faune de la main d'un bon sculpteur grec ne serait pas une nouveauté; mais ce qui fait de celle-ci une véritable trouvaille, c'est que cette figure en marbre, conservée par la cendre, avait les cheveux peints, les yeux, les soureils coloriés, et des ajustements dorés. Une tête de bacchante, plus intacte encore, avait des feuilles de pampre peintes en vert dans les cheveux, des prunelles brunes tracées au pinceau sur le globe de l'œil et des lèvres du vermillon le plus vif; ce qui prouve qu'en Italie, sinon en Grèce, le peintre et le doreur venaient après le sculpteur ajouter leur travail à celui du ciseau, et que ces statues sans regard, qui ornent nos musées, ont eu autrefois des prunelles, des lèvres rouges, des cheveux blonds ou bruns, des draperies de diverses couleurs, des bandeaux d'or ou d'écarlate, des couronnes de feuillage vert, etc.

L'autre morceau est un groupe de quatre colonnes découvert dans le vestibule de la même maison. Ces colonnes, hautes, minces, élégantes et d'ordre étrusque, sont bâties à l'intérieur en simple brique, mais recouvertes de mosaïques du haut en bas. Les chapiteaux se composent de petites coquilles naturelles incrustées dans un ciment poli qui ressemble à du stuc. Une bande transversale placée au milieu divise chaque colonne en deux zones. Sur ces deux zones les mosaïques sont des arabesques, tandis que sur la bande horizontale on voit des sujets représentant des Amours, les uns poursuivant une biche, les autres à cheval sur des dauphins. Cette décoration, de l'effet le plus agréable et qui devait exister dans beaucoup d'habitations *bourgeoises* de l'antiquité, n'a jamais été décrite par les auteurs, qui ne parlent en général que des édifices publics, des temples et des palais; on n'en avait point retrouvé d'exemplaire parmi les ruines des autres villes, parce que le temps est venu à bout de détruire ces constructions de briques plus aisément que le bronze et le marbre. Le Vésuve seul pouvait les sauver en les couvrant pendant dix-huit siècles. Il nous a ménagé d'autres surprises, car la moitié de la ville est encore ensevelie, et il faudra bien cent ans pour achever de défaire ce que le volcan a su faire en un jour.

XX

ENVIRONS DE NAPLES

Le printemps. — Le corricolo et le chemin de fer. — Herculanum. — Portici. — Torre-del-Greco. — Torre-dell' Annunziata. — Castellamare. — Le buisson ardent. — Les lucioles. — L'antique Stabia. — La Cava. — Salerne. — Paradis des paysagistes. — L'ambassade de Charlemagne. — Actes d'accusation. — Route de Sorrento. — Voyage à âne. — Sujet d'aquarelle. — Les orangers. — Maison du Tasse. — Cornélie Sersale. — Rencontre agréable. — Un accident. — Tartaglia femelle. — Historiette de la *Zoppa*.

Quand arrive le printemps, à Naples, et il ne tarde pas comme dans nos climats, où la première moitié de la belle saison est un véritable leurre, tout le monde se sent pris subitement d'une envie de changer de place. Un matin, en ouvrant votre fenêtre, vous ne voyez dans la rue que des vestes de toile et des chapeaux de paille. Sur le quai de Sainte-Lucie les barques, pleines de passagers, partent pour les îles en déployant leurs voiles blanches et s'éloignent de la rive une à une. Des gens pressés courent au chemin de fer; d'autres discutent avec des cochers le prix d'une excursion hors barrières. Au *Café de l'Europe*, votre voisin déjeune en tenue de voyage; il cherche un compagnon, et vous invite du regard à lui confier vos projets; votre accord avec lui est une bonne fortune pour tous deux. Il ne s'agit plus que de fixer un itinéraire et de choisir entre ces divers modes de locomotion : chemin de fer, carrosse de louage, barques à voiles ou à rames. Quant au *corricolo*, je n'oserais vous le recommander.

Comme le *coucou* obstiné qui mène encore à Saint-Denis les bonnes gens que la vapeur effraie, l'antique corricolo n'a pas entièrement disparu. On le voit rouler sur la route de Portici, ou attendre des voyageurs au Carmine. Le corricolo est une manière de tilbury, monté sur de hautes roues; la pauvre haridelle qui le traine montre ses côtes et son échine, tend son long cou et n'a que le souffle, au repos; mais une fois lancée, elle galope avec une rapidité fantastique. La selle est surmontée d'une bosse ornée de grelots et de clous en cuivre. Sur la tête osseuse du cheval se balancent des plumes de paon, et le harnais, cent fois raccommodé, offre un mélange hétéroclyte de rapiécetages et de fioritures, de bouts de ficelle et de clinquant. Des papiers à ramages, collés sur la caisse de la voiture, dissimulent les crevasses, et, dans le velours méconnaissable des coussins, les trous sont recouverts par des pièces de cuir. Le corricolo est à deux places; mais on n'y monte pas pour être au large; en se serrant, on y tient trois. Une longue planche, attachée derrière la caisse, peut porter cinq ou six personnes debout. Les trois places assises sont réservées aux abbés et aux femmes; les secondes aux soldats, aux lazzaroni, aux voyageurs peu fortunés, mais solides sur leurs jambes. Le cocher monte le dernier sur la planche, et conduit de loin, en attachant à un clou ses guides, dont il se sert moins que du fouet. Souvent, quand la dalle est glissante, Rossinante fait un faux pas et s'abat; tout à coup, femmes, abbés, cocher, lazzaroni tombent pêle-mêle au milieu d'un nuage de poussière; on se relève, on se tâte, on s'essuie, on remonte à l'assaut, chacun reprend son équilibre, et l'on repart, toujours au galop. L'étranger observe avec plaisir ce véhicule pittoresque et peu coûteux; mais il n'en use pas. Prenons donc les moyens de transport aristocratiques et rendons-nous à Castellamare par le chemin de fer.

La *strada ferrata* de Castellamare se distingue des autres *voies ferrées* de l'Europe par son inexactitude. Si vous ne vous pressez pas quand dix heures sonnent, il pourra bien vous arriver de manquer le convoi de neuf heures et demie. Le mécanicien, assoupi sur sa locomotive, entendant le sifflet du départ, ouvre les yeux et demande ce qu'on lui veut.—Il faut partir, lui dit-on.—C'est alors qu'il s'occupe de remettre de l'eau dans la chaudière. — On siffle pour la seconde fois. — Un moment, dit le chauffeur; le charbon manque par ici. — Dans un large wagon où j'étais assis de côté, comme en omnibus, j'entendis le troisième coup de sifflet, et cette fois, je ne doutai plus que le convoi ne se mît en marche; mais un gros monsieur, connaissant mieux que moi les us et coutumes, se leva de sa place d'un air important et se tint debout au milieu du wagon, les jambes écartées, pour monter sa montre, tant il était certain qu'on ne partirait pas. On partit cependant dix minutes après.

C'est à Portici, première station du chemin de fer, qu'il faut s'arrêter pour voir Herculanum, qui faisait l'admiration du monde savant, lorsque Pompéï n'était pas encore exhumée. Aujourd'hui, tous les travaux sont concentrés sur le penchant méridional du Vésuve. La catastrophe s'étant opérée lentement à Herculanum, les habitants ont pu s'enfuir et emporter ce qu'ils avaient de plus précieux. En outre, la ville est recouverte d'un mélange de lave et de cendre d'une dureté extrême. On ne s'y promène pas à ciel ouvert comme à Pompéï; les guides vous font descendre dans un souterrain, parcourir des galeries semblables à celles d'une mine, et chercher, à la lueur des torches, les traces d'une rue, le piédestal d'une statue, ou les marches d'un escalier. On en rapporte souvent un rhume ou une fluxion de poitrine, car cette ville qui a péri dans le feu est aujourd'hui une glacière.

Ceux qui, arrivés à Portici, ne seront point encore rassasiés de collections et de musées, trouveront dans le château royal une galerie de tableaux et de mosaïques; j'en allais demander l'entrée, quand j'aperçus dans le parc un palmier entouré d'un banc de bois. Le palmier, trop frileux pour supporter la gelée, ne s'acclimate pas dans les pays que nous appelons tempérés. A l'ombre de son panache élégant, on peut se dire : « Si j'avais le bon esprit de rester ici, je n'endurerais plus le supplice du froid. » Dans une autre promenade à Portici, je remarquai un certain casino qui sent furieusement son dix-huitième siècle. Au milieu de la salle à manger, il y avait une grande table de pierre en forme de guéridon. La colonne qui servait de pied contenait un tour communiquant avec l'étage inférieur. Le centre de la table s'abaissait par le jeu d'une machine à contre-poids, et remontait de la cuisine chargé de plats. Au moyen de plusieurs sonnettes portant ces inscriptions : *Eau, pain, vin, assiettes*, etc., on pouvait désigner ce qui manquait sur la table, en sorte que les convives ne voyaient point tourner autour d'eux une légion de domestiques. Je crois bien que du temps de lady Hamilton, on faisait autre chose que de l'esprit dans ce casino-là ; mais il n'y a pas besoin de vivre comme en 1780, pour regretter que de nos jours on ne puisse s'égayer à table ni dire un bon mot, sans faire rire la livrée.

Torre-del-Greco, seconde station du chemin de fer, est une petite ville commerçante où s'arrêtent les gens sérieux comme le monsieur qui avait solennellement monté sa montre à l'instant du départ. La troisième station, celle de Torre-dell' Annunziata, correspond avec Pompeï ; c'est pourquoi les étrangers et les artistes y mettent pied à terre en grand nombre. Puisque nous sommes entrés à Pompeï par une autre voie, laissons-nous conduire à Castellamare. Sur les ruines de l'antique Stabia, qu'un tremblement de terre avait détruite, s'était élevée une bourgade, dont les habitants furent punis par Sylla, pour avoir pris part à la guerre sociale. Au moyen âge, Charles d'Anjou se rendait souvent dans ce coin du golfe pour y rencontrer les belles filles d'un seigneur florentin. Il y fit bâtir un château, et de là vient le nom de Castello-à-Mare. Situé entre le rivage et le pied d'une haute montagne, ce port eut autrefois un chantier de construction pour les vaisseaux de guerre. Ce n'est plus aujourd'hui qu'un lieu de villégiature, dont les eaux minérales attirent les malades de fort loin. Les gisements de soufre sont si nombreux dans les collines environnantes que j'ai vu, le long de la côte de Sorrente, des sources d'eau blanchâtre se mêler à l'eau de la mer et y former des nuages qui résistaient longtemps au mouvement des vagues.

Un sentier, bordé d'arbres, monte en zigzag sur la montagne de Gragnano. C'est là que, pour la première fois, un soir, j'eus le plaisir de rencontrer des lucioles. Un essaim de ces petites mouches s'abattit sur la haie qui bordait le chemin. Je me croyais déjà favorisé d'une vision semblable à celle du buisson ardent, lorsque le mot de *lucciola* me revint à la mémoire, et je compris le prodige. En m'approchant avec précaution, je réussis à saisir une de ces étincelles volantes et je l'emportai dans mon chapeau. La *lucciola*, de la longueur d'une mouche ordinaire, mais plus mince et plus légère, cache sous ses ailes un appareil lumineux comme celui du ver luisant; selon la position des ailes, la lumière se montre ou se voile, de sorte que, même en volant, la *lucciola* ne brille que par intervalles, éteignant et rallumant sans cesse son petit fanal, comme pour dérouter le regard qui veut la suivre.

Le seul souvenir antérieur au tremblement de terre que j'aie trouvé à Castellamare est le restaurant de l'*Antica Stabia*. J'eus l'imprudence d'y déjeuner avec un compagnon de voyage sans débattre le prix de deux œufs frais, de quelques pommes de terre et d'une tasse de café. On nous demanda deux piastres (douze francs). Le lendemain on nous servit le même repas pour trois carlins, parce que nous avions déclaré notre intention de ne pas donner davantage. Dans tout le pays de Naples, les vols de ce genre se pratiquent avec ingénuité.

Un service régulier de messagerie attend les voyageurs pour Salerne à la station de Torre dell' Annunziata; mais il est facile de trouver à Castellamare des associés pour la location d'une voiture à volonté. Avant d'arriver au bourg de Pagani, on rejoint la route directe de Salerne. Nocera, qu'on rencontre au bout d'une demi-lieue, possède une ancienne église construite sur le modèle

du Panthéon de Rome et éclairée de la même façon. Je ne m'explique pas comment on a pu laisser ce beau temple s'enterrer graduellement. Au delà de Nocera, le pays, tout à fait montueux, ressemble à une petite Suisse méridionale. Le bourg de la Cava, situé au pied du mont Fenestra, dans une vallée d'un aspect sauvage, rappelle autant que les Abruzzes les lieux aimés de Salvator Rosa. Son nom lui vient de cavernes où se sont cachés les habitants épouvantés par l'invasion des barbares. La rue principale est bordée de galeries en portiques. Le monastère de la Cava, fondé par des religieux de l'ordre de Cluny, puis donné aux moines du mont Cassin, contient une collection précieuse de chartes que les antiquaires viennent souvent compulser. Les manuscrits se distinguent par leur correction. De la Cava jusqu'à Vietri, la route, toujours bordée de hautes montagnes, descend vers la mer, qu'on aperçoit en face de soi, puis elle tourne à gauche en suivant le rivage, et arrive à Salerne par une rampe taillée en pente douce. Une végétation splendide couvre la base du mont Fenestra. Des arbres six fois centenaires offrent leur ombre au promeneur; aussi les vallées de la Cava et de Salerne ont-elles reçu des peintres le nom de paradis du paysagiste.

Salerne avait été le paradis des constitutions délicates, dans le temps où les débauches de Rome faisaient beaucoup d'invalides. On y envoyait les gens auxquels on ne savait plus quel remède prescrire. Lorsque le poëte Horace vint s'y guérir d'un mal d'yeux, il y avait trois temples dédiés à Junon, à Bacchus et à Pomone. Il parait que les barbares ont passé près de là sans se douter qu'il existait une grande ville dans ces montagnes, car, au septième siècle, Salerne était plus florissante que jamais. Robert Guiscart, qui protégeait les arts à sa manière, en fit orner la cathédrale de colonnes enlevées aux temples de Pestum.

Depuis la chute de son école de médecine, — et il y a longtemps de cela, — Salerne vit de souvenirs. On y parle encore de l'ambassade envoyée par Charlemagne pour commander aux habitants de détruire les remparts et le château, dont la position forte donnait de l'ombrage à l'empereur. — Ce grand conquérant a eu peur de nous, disent les Salernitains avec fierté. — Chacun a raison d'entretenir avec soin ses traditions patriotiques et glorieuses; mais en Italie cette religion est poussée un peu loin. Un jour on m'a reproché la conduite de Brennus, comme si j'eusse pris part moi-même à l'expédition nocturne dévoilée par des oies. Dans un cercle littéraire de Florence, on a voulu me rendre responsable du mépris que la cour de France a témoigné au grand-duc Cosme III. Je me suis tiré d'affaire en rappelant la fidèle alliance de François Ier avec la république et la préférence marquée de nos souverains pour les princesses de Médicis; mais à Pavie je n'ai su quoi répondre lorsqu'on m'a reproché la cruauté de Lautrec, et à Naples j'aurais vu retomber sur ma tête tous les crimes de la maison d'Anjou, si je n'eusse fait chorus avec les accusateurs, et nié fortement toute espèce de connivence avec les meurtriers de l'infortuné Conradin.

Revenons à Castellamare, et prenons maintenant la jolie route de Sorrento, taillée sur le flanc des rochers, comme la corniche de Nice à Gênes. Souvent les pluies y causent des éboulements de terrain, et du soir au matin le passage devient impossible aux carrosses. Un accident de ce genre était arrivé pendant la nuit précédente, lorsque je voulus me rendre à Sorrento. Une calèche de Castellamare me conduisit jusqu'à l'obstacle, que je franchis à pied, pensant trouver des voitures de l'autre côté. Je tombai au milieu d'une bande d'âniers qui se disputèrent l'honneur de me servir. A moins qu'on ne veuille absolument cheminer au pas, le voyage à âne n'est ni paisible ni lent, comme on pourrait le croire. Les ânes de Campanie sont d'excellents coureurs; quand ils entendent sonner derrière eux les pieds nus de leur maître, qui s'approche pour les battre ou pour leur tirer la queue, ils couchent leurs oreilles et prennent le galop. L'ânier les anime encore de loin, en répétant le cri sauvage dont il accompagne ses horions. Je parcourus ainsi deux lieues en moins d'une heure, partagé entre le plaisir d'aller vite et la pitié que m'inspirait le pauvre *ciuccio*, dont j'admirais le courage et la bonté. Quant à l'ânier, solide gaillard de vingt ans, l'idée ne me vint pas de le plaindre.

Sans nier à Sorrento son rang de cité, je le propose comme le modèle classique des villages méridionaux. Ses maisonnettes entourées de jardins, avec des escaliers garnis de vignes, ressemblent à des fabriques de fantaisie construites pour l'ornement d'un parc. Le bosquet d'orangers, le myrte entouré de gazon, le rosier grimpant sur la façade, les quatre piliers de briques surmontés de vases contenant des aloès, rien ne manque au sujet d'aquarelle pour l'album d'une demoiselle; mais ces orangers-là sont grands et forts comme nos ormeaux, le myrte ne perd point ses feuilles, le rosier monte jusqu'au toit, et les aloès ont des piques à embrocher un bœuf. Dans une promenade en calèche, en traversant un verger, je coupai un rameau d'oranger qui pendait à portée de la main; j'y trouvai onze oranges de l'espèce la plus grosse, et si serrées les unes contre les autres qu'elles en étaient déformées.

Puisque nous avons fait un pèlerinage au tombeau du Tasse, saluons aussi son berceau. La maison où il est né s'élève sur les rochers qui bordent le rivage de Sorrento. Le buste du poëte en simple terre brune orne la façade. Un corps de bâtiment, celui précisément où Torquato Tasso a vu le jour, est tombé dans la mer; mais ce qui reste encore compose une habitation de gracieuse apparence. Dans cette petite propriété de famille, que le Tasse n'aurait jamais dû quitter, se sont écoulés les jours les plus paisibles, sinon les plus heureux, de son existence. L'épisode de son voyage à Sorrento et la scène touchante de son arrivée chez sa sœur Cornélia ont été racontés par le marquis de Manso. C'était au moment de la rupture avec le duc Alphonse et de la fuite précipitée de Ferrare.

Cornélia n'avait point revu son frère depuis leur petite jeunesse ; mais ils avaient conservé l'un pour l'autre cette bonne tendresse de famille que le temps et l'absence ne détruisent jamais. Au moment de paraître devant cette sœur chérie, le poëte est assailli d'un doute affreux : « Si elle allait me recevoir froidement, » se dit-il. Cette défiance prouve mieux le mauvais état de son esprit que les accusations du duc de Ferrare. Avant d'entrer dans la ville, le Tasse imagine de se présenter sous un déguisement. Un berger qu'il rencontre lui prête des habits, — probablement ses habits du dimanche, car les paysans de Sorrento ne se piquent pas de propreté. — L'air défait du voyageur, le désordre de ses cheveux, complètent le travestissement ; il ne craint pas d'être reconnu, et il frappe avec assurance à la porte de la maison. Une servante l'introduit devant la signora Cornélia.

— Je viens de loin, dit le gardeur de moutons ; j'apporte à votre seigneurie des nouvelles de son frère.

Il étudie sur le visage de Cornélia l'effet de ses paroles. Sa sœur l'accable aussitôt de questions ; mais ce n'est point assez pour ce cœur soupçonneux. Il faut savoir encore si la dame sera bien aise que son frère lui vienne demander l'hospitalité.

— Le Tasse, dit le messager, est en route pour Sorrento. Il va bientôt venir ; dans un moment peut-être il sera en présence de votre seigneurie.

Quel coup terrible c'eût été pour lui si Cornélia eût accueilli froidement la nouvelle de son retour ! et il se pouvait cependant que le saisissement causé par ce retour imprévu prît l'apparence de la froideur. Que serait-il arrivé ? Que le malheureux Torquato, se croyant abandonné, trahi par son unique amie, serait reparti sans se découvrir, pour aller mourir de chagrin par suite d'une méprise. Heureusement les organisations méridionales n'ont pas de ces émotions concentrées qui, dans le Nord, se trahissent à peine par la pâleur et le silence. Cornélia laissa éclater sa joie, si bien que le Tasse quitta le rôle de berger pour lui sauter au cou et la presser dans ses bras.

Pendant les trois mois qu'il passa chez cette bonne sœur, dans le site le plus beau, sous le ciel le plus clément de l'Europe, accablé de soins et de caresses, Torquato sentit s'évanouir son hypocondrie et sa tristesse. La méchanceté de ses ennemis vue de loin lui sembla une illusion de malade, et en concevant le désir de retourner à Ferrare, il ne songea point que c'était encore un symptôme de cette inquiétude que rien ne pouvait guérir. On aurait peine à comprendre comment ce cœur sensible, qu'une ombre effrayait, qu'un mot mettait au désespoir, a pu préférer la vie de cour au bien-être du séjour de Sorrente, si l'on ne connaissait pas son amour pour Éléonore d'Este. Ce fut sans doute l'idée de revoir cette princesse qui le poussa fatalement à se remettre dans les mains de ses ennemis. Malgré les prières et les larmes de sa sœur, il partit pour Ferrare, et courut se jeter aux pieds du duc Alphonse. On sait que cet élan de confiance et d'affection fut récompensé par sept ans de prison.

Un dimanche matin, devant la maison du Tasse, je rêvais à ce poëte aimable, et je voyageais en souvenir avec lui sur la route de Ferrare, lorsque deux dames s'arrêtèrent à quelques pas de moi pour regarder la maisonnette et le buste en terre cuite. Elles étaient toutes deux fort belles, et l'expression douce de leur physionomie ajoutait un grand charme à la régularité de leurs traits. Comme elles se ressemblaient et qu'elles paraissaient à peu près du même âge, je devinai qu'elles étaient sœurs. Un domestique les suivait de loin, portant leurs livres de messe. L'aînée expliquait à l'autre l'épisode que je viens de raconter, et toutes deux répétaient en soupirant : « *Povero Torquato!* » Comme le soleil les incommodait, elles s'approchèrent du mur où je me tenais à l'ombre. Je m'empressai d'ôter mon chapeau ; les deux dames répondirent à mon salut par une inclination de tête. Elles parlaient le toscan pur, et je reconnus dans leur accent les sons gutturaux de Florence. Sans oser leur adresser la parole, je comptais un peu, pour entrer en conversation avec elles, sur la bonhomie des mœurs du pays et sur la communauté d'idées que la maison du Tasse devait établir entre nous. En effet, l'aînée se tourna vers moi de l'air le plus naturel du monde :

— Monsieur, me dit-elle, n'êtes-vous pas d'avis que Cornélia Sersale eut de graves reproches à se faire en laissant partir son frère pour cette vilaine cour de Ferrare où on le détestait?

— Vous en savez plus que moi, madame, répondis-je, car j'avais oublié le nom de femme de la sœur du Tasse. Mais il est probable que Cornélia n'aura rien épargné pour retenir son frère auprès d'elle, et puisqu'elle n'a point réussi, c'est qu'apparemment cela était impossible. La vie agitée devient un besoin pour certains esprits, précisément parce qu'elle leur est pernicieuse. Un cœur ombrageux et susceptible s'ennuie dans le bonheur calme. Il lui faut des secousses, des sujets de se lamenter, de s'irriter, d'accuser le ciel et la terre; et s'il manque de maux réels, il s'en forgera d'imaginaires.

— A votre compte, reprit la dame, le Tasse aurait dû s'en prendre à lui-même d'une partie de ses malheurs. Je me plais à croire, au contraire, que tout le monde conspirait à la fois contre lui, et votre opinion me choque parce qu'elle tend à rabaisser le poëte au niveau d'un homme.

— Pourquoi ne voulez-vous pas que le Tasse ait été un homme? répondis-je ; ce qui intéresse en lui, ce sont les faiblesses, les passions et les sentiments humains.

— Je suis de cet avis, dit la plus jeune dame : si le Tasse a commis des fautes, je ne l'en aime pas moins. Supposez-lui un cœur plus ferme, un esprit moins impressionnable, et vous auriez un personnage tout différent, moins à plaindre, et par conséquent moins intéressant, dont nous ne parlerions pas à cette heure au milieu de la rue. Il n'aurait point souffert, et nous n'envierions pas à Cornélia le plaisir de l'avoir guéri et consolé.

Je demandai en plaisantant à la jeune dame si elle n'avait de compassion que pour les hommes de génie.

— J'en ai pour tout être souffrant, répondit-elle. Mais voici ma sœur Luigia, dont la véritable vocation est de panser les blessures. Si vous voulez lui faire votre cour, cassez-vous un bras.

— Madame, dis-je à la sœur aînée, vous avez là un goût fort louable et qui vous donnera de l'occupation; s'il m'arrive un accident, j'aurai recours à vos soins charitables.

— Ma pharmacie et mes compresses sont à votre disposition, répondit la dame en souriant. — Mais il est temps de rentrer à la maison, ma chère Carolina. Le déjeuner nous attend.

Les deux belles Florentines m'adressèrent, de la main droite, un adieu à l'italienne et s'éloignèrent. J'étais accompagné d'un guide, ce jour-là, et je lui demandai s'il connaissait ces dames. Le domestique de place partit au galop sans me répondre, et revint au bout de cinq minutes :

— J'ai fait causer le laquais, me dit-il. Ces dames sont deux comtesses de Florence, l'une mariée à un grand seigneur, allié de la maison des Orsini, l'autre à un riche propriétaire de Fiesole. Les deux comtes font ensemble un voyage à Paris, et dans un mois ils viendront rejoindre leurs femmes à Sorrente, où elles ont loué une jolie maison de campagne, située au bout de cette rue. L'aînée, la comtesse Luigia, n'a point d'enfant; la plus jeune a un garçon de quatre ans, gentil comme un chérubin; toutes deux sont généreuses. Si votre seigneurie leur envoie des cadeaux ou leur écrit des lettres, elle m'obligera en me les faisant porter, parce qu'on me donnera la *bonne-main*.

— Modérez votre zèle, répondis-je. On n'envoie ni cadeaux ni lettres à des femmes qu'on ne connaît pas.

— Votre Excellence connaît ces dames, puisque je viens de lui donner des renseignements dont je lui garantis l'exactitude.

Ce coquin n'aurait point hésité à me conseiller une démarche impertinente dans l'espoir d'y gagner une pièce de monnaie blanche; mais, comme je ne daignais plus lui répondre, il se mit à l'écart en grommelant. Je suivis machinalement le chemin qu'avaient pris les deux comtesses, et je passai devant leur maison de campagne. C'était un joli *cottage* entre cour et jardin, avec le perron orné de piliers en briques. Des vignes et des jasmins d'Espagne garnissaient la façade, et deux citronniers en fleur montaient la garde aux deux côtés de la grille. En continuant ma promenade, je remarquai, à trente pas de cette habitation de luxe, une pauvre cabane lézardée, dont les murs s'affaissaient, soutenus par deux poteaux. La porte ouverte laissait voir un intérieur misérable et malpropre. Trois lits occupaient le fond de la chambre, qui servait à la fois de cuisine et de poulailler. Dans un coin s'élevait le perchoir où les poules venaient dormir en famille, après avoir butiné aux dépens des voisins. Une vieille femme se tenait assise près de la fenêtre, dans un état de méditation stupide, sans prendre garde à une petite fille de cinq ans, qui remuait les cendres de la cheminée avec le bout de son pied nu. Tout à coup la petite fille poussa des cris aigus, comme si on l'eût écorchée. J'entrai dans la cabane pour lui demander ce qu'elle avait; mais, au lieu de me répondre, elle cria plus fort. La vieille, que j'interrogeai, fit un rire sauvage en disant : — Brûlée ! brûlée ! c'est bien fait.

La petite fille avait renversé un poêlon contenant de l'eau bouillante et s'était brûlé le pied. Je la pris sur mes genoux et je commandai à mon guide d'aller chercher la comtesse Luigia. Au bout de deux minutes, la dame arriva, munie de sa pharmacie portative. Elle examina la blessure et la trouva grave. Les doigts et tout le côté extérieur du pied gauche étaient d'un rouge ardent. Il n'y avait autre chose à faire qu'à préserver la brûlure du contact de l'air, pour empêcher la suppuration de s'établir. On enveloppa le pied malade dans une carde de coton, entourée de linge. Ce petit pied était d'une forme charmante, et l'enfant, ravi de se voir soigné par une belle *signorina*, se croyait déjà guéri. Ses grands yeux noirs, pleins de larmes, regardaient la dame d'un air attendri, tandis que les coins de sa bouche se relevaient en souriant. La comtesse noua les bandes de linge en personne exercée au pansement des blessures ; puis elle embrassa la petite fille et la coucha sur un lit, en lui recommandant de rester en repos.

— Maintenant, me dit-elle, il s'agit de persuader à ces bonnes gens qu'ils ne doivent, sous aucun prétexte, défaire mon appareil. C'est vous, monsieur, que je charge de ce soin. Vous m'avez aidé avec intelligence. Le chirurgien en chef vous remercie, et demain matin, il espère vous retrouver ici.

Aussitôt après le départ de la comtesse, je compris les difficultés de mon rôle d'élève en médecine. La mère de la petite fille arriva tout effarée. C'était une espèce d'idiote, d'une bêtise active, qui déguisait sa fourberie rustique sous un bégaiement moitié naturel et moitié affecté. Lorsque je lui eus arraché la promesse de ne point toucher à l'appareil, elle prononça un discours inintelligible, où je crus démêler la proposition d'employer la magie au rétablissement de sa fille.

— Que diable dit-elle là? demandai-je à mon guide.

— Excellence, répondit le domestique, nous avons à Sorrente une femme inspirée, qui ne guérit pas précisément les blessures, mais qui arrête le mal au moyen de paroles magiques. A moins que votre seigneurie ne croie à Mahomet, elle n'aura pas la barbarie de s'opposer à l'emploi d'un remède si chrétien.

— Je ne m'y opposerai point, pourvu que la brûlure ne soit pas exposée à l'air.

— Dame Vittoria, dit le guide, Son Excellence nous permet d'appeler la *Maga*. Ayez patience ; je vais la chercher.

Il partit en courant et revint bientôt, accompagné d'une grande femme de cinquante ans, dont la mine sournoise, le regard farouche, les traits aquilins, les cheveux gris et le costume hétéroclite sentaient de loin la sibylle de village. Elle commença par adresser une invocation emphatique à sainte Misère et à saint Accident, dont la fête revient souvent sur le calendrier du pauvre, puis une prière à sainte Marguerite, patronne de l'enfant; ensuite elle posa sa main droite sur le pied malade, en récitant des mots baroques qui n'exprimaient rien dans aucune langue. Pendant ce temps-là, dame Vittoria se tordait les bras et feignait de pleurer, dans le but évident d'exciter ma pitié. Un garçon de dix ans arriva sur ces entrefaites ;— c'était Ciccio, le frère aîné de la petite fille.— Ciccio crut sa sœur en danger de mort, et cria comme un aigle. Au milieu de ce vacarme, la grand'mère, sortant de sa léthargie, prit ses béquilles et se traîna jusqu'au lit de l'enfant. Pour imiter la sorcière, elle étendit sa main tremblante au-dessus de l'appareil et récita une espèce de prophétie :

— Qu'il brûle, brûle, disait-elle, le petit pied; qu'il reste boiteux pour la vie. — Elle ne guérira pas, la pauvre Ritella[1]. — Il ne faut pas qu'elle guérisse. — Mais, sur ce pied boiteux, elle ira clopinant à la fortune. — Riche, elle deviendra demoiselle, *comtessine, ricca, ricca, richissima !*

La vieille s'échauffant se mit à divaguer avec un enthousiasme qui domina celui de la sorcière. Dame Vittoria m'adressa ensuite une supplication avec accompagnement de bégaiement dont aucun artifice typographique ne pourrait donner l'idée. Il s'agissait de payer la *maga*, et l'on comptait sur moi pour remplir cette formalité nécessaire à la cure. Une pièce de deux carlins apaisa les pleurs, les cris et les invocations. La vieille retourna sur son siége, et je sortis de la maison, aussi étourdi que Faust après son excursion au sabbat.

Le lendemain je revins chez Vittoria, qui me raconta longuement son histoire. Elle était veuve d'un pêcheur, moissonné par le choléra, et travaillait à la journée pour élever ses enfants et nourrir sa vieille mère. Ciccio, robuste et intelligent, servait un patron de barque en qualité de mousse. Il espérait obtenir avant deux ans la solde de matelot; mais son appétit coûtait cher. Quant

---

[1] *Ritella* est le diminutif de *Margarita*.

à la petite fille, à moins que la sainte Vierge, touchée de son innocence, ne lui fît rêver un terne à mettre à la loterie, elle devait être, pendant bien des années encore, une bouche inutile et un fardeau dans la maison. Ces discours, qui m'inspiraient une pitié mêlée de dégoût, furent interrompus par l'arrivée du chirurgien en chef. Au premier regard que la comtesse jeta sur l'appareil, elle reconnut qu'on y avait touché. Le coton et les linges étaient imprégnés d'huile. L'enfant soutenait qu'on n'avait point dénoué les compresses, et répondait oui ou non, selon les signes que lui faisait sa mère. Dame Vittoria se retranchait derrière les bégaiements et les mots vides de sens.

— Écoute-moi, Ritella, dit la comtesse : si tu mens, je t'abandonne et tu ne me reverras plus.

A cette menace, la petite fille fondit en larmes et confessa ingénument la vérité. Des commères du voisinage avaient apporté leurs remèdes de bonne femme, et l'on avait décidé qu'il fallait mettre de l'huile sur la brûlure. Pour soustraire l'enfant aux dangers de la médecine populaire, la comtesse ne trouva d'autre expédient que de l'enlever à sa stupide famille. Je pris Marguerite dans mes bras et je l'emportai. Quand elle se vit installée sur un sopha, au milieu du luxe, dans une belle maison de plaisance, elle se crut chez quelque fée bienfaisante. Le petit garçon de la comtesse Caroline lui offrit tout ce qu'il possédait de jouets et d'images. A la nuit, on renvoya la malade chez sa mère, et le lendemain un domestique vint encore la chercher. Plusieurs jours s'écoulèrent ainsi, et Marguerite s'accoutumait au régime nouveau pour elle des friandises et des caresses. Cependant la guérison n'avançait point. La comtesse s'alarmait de la responsabilité qui pesait sur elle. Un matin, je la trouvai consternée :

— Regardez, me dit-elle : ces linges sont pleins de sang. Quelqu'un a dérangé l'appareil avec une mauvaise intention évidente. Marguerite oppose un silence opiniâtre à mes questions.

— Il faut la faire mettre en prison, dis-je en prenant le ton d'un tyran de mélodrame. Allons, Marguerite, prépare-toi. Je vais te porter moi-même *in carcere.*

La pauvre Ritella promit en pleurant de ne rien cacher. Elle nous apprit alors que, pendant la nuit précédente, sa grand'mère lui avait arraché ses bandages, en lui disant que c'était pour son bien et qu'elle deviendrait demoiselle de qualité par adoption.

— Quelle perversité! s'écria la comtesse. Les misérables estropieraient leur fille pour s'en débarrasser. J'en suis à regretter d'avoir entrepris une œuvre charitable. Je ne veux plus avoir affaire à ces ingrats. Faites-moi le plaisir de reporter l'enfant chez sa mère.

Je représentai à la signora qu'en cédant à un mouvement de colère, fort légitime d'ailleurs, elle se préparait des remords, et que, si j'exécutais ses ordres, Marguerite pourrait bien rester boiteuse. La comtesse Caroline fut de mon avis, et pria sa sœur de commencer par guérir la malade. On dressa un lit de camp dans un cabinet de toilette, et Ritella, au comble de ses vœux, eut un appartement dans le palais des fées. Cette mesure extrême devint le sujet d'une rumeur publique à Sorrente. Les pauvres de la ville auraient brûlé vif tous leurs enfants pour obtenir la même faveur. On les voyait rôder autour de la maison, et engager des colloques avec les domestiques, pour faire savoir aux comtesses florentines que Vittoria ne méritait point leur intérêt, et chaque dénonciateur se chargeait d'indiquer un placement meilleur à la générosité de ces dames.

Les choses en étaient là, lorsque je partis pour Amalfi. A mon retour, je trouvai la disposition des esprits fort changée. L'enfant, hors de danger, avait été rendu à ses parents. Vittoria, renonçant à l'idée de faire adopter sa fille, tournait ses batteries d'un autre côté. Elle accusait les deux comtesses d'avoir employé, par méchanceté ou par ignorance, des remèdes dangereux et inusités. Cette calomnie était inventée à l'appui d'une demande d'argent. Ce n'était pas trop de cinq cents ducats pour un pied boiteux. Provisoirement Marguerite fut appelée la *zoppa*, c'est-à-dire la *boiteuse*. Les deux dames auraient capitulé par faiblesse, si je ne leur eusse proposé de mettre fin à cette intrigue. Je me rendis chez Vittoria et je lui reprochai sévèrement la bassesse de sa conduite.

— Excellence, me répondit-elle, je ne me plaindrais pas si le bon Dieu eût repris mon enfant pour en faire un ange dans le ciel, car elle n'a pas encore l'âge de raison et de péché, la pauvre petite, et c'eût été un grand soulagement pour notre misère. Mais avec son pied brûlé, à quoi veut-on que je l'emploie quand les forces lui viendront? Il fallait la garder ou me la rendre bien guérie, et non pas boiteuse pour la vie, comme l'atteste le sobriquet de *zoppa* que les enfants du pays lui ont déjà donné.

— Vous mentez impudemment, dis-je; votre fille est parfaitement guérie. Elle n'a plus besoin que de repos, et si, par malheur, elle devenait boiteuse à présent, c'est que vous l'auriez mutilée exprès. — Voyons, Marguerite, essaie un peu de marcher.

— *Che buò caminà!* répondit l'enfant d'un air rusé.

— Comment! tu ne peux pas marcher! te moques-tu de moi?

— *Gnor no.*

Marguerite se leva de son escabeau et traversa la chambre en boitant avec affectation.

— Je vois bien, repris-je, que vous êtes tous des fourbes et que vous vous entendez pour tromper vos bienfaitrices; mais cette comédie aura le résultat contraire à celui que vous espérez. Vous oubliez que je suis là pour rétablir la vérité des faits.

— Nous savons bien, répondit Vittoria, que la justice ne donnerait point raison à de pauvres gens comme nous. Si les très-estimables comtesses voulaient écouter favorablement nos plaintes, nous consentirions à rabattre la moitié de nos prétentions.

— Vous n'aurez pas seulement un *grano*, dis-je en frappant du pied, et je ne sais à quoi tient que je ne vous conduise à l'instant même au bureau de la *polizia*.

La vieille, assoupie jusqu'alors dans son fauteuil, releva la tête, prit ses béquilles et se dirigea vers la porte en murmurant d'une voix chevrottante :

— *Iamo, iamo!*

— Où voulez-vous aller? lui demandai-je.

— A la *polizia*, tous ensemble à la *polizia*, pour nous expliquer devant le seigneur commissaire.

J'avais mal choisi mon épouvantail, et la menace manquait son effet. Il fallait chercher un autre sujet de crainte.

— Ne vous mêlez point de cette affaire-là, dis-je à la grand'mère; car si vous m'obligez à m'occuper de vous, je prouverai que vous avez arraché les appareils de la blessure pour l'empêcher de se guérir; et comme on ne peut attribuer une pareille action qu'à la méchanceté ou à la folie, vous aurez à choisir entre la prison ou l'hôpital. Prenez-y garde : je vous ferai enfermer soit au *castello*, soit à la *pazzaria*, et quand vous mourrez, on donnera votre corps aux professeurs d'anatomie.

Un seul de ces trois mots, la prison, l'hospice des fous ou l'autopsie, aurait suffi pour abattre une âme plus fortement trempée que celle de la pauvre vieille. Comme si elle eût déjà senti la lame froide du scalpel pénétrer dans ses chairs, elle poussa un grognement plaintif, et regagna son fauteuil en me souhaitant la fièvre jaune. Je ne fis point semblant d'entendre cette malédiction, et je me tournai vers donna Vittoria :

— Quant à vous, poursuivis-je, si vous continuez comme vous avez commencé, non-seulement vous n'obtiendrez rien des deux comtesses, mais il deviendra clair et certain que la misère a fait de vous une mère dénaturée. Or, il y a un lieu de refuge, à Naples, pour les femmes qui n'ont point de moyens d'existence. Je solliciterai une place pour vous à l'*albergo dei poveri*, et vous tisserez de la toile jusqu'à votre dernier jour dans les ateliers du bon gouvernement.

Les hurlements de Vittoria m'apprirent que j'avais encore découvert une corde sensible. Marguerite unit sa voix à celle de sa mère, et je me réjouissais intérieurement de mon succès, lorsque le petit Ciccio vint se placer devant moi dans une attitude théâtrale.

— Excellence, me dit-il, on ne met à l'*auberge des pauvres* que les gens dont les enfants ne savent pas gagner leur vie. Je suis d'âge à nourrir ma mère par mon travail, et je la nourrirai, avec votre permission et l'aide de la Madone.

— Oui dà! et comment t'y prendras-tu?

— C'est mon affaire, répondit le petit garçon en me regardant d'un air fier et résolu; mais si Votre Excellence, au lieu de nous vouloir mal, daignait nous témoigner quelque intérêt, je lui ferais part de mes moyens d'existence.

— Parlez, seigneur Ciccio; je vous *exhibe* mon intérêt et ma protection.

— Eh bien donc, reprit le petit bonhomme, à la fin de ce mois, je recevrai de mon patron une paye de deux piastres. Avec cela, j'achèterai une *fouine* et une torche de résine, et je pêcherai des dorades au flambeau pendant la nuit, comme feu mon père.

— Et combien espérez-vous gagner à ce métier?

— Cinq ou six carlins par chaque nuit de pêche, selon que la Madone me sera plus ou moins favorable.

— Voilà qui est fort différent, seigneur Ciccio. Il y a dans cette maison un homme, un chef de famille, et de plus un honnête cœur et un gentil garçon. Ma colère s'éteint; mes menaces sont vaines, et vous m'avez fermé la bouche. Je n'ai pas envie de me faire une querelle avec un gaillard tel que vous. Achetez une torche et une *fouine* à pêcher la dorade. Va, tu prospéreras, mon ami. La Madone protége les bons fils. Mais, puisque tu as tant de raison et d'intelligence, dis à ta mère, quand je serai parti, qu'elle a commis faute sur faute, qu'on lui voulait du bien et point de mal, que si elle n'a rien obtenu par la fourberie, elle pouvait tout espérer de la générosité des deux comtesses avec une conduite meilleure et de la probité. Tu ajouteras qu'en ne donnant plus aucun sujet de mécontentement aux belles *signorine*, elle pourra s'attendre encore à recevoir quelque présent, non pour elle ni pour sa fille, qui est une petite rusée, mais pour son fils, l'honnête Ciccio, pêcheur à la *fouine*, sur les côtes de Sorrente.

Vittoria, plus touchée de la promesse que des remontrances, renonça aux intrigues et se tint en repos.

Obligé de retourner à Naples, j'avais fait mes adieux aux dames florentines, et j'allais monter dans une voiture qui partait pour la station du chemin de fer, lorsque j'aperçus Ciccio portant Marguerite sur son dos d'un air tendre et paternel, où la gravité du protecteur et du chef de famille formait un charmant contraste avec les grâces de l'enfance. L'idée me vint que la signora Luigia ne pourrait voir ce groupe naïf sans en être émue. Une paysanne offrait des fleurs aux voyageurs; je lui achetai deux gros bouquets de roses, et je commandai à Ciccio d'aller les offrir de ma part aux deux comtesses. Le petit garçon s'éloigna chargé de son fardeau, et le carrosse de louage prit la route de Castellamare.

Six mois après, en passant à Florence, je rendis une visite aux belles dames que j'avais rencontrées à Sorrente. Quelle fut ma surprise en trouvant au salon Marguerite, vêtue en fille de qualité, comme le lui avait prédit sa vieille grand'mère !

— C'est à vous, me dit la comtesse Caroline, qu'elle doit cette transformation. Nous avons compris dans quel but vous nous aviez envoyé les bouquets de roses, et voyant que vous conspiriez contre nous avec Vittoria, nous avons cédé à une cabale si bien organisée. Ma sœur, n'ayant point d'enfant, s'est décidée à prendre la *zoppa* et à l'élever. Marguerite est jolie comme un ange et remplie d'intelligence; mais elle a beaucoup de défauts, et nous aurons plus de peine à la guérir de la fourberie, du mensonge et de la coquetterie que de sa brûlure au pied. Un jour, elle a volé un bracelet de perles fines, pour le mettre à son cou, et tandis que la femme de chambre, au désespoir, remuait toute la maison, Marguerite se pavanait, étranglée par son collier. Les domestiques, indignés, firent une émeute. Nous aurions renvoyé la coupable à sa mère, s'il n'eût été prouvé que le mobile de ce grand crime était l'envie de se parer et non la cupidité. Il y eut des larmes répandues à ce sujet, des punitions subies avec plus de douceur que de repentir sincère, et puis la faute a été pardonnée, en attendant d'autres fautes.

Depuis mon retour en France, Marguerite a beaucoup grandi; en se corrigeant peu à peu de ses mauvais penchants, elle a conquis tout à fait l'amitié de ses protectrices. Dans trois ou quatre ans, elle se mariera, grâce à la dot que lui assure la comtesse Luigia et au trousseau que lui promet la comtesse Caroline.

XXI

ENVIRONS DE NAPLES

Piedigrotta. — Les grenouilles du lac d'Agnano. — La grotte du Chien. — Expérience manquée. — La Solfatare. — Pozzuoli. — Le temple de Sérapis. — Baïa. — La mer Morte. — Les huîtres du lac Fusaro. — Promenade en barque. — Procida. — Costume. — Ischia. — Eaux minérales. — Capri. — Le mont Solaro. — Le colonel Hudson Lowe. — La grotte d'Azur.

De Sorrente, où nous étions tout à l'heure, il est facile de se rendre en barque à l'île de Capri ; mais nous y arriverons bientôt par une autre voie. Pendant tout l'été, les affiches et la quatrième page de la *Gazette des Deux-Siciles* donnent au public des avis de ce genre : « Dimanche prochain, à six heures du matin, le bateau à vapeur le *** partira de Naples (le temps le permettant), et fera le tour du golfe, en touchant à Pozzuoli, Baïa, Procida, Ischia, Capri et Sorrento. » N'aimant pas à être pressé, j'ai consacré à chacun de ces endroits une promenade particulière ; mais, pour aller plus vite, je mènerai volontiers le lecteur comme par un train de plaisir.

Au moment de sortir de Naples par la grotte de Pausilippe, on voit une petite église, autour de laquelle s'assemble toute la population le jour de la Notre-Dame de septembre. Les livres, les tableaux et même les ballets de l'Opéra ont assez fait connaître cette fameuse fête de Piedigrotta. Passons devant l'île de Nisita, qui ressemble à un gros mastodonte flottant. La première curiosité que nous rencontrons est le lac d'Agnano, dont les eaux paraissent toujours bouillir, bien qu'en y plongeant la main on ne sente aucune chaleur. Ce bouillonnement vient des gaz que dégage le terrain et qui montent sans cesse à la surface. Le lac d'Agnano est surtout remarquable par la quantité prodigieuse de grenouilles qu'il engendre.

Tout près du lac, on voit un rocher creux fermé par une porte en bois, dont un gardien conserve la clef. Dans ce recoin, le gaz acide carbonique, exhalé par le terrain, s'amasse en grande quantité. Le gardien, du plus loin qu'il aperçoit des étrangers, accourt, tenant sa clef d'une main et de l'autre un chien qu'il mène en laisse. Le chien, ayant le nez près de terre, respire le gaz et ne tarde pas à éprouver les effets de l'asphyxie. Le jour que j'assistai à cette cruelle expérience, le pauvre animal tomba en syncope avant que la porte fût ouverte ; soit pour en finir plus tôt, soit que l'habitude d'être sans cesse empoisonné et désempoisonné comme le marquis de Brinvilliers, eût altéré sa constitution, il s'évanouit, tandis que son maître mettait la clef dans la serrure. Mes compagnons cherchèrent d'autres victimes. Un guide prit une douzaine de grenouilles qu'il déposa dans la caverne ; mais apparemment le gaz n'exerçait aucune action sur des poumons d'amphibies : au bout d'un quart d'heure, les grenouilles sautillaient en parfaite santé. Pour cette fois, l'expérience de la Grotte-du-Chien fut tout à fait manquée. Peu de jours après, j'ai su que le gardien avait mis son chien à la retraite et s'en était procuré un autre.

Entre le lac d'Agnano et Pouzzoles, on rencontre la Solfatare, volcan à demi-éteint, que Strabon appelait poétiquement le Forum de Vulcain. La Solfatare eut de fréquentes éruptions jusqu'à l'an 1198 de l'ère chrétienne. Depuis lors il n'en sort plus que de la fumée, quelquefois des flammes accompagnées de pétillements et d'une forte odeur de soufre, mais point de lave ni de cendre. Le cratère, de forme ovale, mesure cinq cents mètres en longueur sur trois cents en largeur. La fumée, moins épaisse que celle du Vésuve, suffoque bien davantage, parce qu'elle se compose en grande partie de gaz hydrogène sulfuré.

Qui pourrait reconnaître aujourd'hui la vieille cité de Pozzuoli, le port le plus riche de la Campanie, la ville de guerre dont Annibal n'a pas pu achever le siége, et que les historiens appelaient la *petite Rome?* où sont ses vastes remparts, ses murs d'enceinte, ses temples, ses basiliques, ses immenses magasins de marchandises, ses convois de navires partant pour l'Afrique, l'Orient, la mer Noire? Les trois invasions des barbares ont commencé la ruine de Pouzzoles; mais le temps et le déplacement de la civilisation lui ont fait plus de mal que la fureur de Genseric. La cathédrale, ancien temple d'Auguste, contient encore plusieurs belles colonnes d'ordre corinthien. La statue de Tibère, qui ornait une des places, a été transportée au musée Borbonico. A peu de distance de la place de la *Malva,* s'élevait le magnifique temple de Sérapis, dont il reste quarante-deux chambres et une grande salle, où l'on voit les indices d'appareils pour les douches et les bains de vapeur. Sérapis, qui était un dieu fort vénéré à Memphis, vint en Italie pratiquer la médecine, après la conquête de l'Égypte. Ses prêtres étaient versés dans l'art de guérir, et ce qui prouve leur habileté, c'est le choix qu'ils ont fait de Pouzzoles pour y établir leur temple sur les sources même des eaux thermales. Grâce aux vertus de ces eaux, le crédit de Sérapis se soutint longtemps; mais comme il faut que tout dégénère, ces maisons de santé devinrent peu à peu des lieux de débauche, où les malades ne venaient plus et d'où les gens bien portants s'en allaient malades.

Du temple de Sérapis, on monte par un sentier à degrés jusqu'à l'église de Saint-François, située sur une hauteur. De là on découvre tout le port de Pouzzoles. Treize piliers sortent encore de la mer, sur lesquels était jadis une galerie couverte où les habitants allaient guetter l'arrivée des flottes marchandes. En se pro-

menant en barque hors du port, on aperçoit au fond de l'eau d'autres piliers qui devaient supporter l'immense pont projeté par Caligula pour joindre Pouzzoles à Baïa. Si le pont ne fut pas achevé, ce n'est point à cause de la grandeur et de la difficulté de l'entreprise, mais parce que ce travail énorme eût été complétement inutile. Sur la rive voisine sont deux murailles romaines qui ont appartenu à des bains publics de la même dimension que ceux dont nous avons parlé à Rome.

Si nous suivons, en barque, la ligne marquée par les piles sous-marines du pont de Caligula, nous arrivons à la mer Morte, qui est tout simplement une anse profonde et sinueuse dont le cap Misène forme un des côtés. Les eaux de cette anse, protégées contre tous les vents, demeurent calmes dans les temps d'orage. Toute cette côte de Pouzzoles, de Baïa et de Cumes fut couverte autrefois de maisons de plaisance dont jamais on ne reverra les pareilles. C'étaient les *villas* de Marius, de Jules César, de Pompée, de Crassus, d'Adrien, de Domitien, etc. On ne voyait que palais, théâtres, temples, bassins de marbre, piscines, bosquets mystérieux, portiques, colonnades, fontaines, statues et mosaïques. Strabon, qui avait parcouru l'Asie, ne trouvait à comparer à ces lieux de délices que les palais des rois de Perse. Pas un pouce de terre qui ne fût illustre. Là Homère avait fait aborder Ulysse, échappé des filets de Circé. Ici Virgile avait conduit Énée. Plus loin Hercule avait déposé son butin rapporté d'Espagne. Tout Romain lettré voulait connaître ces lieux tant de fois chantés. Et la grotte de la Sibylle, et le lac d'Averne, et les bois sacrés devenus des retraites voluptueuses réservées aux puissants de la terre. Pour avoir maison de campagne à Baïa, il fallait commencer par devenir consul ou général, détrôner quelque roi, s'il en restait encore, ruiner quelque province sous le prétexte de l'administrer, ou bien plaire à l'empereur, flatter César et faire du chemin à la cour. Horace ne manqua point de venir à Baïa; il y mena si joyeuse vie qu'il y gagna une ophthalmie chronique. Octave, Antoine et

Lépide y formèrent en soupant leur triumvirat, — traité sous-seing privé, non signé de bonne foi, dont un des associés se joua des deux autres.

Pour un morceau de pain, on aurait aujourd'hui ces terrains dont il fallait couvrir la superficie de pièces d'or. La nature elle-même y semble endormie. Les rochers seuls n'ont point changé d'aspect et la même fraîcheur règne dans leurs cavités, où demeurent paisiblement les chauves-souris. Hormis la grotte de la Sibylle, qui est encore une grotte, le lac d'Averne, qui reste lac, tous les souvenirs de Baïa et de Cumes, dont les guides prétendent vous faire toucher du doigt les indices visibles, sont autant de véritables attrapes. Il n'y a pas de trou, de flaque d'eau salée, de pierre, qui ne porte quelque nom romain : « Voici la villa du préteur Servilius Vacca. Regardez, excellence, la maison de campagne de Germanicus, le tombeau d'Agrippine, l'étuve de Néron, le temple de Diane et celui de Vénus. » — Et vous voyez quelques fondations de thermes, quelques restes de piscine ou de bassin; le plus souvent une fondrière, quelquefois rien absolument. L'impatience vous prend : au diable Néron, Agrippine et Vacca! Faisons un pas de plus, et sur l'autre rive du cap, allons manger des huîtres. Le lac de Fusaro est une sorte de petite lagune ou d'étang salé, dans lequel sont parquées des huîtres qui ne le cèdent en rien à celles de Marennes; un gardien les tire de l'eau par douzaines et vous en sert autant que vous en souhaitez. Lucullus n'a jamais rien offert de meilleur à ses convives. Chez les traiteurs de Naples, il faut demander des huîtres de Fusaro et du vin blanc de Capri.

La barque à deux rameurs prise à Pouzzoles vous mènera promptement du cap Misène à Procida, dont les habitants sont d'habiles pêcheurs et de bons marins. Le jour que j'abordai dans cette île avec mes compagnons habituels, notre barque avait été signalée de loin. En entrant dans la ville par une rue montante, nous vîmes des femmes du peuple s'enfuir devant nous, tandis qu'une bande de commères venait nous engager à entrer dans une maison d'assez laide apparence.

— *Mo, mo!* excellence, disait une de ces femmes; on habille la mère et la fille. Tout à l'heure elles seront prêtes.

— Quelle jeune fille et quelle mère? demandai-je.

— Est-ce que vos seigneuries ne veulent pas voir les costumes de Procida, nos beaux habits des jours de fête?

Nous entrâmes dans la maison. Au bout de cinq minutes, deux femmes, l'une vieille et l'autre jeune, vinrent se poser en face de nous.

— *Signorini*, dit la mère, voici le costume des femmes de Procida.

Ce costume se composait de deux jupes de différentes couleurs, dont une, celle de dessus, en taffetas noir, ample et fendue par devant. Le corsage montant, à manches longues, était recouvert d'une guimpe en triangle assez disgracieuse. La jeune fille, aussi engoncée que sa mère, avait perdu tous les agréments de son âge sous cet amas d'étoffes où l'on ne distinguait plus aucune forme humaine; elle me parut dix fois plus jolie quand elle eut repris ses cotillons déchirés. Nous donnâmes une piastre pour cette belle exhibition, et chacun de nous emporta trente puces dans ses bas.

Ischia, cinq fois plus grande que Procida, est un volcan éteint dont les éruptions ont laissé des souvenirs terribles. Le dernier cataclysme arriva en 1302, sous le règne de Charles II d'Anjou. L'île entière offrit le spectacle d'un immense incendie. La ville, dix ou douze villages et un nombre considérable de maisons de campagne, d'établissements de bains et de hameaux de pêcheurs, furent détruits par les flammes. Depuis lors, le mont Epomeo a fermé son cratère. Une végétation aussi riche que celle de la Sicile a couvert cette masse de laves refroidies, et les côtes se sont repeuplées de nouveau. On aborde Ischia en passant devant le château fort construit sur un champignon volcanique. Du fond de la crique où s'amarrent les barques, un chemin taillé sur les flancs d'un rocher de basalte conduit à la ville située à deux cents mètres au-dessus du niveau de la mer. Le même chemin fait le tour presque entier de l'île, toujours suspendu aux parois des rochers où des cônes de laves. Partout se sont élevées de charmantes habitations, dans des sites admirables, entourées de jardins, de clos de vignes et de vergers. On ne voit que maisonnettes, pavillons, *casinos*, terrasses, kiosques, tonnelles et cabinets de verdure. Tous les villages de l'île possèdent des établissements d'eaux minérales, et le séjour en est d'autant plus agréable que la moitié des malades se portent à merveille.

Capri, où l'on arrive après quatre grandes heures de voyage en barque, n'est point comme Ischia le rendez-vous de la *fashion* napolitaine; on y distingue à peine quelques traces fugitives des résidences impériales. Comme à Baïa, ce que les guides appellent ruines n'est le plus souvent que l'emplacement d'un temple ou d'un palais. Tibère avait pourtant fait construire dix ou douze *villas* magnifiques sur divers points de Caprée; il s'en allait manger dans l'une, dormir dans l'autre, et se livrer dans une troisième à quelque orgie absurde à force de raffinement, toujours changeant de lieu, toujours sombre, inquiet, soupçonneux. Il ne reste plus à Capri que deux villages, des clos de vignes et de modestes auberges, où le promeneur, affamé par la traversée, dévore une omelette avec plus d'appétit que n'en eut jamais Tibère. Ce qui ne variera point, c'est la position de l'île et le belvédère du mont Solaro. Un chemin, ou plutôt un escalier de cinq cent cinquante marches conduit au sommet du rocher, qui forme la tête de la chèvre. Du haut de ce balcon, vous voyez à la fois les deux golfes de Naples et de Salerne, séparés par la côte de Sorrente, d'où le vent de sud-est apporte jusqu'à vous les parfums des fleurs d'orangers, et vous pouvez suivre du regard toutes les sinuosités du rivage, depuis le cap Misène jusqu'à la plage déserte de Pestum.

En 1805, quinze cents Anglais, fortifiés dans l'île de Capri, se croyaient inexpugnables. Murat enrageait de voir flotter le drapeau ennemi des fenêtres de son palais. Un soir, un corps d'expédition partit de Naples dans de petites barques, et se glissa le long des rochers à pic. Quatre cents Français trouvèrent le moyen de grimper avec des échelles. Le lendemain, on entendit pendant toute la journée le vacarme de la fusillade; avant le coucher du soleil, le drapeau tricolore était arboré sur la cime du mont Solaro. La garnison anglaise, commandée par le célèbre Hudson-Lowe, avait capitulé.

En tournant autour de l'île, vous rencontrerez, du côté qui fait face à Sorrente, au pied des rochers les plus escarpés, une sorte de lucarne à fleur d'eau, devant laquelle vos rameurs ne s'arrêteraient point, si deux nageurs intrépides n'eussent osé s'y introduire il y a peu d'années; ce trou est l'ouverture de la fameuse grotte d'azur. On n'y pénètre que par les temps calmes, lorsque la mer n'a point de vagues, encore faut-il se servir d'un batelet tout petit et à deux places. A peine a-t-on franchi l'entrée que les lois ordinaires de la lumière sont renversées; l'eau sur laquelle vous voguez devient lumineuse, tandis que les ténèbres règnent sur votre tête. Mais bientôt, l'œil s'accoutumant à l'obscurité, vous voyez une grotte élevée, avec des détours et des piliers naturels en stalactites. Tout l'intérieur paraît couvert d'une teinte bleue. Vous flottez dans un nuage d'azur et votre barquette semble glisser sur un élément inconnu aussi léger que l'air. Votre raison déroutée cherche à comprendre pourquoi la coquille qui vous porte ne descend pas se poser sur le lit de la mer où vous distinguez clairement les herbes et les cailloux, à vingt pieds de profondeur. C'est dommage de pouvoir expliquer en deux mots un si charmant prodige : l'entrée, étroite au niveau de l'eau, n'est que le sommet d'une grande ouverture triangulaire fort large à sa base, et qui repose sur le fond de la mer. Pour pénétrer dans la grotte, la lumière passe donc à travers l'eau et arrive de bas en haut. De là le demi-jour de l'intérieur, la transparence de l'eau et la réverbération de l'azur du ciel.

L'inspection du golfe et des îles étant achevée, retournons à Naples, non pour y rester, mais pour nous embarquer sur un de ces bateaux à vapeur dont les cloches invitent sans cesse les étrangers à faire le voyage de Sicile.

LA SICILE

XXII

DE MESSINE A CATANE

Les prétextes. — Le cap Faro. — Changements dans le climat. — Messine. — Une procession de pénitents. — La mer Ionienne. — Prodiges de végétation. — La figue d'Inde. — Plantes et animaux. — Un lézard en bonne compagnie. — Taormine. — Théâtre grec. — Le village des *Jardins*. — Nuit blanche. — Recettes contre les inconvénients du climat. — La grotte de Galatée. — Un châtaignier monstre. — Catane. — Les toppatelles. — Visite à âne. — Nicolosi. — La canne du docteur Gemmellaro. — Ascension peu dangereuse sur l'Etna.

Le touriste indépendant hausse les épaules en apprenant qu'on n'obtient point la permission de parcourir la Sicile sans dire le but de son voyage au bureau de la *polizia;* mais cette formalité semble moins vexatoire lorsqu'on voit que le premier prétexte venu est accepté sans examen. Le permis de séjour en Sicile ne se refuse jamais aux négociants, aux artistes, aux savants, aux gens de lettres, aux antiquaires. Tout le monde a le droit de s'intituler archéologue. On peut encore faire une petite toux sèche et assurer qu'on a besoin de respirer l'air de Palerme. Pour moi, je me bornai à exprimer le désir de connaître le bon docteur Gemmellaro, qui demeure dans l'Etna, et ce motif parut excellent. Au fond, l'essentiel est de payer deux ducats et de n'avoir point de munitions de guerre dans ses bagages.

En été, les bateaux à vapeur de la poste, qui partent de Naples à six heures du soir, passent le détroit de Capri avant la nuit. Vous avez le temps d'observer, aux dernières lueurs du soleil couchant, le littoral du golfe de Salerne et la chaîne des montagnes nues, rougeâtres et calcinées des deux Calabres, dont les sommets les plus lointains se dessinent encore nettement sur le ciel pur de l'horizon. Quand le jour revient, vous vous approchez sans aucun risque des deux fameux écueils de Carybde et Scylla. Un promontoire, situé sur la côte de Sicile, vous dérobe la vue de Messine ; ce point sert à désigner les grandes divisions du royaume : Sicile en deçà du *Faro* et Sicile au delà du *Faro*. Dès que vous avez tourné le cap, vous pouvez mesurer d'un coup d'œil la largeur du détroit. A gauche paraît le petit port de San-Giovanni sur la pointe de la botte italique ; à droite se déploie le panorama de Messine : les quais, le dôme, les campaniles, la promenade garnie d'arbres, les terrasses formant des étages sur le penchant du promontoire, et le vaste port entouré de son môle comme d'un grand bras plié.

N'ayant qu'un petit nombre de pages à consacrer à la Sicile, je ne m'arrêterai ni à ses fables originelles, ni à son histoire, qui se rattache à celles de la Grèce, de Rome et de Naples. Depuis le siége de Syracuse par les Romains, chaque recensement a constaté un décroissement dans la population de la Sicile. Le nombre des habitants a été de six millions ; on en compte aujourd'hui un million et demi. Ce ne sont pas les déprédations des préteurs romains qui ont amené là ce beau pays, mais la tyrannie des vice-rois espagnols, dont les trois quarts ont été de petits Verrès, contre lesquels Cicéron n'est point revenu plaider. Le grand orateur ne reconnaîtrait plus cette province, dont le malheur l'avait ému. Mais si la Sicile a perdu tous les dons de la fortune, rien ne peut lui ôter ceux qu'elle a reçus de la nature, et sa beauté ravit encore sous les haillons de la misère.

Au lever de ce premier jour, dont nous parlions tout à l'heure, le touriste matineux, assis sur le pont du bateau, sera frappé d'un changement considérable dans le climat. L'éclat de la lumière, la crudité des tons, l'indigo foncé de la mer, tout annonce que, pendant le trajet de soixante lieues exécuté de nuit, vous avez atteint

les dernières limites de l'Europe méridionale. L'aurore aux doigts de rose a jeté sur ses épaules une écharpe d'écarlate. Encore un pas et vous toucheriez au degré de Carthage, car la ligne que décrit le soleil pour se rendre de Messine en Andalousie rencontre la côte africaine au point où est située la ville de Bone, et le vent de simoun apporte souvent à Palerme la poussière brûlante du désert.

Il y a quelques années, les vaisseaux et les navires de commerce ne pouvaient aborder sur aucun point de la Sicile, hormis dans les cas de péril extrême, de sorte que l'île entière demeurait dans les conditions d'un blocus permanent, comme si elle eût été en guerre avec le monde entier. Aujourd'hui, le port de Messine est ouvert aux bateaux à vapeur de Marseille, qui en ont fait une de leurs escales. Cette innovation a produit un effet sensible, et donne à la ville plus de mouvement; cependant des trois grands chefs-lieux de la Sicile, Messine paraît encore le moins animé. L'université de Catane attire la jeunesse; les gens qui veulent secouer leur ennui et dépenser quelques piastres pour leurs menus plaisirs se rendent à Palerme, le lieu du monde, après Naples, où l'on sait le mieux s'amuser. Pendant une demi-journée, j'ai joui du spectacle que devait offrir Messine dans le temps de Philippe II. Une armée de pénitents de couleurs différentes, tous encapuchonnés et masqués, parcourait la ville et emplissait l'air de murmures lugubres. Je regardais dans la cathédrale une chaire en marbre admirablement ciselée par Gagini, le Benvenuto Cellini de la Sicile, lorsque ces personnages de mélodrame envahirent l'église, comme la procession des âmes du purgatoire dans le *Don Juan* de M. Mérimée; au bout d'un quart d'heure, je les retrouvai au coin de la rue Saint-Ferdinand, toujours répétant leur chant funèbre. Enfin, relancé sur le quai pour la troisième fois, je rentrai à l'hôtel de la Victoire, et je conclus un marché de deux jours avec un voiturin de Catane. D'autres étrangers, arrivant de Naples, et fâchés de ne plus entendre ni rires, ni chansons, ni roulements de carrosses, prenaient leurs mesures pour commencer leur tournée en Sicile. C'est aussi ce que nous allons faire.

Je ne sais pourquoi, au moment de donner des arrhes à un voiturin, on lui adresse des questions sur les auberges et les ressources du pays; rien n'est plus inutile. L'homme interrogé a-t-il jamais promis au voyageur autre chose que des gîtes parfaits et des repas exquis? Cependant les guides, muletiers et voiturins de la Sicile ont sur cet article une sorte de loyauté dont il faut leur tenir compte : c'est de bonne foi qu'ils vous promettent des lits moelleux et des festins succulents. Ces taudis malpropres dont ils vous font des descriptions pompeuses, ils les admirent sincèrement. L'idée ne leur entre pas dans l'esprit que votre seigneurie, couchée sur deux matelas de filasse, puisse leur envier la paille de l'écurie, ce qui arrive pourtant quand les insectes s'en mêlent; tandis que les voiturins de Florence ou de Naples, initiés aux progrès de la civilisation, vous trompent sciemment lorsqu'ils vous disent monts et merveilles d'une auberge de village. Un char-à-bancs bien suspendu et servi par la poste m'aurait conduit en neuf heures de Messine à Catane; mais cette voiture ne s'arrêtait pas à Taormine, et pour voir les ruines d'un théâtre grec je m'exposai à tous les risques d'une excursion à petites journées.

Voyage et mariage commencent toujours bien. La route de Messine à Catane, située entre le rivage de la mer Ionienne et le pied des montagnes, passe devant une longue suite de maisons de plaisance appartenant aux riches Messiniens. On conçoit, en voyant ces riantes habitations, que la ville paraisse déserte; si le plus modeste casino de ce pays m'appartenait, je n'irais pas souvent à Messine. Des torrents, à peu de distance les uns des autres, traversent la route pour se jeter dans la mer. Depuis les arbres jusqu'aux brins d'herbe, toute la végétation révèle la puissance extraordinaire de la nature; au printemps surtout, la terre sicilienne est saisie tout à coup d'une fièvre ardente : des giroflées hautes comme des arbustes fleurissent sur les murailles; des chardons de Syrie serrent leurs rangs comme pour vous barrer le passage; d'énormes cactus, sortant des rochers, entremêlent leurs tiges, comme des groupes de serpents boas. Le cactus ou figuier d'Inde pousse sans culture sur la lave et dans les pierres, et peut s'élever jusqu'à douze ou quinze pieds; chacune de ses larges raquettes porte plusieurs fruits : c'est une récolte qui jamais ne manque en Sicile. La figue d'Inde, étalée le long des chemins, arrive en si grande abondance, qu'elle se donne pour rien au moment de sa complète maturité; il faut la cueillir avec précaution, car elle est hérissée de pointes dont la piqûre s'envenime; sa forme est celle d'un petit tonneau; au moyen d'une incision pratiquée dans le sens de la longueur, on ouvre l'écorce, qui renferme une pâte d'un goût agréable et assez nourrissante pour apaiser la faim; on en peut manger impunément jusqu'à satiété, le bon Dieu n'a pas voulu que cette manne du pauvre fût jamais nuisible.

A côté du cactus, l'aloès étale ses longues feuilles d'acier aiguisées comme des sabres à deux tranchants. Ces plantes, employées en manière de clôture, peuvent former des haies impénétrables. Certains arbres atteignent des proportions colossales : un seul figuier multipliant ses boutures finit par devenir à lui seul un bois épais; l'oranger croît comme un chêne; le térébinthe répand au loin son odeur de résine et le laurier son parfum qui donne le vertige. A cent pas de distance, on devine qu'on s'approche d'un sureau en fleur ou d'un groupe de troënes. Une variété infinie de plantes rampantes couvre la terre, offrant un asile à des millions de mouches et d'insectes bourdonnants. Des escadrons de lézards se dispersent au bruit de vos pas, grimpent sur les tas de pierres et vous observent d'un air inquiet. Il n'est besoin de personne pour balayer les chemins : toute matière animale sert de pâture à une armée agile et vorace de nettoyeurs aux aguets. Aussitôt que les mulets et les chevaux laissent tomber quelque offrande, d'énormes coléoptères noirs s'élancent à la curée, se battent et se disputent la proie; le plus preste saisit son butin avec les pattes de derrière et l'emporte à reculons, en faisant face à l'ennemi. Tous ces animaux, excités par la chaleur, trop nombreux pour pouvoir se cacher aux regards de l'homme, vous causent d'abord une certaine appréhension; et puis, au bout de deux ou trois jours, les mêmes épisodes se renouvelant à chaque pas, vous ne faites plus attention à ce monde frétillant, occupé de ses affaires, et vous reconnaissez qu'il y a place pour vous et pour lui sur le globe.

Du reste, la Sicile ne contient point de reptiles qui ne se trouvent aussi de l'autre côté du détroit. Naples en possède un assez bel assortiment. J'y ai vu des mille-pieds longs comme le doigt courir sur les murs; et de petites salamandres, dont la morsure est dangereuse, traverser les corridors de la maison où je demeurais à Sainte-Lucie. Mon ami le comte de M***, attaché à l'ambassade de Naples, m'a raconté qu'un scorpion avait passé sur le visage d'un de ses enfants endormi dans un berceau; sans perdre la tête, le père saisit les deux mains de l'enfant pour l'empêcher de remuer, et le scorpion s'éloigna tranquillement. Aux bains d'Ischia, une Française, Mme la marquise de L... G..., se trouvant seule sous une tonnelle de verdure, entendit un bruissement dans le feuillage, comme si quelqu'un s'était glissé près d'elle; en tournant la tête, la marquise aperçut un serpent au milieu des feuilles de vigne; aux cris qu'elle poussa, les gens de la maison s'empressèrent d'accourir; mais le serpent, aussi effrayé que la dame, s'était enfui bien loin. Une autre aventure, accompagnée de circonstances dramatiques, m'a été racontée à Naples par l'héroïne elle-même.

Un jour d'été, au château de Caserte, dix ou douze personnes de la cour s'étaient reposées un moment sur la pelouse de gazon, en attendant l'heure du dîner. Il y avait beaucoup de monde à ce repas, auquel assistait la famille royale. Pendant qu'on servait le potage, Mme la comtesse d'A... sentit les secousses et les tressaillements d'un animal enfermé entre sa robe et ses jupons. La comtesse fit part de son embarras à sa voisine; toutes deux se levèrent et sortirent de table; arrivées dans le salon, elles commencèrent à défaire les agrafes une à une avec des transes mortelles. Tout à coup un gros lézard sort des plis de la robe, bondit sur le parquet et grimpe sur le bras d'un fauteuil, où il s'arrête ouvrant la gueule, désespéré de se trouver en si bon lieu. Les deux dames, oubliant l'étiquette, appelèrent au secours. Tous les convives quittèrent la table; mais on y revint bientôt, et cet incident égaya fort le dîner royal. Le plus à plaindre fut le lézard, que les domestiques assommèrent. Ces histoires, où l'on voit que les acteurs ont eu plus de peur que de mal, prouvent que, s'il y a un grand nombre de reptiles en Italie, les accidents sont extrêmement rares. Les mêmes espèces d'animaux se trouvent en Sicile, en Sardaigne, en Espagne et en Provence sur la côte d'Antibes. Quant à la célèbre tarentule, qui n'est point une bête fabuleuse, elle n'existe réellement que dans la province de Tarente.

Revenons au rivage de la mer Ionienne. De Messine à Scaletta, on traverse six petits villages à une demi-lieue les uns des autres. Sur le pic de Saint-Alexis, un château fort domine la route. Près de Gallidoro est un torrent dont le passage demande des précautions. Bientôt le pays devient désert; jusqu'à Taormine on ne rencontre plus qu'un seul village. La tête blanche de l'Etna se montre au-dessus des montagnes environnantes, et l'on commence à mesurer du regard la hauteur imposante de ce doyen des volcans vivants. Pour arriver à Taormine, perchée au sommet d'un cône escarpé, il faut laisser chevaux et voiture au bourg dei Giardini, et monter à pied un sentier creusé dans le roc. Cette montagne est le Taurus de Sicile, d'où vient le nom de la ville *Tauromenium*. La plus belle ruine de Taormine est un théâtre grec, dont la scène, les gradins, les coulisses, les colonnes, sans être précisément intacts, sont du moins debout et à leur place. Le *proscenium*, disposé comme nos orchestres, est parfaitement conservé. Le fond de la scène, divisé en trois parties, laisse voir le paysage qui servait de décoration. A travers les portiques de marbre, la moitié des spectateurs avait en perspective l'Etna, l'autre moitié la mer, qui paraît entre deux collines. Sur ce théâtre, on pourrait encore donner des représentations. C'est là que les Siciliens applaudirent avec enthousiasme les vers d'Euripide, et sur ces gradins s'est peut-être assis Pythagore pendant son séjour à Taormine. Les anciens avaient bien raison de ne construire qu'avec le marbre. Depuis combien de siècles aurait disparu le dernier vestige de ce théâtre, s'ils eussent fait comme nous des salles de carton peint?

Taormine possédait quatre temples dédiés à Castor et Pollux, à Hercule, à Jupiter et à Apollon. Des trois premiers, il ne reste plus rien; le dernier, transformé en église de Saint-Pancrace, contient encore quelques vestiges doriques. L'eau manquant sur ce nid d'aigle, la colonie grecque avait élevé un aqueduc de quatorze milles alimenté par une rivière de la chaîne de l'Etna, et sans doute l'eau venait en grande abondance, puisque les Romains s'en servirent pour faire des naumachies. Trois monuments du quatorzième siècle prouvent que Taormine eut encore quelque relief au moyen âge. Le plus remarquable de ces édifices est celui qu'on appelle la Vieille-Abbaye. Aujourd'hui un silence profond règne dans Taormine. En la parcourant, je n'y ai pas rencontré cinquante personnes, parmi lesquelles il y avait bien quinze moines, la plupart dominicains. Une rue, où je cherchais mes compagnons de voyage, me conduisit sur une colline en pain de sucre couverte d'herbes. Je me trouvai tout à coup dans un véritable désert; mais de cette colline on voyait distinctement les trois grandes zones de l'Etna, et un petit coin de la mer paraissait à travers les ruines d'une ancienne porte.

L'heure du dîner approchait, lorsque je redescendis au village bien nommé *dei Giardini*, où les maisonnettes les plus simples ont, en effet, des jardins, des terrasses et des vergers, le tout mal entretenu. Un mauvais repas assaisonné par l'appétit et arrosé d'excellent vin *del Greco*, m'enleva la moitié de ma fatigue, et je m'étendis avec volupté dans un lit que je tirai par précaution jusqu'au milieu de la chambre. Mais, hélas! la terre féconde de la Sicile engendre un monde nocturne, vivace et pullulant comme celui du jour, et auquel on n'échappe qu'à force de ruses et de combinaisons. Je devins la pâture d'insectes tracassiers. Au lever du soleil, je quittai la chambre et je me rendis au jardin. L'air était doux et tiède, l'herbe fraîche, mais sans rosée; enveloppé dans un manteau, je m'endormis délicieusement à l'ombre d'un citronnier. Lorsque je me plaignis au voiturin de ma mésaventure, il ouvrit son portefeuille et me présenta un certificat écrit en français et signé de M. Raoul-Rochette, dans lequel ce savant professeur se louait fort du zèle du voiturin.

— Cela ne prouve pas, dis-je, que M. Raoul-Rochette ait bien dormi dans cette auberge.

— Si fait, Excellence, il y a dormi.

En répondant ainsi, le voiturin détourna la tête et fit à la dérobée le signe de la croix.

— Vous mentez, repris-je; et au lieu de réparer votre faute, vous chargez votre conscience d'un double péché en profanant le signe de la croix.

— Eh bien, Excellence, dit le voiturin, je confesse que le savant français m'a parlé ici de quelque chose comme des puces; mais, je vous le jure par sainte Agathe de Catane, je croyais que c'était une fantaisie d'étranger, car, de bonne foi, quel mal des animaux si petits peuvent-ils faire à un homme? Pour moi, je n'ai jamais senti leur prétendue morsure; donc je ne mens point en disant que les puces n'empêchent pas de dormir.

La nécessité rend inventif. Voici un expédient qui m'a réussi et que je recommande aux touristes voyageant dans les pays méridionaux. Pour la nuit, un large sac de toile auquel on fait coudre par le haut un fourreau de gaze de la même largeur et garni d'une coulisse. Au moyen de deux manches adaptées au sac, on peut fermer la coulisse soi-même, et s'isoler complétement, de manière que le corps repose dans la toile et la tête sous le voile de gaze. Pour le jour, des caleçons à pied, sans aucune ouverture, serrés à la taille par une coulisse, et dont on rabat le haut sur le bord du pantalon. L'insecte, qui monte par la chaussure, arrive jusqu'au haut et sort forcément par le repli de la ceinture, sans avoir trouvé d'entrée; lorsqu'on le voit paraître sur le pantalon, où il est toujours ramené, on s'en débarrasse en lui administrant une chiquenaude. Le pied du caleçon doit être assez juste pour entrer dans les souliers sans y faire de pli, et on en change comme de bas. Avec ces préservatifs, j'ai bravé le seul véritable fléau des pays chauds. Ceux des lecteurs à qui la recette pourra servir m'excuseront, un jour, de m'être arrêté à ces détails sur les petites misères de la vie humaine.

Au delà de Taormine, la route, sans quitter le rivage, se rapproche de l'Etna, dont elle touche la base. Ici commencent les souvenirs de l'Odyssée. Un groupe d'écueils, causés par une éruption qui versa des laves dans la mer, représente l'endroit où Ulysse a tué Polyphême. La grotte d'Acis et Galatée rappelle le gracieux épisode d'Ovide qui a fourni à M. Ottin le sujet d'un modèle de fontaine tout à fait ingénieux, et que le public a remarqué parmi les sculptures exposées en 1852. En s'écartant un peu de la grande route par le sentier d'un village appelé Carpinetto, on peut aller voir un châtaignier gigantesque, dont l'âge est inconnu et auquel on trouve plus de cent cinquante pieds de circonférence, en mesurant le tronc à sa sortie de terre. Pour faire cette promenade, on peut laisser sa voiture à Giare, ou l'envoyer à Jaci, petite ville fort ancienne, qui fut occupée par les Sarrasins jusqu'à l'arrivée des Normands. Après Jaci et le village de Trizza, on ne trouve plus qu'une tour et les ruines d'un port inconnu; et puis tout à coup on entre dans une grande ville, dont rien n'avait annoncé l'approche. D'un désert on passe sans transition dans une rue large, bordée de palais. C'est la cité de Catane, l'éternelle victime de l'Etna.

Le hasard s'amuse à certaines combinaisons de chiffres pour se moquer des pauvres humains en les encourageant à la superstition. Toutes les années où Catane a souffert du voisinage de l'Etna finissent par les chiffres trois et neuf, comme si le volcan tenait registre de ses accès de fureur. Ces dates fatales sont les années 1169, 1323, 1669, 1693 et 1819. L'avant-dernière a été marquée par un tremblement de terre qui a détruit soixante villes ou villages et bouleversé tout le midi de la Sicile. Pendant l'éruption de 1669, un fleuve de lave, après avoir englouti la moitié d'un faubourg de Catane, s'est arrêté sous les murs du couvent des Bénédictins, où il a changé tout à coup de direction, miracle évident, dont l'honneur est attribué aux reliques de sainte Agathe autant qu'à la vertu des bons moines. Enfin, en 1819, une ondulation de terrain a endommagé quelques monuments, et l'Etna s'est apaisé; mais il joue avec sa proie, et ce n'est que partie remise. Les Catanais, aussi obstinés que leur ennemi, ne se lassent point de reconstruire leur ville à la même place, et ils se servent des matériaux que le volcan leur envoie. Les murs et le pavé sont en lave, et à chaque désastre, Catane s'élève de quelques mètres sur ses propres ruines.

La largeur des rues a de graves inconvénients en été. Au milieu du jour, sous un soleil de plomb, on ne trouve pas un pouce d'ombre le long des murs; c'est pourquoi on ne voit absolument personne dehors de midi à quatre heures. Mais le matin et le soir, la ville s'anime agréablement. Riches ou pauvres, toutes les femmes portent la *toppa*. Ce vêtement se compose d'une seule pièce de taffetas noir très-ample et sans manches, dont les Catanaises s'enveloppent de la tête aux pieds, ce qui ne les empêche point de faire voir leur taille en croisant les bras et en serrant les coudes. Le type de la *toppatelle* est une fille brune, mignonne et rondelette, avec des yeux énormes, dévote à l'église, coquette sur son balcon, curieuse comme Ève. Son parler est plus doux que le chant de la fauvette. Dix amoureux à la fois ne lui font pas peur; mais si l'un d'eux réussit à lui toucher le cœur, adieu la raison et le sang-froid:

il n'y a pas de folie dont elle ne soit capable. Dans toute la Sicile, l'amour et la jalousie sont admis comme circonstances atténuantes de bien des péchés.

A la faveur de leur domino, les Catanaises, qui se ressemblent toutes à dix pas de distance, jouissent d'une certaine liberté comme les dames de Lima, et je croirais volontiers que la *toppa* entre pour quelque chose dans le grand désir des jeunes gens siciliens de venir achever leur éducation à l'université de Catane. Les étudiants portent des casquettes ornées de petites chaînes d'argent, qui attirent les œillades du fond des capuchons noirs. Le long séjour des Arabes dans cette partie de l'île n'a laissé de traces visibles que dans le sang de la population, et la *toppatelle,* bonne catholique, ne se doute pas que la mode de s'envelopper en public lui vient des ennemis de sa religion.

Pour circuler dans les champs de lave et les sentiers de la montagne, on emploie beaucoup les ânes, qui sont de haute taille en Sicile, excellents marcheurs et dociles à la bride. L'usage permet aussi de s'en servir en ville. Pendant les grandes chaleurs, on fait ses visites à âne; on s'arrête devant un café pour prendre une glace ou lire la gazette sans descendre de sa monture. Les étrangers commencent par rire de cet équipage champêtre, et puis, quand ils se sont bien essuyé le front avec leur mouchoir, ils éprouvent le besoin de ménager leurs jambes, et on les voit se prélasser nonchalamment sur un *somaro* comme tout le monde.

C'est de Catane qu'il faut partir pour tenter l'ascension toujours difficile de l'Etna. Le volcan se divise en trois zones fort différentes: la première, celle de la base, contient de riches vignobles parfaitement cultivés, des terres fécondes et une population de quatre cent mille âmes; la seconde, celle du milieu, appelée *Nemorosa*, est couverte de forêts et habitée par des montagnards robustes, des charbonniers et un petit nombre d'individus brouillés avec la justice ou le gouvernement, qui viennent manger des châtaignes en attendant une amnistie. Cet asile n'a pas moins de cinq milles de profondeur, et forme une large ceinture sur les flancs de l'Etna. Enfin la troisième zone, dite la *Scoperta*, se subdivise elle-même en deux parties : l'une composée de lave noire et de rochers arides ; l'autre couverte de neiges qui ne fondent jamais qu'au feu des éruptions. Par suite d'un ancien droit féodal, ces neiges éternelles appartiennent à l'évêque de Catane, qui en tire un assez fort revenu.

En partant le matin avec une voiture à deux chevaux, on arrive pour l'heure du dîner à Nicolosi, où demeure M. Gemmellaro, que les bonnes gens appellent le docteur de l'Etna. M. Gemmellaro connaît tous les coins et recoins de son cher volcan. Il en a fait avec amour un modèle en relief, exposé dans son cabinet, et qu'il retouche lorsqu'une éruption nouvelle a changé les formes du cratère. On ne se hasarde pas dans la région *scoperta* sans consulter le docteur. Le jour où je me présentai chez lui, l'ascension n'était pas possible. Il aurait fallu attendre deux grands mois. Je me bornai donc à examiner le modèle en relief, en écoutant les explications de l'auteur. L'Etna, qui ne fume point comme le Vésuve et qui de loin paraît paisible, est agité au dedans par un travail incessant. D'un point que le docteur me montra, on entend des bruits souterrains, semblables à ceux d'une immense forge, et qui font trembler le terrain. Ces rumeurs ont donné aux poëtes anciens l'idée de la belle fiction d'Encelade. J'admirai encore une canne offerte à M. Gemmellaro par un Anglais, membre de la Chambre des lords. Cette canne contenait un thermomètre, une boussole, un télescope, un étui de mathématiques et un petit nécessaire de voyage. Après cette ascension sans péril sur le modèle en relief, il devenait inutile de passer la nuit à Nicolosi, et je retournai prudemment à Catane, où j'avais un bon lit à l'auberge de la *Couronne*.

XXIII

DE CATANE A PALERME.

Façon asiatique de voyager. — Les mulets et la *lettiga*. — Syracuse. — Ortigia. — Conversation interrompue. — Le caractère sicilien. — Langage par signes. — Un muletier qui entend par les yeux. — Route de Noto. — Modica. — Grottes de Spaccaforno. — Licata. — Le taureau de Phalaris. — Girgenti. — Les temples d'Agrigente. — Le culte païen. — Une île découverte et perdue. — Corleone. — Piana. — Albanais en Sicile. — Arrivée à Palerme.

Depuis l'invention des chemins de fer, nous avons déjà oublié le temps où nous mettions cinq jours à faire le voyage de Paris à Toulouse, et nous murmurons quand la vitesse du convoi ne dépasse pas dix lieues à l'heure. Que diraient les gens délicats obligés de voyager en Sicile à la manière des chevaliers errants et des héroïnes des contes orientaux? Ils feront sagement de s'arrêter où finissent les routes et de ne dormir que dans ces trois grandes villes : Messine, Catane et Palerme. La tournée que nous allons entreprendre avec le lecteur ne se peut conseiller qu'aux artistes ou aux gens assez curieux pour ne s'effrayer ni d'une nuit blanche, ni d'un coup de soleil, ni des mille et un petits accidents, retards et encombres, dont ils n'auront pas même la satisfaction de pouvoir rendre responsable un guide plein de zèle.

Pour faire le trajet de Catane à Syracuse, il faut opter entre une *lettiga* ou le dos d'un mulet, à moins qu'on n'ait des jambes capables d'arpenter en un jour quarante-cinq milles siciliens (quinze lieues de France). Je dis en un jour, parce que Syracuse étant une place de guerre, on en ferme les portes au coucher du soleil, et qu'il ne serait pas prudent de passer la nuit dans un village. La *lettiga* est une espèce de caisse comme celle d'une berline étroite, dans laquelle tiennent deux personnes assises en face l'une de l'autre. Cette caisse repose sur deux brancards droits dont les bouts sont portés par deux mulets qui se suivent. Les quadrupèdes ne sachant point aller au pas, il résulte de leur marche un mouvement compliqué d'oscillation auquel on a de la peine à s'accoutumer. Le muletier, sur un troisième quadrupède, aiguillonne les porteurs avec une longue perche. Après m'être donné pendant une heure le plaisir de voyager comme du temps de Charles-Quint, je préférai monter à cheval, moins incommodé de l'oscillation qu'étourdi par le bruit des seize clochettes de l'équipage.

En Sicile, on appelle route l'intervalle d'une ville à l'autre qu'on passe à travers champs, prairies et bois, ou dans un bras de mer guéable. La porte Ferdinanda, par laquelle je sortis de Catane, mériterait le titre d'arc de triomphe. Jusqu'au village de Lagnone, la route large et belle suivait le rivage; mais bientôt je ne vis plus qu'un sentier, et puis des champs et des ravins. Le guide me conduisait sur les terres cultivées aussi bien que dans les steppes. Pendant quinze milles nous ne rencontrâmes ni une habitation, ni une figure humaine. La *malaria* régnait à Lentini, que nous avions laissé sur la droite. Je retrouvai la mer à l'embouchure du petit fleuve de Saint-Julien, et j'aperçus au milieu de l'eau la citadelle d'Augusta, sur un promontoire élevé. Tout à coup les dalles d'une route antique résonnèrent sous les pieds des mulets, et puis les traces de cette grande voie s'effacèrent au milieu des ruines, des pierres couvertes de ronces, des blocs de marbre sans nom, des fondations de monuments devenues des précipices. Ce chaos avait un caractère singulier de désolation et de grandeur; aussi s'appelait-il Epipolis, Néapolis, Acradina. Je passai devant la caverne dont le tyran Denis avait fait une prison, et près de quelques tombeaux dont un portait le titre de tombe d'Archimède, parce qu'il avait bien fallu lui donner un nom. Une rigole d'une lieue représentait l'aqueduc, un trou carré le Prytanée.

Après une heure de marche dans ces décombres, j'aperçus un puits à bascule annonçant l'approche d'un lieu habité, et enfin je me trouvai devant la porte de la ville moderne, espèce de *tunnel* sous lequel un soldat napolitain se tenait en faction.

Dans le *Campo-Vaccino*, on peut encore recontruire en imagination le forum romain, et remettre les choses en ordre. Cette opération est plus difficile à Syracuse. Peu de débris ont une forme précise. Deux colonnes du fameux temple de Diane sont enclavées dans les murs d'une maison de la rue Salibra; pour la voir, il faut faire ouvrir une armoire. La fontaine Aréthuse sort d'une voûte où des laveuses plus qu'à moitié nues montrent leurs jambes sans avoir l'air de penser à mal. Syracuse moderne, réduite à l'antique presqu'île d'Ortigia et entourée de remparts, n'est qu'une ville de province, irrégulière, aux rues escarpées, où l'on manque d'équilibre; mais les traces de l'antiquité qui s'effacent dans les monuments se retrouvent sur les visages des habitants. Parmi les femmes surtout, les tailles hautes, les traits grecs, les profils de médailles, la grâce du maintien dénotent une race privilégiée, dont les mélanges n'ont point altéré la beauté primitive. Cette population, réduite à la centième partie de ce qu'elle fut du temps de Hiéron, récemment décimée par le choléra, toujours minée par la misère, peut décroître jusqu'à l'anéantissement complet, mais non s'enlaidir et s'étioler.

Un matin, sur les remparts de Syracuse, je fus accosté par un jeune Sicilien d'une physionomie intelligente.

— Vous arrivez de France, me dit-il avec vivacité. Faites-moi la grâce de m'apprendre en deux mots ce qui se passe sur le continent.

Lorsque j'eus satisfait la curiosité de ce jeune homme en lui donnant des nouvelles d'un mois qui lui semblèrent toutes fraîches, je l'interrogeai à mon tour.

— Dans cette partie méridionale de notre pauvre pays, me dit-il, on a si peu de communications avec le reste du monde qu'on y vit comme en Chine. La Méditerranée représente la grande muraille, le port-franc de Messine la ville de Canton, et les étrangers sont pour nous comme les missionnaires.

— Avec cette différence qu'on ne leur donne pas les joies du martyre, répondis-je.

Les Siciliens, naturellement défiants, savent parfaitement reconnaître les gens auxquels ils peuvent s'ouvrir. Celui-ci me prit le bras, comme à un ami, et me fit des confidences où je remarquai avec chagrin son aversion pour les Napolitains. Je me plais à croire que cette aversion tient à des considérations politiques dont la place n'est point ici, bien plutôt qu'à une antipathie naturelle entre les deux races. La plupart des fonctionnaires publics de l'île viennent de l'autre côté du détroit, ce qui leur donne une supériorité de position que leurs administrés supportent impatiemment. Avec son caractère gai, sa politesse, son humeur gracieuse et accommodante, le Napolitain devrait être aimé en tous pays. Mais le Sicilien, sous l'apparence du calme, déguise un orgueil chatouilleux et jaloux. Lorsqu'il y a combat de ruse, de défiance ou de pénétration entre un Sicilien et un Napolitain, celui-ci est toujours battu par son adversaire. Le Sicilien se possède, gouverne sa physionomie, ne se trahit jamais ni par incontinence de langue, ni par un signe ou un geste hasardé; il pousse même l'habileté jusqu'à feindre de se laisser surprendre, de telle façon qu'en croyant saisir son secret, on s'empare de ce qu'il veut donner à entendre, — tromperie légitime et profonde, qui consiste à duper celui qui nous tend un piége, en faisant semblant d'être sa dupe.

Au point le plus intéressant de la conversation, le jeune Syracusain aperçut à cinq cents pas sur les remparts je ne sais quel visage qui lui déplut; il me quitta le bras, et s'éloigna de moi en me disant adieu d'un clignement de paupières très-expressif. Je ne l'ai jamais revu, et je l'aurais pris pour un maniaque, si je n'eusse rencontré bien d'autres gens plus mystérieux et plus originaux que lui.

Il faut être initié au langage muet des Siciliens pour comprendre tout ce qu'il est possible d'exprimer avec les yeux et les muscles du visage, sans prononcer un seul mot. J'ai vu dans un salon deux personnes assises à vingt pas l'une de l'autre se regarder fixement, et presque sans qu'il y parût à leur physionomie, échanger ensemble toutes sortes de réflexions sur les assistants. Je leur demandai ce qu'elles avaient dit; c'était toute une conférence, et si longue que j'aurais eu de la peine à les croire, si chacune d'elles séparément ne m'eût donné dans les mêmes termes la traduction du dialogue par signes.

On consomme beaucoup de lait de chèvre à Syracuse et à Catane. Tous les matins, de nombreux troupeaux parcourent ces deux villes et distribuent le lait de porte en porte. Un petit chevrier ayant été accusé de vol, on alla aux informations sur ses antécédents. Comme les interrogateurs avaient l'accent napolitain, les gens du peuple, sans s'être donné le mot, composèrent avec leurs réponses un tissu embrouillé de mensonges et de contradictions. A Syracuse, j'avais pris pour domestique de place Jean Messina, le guide le plus estimé du pays. Nous sortions ensemble du beau jardin des Capucins, où poussent la canne à sucre et le papyrus, lorsqu'un Napolitain demanda le chemin de Priolo à un petit paysan, qui reconnaissant le parler de Naples, s'empressa de donner de fausses indications; le promeneur égaré allait prendre la direction de Floridia, si l'honnête Messina ne l'eût remis dans son chemin.

Devant l'auberge *del Sole,* un muletier, accompagné d'une jeune fille, proposait une excursion au centre de la Sicile à deux Anglais qui ne paraissaient point se soucier de cette partie de plaisir. Le muletier faisait l'éloge de ses mules et de sa *lettiga,* vantait la beauté du pays; désignait les villes et villages où l'on pourrait manger et se reposer. Les deux Anglais, immobiles comme des statues, ne répondaient point; cependant ils commencèrent à causer ensemble dans leur langue. Tout à coup le Sicilien, qui ne comprenait pas un mot de leur entretien, se tourne vers la jeune fille et lui dit : « Nous allons partir. » Il avait deviné aux regards et aux jeux de la physionomie que ses propositions tentaient les deux étrangers, et il ne doutait plus du succès de sa négociation. Une heure après, les clochettes de la *lettiga* et du mulet aux bagages sonnaient devant la porte de l'auberge, et la caravane entreprenait une tournée de cinq ou six jours. Le Sicilien entend avec les yeux.

Comme en Italie, les chemins sont quelquefois infestés par des bandes de voleurs. Ces mauvaises veines tiennent plutôt à un état passager des esprits qu'aux mœurs ordinaires du pays. Ce sont de rares accès pendant lesquels la misère exaspérée tourne au brigandage. J'ai entendu parler de voyageurs dévalisés sur la route de Catane à Palerme; mais il n'y avait eu ni actes de violence ni effusion de sang. Les écumeurs de chemins se comportent poliment avec les hommes et galamment avec les dames; cette tradition leur vient d'Espagne, où les voleurs se piquent d'être gens bien élevés et de qualité.

Tout ce qu'on a pu découvrir de précieux dans les ruines de Syracuse a été réuni au musée, dont le plus bel ornement est un exemplaire de la Vénus pudique, sans bras, et moins beau que celui de Florence. La cathédrale de Syracuse a été construite sur l'emplacement du temple de Minerve. Des débris de l'ancien monument on a conservé une vingtaine de colonnes avec leurs chapiteaux et leurs piédestaux; ces colonnes cannelées et d'ordre dorique s'arrangent assez mal avec l'architecture de l'église chrétienne. Pour descendre dans les catacombes, situées hors de la ville, il faut en demander la clef aux Capucins. Sous la conduite du père gardien, je parcourus la première galerie souterraine, et quand mon guide m'eut assuré que les autres galeries s'étendaient à deux lieues, je m'en rapportai à sa parole.

De Syracuse à Noto la plage sert de chemin. Trois torrents, dont un qui mérite le nom de fleuve, retardent le voyage ; sur les rives du troisième, les Syracusains ont battu l'armée athénienne ; en commémoration de cette victoire, on célèbre encore une fête annuelle à Syracuse. Noto, chef-lieu d'intendance, a été détruit comme Catane par le tremblement de terre de 1693 ; de là vient la régularité de la ville, qui ne compte que cent cinquante ans d'existence. Les habitants montrent avec fierté les façades du Palais-Public, du Lycée et du Mont-de-Piété. Un peu au delà de Noto, se trouve la pointe du cap Passaro, qui est l'extrémité méridionale de la Sicile. En tournant à droite et en s'éloignant de la mer Ionienne, on rencontre, après six heures de marche, Modica, ville de vingt-cinq mille âmes, où devrait être, à ce qu'il me semble, le siège de l'intendance. Lorsque les Normands en eurent expulsé les Arabes, Modica devint une baronnie puissante dont le titre existe encore. Un des seigneurs de cette maison maria sa fille au roi Ladislas de Naples. La ville ne contient de curieux que deux monuments de style gothique, le couvent et l'église des Frères mineurs. Dans un lieu appelé Spaccaforno, on voit une colline rocheuse où des mains inconnues ont creusé des cavernes à dix étages. Les antiquaires assurent que ces cavernes servaient d'habitations aux races primitives avant l'invention de l'architecture.

De Modica jusqu'à Licata, on ne rencontre plus que deux petites villes ; l'attirail préservatif des animaux diurnes et nocturnes devient de plus en plus nécessaire. Le large fleuve qu'on traverse avant d'entrer à Licata descend des montagnes du centre et parcourt le tiers de la Sicile, pour venir se jeter dans la partie de la Méditerranée appelée mer africaine. Sur le promontoire qu'on aperçoit, à l'embouchure du fleuve, était le fameux taureau de bronze dans lequel Phalaris, tyran d'Agrigente, s'amusait à faire brûler ses victimes pour entendre leurs cris sortir par la gueule de l'animal. De Licata à Girgenti, le voyage serait pénible si l'on n'était agréablement distrait par l'éclatante beauté du pays. La nature ne demanderait qu'un peu de culture pour combler de biens ceux qui viendraient à son aide. Faute de direction, sa fécondité ne produit qu'une végétation folle et désordonnée. Depuis la sortie de Noto, nous n'avons pas énuméré tous les torrents qu'on rencontre, et dans lesquels on n'ose se risquer sans en avoir sondé la profondeur. Lorsqu'un bateau est nécessaire, on ne trouve jamais le *passeur* à son poste; le guide court après lui, le ramène au bout d'une demi-heure, et remonte le courant avec ses mules pour chercher un gué praticable. Par suite d'accidents de ce genre, la dernière journée de marche, qui n'est que de onze lieues, devient interminable; mais enfin vous arrivez le soir à Girgenti, et vous trouvez à l'auberge du *Piano di Lena* toutes les ressources désirables contre la faim et la fatigue.

Vue de loin, Girgenti, située sur une colline élevée, entre deux fleuves qui se réunissent pour se jeter dans la mer, présente un coup d'œil digne de son nom et de sa réputation. L'antique Agrigente lutta de magnificence avec Syracuse jusqu'à la ruine de la Sicile entière. Elle ne se cache pas au fond d'un désert comme Ortigia; mais quand on a pénétré dans ses murs, elle paraît plus misérable encore que sa triste rivale. Il faut sortir de Girgenti par la porte *di Ponte* pour chercher dans la campagne les célèbres temples d'Agrigente. Le premier qu'on rencontre est celui de Proserpine, dont il ne reste qu'un portique debout et une partie du sanctuaire où l'on a construit une chapelle dédiée à saint Blaise. Près de là sont les murailles de l'ancienne enceinte et les débris d'une porte de ville. En suivant ces murailles, on arrive à un puits antique situé au pied d'une roche, sur laquelle s'élève le beau temple de Junon Lucine. Un large escalier de marbre conduit au péristyle composé de trente-quatre colonnes parfaitement conservées avec leurs bases, leurs chapiteaux, les architraves qui vont de l'une à l'autre, les bordures sculptées et la frise. Le temple avait la forme d'un rectangle allongé. Au dedans, quatre autres colonnes marquent l'emplacement de la *cella* ou sanctuaire.

Toujours en suivant les murs d'enceinte, on rencontre neuf tombeaux symétriquement alignés, puis on arrive au magnifique temple de la Concorde, transformé en église de Saint-Georges. Le nombre des colonnes est encore de trente-quatre pour l'extérieur et de quatre pour le sanctuaire. On reconnaît que le temple avait deux façades. Une fouille pratiquée dans la partie détruite a amené la découverte d'une statue d'Esculape, aujourd'hui au musée de Palerme. Le dieu de la médecine avait aussi son temple un peu plus loin, dont il reste deux tronçons de colonne cannelée d'ordre dorique et une muraille marquant le contour du sanctuaire. En suivant la direction de l'enceinte d'Agrigente, on trouve près l'un de l'autre les deux temples d'Hercule et de Jupiter Olympien. Ce dernier, dont on ne voit que des fragments et deux cariatides, a été le plus riche monument de toute la Sicile. Les deux colonnades latérales se composaient chacune de quatorze colonnes. Du temple de Castor et de Pollux, il reste encore le péristyle, semblable à celui du monument de Junon Lucine. Ces temples, antérieurs à l'âge romain de la Sicile, sont tous du style dorique le plus pur. Depuis que les Anglais ont enlevé les bas-reliefs du Parthénon, les ruines d'Agrigente se peuvent comparer à celles de l'acropole d'Athènes.

Sans doute le lecteur s'étonne des petites proportions des monuments de l'art grec et du peu de profondeur de ces temples, dont la colonnade latérale se compose seulement de quatorze colonnes. Les dimensions de ceux d'Athènes n'étaient pas plus grandes, ce qui indique une règle et un système. Les Grecs, plus artistes qu'aucun autre peuple, avaient trop de goût pour aimer les choses gigantesques. Dans l'histoire de l'architecture, les immenses palais de Babylone appartiennent au chapitre de l'enfance; mais, outre les considérations d'art, les Athéniens, en fixant les proportions de leurs temples, ont été guidés par des motifs plus sérieux, les mêmes précisément qui ont déterminé Jules II et Léon X à faire de l'église de Saint-Pierre le plus vaste édifice du monde.

Chez les chrétiens, l'église doit être ouverte au peuple; les fidèles sont admis à venir prier au pied de l'autel. Chez les païens, au contraire, le peuple ne franchissait point le seuil du temple, où les prêtres demeuraient enfermés. La divinité qu'on adorait se voyait de loin; son image était au fond du sanctuaire, en face de la porte, qui ne s'ouvrait qu'au moment des cérémonies. Cette façon de procéder mystérieuse avait pour but de frapper les esprits. Les victimes étaient immolées à l'extérieur, devant le portique, et le temple était une espèce d'armoire (qu'on me passe cette comparaison triviale) ouverte pour une heure aux regards du peuple et qui se refermait ensuite. A Athènes, à Éphèse, à Girgenti, à Syracuse surtout, ces temples auraient été beaucoup trop petits si on y eût admis le public; mais, pour les prêtres qui préparaient la cérémonie et se montraient un instant groupés autour du dieu, ces monuments avaient les proportions nécessaires à l'effet du spectacle. Il ne faut donc pas s'étonner s'ils n'ont aucune analogie avec les vaisseaux de nos cathédrales dans lesquelles s'accumule, à certains jours, la population d'une ville entière.

Cette explication, que d'autres ont donnée avant moi, me paraît satisfaisante, et je ne comprends pas qu'on ne s'y tienne point. Par exemple, lorsque des savants, pour qui notre planète n'a rien de caché, assurent que les Athéniens ont fait de petits temples de peur des tremblements de terre, j'ai peine à voir dans cette assertion légère autre chose qu'une plaisanterie. Quel peuple a jamais élevé un édifice avec une pareille préoccupation? Que les convulsions du globe aient été plus fréquentes du temps où l'on mesurait par olympiades que depuis l'invention du calendrier grégorien, cela est bien possible, et je n'ai garde de le nier; mais on n'en savait rien à Rome, au seizième siècle, et nous ne voyons pas dans Vasari que Jules II ait dit à Bramante et à Michel-Ange : — « Mes amis, les tremblements de terre devenant plus rares, je crois que nous pouvons risquer l'érection d'une grande église. »

Des côtes de Girgenti, on aperçoit au loin dans la mer l'île Pantellaria et sa prison d'État, dont les habitants jouiraient du plus beau ciel du monde, s'il était possible de se trouver bien sous l'écrou. Entre cette île et le rivage s'est produit, en 1831, un phénomène dont les journaux ont donné la description. Dans le courant de juillet, une île sortit du sein de la mer et s'éleva graduellement jusqu'à former deux collines, entre lesquelles un petit cratère vomissait alternativement de la fumée, de la cendre et des pierres. La population de Palerme accourut pour admirer cet étrange spectacle. Déjà les autorités avaient pris possession de ce territoire vierge, dont la circonférence était d'une lieue; on y avait planté le drapeau des Deux-Siciles, et on l'appelait l'île Ferdinanda, lorsqu'on vit les deux collines s'affaisser lentement et disparaître sous les eaux avant la fin de l'année. Pendant les cinq mois que dura le phénomène, la ville de Sciacca, située sur le rivage, regorgea d'étrangers et de curieux.

Une route assez bonne, que prennent les Palermitains pour venir à Girgenti, s'éloigne de la mer à la sortie de Sciacca, et se dirige vers les montagnes. La première ville qu'on rencontre est Corleone, dans un site pittoresque, où il suffit de frapper la terre pour en faire jaillir de l'eau; on voit à chaque pas des ruisseaux et des sources. Corleone, fondée par les Sarrasins, leur fut ôtée par les Normands. Au treizième siècle, la ville se prononça contre la maison d'Anjou, qui la punit avec une rigueur barbare. Ici le voyageur, ennuyé des mulets, s'installe enfin avec délices sur les coussins d'un carrosse de louage; il peut même prendre la poste, si telle est son envie; au premier relai, il tombe au milieu d'une population composée en grande partie d'Orientaux. La petite colonie albanaise de *Piana-dei-Greci* date du temps de Mahomet II. Six mille familles s'établirent alors dans ces vallées fertiles, et leurs descendants y vivent encore. L'église paroissiale contient de belles peintures de Novelli; on y célèbre la messe dans le rite grec. A la sortie de Piana, la route serpente à travers des bosquets et conduit sur une hauteur, d'où l'on salue la blanche Palerme, assise au bord de la mer dans cet hémicycle de collines que les poëtes du pays ont appelé *coquille d'or*, et qui se termine aux deux extrémités par des promontoires. En descendant la montagne au grand trot, vous passez rapidement devant l'ancien parc royal, les *villas*, les jardins et les bois d'orangers. Après dix jours du régime des caravanes, pendant lesquels il ne tenait qu'à vous de vous croire en Asie, l'illusion continue, et vous entrez enfin dans l'opulente cité de Bagdad. C'est par un temps de repos à Palerme qu'il faut terminer le voyage en Sicile pour emporter de ce pays un bon souvenir.

XXIV

PALERME.

Origine de Palerme. — Tyr et Carthage. — Genséric apprivoisé. — La belle courtisane. — La rue de Tolède et le carrefour des quatre *Cantoni*. — La promenade publique. — Les fontaines. — La porte *Nuova*. — Le dôme. — Le son des cloches. — Le musée. — Le grand hôpital. — Les églises. — Monuments arabes. — Population du Borgo. — Environs de Palerme. — Villa Palagonia. — Le mont Pellegrino. — Fêtes de sainte Rosalie. — Procession de la châsse.

Qu'on la regarde pour la première fois du pont d'un bateau à vapeur ou du haut des montagnes qui l'entourent, Palerme justifie son surnom de ville heureuse : *Palermo felice*. Sa position semble avoir été choisie pour y établir le sérail d'un commandeur des croyants. De là vient peut-être que les Arabes, au moment de la mettre au pillage, se sont arrêtés, saisis d'admiration, et que les armes leur sont tombées des mains.

Thucydide, à qui l'on peut s'en rapporter, dit que Panormos a été fondée par des Phéniciens dans le même temps que Carthage. Ces deux villes étaient sans doute des succursales de l'immense commerce de Tyr. La métropole périt, et les deux colonies devinrent indépendantes; mais l'une entreprit la conquête de l'autre. Palerme tomba aux mains des Carthaginois, qui la possédèrent jusqu'à la fin de la première guerre punique. Elle n'eut point à souffrir de la domination romaine, et, malgré la présence d'un préteur, elle conserva ses priviléges et son administration particulière. Il semblait qu'Alaric et Attila dussent faire subir à la Sicile les mêmes traitements qu'à l'Italie; l'un mourut en Calabre, au moment de passer le détroit de Messine; l'autre, après sa rencontre avec saint Léon, partit gorgé de sang et de butin. Mais Genséric, prenant un autre chemin, commença ses conquêtes par l'Afrique et la Sicile. Palerme eut le bonheur de lui plaire, et c'est peut-être la seule ville que les Vandales aient épargnée. Genséric, charmé de la beauté de sa captive, la déclara cité royale et capitale de l'île. Bélisaire, en chassant les barbares, voulut faire de Palerme une des villes principales de l'empire d'Orient. Au neuvième siècle, les Sarrasins envahirent la Sicile, et saccagèrent Agrigente, Syracuse, Catane. Palerme fut prise à son tour; pour la troisième fois, elle désarma ses vainqueurs : au lieu de la détruire, les Arabes l'adoptèrent pour siége de leur gouvernement et l'enrichirent d'une quantité d'édifices, dont les architectes normands et espagnols imitèrent le style élégant, ce qui donne aux monuments ce cachet oriental qu'on remarque même dans la cathédrale.

L'heureuse Palerme eut parfois de violents accès de colère. C'est dans ses murs que se brassa la terrible conspiration des Vêpres siciliennes, qui mérite plutôt le nom de révolution. En 1647, la population de Palerme, irritée comme celle de Naples, se révolta contre l'Espagne, et trouva un Masaniello dans un certain Alessio, chaudronnier de son état. Si l'on voulait faire de cette histoire une légende allégorique, il faudrait représenter Palerme comme une courtisane apprivoisant les conquérants les plus farouches et les mettant à ses pieds; moins rétive qu'Andromaque à l'égard de Pyrrhus, plus heureuse que Cléopâtre devant Octave, se laissant volontiers adorer des gens puissants, et cédant de bonne grâce au plus fort, mais à la condition d'être traitée humainement; douce pour qui lui veut du bien, mais sensible aux outrages, et capable de poignarder le brutal ou l'ingrat qui l'oblige à sortir de son caractère.

Les villes trop régulières, comme Turin, finissent par engendrer l'ennui. Au premier regard, j'ai craint que Palerme n'eût ce grave défaut. Deux grandes rues larges, parfaitement droites et perpendiculaires l'une à l'autre, partagent la ville en quatre triangles égaux. On ne marche pas longtemps sans retomber ou dans la rue Macqueda, ou dans celle de Tolède, au moyen de quoi on retrouve aisément son chemin; mais, dans les quatre triangles formés par les deux grandes artères, le nombre des détours est suffisant pour varier beaucoup la perspective. Le carrefour des quatre *Cantoni*, situé au point d'intersection des rues de Tolède et Macqueda, est une petite place octogone où l'on pourrait se lasser d'être toujours ramené, si ce n'était un lieu agréable, orné de quatre fontaines, des statues de Charles-Quint et de Philippe II, et des façades de quatre beaux palais. De la porte *Felice* à la porte *Nuova*, la rue de Tolède, qu'on appelle aussi rue Cassero, présente un coup d'œil charmant. De larges auvents, garnis de festons agités par la brise de mer, étendent leur ombre sur les dalles; les calèches découvertes circulent au milieu d'une foule animée, mais non turbulente comme celle de Naples. Les boutiques, fermées par des rideaux au lieu de portes, ressemblent à des alcôves, et si le coin d'un de ces rideaux se soulève, quelque grisette vient montrer un instant son visage et ses grands yeux pleins de feu et de curiosité.

Tous les soirs, la bonne compagnie sort par la porte *Felice* et se rend au bord de la mer sur la promenade publique. Devant le jardin botanique, appelé la Flora, la musique militaire s'établit sur une estrade et donne concert. Dans les temps chauds, les femmes y viennent tête et bras nus, l'éventail à la main. On s'y croirait au bal, et quand la lune se lève au-dessus du cap Zaferano, — une lune splendide, qu'on ne connaît point en France, — il n'y a point de fête, de bal masqué ni de gala éclairé *a giorno*, qui vaille ces assemblées quotidiennes où la nature fait tous les frais. L'air de Palerme est si doux qu'on y passe la nuit dehors sans aucun danger. Le fils du général D..., jeune Français militaire, homme d'esprit, aussi instruit qu'aimable, et qui avait gagné honorablement une maladie de poitrine au service, venait tous les hivers chercher à Palerme de la santé pour six mois. En 1854, au moment de retourner en France, il disait en badinant : « Puisque je suis toujours sûr de pouvoir vivre ici, essayons d'aller vivre ailleurs. » Par malheur, il se crut guéri et il attendit jusqu'au mois de novembre avant de songer à retourner dans le Midi. La phthisie avait fait sourdement de grands progrès. Il s'en alla mourir au Caire, regretté de tous ceux qui l'avaient connu.

Après Rome, Palerme est la ville du monde la plus riche en fontaines. Il n'y a presque point de maison qui n'ait dans un coin sombre, ou sous un escalier, son filet d'eau vive et son petit bassin entouré de rocailles. Quand l'haleine enflammée du siroco change pour trois jours la Sicile en une vaste fournaise, les habitants viennent chercher un peu de fraîcheur dans ces grottes artificielles. Parmi les fontaines publiques, les plus belles sont celle dite de Garofello et celle de la place du Prétoire; toutes deux versent une quantité d'eau prodigieuse. La seconde, de forme elliptique, est surchargée de sculptures.

La porte *Nuova*, premier monument qu'on aperçoit en arrivant par la route de Corleone, rappelle un des glorieux souvenirs du règne de Charles-Quint, celui de la grande expédition commandée par André Doria, contre les puissances barbaresques. On fit beaucoup de bruit des succès de Doria; mais en réalité, il n'abattit que pour un temps fort court l'audace des Maures; les actes de piraterie recommencèrent bientôt. Dans le siècle suivant, Louis XIV entreprit avec le même faste un bombardement d'Alger qui ne porta pas de meilleurs fruits. C'était au roi Charles X que devait revenir l'honneur de purger la Méditerranée du brigandage maritime.

La porte *Nuova*, dessinée par un artiste nommé Gaspard-le-Grec, est un ouvrage curieux, participant du style oriental et de l'italien; elle a quelque ressemblance avec les pompeux mausolées des doges qu'on voit aux églises des Frari et de Saints-Jean-et-Paul à Venise. Les quatre statues colossales des chefs mauresques, représentant Alger, Tunis, Tripoli et Maroc, ont ces attitudes hardies et un peu forcées que Michel-Ange se plaisait à imaginer.

A quatre pas de la porte *Nuova,* dans la rue de Tolède, se trouve le Palais-Royal, composé de diverses architectures. La plus belle partie est la chapelle Palatine, édifice gothique normand d'une grâce remarquable, et dont l'intérieur est couvert de mosaïques et d'arabesques. Le roi Roger, fondateur de cette chapelle, y avait fait construire une horloge dont il fut si content, qu'il voulut immortaliser ce travail au moyen d'une inscription en trois langues qu'on voit encore. Cette horloge nous paraîtrait sans doute aujourd'hui un ouvrage fort grossier. Il n'en est pas de même du trône, dont les bras et le dossier sont un chef-d'œuvre de ciselure. Nous n'avions pas besoin de cet exemple pour savoir que la mécanique a fait plus de progrès que les arts. Dans les archives de la chapelle Palatine, on conserve un diplôme écrit en grec, en latin et en arabe, constatant que du temps des Sarrasins il a été élevé à Palerme une église dédiée à saint Michel.

Tout de suite après la place du Palais-Royal et de l'autre côté de la rue de Tolède se trouve la place du Dôme. Vue de profil et le soir, la cathédrale ressemblerait à un palais arabe si on en supprimait les deux flèches. Le gothique normand, dont l'église de Saint-Étienne de Caen est le modèle le plus caractéristique, s'est profondément modifié dans son passage en Sicile. Autant il paraît rude et sévère en Normandie, autant il devient fleuri et civilisé sur les rives de la Méditerranée. Le dôme de Palerme, commencé en 1185, sous le règne de Guillaume le Bon, cent ans après les deux conquêtes de l'Angleterre et de la Sicile, porte encore dans ses détails des signes du goût mauresque et de la domination des Sarrasins. La même nuance se reproduit dans beaucoup d'autres églises et palais. L'intérieur de la cathédrale présente un contraste absolu avec l'architecture du monument. En passant sous l'ogive du grand portail, on se croirait transporté du douzième siècle au seizième. La grande coupole, plus moderne encore, est soutenue par une forêt

de colonnes. Des ornements d'une richesse extrême surchargent le maître-autel. Celui du Saint-Sacrement est entièrement couvert de lapis-lazzuli. Une chapelle souterraine contient les tombeaux des premiers rois de Sicile. Les petites coupoles des chapelles latérales, qui ressortent sur le profil de l'église, et le beau portail à trois entrées, orné de statues, sont des additions du quinzième siècle. Dans la partie la plus ancienne, on remarque une fenêtre à balcon, où Gagini a sculpté des figurines de fantaisie que Sansovino n'aurait point désavouées.

En Sicile, les cathédrales des grandes villes et les *églises-mères* des petites ne manquent jamais de sonner à minuit un carillon. Celui de Sainte-Agathe de Catane ressemblait à un glas funèbre; quand je l'écoutais, sur la place de l'Éléphant, d'où l'on voyait de bas en haut la masse noire de l'Etna, cette éternelle épée de Damoclès qui tombe deux fois par siècle sur Catane, il me semblait que ces cloches lugubres invitaient les cinquante mille habitants à venir chanter leur *De Profundis*. Un soir, à Palerme, le coup de minuit me surprit à regarder les festons du dôme à la clarté de la lune. Le carillon suivit le dernier tintement de l'horloge; c'étaient des sons veloutés, trop doux pour troubler le sommeil des dormeurs et qui semblaient engager les gens éveillés à jouir de la vie. Mon ami le comte de M..., qui écoutait avec moi ce chant à deux notes, me dit : « On ne vous croirait point si vous disiez que le son des cloches est voluptueux, à Palerme, comme le parler des femmes. » A quoi je répondis : « Je le dirai pourtant. »

Près de la cathédrale sont l'église et le collége des Jésuites. Un peu plus loin, au fond d'une petite rue, on montre une habitation particulière dans laquelle était la grotte des bienheureux *Paoli*, fameuse dans les annales judiciaires de la Sicile. Une compagnie de gens qui édifiaient toute la ville par leur dévotion exemplaire se réunissait la nuit dans cette retraite pour y comploter des vols et des assassinats. Ces pieux brigands échappèrent longtemps aux soupçons, grâce à leurs manéges hypocrites. En revenant à la rue de Tolède, nous passons devant la statue de saint Charles avant d'être ramené à l'inévitable carrefour des Quatre-Cantoni, dont j'ai déjà parlé. Si l'on tourne à droite par la rue Macqueda, on trouve, en face de la place du Prétoire, les vastes bâtiments de l'université, dont la cour est entourée de galeries couvertes. Au fond de cette cour, dans les salles du rez-de-chaussée, sont réunis les morceaux de sculpture découverts à Girgenti et à Sélinonte. Tout ce qui provient de Sélinonte, quoique dorique dans ses formes, a des proportions gigantesques. Les guides ont soin de vous faire remarquer qu'un homme pourrait se cacher dans les cannelures des colonnes. Quoique l'art grec ne soit point fait pour être vu avec un verre grossissant, on ne peut nier que ces fragments étonnent l'imagination en lui représentant des temples et des palais comme on n'en voit qu'en songe. Mais pour juger de leur beauté, il faudrait avoir devant les yeux un de ces temples complet et debout. Au premier étage du musée est la galerie de tableaux contenant beaucoup de morceaux de l'école napolitaine et des toiles remarquables du Sicilien Novelli.

Si nous nous enfonçons dans le quartier du Palais-Royal, nous y découvrirons un magnifique monument d'architecture normande; c'est l'hôpital fondé au commencement du quatorzième siècle, et achevé, dit-on, dans le cours d'une année, ce qui paraît incroyable. Les fenêtres à double ogive et séparées en deux par de fines colonnettes rappellent le plus beau temps du gothique pur, non mêlé d'italien. A l'intérieur de l'hôpital, on voit une peinture fort ancienne, représentant le triomphe de la mort, sujet peu consolant pour les malades alités dans ce lieu où, en effet, la mort a de brillants succès.

Une revue complète des églises de Palerme nous mènerait trop loin. Toutes renferment quelque chose d'intéressant. Celle de Santa-Zita contient une *Déposition de Croix* de Jules Romain et une *Madeleine* de Novelli. A l'Oratoire du Rosaire, le tableau du maître-autel est de Van Dick. L'église de Saint-Simon possède des mosaïques admirables et une statue du roi Roger; dans celle de la *Catena*, située près de la porte *Felice*, outre les sculptures de Gagini, on peut voir des objets d'art du cinquième siècle. La citadelle appelée Castellamare mérite aussi un regard, pour avoir été commencée par les Sarrasins et achevée par les Normands. Hors de la ville sont deux restes curieux de la domination arabe : les palais de la Cuba et de la Zisa, dont il ne faut regarder que l'extérieur. Le premier, converti en caserne de cavalerie, se trouve à gauche sur la route de Monreale; le second, qui appartient à un riche particulier, est dans un des faubourgs. Un troisième grand monument carré, dont la fondation est attribuée au roi Roger, remonte évidemment à une époque antérieure; je le crois aussi sarrasin que les deux autres; on l'appelle la Favara, et il est placé sur la route dite de l'Éperon. Dans une grotte qui domine cette route, on a découvert des ossements fossiles d'éléphants et d'animaux antédiluviens.

Aux alentours du port et de Castellamare habite une population pauvre, dont les mœurs et le caractère sont bien différents de ceux des lazzaroni. Le *bonacchino* n'affiche point l'insouciance, ne va pas jambes nues, et n'accepte pas le patronage de saint Lazare. Il porte la ceinture rouge et une veste de velours vert appelée *bonacca*, d'où lui vient son nom. Il exerce les professions indépendantes de marin, de pêcheur, de barcarol et de tueur de thons. Comme les lazzaroni du temps de Masaniello, les *bonacchini* d'aujourd'hui ont encore des chefs élus par eux-mêmes, des tribunaux d'arbitres qui jugent leurs différends à l'amiable et accommodent leurs querelles; les arrêts de ces arbitres ne sont pas toujours respectés, quand la vengeance ou la jalousie sont en jeu. L'homme du peuple sicilien, sous ce rapport, est un peu corse. Il a de plus que le lazzarone la dignité, et de moins la paresse. Mais comme on trouve en tous pays des âmes sordides et méchantes, il existe à Palerme un petit nombre d'industriels peu scrupuleux prêts à servir pour de l'argent la vengeance des autres. On m'a dit tout bas que moyennant cinq ou six piastres, on pouvait faire donner à un ennemi un pouce de lame dans les côtes ou une balafre au visage, ce qui m'a paru un prix bien *discret* pour une si grosse affaire. Ajoutons que les crimes de ce genre deviennent de plus en plus rares. Cette ombre jetée sur le tableau de la douce vie de Palerme finira par s'effacer entièrement.

L'étranger ne peut pas se dispenser de visiter les environs : Monreale et ses célèbres mosaïques, le cap Zaferano et le riant village de Bagheria, dont les *villas* sont toujours ouvertes aux promeneurs. Il en est une pourtant où les femmes enceintes feront sagement de ne pas entrer. Un prince Palagonia, maniaque ou *mezzo-matto*, comme on dit en Sicile, a imaginé de couvrir sa maison de campagne de sculptures monstrueuses, telles que des hommes à têtes d'animaux, des animaux à têtes d'hommes, des oiseaux quadrupèdes, des frocs de moines d'où sort un museau d'âne ou de cheval, enfin tout ce que le cerveau d'un malade en délire peut enfanter de plus hideux. Il y a loin de là aux jardins de Florence et de Rome, dans lesquels les Albani, les Médicis et et les Barberini rassemblaient à grands frais les chefs-d'œuvre antiques, rejetant avec mépris ce qui n'était pas de la dernière perfection.

Pendant plusieurs siècles, les habitants de Palerme n'ont point eu l'idée de faire une ascension sur le mont Pellegrino, dont la base touche presque les faubourgs de la ville. En 1624, tandis que la peste d'Orient régnait en Sicile, un homme, fuyant la contagion, grimpa sur ce mont pour y chercher la solitude. Il fut bien étonné d'y trouver une caverne spacieuse, dans laquelle était un tombeau. On se souvint alors que, du temps du roi Roger, la jeune et belle princesse Rosalie avait disparu la veille de ses noces, et qu'elle s'était retirée sur cette montagne pour y vivre dans la contemplation et les prières. On s'empressa de transporter les ossements de la sainte à la cathédrale, et dès le jour de cette cérémonie la peste cessa ses ravages. Depuis ce moment, sainte Rosalie est la patronne de la ville, et quand le choléra désole la Sicile, ses reliques, promenées dans les rues avec pompe, finissent par expulser le fléau, — tôt ou tard.

De la grotte on a fait une église, dans laquelle on dit la messe à certaines fêtes. Une route, soutenue par des arcades gigantesques, conduit à ce monument merveilleux. La statue de la sainte occupe la place où était son tombeau. Tous les ans, le 11 juillet, anniversaire de l'événement de 1624, les fêtes attirent à Palerme une foule prodigieuse de Siciliens et d'étrangers. Les bateaux à vapeur de Naples font à cette occasion un service extraordinaire et vont chercher les passagers à Messine, à Catane et à Syracuse. Le plus curieux article du programme est la procession de la châsse. On a construit pour cette cérémonie un char qui ressemblerait assez aux machines de guerre des Romains, si on ne le couvrait de draperies, de dorures, de banderoles et d'oriflammes. Des personnages allégoriques, des jeunes filles et des enfants couronnés de fleurs sont groupés artistement sur cette tour roulante, qui s'élève jusqu'au troisième étage des maisons. Douze ou quinze paires de bœufs caparaçonnés trainent le chariot, qui parcourt Tolède, les places et les grandes rues avant de rentrer à la cathédrale. Pendant les quatre jours qui suivent la procession de la *machine*, les fêtes continuent : ce sont des courses de chevaux libres, des feux d'artifice, des danses et des festins assaisonnés de beaucoup de musique. Quant aux épisodes particuliers, mêlés aux divertissements publics, on en pourrait faire tous les ans un *Décaméron*.

Gleyre le peintre, dont tout le monde connaît les tableaux poétiques et gracieux, a vu la Sicile dix ans avant moi : je me souviens qu'un jour il me disait avoir rencontré à Naples deux jeunes Français, voyageant uniquement pour chercher de beaux visages de femmes, et Gleyre ajouta : « Je les ai laissés partant pour Palerme; les malheureux n'en seront plus sortis; vous les y trouverez encore. »

XXV

PALERME

Le théâtre Ferdinando. — Le pilote. — *Monsieur!* — Belles expéditions nocturnes. — Souper sicilien. — Don Cornélio. — Histoire de la *Bastarda*. — Conclusion.

Un matin, pendant mon séjour à Palerme, l'affiche du théâtre Ferdinando annonça la première représentation dans cette ville d'un drame pathétique tiré d'une nouvelle du célèbre *Onorato di Balzac*, le plus *accrédité* de tous les romanciers français! Je dînais ce jour-là chez le prince P... avec trois autres personnes. En sortant de table, nous prenions le café dans le jardin, et je cherchais un prétexte de m'esquiver pour aller au théâtre Ferdinando, lorsque notre amphitryon nous proposa de nous y conduire. Il se trouva que la pièce, du genre larmoyant, était mortellement ennuyeuse, ce dont le romancier français demeure fort innocent. A la fin du second acte, le prince, voyant que je m'endormais, vint me dire à l'oreille :

— Ceci tourne mal. Prenez votre chapeau et allez vous divertir ailleurs.

— Je n'osais vous demander ma liberté, répondis-je, mais à cette heure que pourrais-je en faire?

— A Palerme, reprit le prince, l'heure est toujours favorable à qui cherche aventure. Si vous êtes curieux des mœurs de notre pays, je vous avertis qu'on n'y songe qu'à l'amour et au plaisir. Occupez-vous des femmes, fréquentez les jeunes gens, et je vous garantis une abondante récolte d'historiettes. Surtout vivez la nuit; sans cela, vous ne verrez rien de ce qui se passe.

— Où faut-il aller? répondis-je; un étranger a besoin d'un pilote.

— Nous le trouverons sans peine. Suivez-moi, je vous mettrai en bonnes mains.

On venait de baisser la toile. Le prince aborda dans le couloir des premières loges un jeune homme d'une figure charmante, auquel il dit trois mots que je n'entendis pas, et puis il s'éloigna en me souhaitant beaucoup de plaisir.

— Nous avons, me dit le jeune homme, plus d'un pilote capable de bien diriger votre seigneurie. J'ai aperçu tout à l'heure au parterre l'homme qu'il lui faut.

Dans le couloir du *pian-terreno*, mon guide frappa sur l'épaule d'un beau garçon de trente-cinq ans, d'une encolure athlétique, et lui répéta la phrase du prince P... que je n'avais pas entendue. L'hercule sicilien m'adressa un sourire de courtoisie, et, fixant sur mon compagnon ses grands yeux d'un bleu de mer, il fit avec les paupières et les muscles du visage trois ou quatre petites grimaces qui exprimaient quantité de choses, car le jeune homme lui répondit :

— Certainement, et tout ce que tu pourras encore imaginer pour faire passer à *questo signore* une bonne nuit sicilienne. Tu es prié seulement de le ramener chez lui demain sain et sauf, avec ses quatre membres sans plaie ni contusion.

— Nous tâcherons, répondit l'athlète, d'obéir fidèlement aux ordres du prince.

— A présent, me dit le jeune homme, permettez-moi de vous présenter mon ami, don Cornélio ***, surnommé le corsaire Dragut, homme du monde ou du peuple selon l'occasion, expert en toutes sortes de métiers, matelot, pêcheur, chasseur, cocher, maniant aussi bien l'épée que la fourchette, enjôleur de jolies filles comme un Maltais, doué d'une force peu commune et plus doux qu'un agneau, lorsque la colère, la rancune, la jalousie ou aucune autre maladie quelconque ne règne dans son âme, ouverte à toutes les passions comme un hangar à tous les vents.

— Ne croyez pas qu'il me flatte, interrompit le seigneur Cornélio ; il oublie la moitié de mes mérites.

— Un si brave compagnon, reprit le jeune homme, saura donner de l'occupation à votre seigneurie, et si j'apprends que la partie de plaisir vous a menés au sommet de l'Etna ou sur la côte de Tunis, je ne m'en étonnerai pas.

— Je suis préparé à tout événement, répondis-je.

— Sur ce, je souhaite bonne chance à vos seigneuries ; je les accompagnerais volontiers, si je n'étais retenu au théâtre par un devoir de famille.

Le jeune homme se rendit où l'appelait son devoir, et le *signor* Cornélio me prit le bras d'un air plutôt amical que familier.

En sortant du théâtre Ferdinando, nous traversâmes la place Marina. — Je sais, me dit mon guide, que vous employez souvent en français une expression que je condamne : *tuer le temps,* comme si le temps avait besoin d'être aidé pour mourir! Nous autres Palermitains, nous en connaissons mieux le prix ; au lieu de le tuer, nous l'amusons, nous l'enivrons, si bien qu'il ne bat que d'une aile, et nous nous attachons à sa robe, comme la Putiphar au manteau de Joseph. L'on m'a dit aussi qu'à Paris il n'y avait point de plaisir possible sans les trois grands moyens que le maréchal de Trivulce demandait pour faire la guerre : de l'argent, de l'argent et de l'argent! Payer le vin qu'on boit et les vivres qu'on mange, cela se doit en tout pays; mais acheter à ses convives la permission de les régaler! payer jusqu'aux sourires et aux regards des femmes! fi! c'est tuer le plaisir, et non le temps. Je vous montrerai ce soir comment on forme une joyeuse tablée de six personnes, presque sans bourse délier. Vous estimerez ensuite ce que pareil festin coûterait à Paris : tant pour la jeunesse, tant pour les grâces, tant pour la gaieté. Nous ne porterons pas l'appétit en ligne de compte.

Le seigneur Cornélio interrompit son discours pour entrer dans la boutique d'un rôtisseur, et donna l'ordre à un petit garçon d'aller chercher *Monsieur*. — C'est ainsi qu'on appelle encore à Palerme les cuisiniers et les coiffeurs, ces deux professions ayant été pendant tout le siècle dernier le privilége exclusif des Français. Le patron arriva bientôt, et mon guide engagea avec lui un de ces dialogues par signes usités dans toute transaction commerciale entre Siciliens. L'acheteur désigna de l'index une volaille, ce qui signifiait : « Combien vaut cette pièce? » Le rôtisseur leva le pouce en l'air pour répondre : « Un ducat. » Le chaland leva le petit doigt, ce qui voulait dire : « Je vous en offre la moitié. » *Monsieur* regarda le plafond pour exprimer que c'était impossible. Don Cornélio tourna la tête vers la porte; c'était exactement comme s'il eût dit : « Je vais m'en aller. » Le marchand fit un haussement d'épaules équivalent à cette réponse : « Eh bien! j'y consens, quoique ce soit pour rien. » Le petit marmiton qui observait cette pantomime avait déjà déposé la volaille dans une corbeille pour la porter à domicile. Le seigneur Cornélio paya un demi-ducat, et sortit avec moi sans avoir prononcé une parole. Il me conduisit ensuite dans un *trattoria* où il commanda pour onze heures précises un plat de poisson, une salade de légumes, et beaucoup de fraises. Trois mots et quelques signes lui suffirent à conclure cette grande affaire. — C'est assez, me dit-il, pour un souper impromptu ; occupons-nous maintenant du choix des convives. Nous trouverons près d'ici une des plus jolies demoiselles de comptoir de tout Palerme. Afin qu'on ne nous soupçonne pas de préméditation, vous marchanderez quelque chose, comme une cravate ou un foulard. Dix heures vont sonner; on remettra le marché à demain. Je déteste les dépenses inutiles.

Nous entrâmes dans un petit magasin de soieries. Tandis que la *padrona* me montrait des cravates, don Cornélio s'approcha d'une jeune fille remarquablement belle, et, quittant le langage télégraphique, il se mit à chuchoter avec une volubilité prodigieuse. La demoiselle paraissait indécise.

— Seigneur Cornélio, dit la *padrona*, qui avait l'oreille fine, cela ne se peut pas. Zullina est une fille sage ; elle n'ira pas souper chez un garçon, à moins d'être sûre qu'elle y trouvera de la compagnie, et encore il faudrait savoir quelles seront les autres personnes invitées.

— Je vous attendais là, répondit Cornélio. Nous avons déjà trois dames : premièrement, la signora Stefanina de Messine, renommée pour son extrême prudence ; secondement, Rosina, la petite Catanaise, que vous connaissez bien ; enfin la maîtresse du marquis ***, celle que nous appelons Fillidi, parce que ses vertus ont été célébrées en vers [1]. Ce seigneur français, en sa qualité de témoin, peut certifier la vérité de mes paroles.

Mon silence passa pour une attestation.

— Mais, dit la jeune fille, croyez-vous que la signora Fillidi voudra souper avec moi ?

— Pourquoi donc pas ? demanda don Cornélio. Elle achète des robes ; vous en vendez. Est-ce une raison de ne point s'asseoir à la même table ?

— Le marquis est fier.

— Il n'en saura rien, et d'ailleurs Fillidi ne lui ressemble pas. Comme dit le proverbe : « Autre chose pense le mulet que celui qui le monte. »

— Taisez-vous, Dragutto, dit la *padrona* en riant, vous êtes un mauvais sujet. Et qui aurez-vous en hommes ?

— Un seul, ce seigneur français. Il s'ennuyait au théâtre, et le prince P... m'a chargé de le divertir un peu.

— Oh ! c'est différent.

— Fort différent, l'évidence vous frappe. Puis-je compter sur vous, belle Zullina ?

---

[1] *Fillidi* est la traduction de *Philis* en dialecte sicilien.

— Absolument, répondit la jeune fille avec abandon.

— *Brava!* courons à nos préparatifs.

— Un moment, dis-je, le plaisir après les affaires. Je suis venu pour acheter une cravate.

— Il est trop tard, répondit la *padrona*; dix heures viennent de sonner. Pour rien au monde, je ne ferais un marché de nuit.

Don Cornélio me conduisit dans une rue voisine de la place Pretoria, et frappa doucement à une petite porte.

— Ici demeure, me dit-il tout bas, la Vénus de Messine. C'est une personne très-silencieuse, très-rêveuse pendant le jour seulement, qui ne sort pas sans être accompagnée d'une vieille femme de chambre, et qui ne lève jamais les yeux, même à l'église; mais cette prudence extrême n'est qu'un maintien, et une fois le soleil couché, la dame ne baisse plus autant ses longues paupières. Si nous pouvons gagner la suivante, nous aurons la princesse qui l'honore de sa confiance.

Une vieille au long nez, coiffée d'une capuce, vint présenter son visage maigre dans l'ouverture de la porte qu'elle tenait entre-bâillée comme pour en défendre le passage. La lueur de sa chandelle, qui l'éclairait de bas en haut, marquait ses rides en traits profonds. Ghérard *de la nuit* eût volontiers donné cette figure austère à la duègne qui mena Judith jusqu'à la tente d'Holopherne. Après de longs chuchotements, Cornélio toucha probablement une corde sensible, car la vieille mit de côté sa sévérité d'emprunt et s'épanouit tout à coup.

— Attendez-moi là, dit-elle, je vous ferai savoir la réponse par la fenêtre.

Au bout de cinq minutes, comme rien ne bougeait dans la maison, je fis part à mon compagnon de mes doutes sur le succès de l'ambassade. — Au contraire, me dit-il, ce silence est de bon augure. Ne faut-il pas sauver les apparences? Quel air aurait-on si un mot suffisait pour écarter les scrupules? Les murs de Jéricho ne se sont pas écroulés dès la première note des trompettes. Un *non* est toujours plus vite prononcé qu'un *oui*.

En effet, la duègne se montra au balcon et laissa tomber cette réponse solennelle : — Vous avez vaincu, généreux Dragut ; la signora accepte. N'oubliez pas le *ditale* que vous m'avez promis.

— Il paraît, dis-je, que vous avez employé les grands moyens de séduction?

— Les moyens extrêmes, répondit le seigneur Dragut. Cette maudite sorcière exploite à son profit la réserve de sa maîtresse. Elle n'aurait pas même transmis mon invitation, si je ne lui eusse promis un dé à coudre en argent.

— Laissez-moi le soin de chercher ce rare bijou dans l'orfévrerie de Palerme.

Mon guide me fit parcourir plusieurs petites rues et s'arrêta devant une maison haute. Il tira fortement une longue ficelle qui descendait du troisième étage; aussitôt une fenêtre s'ouvrit, et j'entendis une voix fraiche demander : *chi è?* Après avoir décliné ses noms et qualités, don Cornélio formula son invitation. A chacune de ses propositions la voix fraîche répondit par un *già!* nettement articulé, et puis la fenêtre se referma.

— Et de trois, me dit Cornélio. Celle-ci n'a jamais su dire non. Vous aurez le plaisir de voir une petite Catanaise dans le costume de son pays et gaie comme une linotte. Tâchons à présent d'aborder la grande dame, l'illustre Fillidi.

Nous étions rentrés dans le beau quartier. Avant d'arriver à la rue de Tolède, dont Cornélio me montra du doigt une fenêtre ouverte et éclairée au premier étage d'une petite maison. Il s'arrêta sous le balcon et fit un *pst* imperceptible. La silhouette d'une femme grande et svelte se dessina subitement sur le cadre lumineux de la fenêtre.

— Je suis Dragut, dit Cornélio, et je viens vous proposer un souper suivi d'une promenade en barque et d'une excursion à la campagne.

— Hélas! répondit la dame, je ne puis pas sortir, mon bon Dragut.

— Est-ce que vous avez votre jaloux?

— Le marquis est à sa villa, et il n'en reviendra que demain matin; mais il m'a enfermée.

— Quelle horreur! s'écria Cornélio; mettre sous clef une femme comme vous! Et vous endurez ces façons espagnoles! Voilà comme on encourage la tyrannie.

— Oh! je me vengerai! dit la belle prisonnière.

— N'attendez pas à demain, reprit Cornélio; vengez-vous à l'instant même. La porte de votre appartement n'est-elle pas à deux battants? Ouvrez les verrous et tirez des deux mains.

— J'ai déjà essayé, répondit la dame, et je n'ai réussi qu'à m'écorcher les doigts.

— Eh bien! attachez à ce balcon une corde ou un drap de lit, et j'irai vous délivrer, dussé-je faire sauter la serrure et la gâche.

Fillidi rentra dans la chambre. Nous l'entendîmes ouvrir et refermer plusieurs armoires. Elle revint bientôt munie d'une grosse corde qu'elle noua fortement à la rampe de fer. Cornélio saisit le bout de la corde et monta lestement à la façon des matelots; en un moment il fut sur le balcon. Trois secousses, suivies d'un fracas à ébranler la maison, m'apprirent que l'effraction avait réussi. La lumière s'éteignit, et je vis arriver Cornélio donnant le bras à une figure blanche encapuchonnée dans un châle de mousseline de laine.

— L'infante est délivrée, dit le seigneur Dragut. Belle Fillidi, réfugiez-vous chez moi, tandis que nous irons au café commander des glaces.

La dame fit un rire mélodieux et partit en courant. Mon guide me conduisit dans un café de la rue Cassero. Deux énormes chauves-souris voltigeaient autour du lustre sans que personne y prît garde.

— Après avoir enlevé la colombe, me dit Cornélio, il serait bon de la remplacer par une chauve-souris. Gageons que vous ne savez pas comment se pratique la chasse au *pipistrello*. Pour abattre l'animal, il suffit d'effleurer le bout de ses ailes, car le moindre choc lui fait perdre l'équilibre. La difficulté est de le toucher, vu l'agilité singulière avec laquelle il évite tout objet qui vient à sa rencontre; mais il ne pare pas aussi bien le coup qui lui arrive par derrière. Observez la manœuvre.

Cornélio monta sur une chaise et fit tourner sa canne avec une vitesse croissante, de manière à poursuivre une des chauves-souris, pendant l'espace d'un quart de cercle, à chacune de ses évolutions. Vers le cinquième ou sixième tour, la vitesse de la canne surpassa celle du vol, et le pauvre *pipistrello*, légèrement touché, tomba sur le plancher. Il avait plus d'un pied d'envergure. Le chasseur acheva sa victime, et l'ensevelit dans un numéro de la *Gazette des Deux-Siciles*.

— Tout à l'heure, me dit-il avec une joie d'écolier, j'enverrai le mousse de mon *iachetto* (yacht) clouer ce monstre fantastique sur la porte du marquis, afin qu'il reconnaisse les traces de Dragut. Ce sera comme la signature de l'auteur, et cette leçon lui profitera. Le pauvre homme se couvre de ridicule en voulant jouer le personnage de jaloux sans amour. La jalousie est chose sérieuse, et je lui apprendrai à la respecter.

Nous sortîmes du café suivis d'un garçon portant sur sa tête une pyramide de glaces à *tutti frutti*. Don Cornélio occupait dans la rue *Nuova* le second étage d'un véritable palais. Son appartement eût été fort beau si la pénurie des meubles n'en eût fait ressortir la grandeur démesurée. Dans le salon, un charmant tableau de Novelli, représentant la Vierge et sainte Élisabeth, avait pour pendant un trophée d'ustensiles de marine et de pêche. La belle Zullina et la signora Fillidi, assises sur un canapé recouvert en crin, causaient ensemble sur le pied de l'égalité la plus parfaite. Le mousse, que ces dames avaient réveillé, s'était affublé d'une veste à galons, et mettait le couvert dans la salle à manger. Un coup de sonnette retentissant annonça l'arrivée de la Catanaise. C'était une gracieuse figure mauresque. Sa bouche, toujours entr'ouverte, avait une expression de gaieté sauvage, et ses yeux, fendus jusqu'aux tempes, se braquaient sur les gens avec une fermeté naïve qui ne ressemblait point à de l'effronterie. La Rosina commença par jeter sur une chaise la *toppa* de soie noire qui l'enveloppait des pieds à la tête; elle raconta ensuite avec une vivacité incroyable comment elle s'était échappée pour venir au rendez-vous. De temps à autre, voyant que j'avais quelque peine à suivre le fil de son récit, elle poussait don Cornélio par l'épaule en lui disant : *Spiega;* mais dans l'explication je ne retrouvais plus la verve piquante de l'original. L'entrée de la majestueuse Messinienne répandit une froideur qui dura jusqu'au moment où le mousse en livrée vint dire que le souper était servi. On passa dans une salle à manger en rotonde. Afin de briser la glace, notre hôte s'écria, en dépliant sa serviette : *Allegri!*

— *Allegri!* répétèrent les convives.

Et au bout d'un quart d'heure tout le monde parlait à la fois, Cornélio et moi en toscan, et les dames en sicilien, le plus gracieux de tous les dialectes. A l'exception de l'espiègle Rosina, j'aurais pu prendre mes voisines pour de véritables infantes, tant elles avaient d'aisance et de dignité naturelle. Sans affecter une pruderie que la circonstance n'exigeait point, elles eurent le bon goût de rappeler à l'ordre le seigneur Dragut, lorsqu'il voulut s'émanciper dans ses propos. Elles faisaient éloquemment l'éloge des morceaux en mangeant beaucoup; mais il peut exister des princesses gourmandes. Notre hôte, qui avait tiré de sa cave d'excellent marsala et du vin muscat de Syracuse, ne buvait que de l'eau, et comme je lui reprochais de ne point faire honneur aux précieux produits de la Sicile :

— Le marsala et moi, répondit-il, nous sommes ennemis mortels.

— J'en suis fâché, dis-je. Il m'a préservé du mal de mer sur les bateaux à vapeur, et je voudrais vous réconcilier avec lui.

— N'y songez pas; j'aimerais mieux avoir dans le corps une

légion de diables qu'un seul verre de ce vin de feu : il m'a joué un tour abominable que je ne lui pardonnerai jamais.

— Vous me raconterez cette aventure-là, seigneur Dragut.

— Peut-être, répondit Cornélio en fronçant le sourcil.

— Il vous en racontera bien d'autres, dit la signora Fillidi, car il a eu plus d'aventures que Jupiter.

— Qu'est-ce que Jupiter? demanda la Catanaise.

— C'est, dit Cornélio, un prince païen qui eut huit femmes légitimes et plusieurs centaines de maîtresses.

— Comme le roi Salomon, observa la belle mercière.

— Précisément, et soupçonné, comme ce grand roi, de s'être adonné à la magie; mais il alla plus loin que Salomon, un jour qu'il se changea lui-même en pluie d'or.

— Vous vous moquez de moi, dit la pauvre Rosina. Patience ! j'apprends à lire, et bientôt on ne pourra plus m'en faire accroire.

Lorsqu'on eut servi le dessert, la signora Fillidi se mit à gazouiller les vers d'une romance, pour engager notre hôte à chanter. Cornélio prit une guitare suspendue au mur, tourna sa chaise de côté en posant son pied droit sur son genou gauche, et se mit à préluder en musicien consommé. Les dames lui demandèrent plusieurs morceaux dont il introduisit les ritournelles dans son improvisation. A la fin, il se décida pour une *popolana* qu'il entonna d'une belle voix de basse. Le chant, accompagné en sourdine, ressemblait à ces sérénades espagnoles qu'on appelle *tiranas*, parce que le mot *tirana* y revient souvent sous la forme d'une apostrophe que l'amant adresse à la dame de ses pensées [1]. Celle-ci était une sorte de complainte d'un caractère mélancolique sur la mort d'une femme assassinée dans les mêmes circonstances que Françoise de Rimini. Le dernier couplet tirait de l'histoire tragique cette moralité à l'usage des Siciliens :

---

[1] Le mot *tyran* n'ayant point de féminin en français, on dirait *tigresse*.

« Plaignez le pauvre jaloux. — Comme un cheval échappé, sa folie le mène à l'aveugle au milieu des abîmes. — Vivante, il croit détester sa maîtresse; — morte, il la pleure et n'a plus de repos. — Ses fautes, sa fureur et son crime odieux, — tout est l'œuvre de l'amour. — L'amour commence dans les rires et la joie; — souvent il finit dans les pleurs et le sang. — Aimer est doux, trop aimer fait mourir. — A ceux qui chanteront ces vers, — l'auteur souhaite une fidèle amie. »

Cette complainte éveilla sans doute un souvenir pénible dans l'esprit de Cornélio, car sa voix s'altéra en chantant le dernier couplet. Je me promis de guetter le moment favorable pour lui demander la confidence de ses chagrins. Après la complainte, il nous fit entendre plusieurs romances moins sombres, et, entre autres, la fameuse chanson : *Vi vugghiu fari ridiri*, composée par un homme du peuple, et dont les muletiers de la côte orientale m'avaient déjà régalé.

— Par grâce, dit Cornélio en quittant la table, donnons-nous un peu de mouvement. Je propose une promenade en mer dans mon *iachetto*.

Le petit mousse, qui était sorti pour faire son expédition de la chauve-souris, annonça que la brise soufflait du sud-ouest.

— Profitons-en, dit le patron. Nous pourrons doubler le cap avant le lever du soleil, et pêcher quelques poissons sur la côte de Solanto.

Les dames, coiffées seulement de leurs magnifiques cheveux, arrangèrent leurs châles en manière de capuchons, tandis que Cornélio s'habillait en marin. Le mousse, débarrassé de sa livrée, courut en avant pour éveiller le matelot du yacht. Un vent tiède, qui soufflait par légères rafales, promettait d'animer les voiles; mais en apprenant qu'il nous serait contraire pour revenir, les dames témoignèrent de l'hésitation. D'importantes affaires les rappelaient à la ville de grand matin. Cornélio leva la difficulté en proposant d'envoyer un carrosse de place au village de Bagheria, pour assurer le retour à Palerme. Sur une petite place où se tenaient les fiacres, nous trouvâmes une seule voiture. Le cocher vint au devant de nous, et don Cornélio avait déjà conclu le marché, lorsqu'il s'aperçut que le carrosse était une vieille berline fermée.

— Notre contrat est nul, dit-il ; je ne veux point d'une *bastarda*.

— Excellence, dit le cocher, mes chevaux sont bons.

— Jamais, s'écria Cornélio, jamais je ne monterai dans une *bastarda*. On ne m'y reprendra plus.

Je lui demandai s'il craignait autant les voitures fermées que le vin de Marsala.

— Plus encore, me répondit-il, et pour la même cause. Je suis superstitieux.

— Excellence, dit le cocher, il fera frais ce matin, et vos dames gagneront des fluxions dans un carrosse découvert.

— Il a raison, crièrent les dames ; nous voulons la *bastarda*.

— Eh bien ! soit, reprit Cornélio ; vous reviendrez en voiture, et moi je resterai sur le yacht.

Le carrosse partit pour Bagheria, tandis que nous descendions vers le quai de Santa-Lucia. Le *iachetto* était un simple bateau de pêche, mais mâté en fourche et ponté. Le matelot nous attendait. Je m'assis à l'avant, les dames se rangèrent au centre sur deux bancs, et le patron se mit à la barre pour gouverner lui-même. Après avoir couru quelques bordées, le yacht tourna devant la citadelle de la *Garita;* il déploya ensuite toutes ses voiles et prit la direction de la pleine mer en se cabrant sur le dos des vagues. À la clarté de la lune, Palerme ressemblait à une ville orientale ; la baie demi-circulaire, à laquelle un dicton local a donné le nom de *conca d'oro,* était devenue une coquille d'argent. Au bout de trois quarts d'heure, l'équipage exécuta une nouvelle manœuvre, et le yacht se dirigea rapidement vers le cap Zaferano, dont l'aurore commençait à rougir le sommet. Avant de doubler la pointe, nous entendîmes de loin les cloches de plusieurs villages sonner l'*Angelus,* et bientôt après le ciel parut tout en feu.

— Voici le moment, dit Cornélio, de pêcher des *lacerti*.

Le mousse apporta une grosse bobine montée en rouet, et sur

laquelle était roulé un cordeau qui se terminait par une masse de plomb. Don Cornélio jeta le plomb dans la mer en dévidant la bobine. De distance en distance, il attachait après le cordeau des lignes de crin garnies d'hameçons et d'appâts. Lorsqu'il eut ainsi lié une douzaine de lignes, le plomb, traîné par le yacht à une grande profondeur, fit vibrer le cordeau, qui se mit à rendre un son plein comme celui d'un tuyau d'orgue ; on aurait dit une voix humaine gémissant au milieu des vagues. Sans quitter le gouvernail, don Cornélio posa un de ses doigts sur la corde ; presque aussitôt il sentit une légère secousse, et nous annonça qu'un poisson s'était pris à l'un des hameçons. En moins d'un quart d'heure, il eut compté douze secousses pareilles. On retira le cordeau avec précaution, et au bout de toutes les lignes on trouva des *lacerti* de diverses grosseurs [1].

Le divertissement de la pêche et le spectacle du soleil levant auraient fait plus de plaisir aux dames, si un mouvement de roulis ne les eût incommodées depuis le passage du cap. Les visages devenaient pâles, et la pétulante Rosina, immobile sous son domino noir, avait perdu l'usage de la parole. En ce moment, les devoirs qui rappelaient chacune d'elles à la ville revenaient tout à coup à l'esprit de nos compagnes de voyage. La signora Fillidi voulait rentrer avant l'arrivée de son marquis jaloux ; la belle mercière craignait de manquer l'ouverture de son magasin, et la grave Messinienne se souvenait d'avoir invité à déjeuner une personne extrêmement respectable. Un changement dans les voiles nous fit cingler vers la côte, et le yacht aborda dans une petite anse, où la route de Palerme à Termini rase le rivage de la mer. Nous arrivâmes vers six heures à Bagheria. Don Cornélio me prit le bras en entrant dans le village.

— Ces dames, me dit-il en confidence, sont venues l'une après l'autre aux informations sur votre compte. Je vous ai fait dans leur

---

[1] Le *lacerto*, qu'on appelle *macarello* à Rome et *scombro* à Venise, n'est autre chose que le maquereau.

estime une position admirable. Quant à la belle Messinienne, qui entend malice à tout, elle vous soupçonne d'être un grand personnage déguisé en artiste. La recommandation du prince P... et la marque de votre mouchoir qu'elle a observée ont confirmé ses soupçons. Elle vous a orné d'un des noms les plus illustres de la cour d'Autriche et de la sainte-alliance. La Messinienne est une rusée qu'on ne trompe pas facilement. Un coup d'œil lui a suffi pour pénétrer ce profond secret, et je ne sais trop comment vous pourrez lui ôter cette chimère de l'esprit.

— J'en fais mon affaire, répondis-je. Elle verra bientôt que je ne gouverne aucun empire.

La voiture nous attendait sur la place du village. Ni les plaisanteries ni les prières ne purent déterminer don Cornélio à monter dans une *bastarda,* et, comme je lui témoignais mon grand désir de savoir la cause de ses superstitions, il me promit de me raconter son histoire, si je consentais à revenir par mer avec lui. Les quatre donzelles étaient déjà dans la voiture. Malgré leurs œillades, j'acceptai la proposition de Cornélio ; mais avant de me séparer de la joyeuse compagnie, je m'approchai de la portière ouverte pour demander l'autorisation de rendre mes devoirs à chacune de ces dames en particulier. Outre les heures où l'on pouvait les trouver chez elles, toutes les quatre m'indiquèrent leur église paroissiale et la messe qu'elles y allaient entendre le dimanche. Zullina et Fillidi ne manquaient jamais d'assister à la grand'messe au Dôme. La Messinienne, plus mystérieuse, se levait matin ; c'était à la messe de huit heures que ses amis venaient la chercher. La Catanaise allait à Saint-Dominique pour écouter l'orgue, qui est le meilleur de la ville [1]. Muni de ces renseignements, je dis adieu à toute la carrossée ; le cocher fouetta ses chevaux, et la berline partit pour Palerme.

---

[1] Les touristes en Sicile savent que les femmes galantes de Palerme ne croient pas mal faire en donnant des rendez-vous dans les églises. On recueille les détails de ce genre ; on ne se permettrait pas de les inventer.

La rosée du matin et l'air de la mer avaient imprégné nos habits d'une humidité désagréable. Cornélio me proposa d'entrer dans une *locanda*. Comme la salle d'honneur était basse et froide, nous allâmes à la cuisine. Tandis que le patron nous servait le café au lait de chèvre et le fromage blanc appelé *ricotta*, sa fille apporta une botte d'herbes sèches et de sarment encore garni de ses feuilles. Afin d'entretenir le feu, elle y jetait un à un les brins d'herbe et de vigne, et la flamme reproduisait en pétillant les formes de chaque plante. Quand je vis le seigneur Dragut ranimé par le feu et par la bienfaisante chaleur du café, je lui rappelai sa promesse de me raconter ses malheurs. Il bourra de tabac une pipe de terre brune, représentant le masque de l'acteur Pasquino, et, tout en fumant, il commença le récit qu'on va lire.

II.

Puisque vous avez l'envie de me connaitre, dit le seigneur Cornélio, nous remonterons, s'il vous plaît, non au déluge, mais à l'invasion des Normands en Sicile. Vous savez que les expéditions de cette race turbulente se distinguaient par un certain caractère de violence et de férocité. Un arbre généalogique, dessiné de la main de mon grand-père, prouve que je descends par les femmes d'un vaillant chevalier, compagnon d'armes de Robert Guiscart. Malgré les mélanges du sang sicilien et de l'espagnol avec celui de mon ancêtre, je suis resté Normand, c'est-à-dire remuant, inquiet, colère et un peu brigand. Sans fanfaronnade, je puis me vanter d'avoir été le plus mauvais écolier du collége de Palerme. Les verges et la prison, au lieu de me dompter, ne faisaient que m'irriter davantage. Je vivais en pirate avec mes maitres et mes camarades, à l'exception d'un seul élève, pour qui j'avais une amitié fraternelle.

Pippino Castri était un enfant d'un caractère doux, flexible et docile, toujours le plus jeune dans ses classes et le meilleur sujet. La supériorité de son intelligence excitait la jalousie des autres et lui attirait tant de coups et de mauvais traitements, que j'eus pitié de lui. Je le pris généreusement sous ma protection, et en me constituant le défenseur du faible opprimé, je rachetai du moins quelques-uns de mes actes nombreux de tyrannie et de rapine. Après le temps maudit du collége, on m'envoya étudier à l'université de Catane, où je retrouvai Pippino Castri. Pour rester conséquent vis-à-vis de moi-même, je me brouillai avec mes professeurs, je fus insolent aux examens, et je manquai tous mes degrés, tandis que mon ami achevait ses brillantes études. Nous revînmes ensemble à Palerme, lui avocat, et moi sans profession. J'entrais dans la jeunesse avec la chaleur de sang d'un bon Sicilien et les instincts d'un corsaire normand. Je prenais en pitié mon sage ami, qui cherchait l'emploi de ses talents dans notre pays éteint, et vivait terre à terre, comme vont les barques de Cefalù [1]. A cette époque, une petite *zingara*, qui disait la bonne aventure aux passants sur la place Marina, regarda le creux de ma main, et me prédit que je mourrais tout habillé. J'ai pensé bien des fois à cette prédiction, et ce n'est pas ma faute si elle ne s'est point accomplie; elle n'a plus de vraisemblance aujourd'hui que je suis philosophe et retiré du monde.

Mon père, que j'avais perdu dans mon bas âge, m'avait laissé plus de fortune qu'il ne m'en fallait pour commettre beaucoup de sottises, et ma mère, qui s'était remariée, s'occupait fort peu de moi. Pour satisfaire mon humeur vagabonde, je conçus le désir de faire une excursion à Malte et sur les côtes d'Afrique. Parmi mes compagnons de plaisir, je choisis trois garnements de mon espèce, sur lesquels mon caractère et ma force physique me donnaient une sorte d'autorité; ils s'embarquèrent avec moi sur un bateau de commerce que je louai pour un mois. Nous avions des vivres, des armes, de l'argent dans nos poches et la tête montée. Après avoir mené joyeuse vie à Malte et visité Tripoli et Tunis,

---

[1] *Terra-terra, comù li varchi di Cefalù,* proverbe sicilien. Le commerce entre Cefalù et Palerme se fait sur des barques fragiles qui suivent prudemment la côte.

nous abordâmes un matin dans l'île de Zerbi, sans savoir où nous étions. En cherchant à qui parler, nous arrivâmes près d'une fontaine où des jeunes filles puisaient de l'eau. A notre approche, toute la bande s'enfuit effarouchée. Nous avions pris nos fusils de chasse, pensant trouver des perdrix ou des lièvres; mais à la vue d'un gibier plus aimable, je proposai à mes amis une partie de chasse à courre. Les jeunes filles montaient un sentier rapide, au sommet duquel était leur village. Une d'elles, moins leste que les autres, se vit sur le point de tomber dans les mains des corsaires et poussa des cris aigus. Pendant ce temps-là, ses compagnes répandaient l'alarme dans le village. Quinze ou vingt femmes armées de fourches et de bâtons s'avancèrent en vociférant des menaces; un coup de fusil que je tirai à vingt pieds au-dessus de leurs têtes les mit en déroute complète; nous les suivîmes en bon ordre jusqu'à une petite place, au milieu de laquelle s'élevait un figuier. J'y établis mon quartier-général, et le village se trouva pris d'assaut.

Un vieillard, qui savait quelques mots d'italien, nous fut envoyé en parlementaire. Je commençai par déclarer que nos intentions étaient pacifiques; mais, au lieu d'éclaircir le malentendu, je parlai avec l'arrogance d'un vainqueur, et je demandai qu'une députation vînt nous faire des excuses. Le parlementaire s'en alla en grondant et ne reparut plus. Quelques Arabes, revenus des champs, avaient pris leurs carabines. Un coup de feu parti du haut d'un toit fit voler en l'air mon chapeau. Pour nous mettre en sûreté, il fallut forcer l'entrée d'une maison. L'ennemi nous y assiégea, et après une demi-heure de combat, où la mousqueterie résonna sans interruption, le siège fut levé. Nous avions blessé légèrement deux Arabes avec notre plomb de chasse. Notre dessein n'étant pas de conquérir l'île de Zerbi, je proposai à mes amis de battre en retraite. La troupe des pirates traversa le village et gagna le bord de la mer, en chantant cette marche militaire du divin maestro Verdi...

Ici le narrateur entonna le chœur des *Lombardi* d'une voix de stentor.

— Par malheur, reprit don Cornélio, lorsque notre navire eut quitté le rivage, on tira sur nous du haut de la colline, et une balle m'atteignit à l'épaule. Je revins à Palerme fort souffrant de ma blessure et un peu inquiet des suites de mon équipée. Pippino Castri s'établit près de mon lit et me prodigua les soins les plus tendres et les remontrances les plus éloquentes. Il me rappela les prédictions de la *zingara* et me fit promettre d'être plus sage à l'avenir, ce qu'on obtient facilement d'un homme affaibli par les saignées et la tisane. Cependant les habitants de Zerbi se tinrent cois, pensant qu'ils n'obtiendraient pas justice de chiens de chrétiens, et je ne fus point poursuivi. Cette aventure ajouta un nouveau lustre à ma réputation. La barbe commençait à me pousser au menton, et comme elle était d'un blond de feu, on m'appelait Hariadan Barberousse. Depuis que je l'ai rasée, on a changé ce sobriquet pour me donner celui de Dragut. Je vous épargne le récit de mes autres folies de jeunesse. La liste, sans être aussi longue que celle des fredaines de Jupiter, atteindrait encore des proportions imposantes. Ma fortune, dont j'étais mauvais ménager, avait besoin d'un temps de repos. Mon intendant me déclara un matin que, si je continuais à puiser au coffre sans compter, je finirais par aller m'asseoir sur la *balata* [1]. Afin d'apporter au gouvernement de mes finances une réforme radicale, je vendis chevaux et voiture, je congédiai laquais et maîtresses, et je résolus de me livrer à quelque goût dominant et peu dispendieux. Je partis en équipage de chasseur pour les montagnes de l'intérieur. Je parcourus le pays à pied, vivant de mon gibier, dormant chez le paysan, souvent mal couché, mais bercé par la fatigue. A mon retour à Palerme, je trouvai l'occasion d'acheter un yacht à peu de frais; je devins marin et pêcheur consommé. Le thon, le *spada*

---

[1] Banc de pierre qui servait de pilori pour les banqueroutiers à l'époque de la domination espagnole.

(espadon) et le *lacerto* n'ont pas d'ennemi plus dangereux que moi dans les madragues de Solanto. Absorbé par ces occupations, je menais une vie active et saine, lorsqu'une fatale rencontre bouleversa mon existence.

C'était au printemps de l'année 1842. Un négociant de Trapani, enrichi par le commerce des soufres, vendit ses mines à une compagnie anglaise pour venir s'établir à Palerme. Il avait une femme, encore belle, et une fille unique, âgée de dix-huit ans, ou plutôt un ange, une grâce. Ce n'est pas moi qui pourrai jamais tracer le portrait de l'incomparable Aurélia, et pourtant je porte son image gravée dans mon cœur en traits de feu. Pour la dépeindre, il faudrait aller chercher Pétrarque dans son tombeau. Imaginez une nymphe parmi les femmes, une divinité parmi les nymphes...

— Arrêtez, seigneur Cornélio, m'écriai-je en étendant le bras, nous sommes perdus si vous prenez le ton des anciens trouvères siciliens, dont les chants langoureux ont propagé cette maladie de l'esprit qui a fait tant de ravages dans les belles-lettres italiennes.

— Quelle maladie? demanda Cornélio.

— L'enflure, la fausse chaleur, le pathos, puisqu'il faut l'appeler par son nom. Une cascatelle de mots creux et sonores ne peut donner une idée ni de la belle Aurélia ni d'aucune autre femme. Parlez tant que vous voudrez, mais, pour Dieu! dites quelque chose.

— Votre erreur est grande, répondit Cornélio, ou tous mes malheurs ne seraient qu'une amère dérision. Longtemps, dans ma barbare ignorance, j'ai traité de bagatelles les vagues chansons de nos anciens poëtes et le jargon qu'elles ont engendré; mais ma propre expérience m'a appris ce que vaut l'art de bien dire. C'est précisément là le sujet de mon histoire et la cause de tous mes maux.

— Comme il vous plaira. Je vous supplie seulement de ne point monter le ton si haut. Restez Normand, restez corsaire, seigneur Dragut. Faites cela pour m'obliger.

— J'y consens, puisque vous le voulez. Figurez-vous donc des cheveux plus noirs que l'aile du corbeau, des yeux de Niobé voilés sous de longs cils, un nez fin et droit, une bouche garnie de perles, un air doux et réfléchi, un visage plutôt allongé que rond, et si mignon que tous les autres visages semblaient des masques en comparaison.

— Ce signalement me suffit, dis-je; poursuivez à présent votre récit.

— Ce fut un dimanche, au Dôme, reprit Cornélio, que je rencontrai cette fille sans pareille, pour laquelle je m'enflammai d'un amour soudain. Don Massimo, le père de ma belle, était un bon homme, quoiqu'un peu avare, et sa femme, qui avait du goût pour la dépense, l'entraînait plus loin que ne l'eût mené sa ladrerie naturelle. Cette famille, nouvellement débarquée de la province, ne demandait qu'à se faire des amis à Palerme. L'accès de la maison me fut une conquête facile. Je promenai les dames dans mon yacht, et je m'insinuai dans les bonnes grâces du père en perdant contre lui quelques pièces de monnaie blanche à divers jeux de cartes. J'avais été bien avisé en me présentant des premiers, car aussitôt qu'on vit la jeune fille aux concerts du jardin public, sa beauté attira les regards, et les concurrents arrivèrent en grand nombre. Un soir, dans les allées de la Flora, je saisis l'occasion de parler à Aurélia et je hasardai quelques mots d'amour. La jeune fille m'écoutait la tête penchée sur son épaule, en jouant avec une fleur de magnolia. Tout à coup elle comprit où tendait mon discours, et, relevant ses grands yeux, elle me regarda d'un petit air curieux :

— Mais, dit-elle, vous m'aimez donc, seigneur Cornélio?

Encouragé par cette question, je déclarai mes sentiments sans précaution ni artifice.

— Oh! tant mieux! s'écria la belle enfant avec une joie naïve.

Ce doit être si amusant d'être aimée d'un homme tel que vous! J'espère au moins que cela est sérieux, et que vous ne m'aimerez pas seulement en paroles.

— Mettez-moi à l'épreuve, répondis-je. Faut-il conquérir tout de bon l'île de Zerbi? aller en Chine? descendre dans les flammes d'un volcan? Ordonnez, disposez de votre esclave, et ne craignez point que je recule devant les obstacles ou les dangers.

Ce langage de corsaire parut l'intéresser.

— Non, dit-elle en souriant, vous ne descendrez point dans les flammes d'un volcan, à moins que je n'y jette mon mouchoir. Nous verrons bien si vous saurez deviner et prévenir mes désirs. Ne vous dissimulez pas que d'autres m'ont exprimé leur amour en termes plus choisis que vous ne l'avez fait; mais je crois que les soins attentifs me toucheront davantage, et je vous en tiendrai compte. Parmi les témoignages d'une passion véritable, il en est un seulement que je redoute et qui me fait horreur, la jalousie. On en cite des exemples terribles. Si vous voulez m'inspirer d'autres sentiments que l'épouvante, ne soyez point jaloux, seigneur Cornélio; à cette condition je pourrai vous aimer un jour.

— J'y appliquerai mes efforts, répondis-je; mais si votre intention n'est pas de faire de moi un *patito*, il faut m'accorder une bonne place dans votre cœur, afin que le mien demeure fermé à la jalousie. Le préservatif de ce vilain mal est la confiance. Promettez-moi d'être franche et loyale.

— C'est convenu, dit Aurélia d'un ton sérieux; point de mensonge entre nous. Quant à la préférence que vous souhaitez, en voici pour commencer un petit signe. Si quelqu'un me demandait cette fleur, je la refuserais : recevez-la comme un gage d'amitié; mais ne la montrez point, car on me l'a vue à la main.

Je pressai la fleur de magnolia sur mes lèvres, et je la serrai précieusement dans ma poche.

— Çà, reprit la jeune fille en badinant, qu'allez-vous entreprendre à mon service, seigneur chevalier?

— Tout ce qu'il vous plaira, répondis-je. Mon ancêtre le Normand et son compagnon Robert Guiscard ont malheureusement chassé de ce pays le dernier des Sarrasins, sans quoi je vous proposerais de le provoquer en combat singulier.

Don Massimo et sa femme interrompirent notre entretien; mais j'en avais entendu assez pour rentrer chez moi brûlant de la première fièvre d'amour et d'espérance. Dès le lendemain, Aurélia exprima devant moi le désir de manger des figues d'Inde. Ce fruit, si abondant à la fin de l'été, ne devait arriver que dans un mois sur les marchés de Palerme. Je partis pour Noto, où le cactus est plus précoce que dans cette partie de l'île. Une douzaine de figues d'Inde que je rapportai en triomphe me valut des sourires que je n'aurais pas cédés pour un trésor. Je trouvai beaucoup d'autres occasions de rendre quelques services à Aurélia; mais lorsque je la pressais de m'autoriser à demander sa main à ses parents, elle me répondait avec effroi : — Pas encore !

Un soir, au milieu d'un cercle de jeunes élégants qui papillonnaient autour d'elle, Aurélia prenait un plaisir extrême à écouter la description des bals du lundi à l'*Académie* de Naples. Le dandy qui absorbait l'attention de ma maîtresse avait remarqué à l'un de ces bals une parure de femme composée de ces plumes bleues que le geai porte à la racine de l'aile. Je compris que la fantaisie d'avoir une parure semblable se logeait dans l'esprit d'Aurélia. Sous peine de perdre le fruit de mes services passés, il fallait contenter cet enfant capricieux. Je parcourus les montagnes et même la partie de l'Etna qu'on appelle *Nemorosa*, et je revins au bout d'un mois avec une provision de plumes de geai. Je m'attendais cette fois à être accueilli comme si j'eusse ravi aux infidèles un des exemplaires de la sainte tunique; mais, hélas! « qui conduit des ânes ou qui se fie aux femmes ne va point en paradis [1]. » J'obtins à peine un remercîment, et mon présent fut jeté dans un coin, où il est encore.

---

[1] Proverbe sicilien. Les âniers, blasphémant sans cesse, sont considérés comme en état permanent de péché mortel.

Tandis que je battais les bois pour détruire de pauvres oiseaux, quelques nouveaux personnages s'étaient introduits dans la maison de don Massimo. J'y retrouvai, entre autres, mon compagnon d'études Pippino Castri. Quoique son visage de Narcisse attirât l'attention de toutes les femmes, l'idée ne me vint pas d'abord que mon ami le plus cher pût devenir un rival, et pour éviter ce danger, je me promis de faire à Pippino la confidence de mes amours. Tout le monde à Palerme s'occupait alors d'une fête qui devait avoir lieu à *Piana dei Greci*. Il s'agissait d'une cérémonie religieuse dans le rite grec, suivie de divertissements et de danses. La population de Piana, qui se compose d'Albanais, devait se parer de ses costumes nationaux. Don Massimo se fit longtemps prier pour mener sa fille à la fête, et ne se décida que la veille au soir. Toutes les personnes présentes voulurent être de la partie; nous étions trop nombreux pour aller dans une seule voiture, et lorsque je proposai de louer une calèche de place, don Massimo s'y opposa en disant qu'on attellerait la *bastarda*. Dans les maisons riches de Palerme, on a deux carrosses, l'un d'apparat pour la promenade et les visites, l'autre vieux et fané, dont on ne se sert que la nuit, attelé de mauvais chevaux que l'on ne craint pas de faire attendre aux portes des palais ou des théâtres. La plupart de ces *bastarde* sont d'anciennes berlines de formes un peu gothiques. Celle du seigneur Massimo, avec ses velours râpés, sa large caisse et ses dorures noircies, avait bercé jadis quelque cardinal ou gouverneur espagnol. En ma qualité de cocher émérite, je fus chargé de conduire ce véhicule respectable. Les grands parents montèrent dans la calèche, et la jeunesse éveillée s'entassa dans la *bastarda*. Pendant tout le voyage, j'entendis au-dessous de moi des rires et des cris. On attaquait les provisions de bouche. Quand on eut mangé, on chanta, et je reconnus la voix légère d'Aurélia. Mon ami Pippino récita ensuite une longue kyrielle de vers que deux petites mains applaudirent. En arrivant à Piana, je remarquai dans les yeux de la jeune fille je ne sais quoi d'exalté qui me donna de l'ombrage.

Pour la première fois, le serpent de la jalousie me mordit le cœur. Je donnais au diable tous les comparses qui m'empêchaient d'aborder la seule personne à laquelle j'eusse un mot à dire, lorsqu'en allant à l'église grecque, je vis Aurélia ralentir le pas et s'écarter de la compagnie.

— Il faut que je vous parle, me dit-elle avec empressement. Vous attendez de moi une explication, je veux vous la donner. Chaque minute de retard aggrave la situation. Armez-vous de courage, mon bon Cornélio, rappelez-vous que je n'ai pas pris avec vous d'engagement sérieux. Après toutes les preuves d'amour que j'ai reçues de vous, cela est cruel, je le confesse, mais nous n'y pouvons rien; d'aujourd'hui seulement je vois clair dans mon cœur : je n'aurai jamais pour vous d'autre sentiment que l'amitié.

— Qu'est-il donc arrivé? demandai-je en tremblant.

— Le voici. J'avais à Trapani plusieurs adorateurs qui ne tarissaient pas lorsqu'ils vantaient ma beauté. Ils m'avaient fatiguée de leurs adulations, et je partis pour Palerme sans autre regret que celui de quitter la maison où je suis née. Dans cette disposition de cœur et d'esprit, j'entendis parler de votre folle expédition à Zerbi. Votre caractère aventureux me plut, et je me persuadai qu'un amour exprimé par des actes m'amuserait bien plus que tous les discours du monde. Cela prouve du moins que jamais je n'eus l'idée de faire de vous un *patito* ; mais, malgré ma bonne volonté, mon cœur demeura insensible, et je connus enfin la puissance du langage, car il y a discours et discours, mon bon Cornélio. Un jour, pendant votre voyage dans l'Etna, au moment où j'y pensais le moins, on m'apporte un papier cacheté, je le déplie, et qu'est-ce que j'y trouve? Une pièce de vers de trente-deux strophes : entendez-vous cela? trente-deux strophes toutes à ma louange, et si jolies que je ne saurais à laquelle donner la préférence! Probablement on a beaucoup adressé de vers aux femmes; eh bien! je l'affirme sans partialité, jamais depuis qu'il existe des femmes, on n'a rien fait de si beau pour elles. D'abord l'auteur me compare au soleil, qui répand la chaleur et l'amour dans tout l'univers. Avant qu'il m'eût rencontrée, dit-il, ses jours étaient des nuits : je l'ai rendu à la lumière. Et puis mes yeux sont deux étoiles qui lancent des feux mourants, et ces feux mourants font mourir celui qui les regarde. Hé! que pensez-vous de cette nouvelle manière de parler? quand donc a-t-on tenu pareil langage à une femme?

— Cent millions de fois! répondis-je en colère.

— Le dépit vous égare, reprit Aurélia; je le conçois et je vous excuse. D'où vient qu'en lisant ces trente-deux strophes j'éprouvais comme un vertige de plaisir, si bien qu'à la dernière les idées tournoyaient dans ma pauvre tête, et que je fermais les yeux comme si une épée flamboyante eût passé devant mon visage? Ce fut bien autre chose quand je les entendis réciter à l'auteur lui-même. Et ne croyez pas que le poëte m'appelle Aurélia, quoique ce soit mon nom; il me donne celui de Cloridi, pensant que je saurai percer ce voile mystérieux, et il ne s'est pas trompé. A-t-on jamais appelé une femme Cloridi, quand son nom était Aurélia?

— On l'a fait si souvent, dis-je, qu'en France ces fadaises sont connues sous le nom de bouquets à Chloris.

— Oh! dans ce cas, poursuivit Aurélia, il eût été impardonnable à moi de ne point percer le voile. Que la ruse est ingénieuse, et qu'il a d'esprit le gentil rimeur! De bonne foi, je vous le demande, à moins d'être folle et aveugle, pourrais-je ne pas l'aimer? Il résulte de tout cela, mon bon Cornélio, que vous ferez bien de ne plus songer à moi. La poésie, que j'avais offensée, a repris ses droits.

— Vous en parlez à votre aise, m'écriai-je, fille ingrate et frivole! Croyez-vous que ce soit une chose facile que de vous oublier?

— Oui, cela est facile à un cœur généreux et dévoué comme le vôtre. D'ailleurs votre sacrifice fera le bonheur d'un aimable garçon dont je vous ai entendu louer le mérite et les qualités.

— Je l'écraserai, dis-je en frappant du pied, je l'écraserai comme une vipère, ce petit traître de Pippino.

Deux jets de larmes sortirent tout à coup des yeux d'Aurélia.

— Seigneur Dieu! s'écria-t-elle, voilà ce que je craignais, la jalousie, la vengeance. Écraser son meilleur ami! le cœur de bronze! Et moi aussi, sans doute, il voudra me tuer! Ah! cher Cornélio, si vous avez résolu de nous assassiner tous deux, avertissez-moi quelques jours d'avance. Sainte Vierge! faut-il déjà mourir pour une faute si légère!

Aurélia pleurait à étouffer; les sanglots lui ôtaient la parole, et je voyais une attaque de nerfs se préparer. Je lui pris les mains en lui disant : — Calmez-vous, je ne tuerai personne.

Les larmes s'arrêtèrent subitement. — Vous me faites grâce de la vie, dit-elle, et aussi à Pippino? Vous le jurez?

— Je vous le jure.

— Oh! bien alors je suis plus tranquille.

— Mais je n'entends pas me sacrifier pour un caprice de jeune homme. J'interrogerai Pippino, et malheur à lui s'il ne vous aime pas!

Avant d'entrer dans l'église, je fis signe à Pippino de me suivre, et je l'emmenai sur le parvis. Mon agitation et le son altéré de ma voix l'intimidèrent. Il ne put supporter mon regard. Cependant, aussitôt que je lui eus appris en quels termes j'étais avec Aurélia, il poussa un grand cri :

— Ah! malheureux, qu'ai-je fait? dit-il. Et toi, Cornélio, pourquoi n'avoir pas confié ce secret à ton ami? Qu'allons-nous devenir à présent?

Après un moment de silence, il ajouta : — C'est à moi de souffrir. Je quitterai la Sicile; j'irai vivre à Naples, ou plutôt j'irai y mourir; car il n'est que trop vrai, mon ami, si je perds Aurélia, il faudra que j'en meure.

Cette résignation, à laquelle je ne m'attendais point, me désarma : — N'en doute pas, dis-je à Pippino, je te laisserais partir, je te laisserais mourir, si j'étais l'amant préféré; mais le triste privilége du dévouement m'appartient.

Mon ami me sauta au cou, me pressa contre sa poitrine, me

prodigua les noms les plus tendres, et, après m'avoir fait répéter que je renonçais à mes prétentions sur le cœur d'Aurélia, il courut après sa maîtresse. Sans regarder où j'allais, je pris le chemin de Palerme. Il me semblait que j'aurais assez de courage pour accomplir mon sacrifice, et je me crus sincèrement un héros; mais bientôt, la jalousie me montant à la gorge, tous les beaux sentiments s'envolèrent; mon ami redevint un rival, Aurélia une perfide, et leur bonheur un outrage insupportable. Des tableaux funestes se succédaient dans mon imagination : je surprenais les deux amants appuyés l'un sur l'autre, causant à voix basse, et je m'apprêtais à les poignarder; puis la beauté de la jeune fille me touchait, et c'était contre moi-même que je tournais le fer. Pendant toute la nuit, je marchai dans ma chambre, en proie au délire et à la rage. La fatigue et le jour me calmèrent un peu; j'allais me jeter sur mon lit pour essayer de dormir, lorsque Pippino entra. Il me tendit les mains en m'appelant généreux ami; mais je l'interrompis brusquement :

— Garde tes éloges, lui dis-je; ils sont mal placés. Décidément je ne puis renoncer à Aurélia. Il faut qu'un de nous deux extermine l'autre. Cherchons un moyen de nous battre avec des chances égales, car je ne prétends pas abuser de mes avantages.

Pippino avait pris quelques leçons d'escrime. Je lui donnai un fleuret en lui commandant de se mettre en garde; mais il n'était pas de force à se défendre, et je lui portai trois bottes qu'il ne sut point parer. Dans le maniement des armes à feu, j'avais une supériorité plus grande encore. Un duel était impossible. Je m'avisai d'un autre expédient. Pippino était assez bon nageur; je lui proposai de sortir du port avec moi dans une barquette et de la faire chavirer en pleine mer, à deux milles du rivage.

— Insensé! me répondit-il; et si tu m'entendais appeler au secours d'une voix défaillante, aurais-tu donc la cruauté de me laisser périr? Non, tu ne l'aurais pas. Tu oublierais les femmes, les amours, la jalousie, et tu retournerais en arrière pour sauver cet ami qui t'aime et que tu as secouru et protégé pendant toute son enfance. Va, ce n'est point un combat sanglant et impie qui doit mettre un terme à notre différend ; c'est une lutte plus noble et plus glorieuse, d'où le vainqueur sortira peut-être malheureux, mais sans remords. S'il est vrai, comme tu le dis, que tu ne peux renoncer à Aurélia, prends-la donc : je te la cède.

— Hélas ! m'écriai-je, elle ne m'aime pas !

— Eh ! t'aimera-t-elle davantage quand tu m'auras égorgé ? Si tu dois perdre ta maîtresse, garde au moins ton ami.

— Oui, je le garderai, dis-je en embrassant Pippino ; oui, je conserverai cette amitié d'enfance qui me payera de mes sacrifices. Maudits soient l'amour et les femmes qui ont failli me la ravir ! Je les défie, je les brave, je les excommunie. Marie-toi, mon cher garçon. Épouse-la, cette délicieuse, aimable et changeante créature, que le ciel a jetée ici-bas pour nous pousser à nous entre-tuer. Il n'aura réussi qu'à nous rendre tous deux sublimes. Aurélia t'appartient ; que je meure, si jamais je te la dispute ! Je la verrai avec un front de marbre, un cœur d'airain ; car il est maître de lui-même, ce cœur-là ; il est grand comme celui de César.

Saint Cornélio, mon patron, peut certifier là-haut qu'en parlant ainsi, j'étais de la meilleure foi du monde. Les louanges, les pleurs et les expressions de reconnaissance de mon ami me confirmèrent dans mon magnanime dessein. Je l'appuyai de tant de serments solennels et de tragiques imprécations, que je ne pouvais plus revenir à mes premières pensées, à moins d'être une pitoyable girouette.

Ici don Cornélio s'interrompit, gratta le fond de sa tasse de café pour y chercher un reste de sucre, remit sa pipe dans sa poche, et baissa les yeux d'un air embarrassé.

— Eh bien ! lui dis-je, comment avez-vous tenu ces serments solennels ? Faites-moi votre confession entière.

— L'abnégation, reprit-il, est une fort belle vertu, mais difficile à pratiquer pour un homme de ma trempe. Après le départ de

Pippino, je reçus la visite du père d'Aurélia. Il venait me reprocher ma désertion de la veille. Malgré les amusements de la fête, on s'était aperçu de mon absence. Don Massimo m'avait remplacé sur le siége de la berline, et on ne l'avait pas trouvé si bon cocher que moi. Les dames ayant pris goût aux parties de campagne, une excursion à Santa-Flavia était organisée pour le lendemain. On comptait sur moi pour conduire la *bastarda;* c'était l'ordre et la prière d'Aurélia. Pénétré de mon nouveau rôle, je crus pouvoir accepter sans danger cette invitation. Pendant la nuit suivante, je dormis d'un sommeil de stoïcien, et je m'éveillai le lendemain satisfait de moi-même, sans me douter que le plaisir de revoir Aurélia entrait pour quelque chose dans ma bonne humeur. Je me rendis à huit heures chez don Massimo, et j'y trouvai la compagnie au complet. La jeune fille m'accueillit en souriant, et me tendit une main que je pressai avec émotion. Pippino voulut monter à côté de moi sur le siége; la calèche partit en avant, et je fouettai les chevaux de la *bastarda*. A Santa-Flavia, don Massimo exhiba une permission de visiter la villa du marquis ***. Le concierge nous ouvrit les jardins sans prendre la peine de nous surveiller. La journée se passa gaiement; je me sentais une liberté d'esprit qui me donnait la plus haute opinion de mon courage. Nous devions dîner à Palerme en rentrant; mais, pour attendre plus patiemment, nous avions apporté une collation. Don Massimo eut la fatale idée de m'offrir du vin de Marsala qu'il avait récolté lui-même. Je vidai la bouteille aux trois quarts, et tout à coup je sentis ma raison s'envoler comme si quelque sorcier me l'eût ravie pour l'enfermer dans une fiole.

La romance populaire que je vous ai chantée à table compare la folie du jaloux à un cheval emporté : c'est un tigre altéré de sang que l'auteur aurait dû dire; mais si vous ajoutez à la jalousie cette ivresse du vin qui vous change un homme en brute, comme *Nabucco,* il n'y a plus de faute, d'extravagance ni même de crime dont un corsaire de mon espèce ne devienne capable sous cette double influence. Lorsque je vis Aurélia s'approcher de son amant et lui parler à l'oreille, j'éprouvai une sorte de transport au cerveau. Je courus à travers les plates-bandes du jardin comme un fou échappé de son cabanon. J'ouvris mon couteau et je le lançai dans les arbres à de grandes distances avec une sûreté de main qui n'abandonne jamais le Sicilien.

Pour appuyer son discours d'une démonstration, don Cornélio prit sur la table un couteau qu'il introduisit dans la manche de son habit. En frappant de la main gauche sur le poignet droit, il lança le couteau à l'autre bout de la chambre, et la lame pénétra d'un pouce dans le bois de la porte. Je le regardai de travers en lui demandant s'il avait un meurtre sur la conscience ; mais il ne répondit pas à ma question.

— Je ne sais, poursuivit-il, quels autres signes de démence je donnai pendant ce terrible accès. J'avais perdu jusqu'au souvenir des lieux où j'étais, lorsque j'entendis des voix qui m'appelaient dans le lointain. Le jour baissait, et l'on m'attendait pour retourner à Palerme. Pippino et sa maîtresse montèrent ensemble dans la *bastarda*.

Ce qu'il me reste à vous raconter ne me fait pas beaucoup d'honneur ; mais le supplice de la honte me sera peut-être compté comme une pénitence. Tout à l'heure, quand nous irons nous embarquer sur le yacht, je vous montrerai près d'ici le village de Santa-Flavia et la villa du marquis ***, dont le casino est situé au sommet d'une colline escarpée. La route, praticable pour les carrosses et taillée dans le roc, serpente en zigzag sur le flanc de la colline. Le cocher de don Massimo retenait avec soin les chevaux de la calèche et descendait au pas ; à son grand scandale, il vit la *bastarda* passer devant lui et le pacifique attelage courir au galop. En pensant au plaisir des deux amants, assis côte à côte dans cette machine roulante que je conduisais, je sentis augmenter mon vertige. Quelque furie volait dans les airs, le bras étendu sur ma tête ; elle me souffla l'infernale idée de faire verser la voiture, et de soumettre ainsi mon procès au jugement de Dieu, ou plutôt du hasard. Arrivé à un passage périlleux que je connaissais bien, je rasai de si près le bord du chemin, qu'une des roues manqua de point d'appui. La *bastarda* roula sur un talus de vingt pieds. Je sentis le vent causé par la rapidité de la chute; j'entendis un coup de tonnerre résonner dans ma tête, et puis plus rien ! J'avais un trou à la tempe et une clavicule rompue.

Lorsque je repris connaissance, j'écoutais le murmure d'un petit ruisseau : c'était le sang qui coulait de mon bras dans une cuvette. Je me retrouvais dans mon lit à Palerme. Le chirurgien, qui me vit ouvrir les yeux, assura que j'étais sauvé ; alors commencèrent les souffrances. Pendant trois mois, il fallut demeurer couché sur le dos, immobile comme une statue sépulcrale, et serré comme dans un étau par vingt-cinq aunes de bandelettes roulées autour de mon corps. Ixion sur sa roue ne dut rien éprouver de plus pénible. Il est un Dieu pour les amants ; il n'en est point pour les jaloux. Au moment de l'accident, Pippino et Aurélia s'étaient entrelacés dans leur chute, et la catastrophe leur avait procuré les douceurs d'un tendre embrassement. Personne, excepté moi, n'avait été blessé.

Il n'est rien qui guérisse mieux de la folie d'amour et de jalousie qu'un trou à la tête et une clavicule brisée. Avant que je fusse rétabli, mon ami obtint la main de sa belle, et, pour ma première sortie, je me traînai jusqu'à l'église de Santa-Zita, où je vis célébrer son mariage sans dépit ni chagrin. Peu de temps après, Pippino eut un procès à plaider à Messine. Il emmena sa femme avec lui et se fixa dans cette ville. Don Massimo a quitté Palerme et habite aujourd'hui dans la même maison que sa fille. Depuis ma triste aventure, mes passions ne se sont plus réveillées. Les années, la réflexion, l'expérience m'ont prémuni contre les égarements ; je n'ai plus songé, en véritable philosophe, qu'à bien vivre et à me divertir. J'ai reconnu le danger d'aimer trop une seule femme : c'est pourquoi je les aime toutes... Et voilà comment, seigneur Français, ajouta don Cornélio, j'ai voué une haine éternelle au vin de Marsala et aux *bastarde*.

— Pour le vin, je le comprends, dis-je ; mais, comme assurément la *bastarda* n'aurait point versé si vous ne l'eussiez un peu aidée, je ne m'explique pas votre préjugé superstitieux.

— Parce que vous n'avez point goûté des trois mois de lit et des bandages de linge. Moi, qui les ai appréciés à loisir, je ne puis voir une *bastarda* sans un frisson. Je crois sentir le vent de la chute ; j'entends le coup de tonnerre dans ma tête, et le formidable appareil du chirurgien vient m'enlacer de ses replis. Comprenez-vous, à présent?

— Parfaitement, seigneur Cornélio. Je comprends aussi pourquoi le prince P... vous a fait prier de me ramener sain et sauf, sans plaie ni contusion. Quant à la prédiction de la *zingara*, j'espère, en vous voyant si raisonnable, qu'elle ne vous atteindra pas, et que vous ne mourrez point de mort violente.

— Qui le sait? Nul n'échappe à son destin ; mais un bon corsaire doit considérer comme une faveur du ciel de partir pour l'autre monde les pieds dans ses chaussures.

En retournant au bord de la mer, don Cornélio me montra le précipice dans lequel il avait versé. Nous nous embarquâmes ensuite sur le yacht, qui fit son entrée dans le port à la nuit noire, tant le vent contraria sa marche. On nous apprit que l'essieu de la *bastarda* s'était rompu sur la route. Les quatre donzelles, retardées par cet accident, avaient manqué leurs importantes affaires. Pendant le temps que je passai à Palerme, le seigneur Dragut se mit entièrement à ma disposition, et je trouvai l'occasion de me livrer aux études de mœurs les plus belles et les plus sérieuses sous la direction d'un pilote si habile et si prudent.

Chacune des grandes villes, où depuis si longtemps je promène le lecteur, a sa physionomie, sa couleur, ses attraits particuliers. Venise est la plus romanesque, Florence la plus civilisée; Rome élève l'esprit, Naples amuse, Palerme parle aux sens. Il me suffit de prononcer ces noms aimés, en fermant les yeux, pour me transporter, comme d'un coup de baguette, dans ces milieux si divers. Combien il est facile de sentir toutes ces nuances et difficile de les exprimer! La tâche, du moins, m'a été douce, et je souhaite au lecteur la moitié du plaisir que j'ai pris à la faire.

FIN.

DIALECTES D'ITALIE ET DE SICILE

TOSCAN

Dialogue entre un Maître et son Domestique [1].

PADRONE. Ebbene, Battista, hai tu eseguite tutte le commissioni che ti ho date?

SERVITORE. Signore, io posso assicurarla d'essere stato puntuale più che ho potuto. Questa mattina, alle sei e un quarto ero già in cammino;... ma poi ha piovuto tanto!...

PADRONE. Che al solito, sei stato a fare il poltrone in un' osteria per aspettare che spiovesse. E perchè non hai preso l' ombrello?

SERVITORE. Per non portare quell' impiccio... ma spero che ella sarà contenta quando saprà il giro che ho fatto per la città in due ore.

PADRONE. Sentiamo le tue prodezze.

SERVITORE. Nel tempo che pioveva, mi sono fermato in bottega del sarto, ed ho visto con questi miei occhi raccomodato il suo soprabito con bavero e fodere nuove.....

PADRONE. Ma in casa di mio padre, quando sei andato, che questo era l'essenziale?

SERVITORE. Appena spiovuto; ma non vi ho trovato nè suo padre, nè sua madre, nè suo zio, perchè jeri l' altro andarono in villa.....

PADRONE. Dunque la casa era vuota?

SERVITORE. Non vi ho trovato che il garzon di stalla, ed a lui ho consegnato tutte le lettere perchè le portasse a chi doveva averle.

TRADUCTION

LE MAÎTRE. Eh bien! Baptiste, as-tu fait toutes les commissions que je t'ai données?

LE DOMESTIQUE. Monsieur, je vous assure que j'ai été aussi exact que j'ai pu. Ce matin, à six heures et un quart, j'étais déjà en route;... mais après, il a tant plu!...

LE MAÎTRE. Que, selon ton habitude, tu es allé flâner au cabaret, en attendant le beau temps. Et pourquoi n'as-tu pas pris ton parapluie?

LE DOMESTIQUE. Pour ne pas m'embarrasser... Mais j'espère que Monsieur sera content lorsqu'il saura les courses que j'ai faites en deux heures.

LE MAÎTRE. Voyons tes prouesses.

LE DOMESTIQUE. Tandis qu'il pleuvait, je me suis arrêté dans la boutique du tailleur, et j'ai vu de mes deux yeux qu'il avait remis au pardessus de Monsieur un collet et une doublure neufs.

LE MAÎTRE. Mais quand donc es-tu allé chez mon père? C'était là l'essentiel.

LE DOMESTIQUE. Aussitôt qu'il a cessé de pleuvoir; mais je n'ai trouvé ni le père de Monsieur, ni sa mère, ni son oncle; avant-hier, ils sont partis pour la campagne...

LE MAÎTRE. Ainsi la maison était déserte?

LE DOMESTIQUE. Je n'ai trouvé que le garçon d'écurie, et je lui ai donné les lettres pour qu'il les remît à leur adresse..... etc.

---

[1] Ce dialogue est extrait de l'excellent ouvrage de M. Zuccagni-Orlandini intitulé *Corografia dell' Italia*.

BOLONAIS

(Même dialogue que le précédent.)

Padrone. Ebbein! Battesta, at esegné tutt el cumissioun ch'at ho dà?

Servitore. Al poss assicurar al mi sgnour d' esser sta più puntual ch' ai ô pssù. Sta matteina al sì e un quart aj era za per la rivira; ma po l' e piuvo a tirundella in mod...

Padrone. Che al solit t'i sta a far al pultron in t'un ustarê pr' aspttar che dsmittess. E perchè n' at tolt l' umbrella?

Servitore. Pen purtar qu' implezz; ma a sper chli sra cunteint quand al savra al gir ch' ai ho fatt in zitta in dù our.

Padrone. Sintein el tou bravur.

Servitore. In quel temp ch' piuveva am son fermà dal sart in butteiga, e ai ho vist con sti mi ucc accumda al so sorrabit con baver e fodra nova.

Padrone. Ma in casa dmi pader quand j'it anda, chl'era l'essenzial?

Servitore. Appenna finé d' piover; ma an i o truva ne so pader ne so mader, ne so zio, perchè jir l' alter i andoun in campagna.

Padrone. Donca la casa era vuda?

Servitore. An i ho truvà che al stallon, e ai ho cunsgnà el letter perchè al li purtass a chi gli aveva d'aveir, etc.

ROMAIN

(Même dialogue que le précédent.)

Padrone. Embè, Tittarello, hai spicciato? te sei scordato de gnente? n'hai fatto delle tua?

Servitore. Ce da dine cene? a momoria sò l' asso commanna chi deve, obbedisco chi pone; alle sei e lo quarto le cianche mie stavano in moto.... ma poi, se ropriveno la cataratte!

Padrone. Ce semo. Ce scommetterebbe chè te sei inchiodato a n'osteria a aspettane che spioviccicasse. E che omo sei? te fai paura de quattro goce! aù! E non te potevi pijà no straccioccio d' ombrello?

Servitore. Sete voi caro! piuttosto che portane quell' impiccio me contento de pijamme un reruma... Ma io sò quello che ho fatto in du ore de giro.

Padrone. Sentimo ste maravije.

Servitore. In ner tempo che pisciavano l'angioletti, me so fermato in bottega del sartore, e co ste lanterne ho visto che v' aricomodava le farde del coprimiserio cor bavero novo e puro le scorze del dereto.

Padrone. Ma a casa de tata mìo, quanno ce sei annato? Questo me doleva de più.

Servitore. Quanno spiovene; ma feci bucia: nè tata, nè mamma, nè zio... sparizione de Vienna. Jeri l' altro se n' erono annati alla villa.

Padrone. Dunque a casa ce se poteva giucane de spadone?

Servitore. Non ho aritrovato che er garzone della stalla, e je ho affibiate tutte le lettere, e je ho ditto: dalle a chi vanno..., etc.

NAPOLITAIN

(Même dialogue.)

Padrone. Embè, Vatti, aje fatte tutte li servizie che t' aggio ordenate?
Servitore. Signò, vè posso assicurà d' esse stato pontuale tanto che aggio potuto. Sta mattina, a le sseie e no quarto me songo posto ncammino; ma aveva chiuppeto tanto!
Padrone. Secondo lo ssoleto sarraje stato a ffà la maula dinto a qua ttaverna, co la scusa d' aspettà che schiovesse. E ppecchè non t' aje pigliato la mbrello?
Servitore. Pe no pportà chillo mpiccio.... ma spero che sarrite contento quanno v' avraggio ditto lo giro che aggio ffatto ndoje ore pe la città.
Padrone. Sentimmo sse prodezze.
Servitore. Mente chioveva me songo fermato dinto a la poteca de lo cosetore, e aggio visto co chiste cocchie acconciato già lo sopprabito vuosto colo bbavaro e lla fodera nova.
Padrone. Ma ncasa de lo gnore mio quanno pò nce si gghiuto? Chesto era l'essenziale.
Servitore. Nce sò stato nninch' è fenuto de chiovere; ma non ce aggio trovato ne lo pate vuosto, ne la gnora, nè lo zio, pecchè ll' autro jere jettero a lo casino.
Padrone. Addonca la casa era scena vacante?
Servitore. Nc' era schitto lo famiglio e ad isso aggio consegnate tutte le lettere ppecchè lle portasse a chi jevano..., etc.

SICILIEN

(Même dialogue.)

Padrone. Oh! Battista, hai fattu li cummissiuni ch' iu ti detti?
Servitore. Sissignuri, l'assicuru chi sugnu stato puntuali cchiù di chiddu ch' haju pututu. Stamatina a unnici uri e un quartu m' eru già avviatu; ma poi nun ha cissatu un momentu di chiuoviri.
Padrone. Già si sà; sì stato, o to solitu, nta qualchi taverna a fari u putruni pri aspittari chi avissi scampatu. E pirchi nun ti portasti u paracqua?
Servitore. Pri nun aviri s' autru mpicciu... ma speru chi sara cuntentu quannu ci dirò lu giru chi fici ntra città in dui ori.
Padrone. Sintemu li tuoi vapparii.
Servitore. Mentri chi chiuveva io era vicinu a la putia du custurieri, e pri ripararimi vitti cu miei occhi chi a la sua facchina na ci avevanu già misu u cuddaru e la fodiva nova.
Padrone. Ma ti scurdasti lu cchiù essenziali, di iri ncasa di me patri?
Servitore. Oh, ci ivi appena chi scampau, ma un ci truvai nè so patri, ne so matri, e un c' era nemmenu so ziu, pirchi avanteri sinni jeru n' campagna.
Padrone. Dunca a casa era vacanti?
Servitore. Un cci truvai autru cu simplici garzuni di stadda e ci cunsignai tutt' i littri pri purtarli a cui li duveva aviri..., etc.

TABLE DES CHAPITRES

I. FLORENCE.

La maison de Médicis. — Le médecin de Charlemagne. — Cosme l'Ancien. — Le Tite Live du roi Alphonse. — Laurent le Magnifique. — La conspiration des Pazzi. — Voyage étrange à Naples. — Débuts de Michel-Ange. — Le duc Alexandre. — Lorenzaccio. — Cosme le Grand. — François et Bianca Capello. — Ferdinand Ier. — Les fêtes du mariage de Marie de Médicis. — Origine de l'opéra. — Cosme II. — Ferdinand II. — Cosme III. — Le royaume d'Étrurie. — Le grand-duc actuel. — Les princesses de Médicis reines de France. 1

II.

Le Palais-Vieux. — Le poëte Pulci. — *Morgante-Maggiore*. — La galerie Médicis. — L'école florentine. — Frère Bartholomée et Jérôme Savonarole. — La Niobé. — La tribune. — Un portrait de femme. — Le palais Pitti. — Rembrandt. — La Vierge à la chaise. — Christophe Allori. — Un tableau du Giorgione. — Les trois Parques. — Un auto-da-fé à Fontainebleau. — L'oratoire du Scalzo. — Le portique de l'Annonciade. — Les regrets stériles. — Santa-Croce. — Tombeaux de Dante, de Machiavel et d'Alfieri. — San-Lorenzo. — La *nuit* et le *jour* de Michel-Ange. — La façade du dôme. 21

III.

Les académies. — Celle de la *Crusca*. — Les censeurs de Corneille et ceux du Tasse. — Les théâtres. — L'empire de l'habitude. — La belle fille du tailleur. — Moyen de s'arracher aux délices de Florence. — Grand chagrin adouci par une pièce de soixante centimes. 50

IV. ROUTE DE ROME PAR SIENNE.

Volterra. — Daniel Ricciarelli. — Les nudités du Jugement dernier. — Sienne. — L'Académie des *Rozzi*. — Le dôme. — La vie et la mort du Pinturicchio. — Le pays des Volsques. — Acqua-Pendente et Viterbe. — La guerre du temps d'Urbain VIII. — Les soldats du pape. — Le bailli Achille de Valençay. — Le lac de Vico. — Ronciglione. 62

V. ARQUA, FERRARE, RAVENNE.

Le tombeau de Pétrarque. — Le notaire Pietro. — Portrait de Laure de Noves. — Rienzi. — Ferrare. — Le Palais Vieux. — La maison et le tombeau de l'Arioste. — Lectures à la cour. — Bon mot du cardinal Hippolyte d'Este. — La prison du Tasse. — L'hôpital Sainte-Anne. — Bernard Tasso. — La cour d'Alphonse. — Lucrèce et Léonore. — Guarini. — Le *Pastor fido*. — De Ferrare à Bologne. — La montagne de Fo. — Lugo. — Le bois de Diane. — Ravenne. — Les antiquités romaines et gothiques. — Le tombeau de Théodoric. — La Rotonde. — Bataille de Ravenne. — Gaston de Foix. — Lord Byron à Ravenne. — La nouvelle Juliette. — Événements de 1821. — Injuste diatribe du poëte anglais. 80

VI. ROUTE DE ROME PAR TRASIMÈNE.

Saint Romuald. — Arezzo. — Luc della Robbia. — Le moine Gui. — Pierre l'Arétin. — Le chantage littéraire. — Cortone. — Pierre Berettini. — Ossaja. — Champ de bataille de Trasimène. — Stratagème d'Annibal. — Le garçon d'auberge carthaginois. — Passignano. — Le lac. — L'île des Serpents. — La princesse captive. — Un cuisinier artiste. — Perugia. — Le Pérugin. — Sainte-Marie-des-Anges. — Les frères mineurs. — Assisi. — Foligno. — Spoleto. — La porte d'Annibal. — Terni. — La chute du Vellino. — Narni. — Campagne de Rome. — Le *Ponte-Molle*. — Le baptême du peintre................................. 116

VII. ROME.

Les années de collége. — Engelures et *pensum*. — Rome sous l'empire. — Tableau des rues d'après Juvénal. — L'éclairage et la police. — Les Grecs en Italie. — Constantin. — Invasions des barbares. — Alaric. — Attila. — Le pape Léon. — Genséric. — Totila. — Rome chrétienne. — Nicolas V. — Jules II. — L'escadron de cavaliers turcs. — Léon X. — Amusements de la cour de Rome. — La comédie au Vatican. — Pierre Bembo. — Le cardinal Bibiena. — La *Mandragore* de Machiavel. — Le sac de Rome. — Cruauté de Charles-Quint. — Les Farnèse et les Caraffa. — Le népotisme. — Hersilie Cortèse. — Tristes effets d'un grand amour. — Sixte-Quint. — Clément VIII. — Rome au repos................................ 142

VIII.

La place du Peuple. — Le Corso. — La place Colonna. — Les *aquajoli*. — Marc-Aurèle. — Les délices d'un verre d'eau. — Les fontaines de Rome. — La place de Venise. — Le forum de Trajan. — Le mont Capitolin. — La roche Tarpéienne. — — Le forum romain. — L'arc de Septime-Sévère. — Comment on compte les heures en Italie. — La rue du *Babbuino*. — Le faune et la *barcaccia*. — Vénus outragée par un commissionnaire. — La Trinité-du-Mont. — Le Quirinal. — La rue *Ripetta*. — Le Panthéon. — La place Navone. — Cirque de Flaminius. — Prison Mamertine. — Jugurtha. — L'égout. — Pasquin vit encore............. 167

IX.

Les grands airs et l'éloquence. — Férocité du Transtévérin. — Contrastes. — Rencontre du cicerone-amateur. — L'église de Saint-Augustin. — Fresque du prophète Isaïe. — Sainte-Agnès. — Saint-Onuphre. — La mort et les reliques du Tasse. — Les antithèses. — Paysages du Poussin; — son tombeau. — Guido Reni. — Méprise du cicerone-amateur. — Proverbe romain. — *Ser* Tito. — Les thermes de Dioclétien, de Caracalla et de Titus. — Le Moïse de Michel-Ange. — Le Colysée. — Les gladiateurs. — Le *spoliarium*. — Malheur aux Gaulois! — Les arcs de triomphe de Constantin et de Titus. — L'ordre d'une marche triomphale. — Rencontre d'un tribun du peuple. — Garibaldi et Ciceruacchio................ 185

X.

Suite de l'aventure du cicerone-amateur. — Promenade dans le Vatican. — Les petits appartements. — Les *loges*. — Les *chambres*. — La galerie de tableaux. — Salle des chefs-d'œuvre. — Saint-Érasme. — Les divers musées. — Une heure en Étrurie. — Chapelle Sixtine. — La basilique de Saint-Pierre. — *La confession*. — La chapelle de la Pietà. — Solennités de Noël, de Pâques et de la Saint-Pierre. — La procession. — Illumination de la coupole. — La *girandola*. — La religion en Italie.................................... 212

XI.

Le carnaval à Rome. — Masques et personnages. — Le Corso. — Guerre des *confetti* et des *moccoli*. — Autres divertissements. — La foire aux jambons. — La contrebande. — Les processions. — L'instinct poétique. — Musique, danse et peinture. — Le *Saltarello*. — Les *villas* Borghèse, Panfili, Médicis, Albani, Farnèse, Aldobrandini, d'Este, etc. — Frascati et Tivoli. — Le petit temple de Vesta. — Les cascades. — Grotte dite d'Égérie. — Dénoûment de l'aventure du *cicerone* amateur.... 237

TABLE DES CHAPITRES.

XII.

Un touriste américain. — Promesse d'une historiette. — Musée du Capitole. — Le jeu du disque. — Les empereurs et les philosophes. — Les dieux en déroute. — Le Gladiateur mourant. — Zénon. — La Vénus capitoline. — Originaux et copies. — La louve de bronze et le buste de Junius Brutus. — Le palais Doria. — Le portrait de Machiavel. — Le Christ de Michel-Ange. — Palais Sciarra. — Le joueur de violon Tibaldéo. — Palais Barberini. — La véritable Fornarina. — Béatrix Cenci. — Madame Putiphar. — Le cardinal Chigi. — Palais Borghèse. — César Borgia. — Le portrait de M. Bertin par M. Ingres. — Palais Rospigliosi. — L'Aurore du Guide et le Samson de Carrache. — Palais Corsini. — Prométhée. — La Vie militaire par Jacques Callot. — La Farnésine. — Galatée. — La tête de géant. — Adieu à Michel-Ange. — La troupe comique du *Fiano*. 259

XIII.

Histoire du Patito. 282

XIV. DE ROME A NAPLES.

Fondi. — Julia Colonna. — Hariadan Barberousse. — Mola. — Les Lestrigons. — Effets de lumière. — Les aveugles. — Route des Abruzzes. — San-Germano. — L'abbaye du mont Cassin. — Capoue et ses délices. — Aversa. — Capo-di-Chino. Entrée à Naples. — L'émeute du débarquement. — Beaucoup de bruit pour vingt-sept sous. — Comment on se délivre des Grecs. 318

XV. NAPLES.

La sirène Parthénope. — Le roi Robert. — Pétrarque à Naples. — Jean Boccace. — Le *Décaméron*. — Une émeute de femmes. — Les vice-rois. — Origine des lazzaroni. — Masaniello. — La place du *Carmine*. — Gennaro Annese. — La compagnie de la mort. — Henri de Lorraine. — Le dilettantisme de la misère. — Événements de 1799 et de 1820. — Beau mot du général Foy. — La signora Vittoria. . 329

XVI.

Naples vu du fort Saint-Elme. — La Villa-Reale. — La haute société. — Les petits abbés. — La bourgeoisie. — Les lazzaroni sur leur terrain. — Les chanteurs, conteurs d'histoires et loustics. — La partie de *Bazzica*. — Les *Rinaldi*. — Offres de services. — *Eccellenza!* — Faites l'aumône au lazzarone. — Le choix d'un logement. — Le domestique et le cocher de fiacre. — Un Anglais volé et mis au violon. — Une tarentelle. — Un honnête homme. — Usage nouveau d'une brosse à dents. 350

XVII.

Paresse et dextérité. — Les gouttières. — La Poste aux lettres. — Ne dites pas de mal des scorpions. — L'heure du dîner. — L'amateur de gargotes. — Les *lasagne* et l'*umido*. — La musique italienne. — Scarlatti, Porpora, Pergolèse et Cimarosa. — Paganini à Paris et à Naples. — Son mariage manqué. — Un bossu enlevé comme une *prima donna*. — Les dilettanti. — Madame Frezzolini. 367

XVIII.

La comédie haute et basse. — Celle appelée *dell' arte*. — Personnages à caractère de Bergame, Venise et Bologne. — Les mimes napolitains. — Polichinelle, Pancrace, Tartaglia et donna Petronia. — Pasquale Altavilla. — Le théâtre de San-Carlino. — Grêle de comédies. — Le *Café de l'Europe*. — Don Pancrace et M. Révang. — Les petits pois au sucre. — Une chanson populaire. — Ruses d'amour. 382

XIX.

Joseph Ribera. — Triumvirat de brigands. — La mort du Dominiquin. — Ascension au Vésuve. — Le vin de *lacryma-christi*. — Resina. — La pointe de Coutrel. — L'Empédocle français. — L'eau à la neige. — Les grumeaux. — Cratère du Vésuve. — Éruptions. — La lave et la cendre. — Pompeï. — Rues et maisons romaines. — La boutique du menuisier. — Promenade en l'an soixante-dix-neuf. — Maison de Castor et Pollux. — Un vol avec effraction. — Les cinq squelettes. — Les statues coloriées et les colonnes à mosaïques. — Bons offices du Vésuve.. 400

XX. ENVIRONS DE NAPLES.

Le printemps. — Le corricolo et le chemin de fer. — Herculanum. — Portici. — Torre-del-Greco. — Torre-dell' Annunziata. — Castellamare. — Le buisson ardent. — Les lucioles. — L'antique Stabia. — La Cava. — Salerne. — Paradis des paysagistes. — L'ambassade de Charlemagne. — Actes d'accusation. — Route de Sorrento. — Voyage à âne. — Sujet d'aquarelle. — Les orangers. — Maison du Tasse. — Cornélie Sersale. — Rencontre agréable. — Un accident. — Tartaglia femelle. — Historiette de la *Zoppa*. 416

XXI.

Piedigrotta. — Les grenouilles du lac d'Agnano. — La grotte du Chien. — Expérience manquée. — La Solfatare. — Pozzuoli. — Le temple de Sérapis. — Baïa. — La mer Morte. — Les huîtres du lac Fusaro. — Promenade en barque. — Procida. — Costumes. — Ischia. — Eaux minérales. — Capri. — Le mont Solaro. — Le colonel Hudson-Lowe. — La grotte d'Azur. 438

SICILE

XXII. DE MESSINE A CATANE.

Les prétextes. — Le cap Faro. — Changements dans le climat. — Messine. — Une procession de pénitents. — La mer Ionienne. — Prodiges de végétation. — La figue d'Inde. — Plantes et animaux. — Un lézard en bonne compagnie. — Taormine. — Théâtre grec. — Le village des *Jardins*. — Nuit blanche. — Recettes contre les inconvénients du climat. — La grotte de Galatée. — Un châtaignier monstre. — Catane. — Les toppatelles. — Visites à âne. — Nicolosi. — La canne du docteur Gemmellaro. — Ascension peu dangereuse sur l'Etna. 447

XXIII. DE CATANE A PALERME.

Façon asiatique de voyager. — Les mulets et la *lettiga*. — Syracuse. — Ortigia. — Conversation interrompue. — Le caractère sicilien. — Langage par signes. — Un muletier qui entend par les yeux. — Route de Noto. — Modica. — Grottes de Spaccaforno. — Licata. — Le taureau de Phalaris. — Girgenti. — Les temples d'Agrigente. — Le culte païen. — Une île découverte et perdue. — Corleone. — Piana. — Albanais en Sicile. — Arrivée à Palerme. 460

XXIV. PALERME.

Origine de Palerme. — Tyr et Cartage. — Genséric apprivoisé. — La belle courtisane. — La rue de Tolède et le carrefour des quatre *Cantoni*. — La promenade publique. — Les fontaines. — La porte *Nuova*. — Le dôme. — Le son des cloches. — Le musée. — Le grand hôpital. — Les églises. — Monuments arabes. — Population du Borgo. — Environs de Palerme. — Villa Palagonia. — Le mont Pellegrino. — Fêtes de sainte Rosalie. — Procession de la châsse. 472

XXV.

Le théâtre Ferdinando. — Le pilote. — *Monsieur!* — Belles expéditions nocturnes. — Souper sicilien. — Don Cornélio. — Histoire de la *Bastarda*. — Conclusion. 482

FIN DE LA TABLE DES CHAPITRES.

TABLE GÉOGRAPHIQUE

A

Abruzzes. 321
Acqua-Pendente. . . . . 73 et 77
Agnano (lac). 439
Albano . . . . 241 et 307
Arezzo. . . . . 118 et suiv.
Arno (fleuve). 118
Arquà. 80
Averse. 325

B

Baia. 441, 442
Bolsena (lac de). 74
Borghetto. 129
Buon-Convento. 73

C

Campanie. . . . . 318 et suiv.
Capo-di-Chino. 325
Capoue. 324, 325
Capri. 444, 445
Caserte 452
Castellamare. 419, 420, 422
Castro (duché de). . . . . . . 75 et suiv.
Castro-Certaldo. 353
Catane. . . . . 456 et suiv.
Cava (la). 421
Civita-Castellana 136, 140
Corleone. 470
Cortone. 124, 125
Cumes. 441, 442

D

Deux-Siciles. . . . . 319 et suiv.

E

Etna. . . . . 453 et suiv.

F

Faro (cap). 448
Ferrare. . . . . 90 et suiv.
Filigara. 108
Flaminia (voie). 79, 136, 138
Florence . . . . 1 et suiv.
Fo (montagne de). 109
Foligno. 136
Fondi. 319
Frascati. 252, 253
Fusaro. 442

G

Gaëte. 319, 320
Gallidoro. 453
Giardini. 454
Giare 456
Girgenti. 467
Grotta-Ferrata. 241, 242, 246
Grotte d'azur. 445, 446

H

Herculanum. 418

I

Jaci. 456
Ischia. 443, 444

L

Lagnone. 461
Lentini. 461
Licata. 466
Lugo. . . . . 109 et 112

M

Marais-Pontins. 307
Maroggia 138
Mer Morte. 441
Messine. . . . . 448 et suiv.

TABLE GÉOGRAPHIQUE.

Minturne. 320
Misène (cap). 441, 442
Modica. 466
Mola–di–Gaeta. 319
Montalvino. 73
Mont–Cassin. . . . . 321 et suiv.
Monte–Fiascone. 74

N

Naples. . . . . 326 et suiv.
Narni. 139
Nepi. 140
Nocera. 420
Noto. 466

O

Ombrie. . . . . 132 et suiv.
Orvieto. . . . . 74 à 77
Ossaja. . . . . 126 et suiv.
Otricoli. 139

P

Palerme. . . . . 472 et suiv.
Pantellaria (île). 469, 470
Passaro (cap). 466
Passignano . . . . 127 et suiv.
Perugia. . . . . 132 à 135
Piana-dei-Greci. 470
Pienza. 73
Pô (fleuve). 90
Poggibonsi. . . . . 62 et 66
Polesella. 90
Polesine de Rovigo. 80
Pompeï. . . . . 404, 411 et suiv.
Ponte-Corvo. 321
Portici. 418, 419
Pouzzoles. 440, 441
Priolo. 464
Procida (île). 442, 443

R

Radicofani. 73
Ravenne. . . . . 109 et suiv.

Reggio. 92
Resina. 405
Rome. . . . . 142 et suiv.
Ronciglione. 78
Ronco (canal). 112

S

Salerne. 421, 422
San-Germano. . . . . 321 et suiv.
San-Lorenzo. 73
Sant' Agata. 320, 321
Scaletta. 453
Sciacca. 470
Sicile. . . . . 447 et suiv.
Sienne. . . . . 66 et suiv.
Solfatara. 439
Sorrento. . . . . 422 et suiv.
Spelunca. . . . . 127 et suiv.
Spoleto . . . . 126 à 128
Syracuse. . . . . 460 et suiv.

T

Taormine. . . . . 453 à 455
Terni. 138
Terracine. 308, 309
Terre-de-Labour . . . . 318 et suiv.
Tivoli. 253, 254
Torre dell' Annunziata. 419
Torre del Greco. 419
Trasimène. . . . . 126 et suiv.

V

Vallombreuse. 117, 118
Valmentone. 321
Veïes. 140, 143
Velletri. 307
Vellino (rivière). 138, 139
Vésuve. . . . . 405 et suiv.
Vico (lac de). 78
Viterbe. 74, 75
Volterra. . . . . 62 et suiv.

FIN DE LA TABLE GÉOGRAPHIQUE.

www.ingramcontent.com/pod-product-compliance
Lightning Source LLC
Chambersburg PA
CBHW050827230426
43667CB00012B/1904